PRISMA NATURWISSENSCHAFTEN 6

Rheinland-Pfalz

Manfred Bergau
Heinz Joachim Ciprina
Stephan Haas
Klaus Hell
Anke Méndez
Reinhard Peppmeier
Burkhardt Schäfer
Charlotte Willmer-Klumpp

Ernst Klett Verlag
Stuttgart · Leipzig

1. Auflage 1 6 5 4 3 2 | 14 13 12 11 10

Alle Drucke dieser Auflage sind unverändert und können im Unterricht nebeneinander verwendet werden.
Die letzte Zahl bezeichnet das Jahr des Druckes.

Autorinnen und Autoren: Manfred Bergau, Heinz Joachim Ciprina, Stephan Haas, Dr. Klaus Hell, Anke Méndez, Reinhard Peppmeier, Burkhardt Schäfer, Charlotte Willmer-Klumpp
Unter Mitarbeit von: Marion Barmeier, Wolfram Bäurle, Anke Beuren, Irmgard Bohm, Dr. Günter Ganz, Gerda Hagen, Wolfgang Heitland, Barbara Hoppe, Ute Jung, Rainer Knetsch, Johann Leupold, Claudia Lissé-Thöneböhn, Dr. Otfried Müller, Dr. Helmut Prechtl, Bernd Schäpers, Petra Schleusener, Dr. Hans-Jürgen Seitz, Karl-Heinz Sonntag, Eberhard Theophel, Dr. Bernd Thomas, Michael Wächter, Burkhard Weizel, Silva Wallaschek, Ulrike Wolf

Entstanden in Zusammenarbeit mit dem Projektteam des Verlags.
Herstellung: Horst Andres, Corinna Härtel

Layoutkonzeption und Gestaltung: Matthias Balonier, Infografik, Lützelbach
Umschlaggestaltung: KOMA AMOK®, Kunstbüro für Gestaltung, Stuttgart
Illustrationen: Matthias Balonier, Lützelbach; Udo Buffler, Marburg; d. Biografiker, München; Joachim Hormann, Stuttgart; Jeanne Kloepfer, Lindenfels; Angelika Kramer, Stuttgart; Karin Mall, Berlin; Alfred Marzell, Schwäbisch Gmünd; Tom Menzel, Rohlsdorf; Otto Nehren, Achern; normaldesign, Schwäbisch Gmünd; Gerhart Römer, Ihringen; Prof. Jürgen Wirth, Dreieich
Reproduktion: Meyle + Müller, Medien-Management, Pforzheim
Druck: Druckerei Uhl GmbH und Co. KG, Radolfzell

Printed in Germany
ISBN: 978-3-12-068910-2

9 783120 689102

Sonne – Wetter – Jahreszeiten

Geräte und Maschinen im Alltag

60 Geräte und Maschinen im Alltag

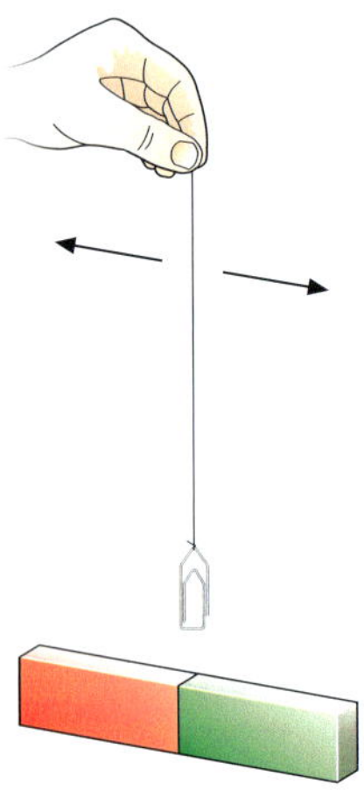

Stoffe im Alltag

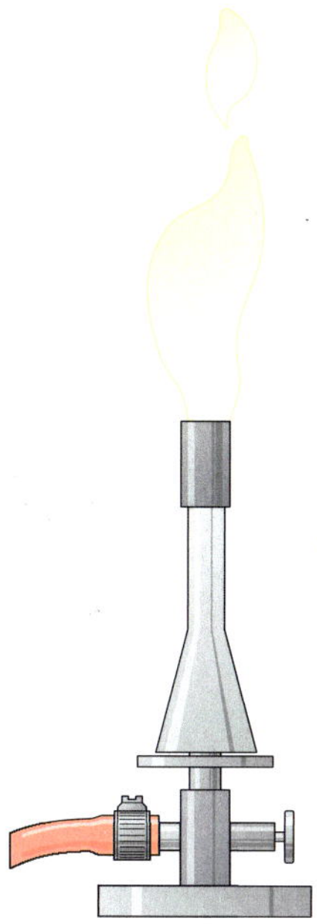

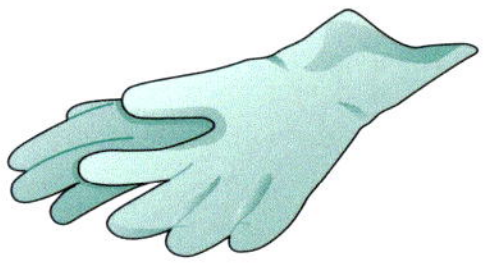

Körper und Gesundheit

210 Basiskonzept

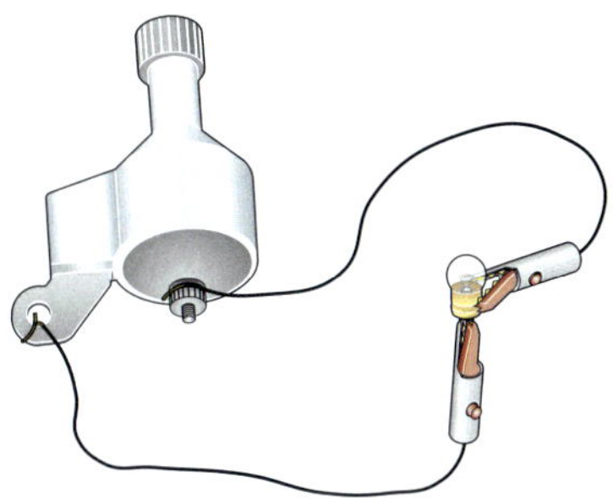

218 Anhang

Sonne – Wetter – Jahreszeiten

Die Sonne ist für uns von zentraler Bedeutung. Erst ihr Licht und ihre Wärme machen das Leben auf der Erde möglich.

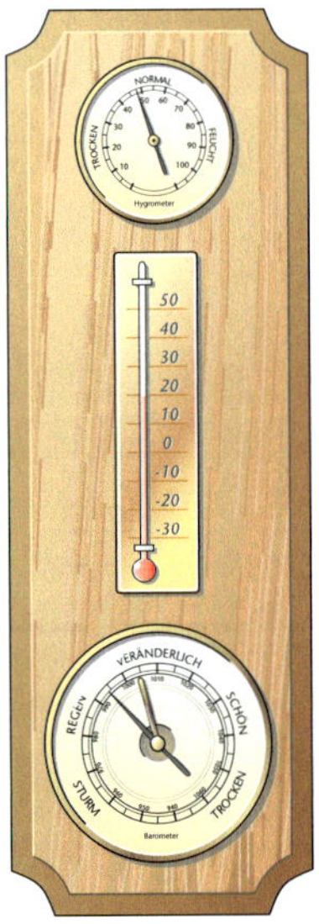

Kannst du dir vorstellen, in wie vielen Bereichen die Strahlung der Sonne gebraucht wird? Pflanzen, Tiere, aber auch wir Menschen nutzen sie jeden Tag. Allerdings werden wir nicht das ganze Jahr in gleichem Maße von der Sonne versorgt. Abhängig von der Jahreszeit liefert sie mal mehr, mal weniger Licht und Wärme.

Auch das Wetter ist eine Folge der unterschiedlichen Sonneneinstrahlung während der Jahreszeiten. Es beeinflusst unser Leben in vielen Bereichen und bestimmt z. B. was wir anziehen oder was wir in unserer Freizeit unternehmen.

Was aber gehört eigentlich alles zum Wetter? Warum bilden sich Wolken? Warum fallen aus einigen Wolken Niederschläge, aus anderen nicht? Und wie schützen sich Menschen und Tiere übers Jahr vor Hitze oder Kälte?
Auf diese und andere Fragen wirst du in diesem Kapitel Antworten erhalten.

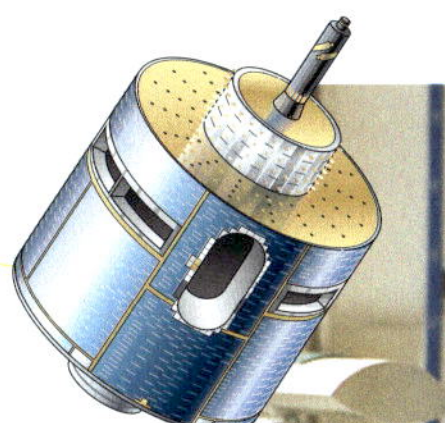

Durchmesser	ca. 1 400 000 km
Entfernung Erde – Sonne	ca. 150 000 000 km
Temperatur im Inneren	ca. 15 000 000 °C
Temperatur an der Oberfläche	ca. 6 000 °C

Die Sonne ist 1 300 000-mal größer und 330 000-mal schwerer als die Erde. Sie ist 4,5 Milliarden Jahre alt.

3 Die Sonne in Zahlen

1 Das Licht und die Wärme der Sonne sind Grundlage des Lebens.

Die Sonne als Lebensspender

Ohne die Sonne wäre auf der Erde kein Leben möglich. Ihr Licht lässt die Pflanzen wachsen, die die Nahrungsgrundlage für Menschen und Tiere bilden. Außerdem erwärmt die Sonne unsere Erde auf Temperaturen, die für die Entwicklung von Leben nötig sind (▷ B 1).

Wenn wir unsere Häuser mit Brennstoffen wie Kohle und Erdöl beheizen, dann nutzen wir auch dabei die Energie der Sonne. Denn Kohle und Erdöl sind über Millionen von Jahren aus abgestorbenen Pflanzenresten entstanden. Wenn wir diese Materialien verbrennen, dann erhalten wir die darin gespeicherte Sonnenenergie zurück.

2 Sonnenblumen richten sich nach dem Sonnenstand aus.

Ein glühender Stern

Die Sonne ist eine Art Kraftwerk, das Licht und Wärme erzeugt. Sie ist ein riesiger glühender Ball aus Gas, in dessen Innerem Temperaturen von über 15 Mio. °C herrschen (▷ B 3). An der Oberfläche sind die Temperaturen niedriger, sie liegen aber immer noch bei unvorstellbar heißen 6 000 °C. Da die Sonne selbst Licht erzeugt, bezeichnet man sie als **Stern**.

▶ Die Sonne ist ein Stern. Sie erzeugt das Licht und die Wärme, die das Leben auf der Erde ermöglichen.

Gefahren durch die Sonne

Zu viel Strahlung von der Sonne kann für uns Menschen gefährlich sein. Aber auch große Gebiete der Erde leiden darunter, zu viel Energie von der Sonne zu bekommen bei zu wenig Niederschlägen. Das hat Dürren, zu wenig Pflanzenwachstum und damit Hungersnöte zur Folge. In weiten Teilen Afrikas und Asiens, wo die Sonne den Boden zu stark austrocknet und wo der Regen ausbleibt, kann die benötigte Nahrung nicht wachsen. Die Menschen müssen hungern.

Selbst im Süden Europas, in Spanien und Italien, waren einige Sommer in den letzten Jahren so trocken, dass die im Frühjahr aufkeimende Saat verdorrte. Es konnte keine Ernte eingebracht werden.

So wichtig wie die Sonne für das Leben auf der Erde auch ist, ihre abgestrahlte Energie kann auch zu groß sein. Wenn nicht auch ausreichend Niederschläge fallen oder die Felder künstlich bewässert werden können, ist das Leben von Menschen und Tieren bedroht.

Nachwachsende Rohstoffe

Über das Thema Energie wird viel gesprochen. Sicher hast du auch schon davon gehört, dass Kohle, Erdöl und Erdgas immer teurer und ihre Vorräte knapper werden. Da können Rohstoffe, die schnell nachwachsen, zum Teil Ersatz bieten.

Ausgangsstoffe sind pflanzliche Rohstoffe, die mithilfe der Energie von der Sonne

4 Dürre

schnell nachwachsen. So kann man aus ölhaltigen Pflanzen (z. B. Raps) oder aus Getreide und Zuckerrüben Biokraftstoffe herstellen.

Die Sonne – Motor der „Wettermaschine"

Die Sonne ist aber auch Energielieferant für die gigantische „Wettermaschine". Sie setzt ungeheuere Mengen von Wasser und Luft in Bewegung. Sie ist verantwortlich für die Wasserverdunstung, die Wolkenbildung, den Regen und für die Entstehung von Wind. Neben den Brennstoffen Kohle, Erdöl und Erdgas sind Wasser und Wind weitere Energiequellen, die wir nutzen können.

Wasserpumpen in Australien

Im Herzen Australiens beispielsweise, wo es das ganze Jahr über heiß ist und nur selten Regen fällt, sind Schaffarmen schon aus großer Entfernung zu erkennen. Fast jede Farm verfügt über ein Windrad, das hoch in den Himmel ragt. Der Wind liefert die Energie, die nötig ist, um das Grundwasser an die Oberfläche zu pumpen. Damit wird die Wasserversorgung gesichert und somit die Lebensgrundlage für Menschen und Tiere geschaffen.

5 Auf Schaffarmen wird Windenergie genutzt.

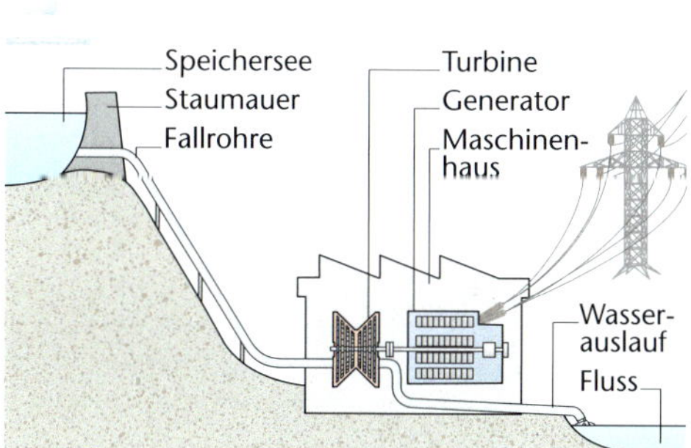

6 Prinzip eines Wasserkraftwerks

Regen und Wind entstehen durch die Energie der Sonne. Da sie ständig nachgeliefert werden, bezeichnet man Wind- und Wasserenergie als erneuerbare oder regenerative Energien.

Aufgaben

1 Wolken, Dunst oder Nebel können die Sonnenstrahlung dämpfen. Welche Auswirkung hat das an der Erdoberfläche?

2 Erkläre, warum die beim Heizen mit Kohle, Erdöl oder Erdgas abgegebene Wärme von der Sonne kommt.

3 Fasse in einem kurzen Bericht zusammen, was in einem Wasserkraftwerk passiert (▷ B 6). Benutze dazu die Begriffe aus der Zeichnung.

4 Energie von der Sonne wird im Haushalt genutzt (▷ B 7). Erkläre.

5 In der Nordsee, 50 Kilometer nördlich von der Insel Borkum, soll ein großer „Windpark" entstehen. Versetze dich in die Rolle des Planers. Warum soll der „Windpark" dort entstehen?

6 Erkläre den Begriff „nachwachsende Rohstoffe".

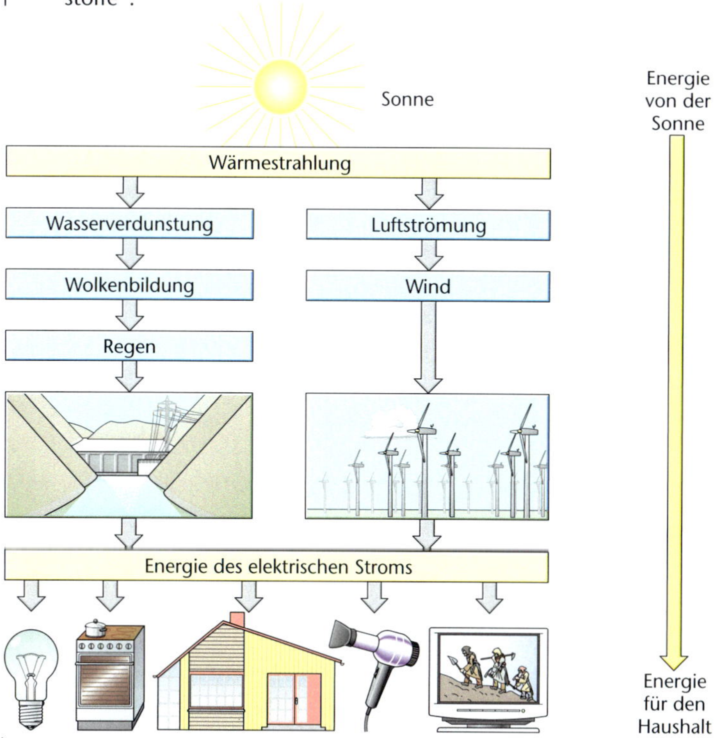

7 So wird die Energie der Sonne genutzt.

Sonnenkollektoren

1 Ein Marmeladenglas als Wärmespeicher

Material

2 Marmeladengläser, schwarze Farbe, Pinsel, Thermometer, Stoppuhr

Versuchsanleitung

Bemale eines der beiden Marmeladengläser mit schwarzer Farbe. Fülle beide Gläser mit Leitungswasser (▷B1) und miss die Temperatur. Stelle die Gläser anschließend in die Sonne. Miss nach 30 Minuten erneut die Wassertemperatur in den beiden Gläsern.
Erstelle ein Versuchsprotokoll und vergleiche die Werte.

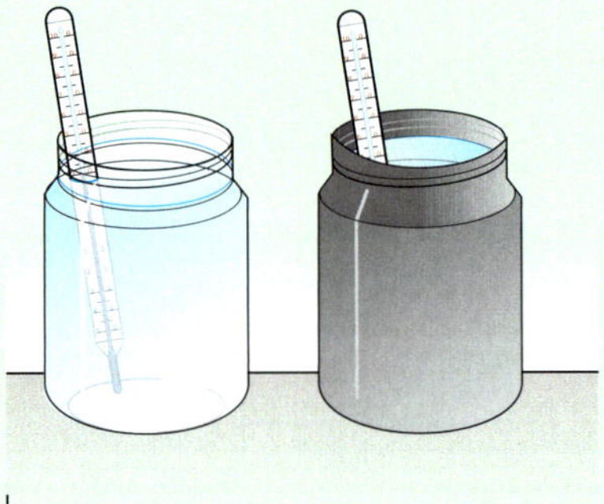

1 Welches Marmeladenglas wird wärmer?

2 Sonnenkollektoren

2 Bau eines Sonnenkollektors

Material

Fester Karton (ca. 30 cm x 40 cm), Styropor®-Platte (Dicke ca. 2 cm), Plastikschlauch (ca. 3 m lang), Trichter, großer Bogen schwarzes Tonpapier, Klarsichtfolie, Styroporkleber, Klebstoff, Schere, scharfes Messer, schwarze Plakatfarbe

Bauanleitung

Kürze die Höhe des Kartons auf etwa 15 cm. Schneide aus der Styropor®-Platte passende Stücke für den Boden und die Seitenwände und klebe sie in den Karton. Schneide aus dem schwarzen Tonpapier ein passendes Stück für den Boden und die Seitenwände und klebe es auf das Styropor®.
Bohre an zwei gegenüberliegenden Seiten Löcher von der Dicke des Schlauchs in den Karton. Streiche den Schlauch schwarz an. Wickle ihn zu einer langgezogenen Spirale auf und schiebe die beiden Schlauchenden durch die Löcher. Klebe den Schlauch fest. Spanne eine Klarsichtfolie über den Karton und befestige sie mit Klebeband.

Versuchsanleitung

Bringe den Sonnenkollektor in die Sonne. Lagere ihn so, dass eine Seite etwas erhöht liegt (▷B4). Stelle am unteren Ende des Schlauchs ein Gefäß auf, in dem du etwa 2 bis 3 Liter Wasser auffangen kannst.
Gieße in das obere Ende des Schlauchs durch einen Trichter Wasser ein (je nach Größe des Kollektors benötigst du 2 bis 3 Liter Wasser). Miss die Temperatur des eingefüllten Wassers und vergleiche sie mit der Temperatur des Wassers, das am unteren Schlauchende ausfließt.

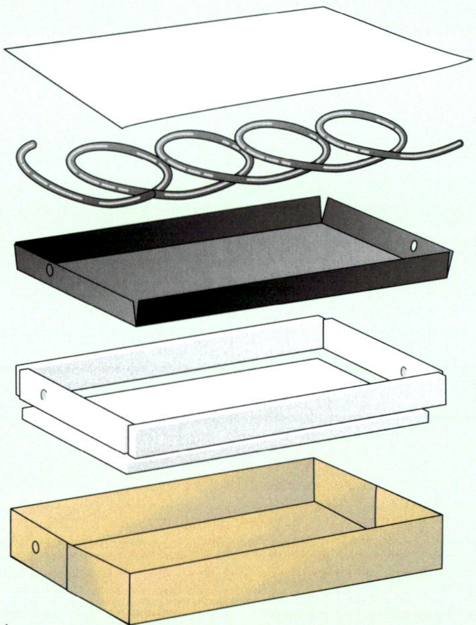

3 So wird der Kollektor zusammengesetzt.

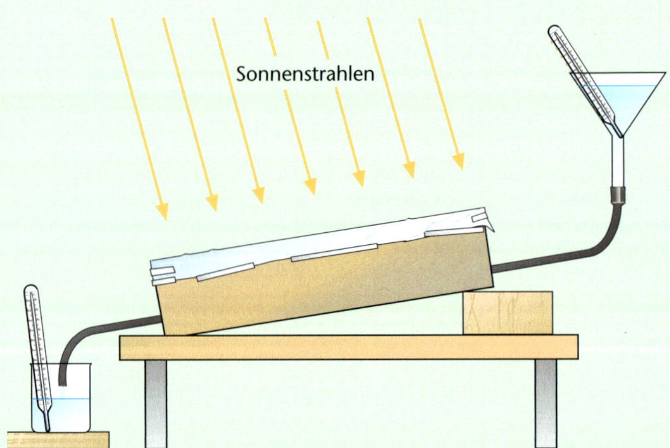

4 Sonnenkollektor im Einsatz

Schnittpunkt

Die Nutzung der Sonnenenergie

1 Wintergarten

3 Freibad mit Sonnenkollektoren

Mit der Sonne heizen

Manche Wohnhäuser haben einen Anbau aus Glas, einen Wintergarten. Weil sich dieser Raum erwärmt, wenn Sonnenstrahlung auf die Glasflächen trifft, lassen sich damit Heizkosten einsparen.
Der größte Teil der Sonnenstrahlung durchdringt die Glasflächen ungehindert und erwärmt den Boden und das Mobiliar. Ein Teil der aufgenommenen Energie wird über die Wärme- oder Infrarotstrahlung wieder abgegeben. Die Glasscheiben sind aber für Wärmestrahlung undurchlässig, sie reflektieren sie, sodass sich der Raum aufheizt. Nach diesem Prinzip funktionieren auch Gewächshäuser.

2 Mit Solarzellen betriebener Parkscheinautomat

Stromerzeugung mit Solarzellen

Du hast bestimmt schon Parkscheinautomaten gesehen, die mit Solarzellen betrieben werden (▷ B 2). Solarzellen nutzen das Sonnenlicht, um elektrischen Strom zu erzeugen. Vereinzelt werden schon ganze Häuser auf diese Weise mit Strom versorgt.
Der Nachteil dieser Technologie besteht darin, dass die Stromerzeugung wesentlich teurer ist als mit herkömmlichen Verfahren.
Allerdings hat sie auch einen großen Vorteil, denn es handelt sich um ein Verfahren, das die Umwelt nicht belastet.

Sonnenkollektoren

Um ein Freibad zu heizen, ist Sonnenenergie ideal: Wenn viel Energie benötigt wird, steht gerade auch viel zur Verfügung. Bild 3 zeigt ein Freibad mit einer Kollektorheizung, die sich über eine Fläche von 400 m² erstreckt. Die Kollektoren sind die schwarz verkleideten Kästen, die du im Vordergrund siehst.
In jedem Kollektor befindet sich ein Rohr, das schlangenförmig unter der gesamten Fläche verlegt ist. Alle Kollektoren sind miteinander verbunden. Die Oberflächen der Kollektoren sind schwarz, weil dunkle Flächen das Licht sehr gut absorbieren und deshalb den größten Teil der auftreffenden Sonnenstrahlung aufnehmen. Das Badewasser wird durch die Kollektoren gepumpt und darin erwärmt. Die Pumpen springen an, sobald das Wasser in den Kollektoren wärmer ist als das Wasser im Becken.
Verglichen mit einer Ölheizung ist die Kollektoranlage deutlich günstiger: Über einen Zeitraum von 10 Jahren betrachtet kostet die Kollektorheizung nur etwa halb so viel. Außerdem entstehen bei dieser Heizmethode keine Schadstoffe.

Aufgaben

1 Erkundige dich bei einem Heizungsinstallateur, was es kostet, ein Einfamilienhaus mit einem Sonnenkollektor zur Warmwasserbereitung auszustatten und wie viel Heizöl man dabei spart. Berechne, ob sich die Anschaffung in 10 Jahren finanziell lohnt.

2 Informiere dich, wo es Sonnenkraftwerke zur Stromerzeugung gibt, wie sie funktionieren und was sie leisten.

Die Sonne als Motor des Wetters

Lebensspender Sonne

Ohne die Sonne wäre auf der Erde kein Leben möglich. Erst ihr Licht und ihre Wärme haben unseren Lebensraum erschaffen.

- Sammle Informationen zur Sonne und stelle sie auf einem Plakat dar.

- Stell dir vor, die Sonne würde „ausgeknipst". Was würde das für uns bedeuten? Wie würde es nach ein paar Jahren auf unserer Erde aussehen?

- Sonnenstrahlung kann auch gefährlich sein. Durch richtiges Verhalten und bestimmte Maßnahmen kann man sonnige Tage trotzdem genießen. Beschreibe die Gefahren und erstelle eine Broschüre zum Thema Sonnenschutz.

Die sonnenbetriebene Wettermaschine

Das Wetter wird oft als eine Maschine bezeichnet, die sich aus den einzelnen Wetterelementen zusammensetzt und deren Motor die Sonne ist.

- Wie stellst du dir eine Wettermaschine vor? Erstelle eine Zeichnung nach deiner Idee.

- Die Sonne treibt den „Kreislauf des Wassers" auf der Erde an. Informiere dich über dieses Thema und erkläre die Zusammenhänge.

An jedem Tag, in jedem Jahr, sonnenfrisch im Supermarkt

Während des ganzen Jahres gibt es in den großen Supermärkten fast alle Obst- und Gemüsesorten zu kaufen. Selbst frische Erdbeeren zu Weihnachten sind nichts Besonderes, obwohl bei uns große Kälte herrscht und im Garten Schnee liegt.

- Wie ist dieses Angebot während des ganzen Jahres zu erklären? Begründe.

Jahreszeitliche Unterschiede

Im Verlauf eines Jahres erleben wir die vier Jahreszeiten Frühling, Sommer, Herbst und Winter.

- Vergleiche typische Tage aus den vier Jahreszeiten miteinander. Wie verändern sich z. B. die Tageslänge oder der Sonnenstand? Stelle die Unterschiede in einer Tabelle zusammen.

- Vergleiche nun vier über das Jahr verteilte Tage an einem Ort in den Tropen. Kannst du das Ergebnis begründen?

- Der jahreszeitliche Wechsel entsteht durch die Schrägstellung der Erdachse beim Umlauf der Erde um die Sonne.
In der Zeichnung sind die Jahreszeiten für die Nordhalbkugel angegeben. Wie muss die Beschriftung für die Südhalbkugel lauten?

- Überlege, wie du die Entstehung der Jahreszeiten im Modell darstellen könntest. Überprüfe deine Idee, indem du sie deinen Mitschülern vorstellst.

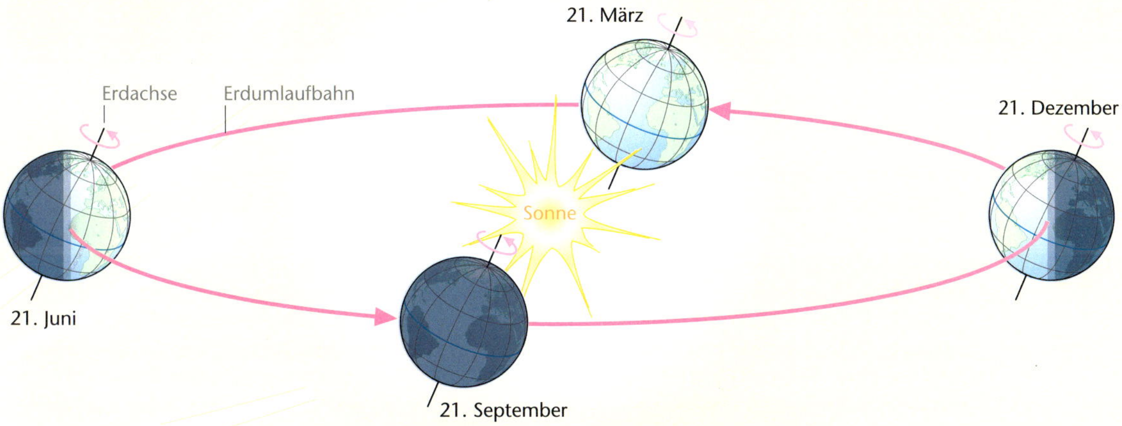

Energiequelle Sonne

Die Sonne wird oft als Energielieferant der Erde bezeichnet.

- Erkläre die Bedeutung des Begriffs „Lieferant". Verwende dazu Beispiele aus deinem Alltag.

- Was haben die Sonne und die anderen von dir genannten Lieferanten gemeinsam, was unterscheidet sie voneinander?

- „Heute nutzen wir die Sonnenenergie, die unsere Erde vor Millionen von Jahren erreicht hat". Was könnte mit dieser Aussage gemeint sein? Diskutiere mit deinen Mitschülern darüber.

- Stelle unter der Überschrift „Nutzung der Sonnenenergie" zusammen, wie wir heute die Energie der Sonne nutzen.

1 So ein Wetter!

Das Wetter – tägliches Gesprächsthema

„Ist das heute ein Wetter!" „Mir geht das Wetter auf die Nerven!" – Bemerkungen wie diese kennst du bestimmt.
Das Wetter hat großen Einfluss auf unser Leben. Wir richten uns danach mit unserer Kleidung, mit dem, was wir in unserer Freizeit unternehmen, und wo wir Urlaub machen. Menschen, die im Freien arbeiten, sind besonders vom Wetter abhängig. Landwirte müssen sich z.B. bei der Bestellung der Felder und bei der Ernte sehr stark nach der Wetterlage richten. Auch unser Wohlbefinden hängt vom Wetter ab. Wenn es im Sommer lange Zeit regnet und kühl ist, sind wir gereizt und schlecht gelaunt. Aber auch große Hitze kann uns zu schaffen machen.

Die Elemente des Wetters

Am Wetter interessiert uns hauptsächlich die Temperatur und ob es regnet. Wenn du dir aber einen Wetterbericht im Fernsehen ansiehst, dann bekommst du Informationen über weitere Bestandteile des Wetters: Da ist vom Wind und von der Bewölkung die Rede, manchmal auch vom Luftdruck und der Luftfeuchtigkeit.
Das Wetter setzt sich wie ein Puzzle aus all diesen Teilen zusammen, die auch als **Wetterelemente** bezeichnet werden (▷ B 2).

Die „Wetterschicht" der Atmosphäre

Die Lufthülle der Erde bezeichnet man als Atmosphäre. Ähnlich wie ein Haus ist auch die Atmosphäre in Stockwerke eingeteilt. Das unterste Stockwerk ist die **Troposphäre**. Sie reicht bis in eine Höhe von etwa zehn Kilometern. In ihr findet das Wettergeschehen statt (▷ B 4). Passagierflugzeuge fliegen in einer Höhe, die am oberen Rand der Wetterschicht liegt. Dort gibt es keine Niederschläge

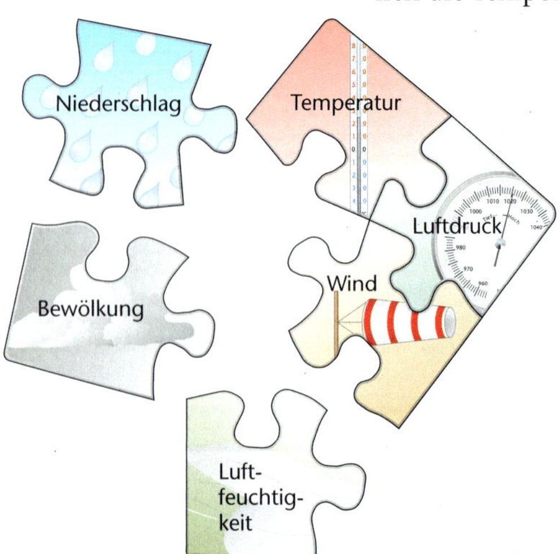

2 Die Elemente des Wetters

3 Das Wetter kann sich an einem Ort innerhalb von einer Stunde ändern.

mehr und die Luft ist klar. Auch Winde erreichen diese Höhen meist nicht, sodass die Flugzeuge dort ruhig in der Luft liegen. Erst bei der Landung kann es „turbulent" werden.

Wetter und Klima
Du hast bestimmt schon davon gehört, dass es Gegenden auf der Erde gibt, in denen das tägliche Wetter viel wärmer als bei uns ist. Das Klima ist dort heißer als in Mitteleuropa. In den letzten Jahrzehnten hat man gemerkt, dass eine Klimaveränderung durch den Einfluss der Menschen droht.

Was ist Wetter?
Unter Wetter versteht man den augenblicklichen Zustand der Troposphäre (▷B 4). Wie ist die Temperatur, regnet oder schneit es? Welcher Luftdruck herrscht, wie hoch ist die Luftfeuchtigkeit? Wie stark weht der Wind, ist der Himmel bewölkt oder klar? Das Wetter ist das Zusammenwirken der verschiedenen Wetterelemente (▷B 2) zu einem bestimmten Zeitpunkt an einem bestimmten Ort. Dabei kann es selbst innerhalb einer Stadt in einem Gebiet regnen, während in einem anderen Stadtteil bei wolkenlosem Himmel die Sonne scheint. Das Wetter kann sich sehr schnell ändern (▷B 3).

▶ Wetter ist das momentane Zusammenwirken der Wetterelemente an einem bestimmten Ort.

Was ist Klima?
Auch das Klima wird von den Wetterelementen bestimmt. Allerdings betrachtet man hier die Entwicklung von Temperatur, Niederschlägen usw. über sehr lange Zeiträume in einem großen Gebiet (z. B. Mitteleuropa). Aus den Messwerten berechnen die Meteorologen Durchschnittswerte für die Wetterelemente.

Große Gebiete der Erde, in denen diese Mittelwerte ähnlich sind, bilden eine **Klimazone**. Die verschiedenen Klimazonen ziehen sich wie „Bänder" um die Erde. Deutschland liegt z. B. in der gemäßigten Zone. Und obwohl in Hamburg und München dasselbe Klima herrscht, kann das Wetter in den beiden Städten zur gleichen Zeit vollkommen unterschiedlich sein.

▶ Das Klima ergibt sich aus den langjährigen Durchschnittswerten aller Wetterelemente eines großen Gebietes.

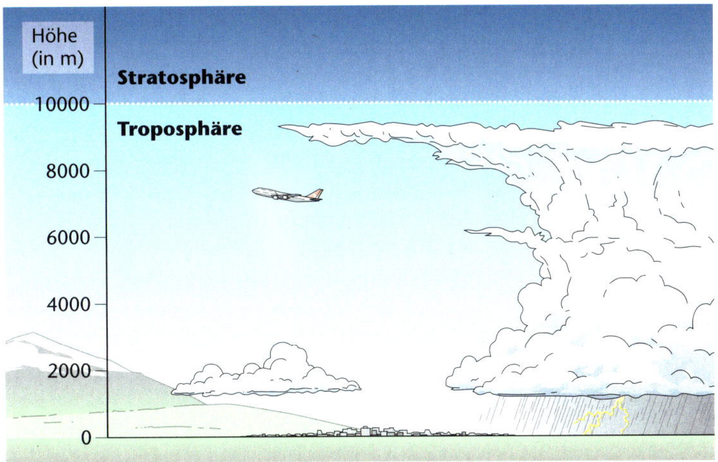

4 Die Wetterschicht der Atmosphäre

Ganz anders als bei uns ist z. B. das Klima im Mittelmeerraum, an den Polen oder am Äquator. Diese Gebiete liegen in anderen Klimazonen. Welche Klimazonen es auf der Nordhalbkugel gibt und über welche Gebiete der Erde sie sich erstrecken, zeigt Bild 5.

Aufgaben

1 Erkläre mit eigenen Worten, was man unter Wetter und unter Klima versteht.

2 In welche Klimazonen ist die Erde eingeteilt? In welcher Zone leben wir (▷B 5)?

3 Zeichne einen Wetterbericht im Radio oder Fernsehen auf. Notiere welche Wetterelemente angesprochen werden. Fasse kurz zusammen, was dazu gesagt wird.

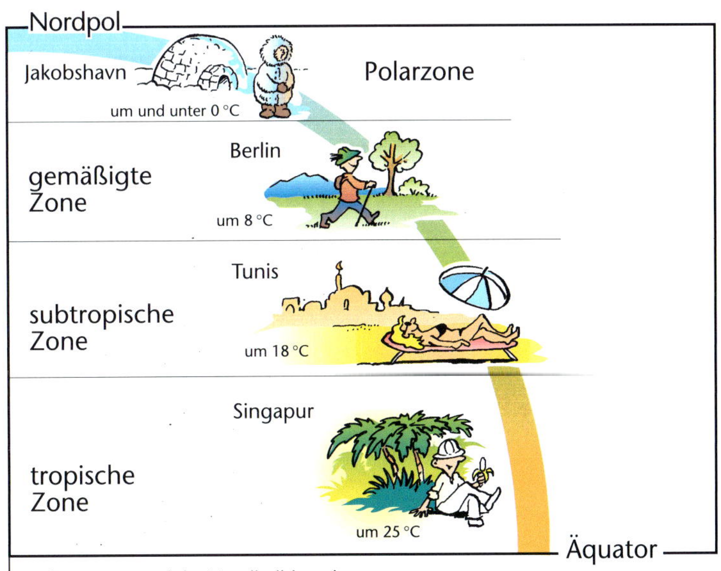

5 Klimazonen auf der Nordhalbkugel

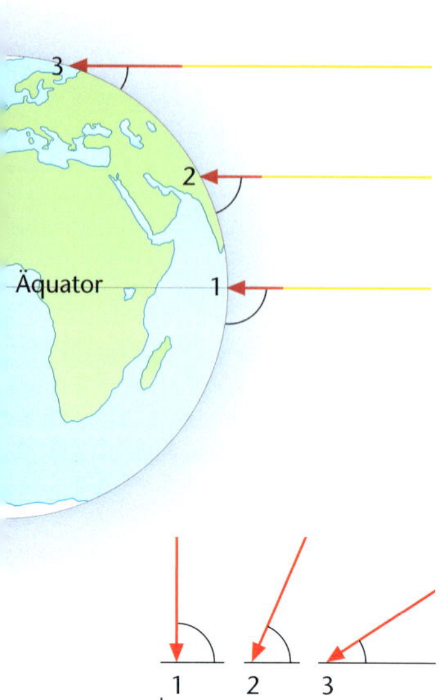

1 Die Sonnenstrahlung trifft mal steil und mal flach auf die Erdoberfläche.

Die Erde – ein beheizter Lebensraum

Die Sonne ist „Lampe" und „Heizstrahler" für unsere Erde. Sie spendet uns Licht und Wärme. An den Polen und am Äquator sind die Temperaturen zur selben Zeit aber ganz unterschiedlich. Grund dafür ist die Kugelform der Erde: Die Strahlung der Sonne fällt unterschiedlich steil auf die Erdoberfläche (▷B1).

Diesen Zusammenhang kannst du in Versuch 1 überprüfen. Je nachdem, wie du die Lampe ausrichtest, wird die Pappe mehr oder weniger stark erwärmt.

Gleiches gilt für die Erdoberfläche: Am Äquator trifft die Sonnenstrahlung senkrecht auf. Dort erwärmt sich die Erdoberfläche stärker als im Bereich der Pole. Durch den steilen Einfall ist die Strahlung auf eine besonders kleine Fläche konzentriert (▷B5). Außerdem legt sie hier den kürzesten Weg durch die Atmosphäre zurück (▷B1). Je kürzer dieser Weg ist, desto mehr Strahlung erreicht den Erdboden.

Temperaturen im Verlauf eines Jahres

Die Temperaturen sind nicht nur zwischen den Polen und dem Äquator unterschiedlich. Sie ändern sich über das Jahr auch an einem festen Ort. Das liegt daran, dass die Sonne in den verschiedenen Jahreszeiten zur Mittagszeit unterschiedlich hoch am Himmel steht.

Schließlich verändern Dunst, Nebel oder Wolken die Sonneneinstrahlung. Das merkst du an einem warmen Sommertag, wenn sich eine Wolke vor die Sonne schiebt.

5 Je nach Einfallswinkel werden unterschiedlich große Flächen bestrahlt.

Je mehr Sonnenstrahlung ein Gebiet der Erde erreicht, desto stärker wird es erwärmt. Entscheidend hierfür ist, ob die Strahlung steil oder flach einfällt, und wie lang der Weg durch die Atmosphäre ist.

Versuch

1 Beleuchte schwarze Pappe senkrecht von oben mit einer Lampe. Wiederhole den Versuch mit schräg gerichteter Lampe (▷B5). Prüfe mit der Hand, in welchem Fall die Pappe wärmer wird. Kannst du mithilfe deiner Beobachtung die Temperaturunterschiede auf der Erde erklären?

2 Regenwald

4 Wüste

3 Arktis

Werkstatt

Temperaturen messen und berechnen

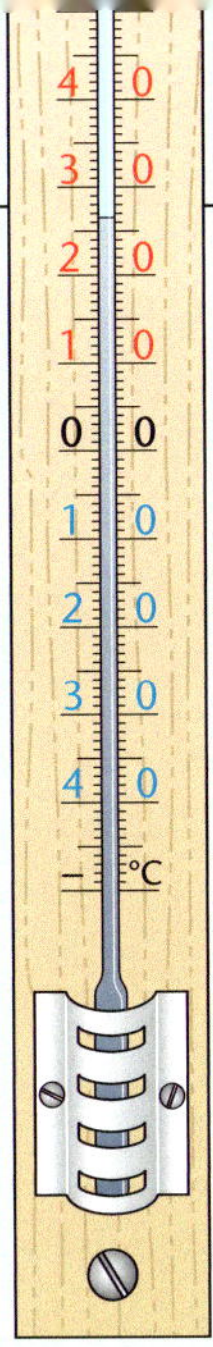

Die Temperatur ist nur eines von mehreren Wetterelementen – allerdings ein sehr wichtiges. Aus dem Verlauf der Temperatur während eines Monats oder Jahres kannst du z. B. ablesen, welche Monate günstig für das Pflanzenwachstum sind. Wie du Temperaturen misst und daraus Monats- und Jahresmittelwerte berechnest, lernst du auf dieser Seite.

Material

Thermometer, Heft, Lineal, Stift

Versuchsanleitung

Zeichne in dein Heft eine Tabelle wie in Bild 1 gezeigt. Hänge das Thermometer im Freien an einem schattigen Platz auf. Lies die Temperatur jeden Tag drei Mal ab. Achte darauf, dass du die Temperatur immer zu den gleichen Zeiten misst (z. B. um 7 Uhr, um 14 Uhr und um 21 Uhr). Trage die Messwerte in die Tabelle ein.

Datum	7 Uhr	14 Uhr	21 Uhr	Tagesmitteltemperatur
14. Juli	18 °C	24 °C	19 °C	20 °C

1 Gemessene Temperaturwerte

Wie hoch ist die Tagestemperatur am 14. Juli?

Gegeben: $T_1 = 18\,°C$ $T_3 = 19\,°C$

$T_2 = 24\,°C$

Gesucht: T_{mittel}

Lösung: $T_{mittel} = \frac{(T_1 + T_2 + T_3 + T_3)}{4}$

$T_{mittel} = \frac{(18\,°C + 24\,°C + 19\,°C + 19\,°C)}{4}$

$T_{mittel} = 20\,°C$

Die Tagesmitteltemperatur vom 14. Juli beträgt 20 °C.

2 Berechnung der Tagesmitteltemperatur

a) *Tagesmitteltemperatur*
Um die Temperaturen verschiedener Tage vergleichen zu können, musst du die Tagesmitteltemperatur berechnen. Addiere dazu die Temperaturwerte, die du um 7 Uhr, um 14 Uhr und 21 Uhr gemessen hast. Den Messwert von 21 Uhr musst du doppelt zählen, der zweite Wert dient als Nachttemperaturwert.
Diese Summe durch 4 dividiert ergibt die Tagesmitteltemperatur (▷ B 2). Notiere die Werte in einer Tabelle wie in Bild 3.

Erstelle aus den berechneten Werten ein Diagramm (▷ B 4).

Datum	1.4.	2.4.	3.4.	…
Tagesmitteltemp. in °C	12	14	17	…

3 Tagesmitteltemperaturen

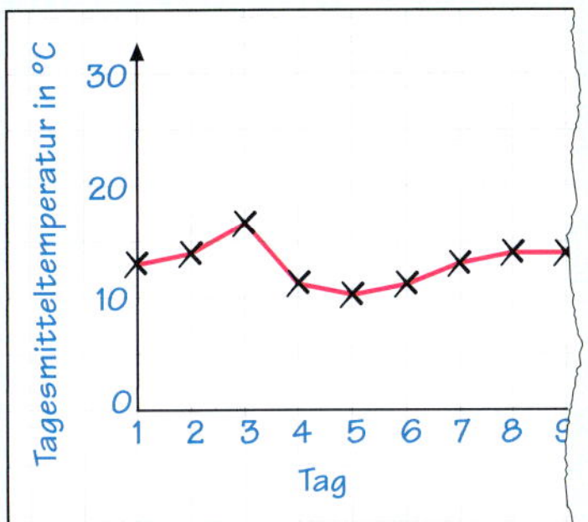

4 Temperaturverlauf eines Monats

b) *Monatsmitteltemperatur*
Um die Monatsmitteltemperatur zu berechnen, bildest du die Summe von allen Tagesmitteltemperaturen eines Monats. Dividiere diese Summe anschließend durch die Anzahl der Tage.

Wenn du am Ende jeden Monats die berechnete Monatsmitteltemperatur (▷ B 6) deines Wohnorts in ein Temperaturdiagramm einträgst, kannst du erkennen, wie sich die Temperatur im Laufe des Jahres verändert hat (▷ B 7).

Monat	Mai	Juni	Juli	…
Monatsmitteltemp. in °C	14	18	18	…

6 Monatsmitteltemperaturen

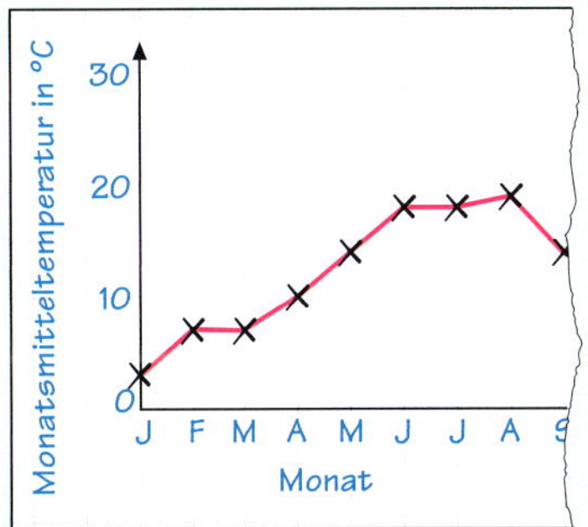

7 Temperaturverlauf eines Jahres

Aufgaben

1. Die Jahresmitteltemperatur berechnet sich ähnlich wie die Monatsmitteltemperatur:
Zähle die durchschnittlichen Temperaturen aller Monate zusammen und teile die Summe durch 12. Berechne auf diese Weise aus den Werten in Bild 5 die Jahresmitteltemperatur von Rom.

2. Erstelle aus den in Bild 7 angegebenen Werten die Temperaturkurven eines Jahres für Oslo, Rom und Frankfurt/M.
Zeichne das Diagramm wie in Bild 5 vorgegeben.

Monat	J	F	M	A	M	J	J	A	S	O	N	D
Oslo	−5	−4	0	5	11	15	17	16	11	6	1	−2
Frankfurt/M.	0	1	5	9	14	17	19	18	15	9	5	1
Rom	7	8	11	14	18	22	25	24	21	16	12	9

5 Monatsmitteltemperaturen (in °C) verschiedener Städte

1 Regen – die häufigste Niederschlagsart

Die Luftfeuchtigkeit

An kalten Tagen beschlagen Fensterscheiben manchmal von innen und nach dem Duschen kannst du dich im Badezimmerspiegel meist nicht mehr sehen. In der Luft ist Wasser enthalten. Du kannst es in der Regel nicht sehen, weil es gasförmig vorliegt. Das Wasser gelangt z. B. durch die Verdunstung über Seen und Flüssen, aber auch über Wiesen und Feldern in die Luft.

Luft kann Wasser aufnehmen – und zwar umso mehr, je wärmer sie ist. Die Menge an Wasser in der Luft bezeichnet man als **Luftfeuchtigkeit**. Welche Wassermenge ein Würfel Luft mit einer Kantenlänge von 1 Meter – das sind 1 m³ oder 1000 l – bei einer bestimmten Temperatur höchstens

Lufttemperatur in °C	Wassermenge in g/m³
+40	51
+30	30
+20	17
+10	9
0	5
−10	2
−20	1

2 Maximale Wasserdampfmenge in 1 m³ Luft

aufnehmen kann, kannst du in der Tabelle in Bild 2 nachlesen. Wenn dieser Wert erreicht ist, dann ist die Luft **gesättigt**.

Wolkenbildung und Niederschläge

Warme Luft kühlt sich beim Aufsteigen ab. Kalte Luft kann aber nicht so viel Wasser speichern wie warme Luft (▷ B 2). Das überschüssige Wasser sammelt sich zunächst in winzigen, schwebenden Tröpfchen. Diese Tröpfchen bilden die Wolken. Das ist ein Vorgang ähnlich dem Beschlagen des kalten Badezimmerspiegels.

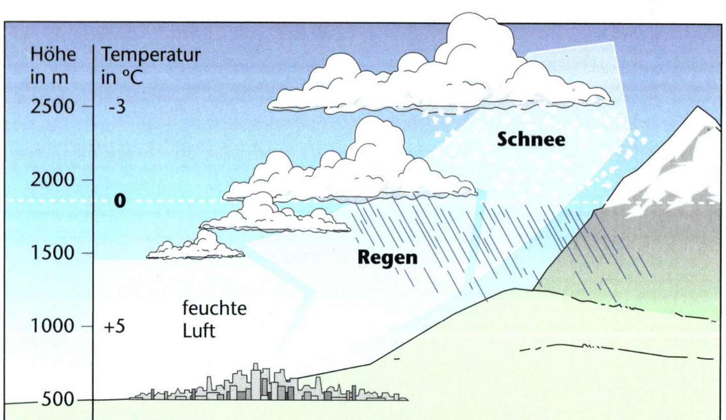

3 Entstehung von Steigungsregen

4 Ein Modell für die Entstehung von Niederschlägen

Die Tröpfchen innerhalb der Wolken können zu größeren Tropfen „zusammenfließen“. Wenn sie zu groß werden, dann können die Tropfen nicht mehr schweben. Sie fallen zur Erde.

Niederschlagsarten

In unseren Breiten ist der Regen die häufigste Niederschlagsart (▷ B 1). Beträgt die Lufttemperatur zwischen Wolken und Erdboden durchgehend weniger als 0 °C, erreichen die Niederschläge die Erdoberfläche in Form von Eiskristallen oder Schnee. Hagelkörner entstehen vor allem in Gewitterwolken. Dort können die Eiskristalle sehr groß werden. Taut Schnee in hohen Wolken an und gefriert dann wieder, bilden sich kleinere Eiskörner – der Graupel.

Niederschlagsmessung

Wie die Temperatur sind auch die Niederschläge ein wichtiges Wetterelement. Gemessen werden sie mit einem Messzylinder, in dem sich das Wasser sammelt. Am Abend liest der Meteorologe die Höhe

Versuche

1 Fülle ein Glas zur Hälfte mit warmem Wasser und ein anderes zur Hälfte mit Eiswürfeln und Wasser. Lasse die Gläser eine halbe Stunde stehen. Beschreibe und erkläre deine Beobachtung.

2 Fülle einen Topf zu einem Drittel mit Wasser. Lege den Deckel auf den Topf und erhitze das Wasser bis es siedet. Hebe den Deckel schräg an (sei vorsichtig und verwende einen Topflappen). Fange das heruntertropfende Wasser in einem Glas auf (▷ B 4). Erkläre den Zusammenhang zwischen dem Versuch und der Verdunstung, der Wolkenbildung und dem Niederschlag auf der Erde.

der Wassersäule in Millimetern ab. Um die Niederschlagsmenge eines Monats zu bestimmen, zählt er die Messwerte der einzelnen Tage zusammen. Zeichnerisch werden die Niederschlagswerte in Säulendiagrammen dargestellt (▷B5).

Aufgaben

1 In 1000 l Luft (20 °C) sind 10 g Wasser enthalten. Die Luft kühlt sich auf 10 °C ab (▷B2). Was passiert?

2 Betrachte Bild 3. Erkläre den Zusammenhang zwischen Luftfeuchtigkeit, Wolkenbildung, Regen und Schnee bei der Entstehung von Steigungsregen.

3 a) Berechne die Jahresniederschläge für die in der Tabelle (▷B6) angegebenen Stationen. Schlage im Atlas nach, in welcher Klimazone Bilma liegt.
b) Zeichne mithilfe der Tabelle die Niederschlagsdiagramme für beide Städte.

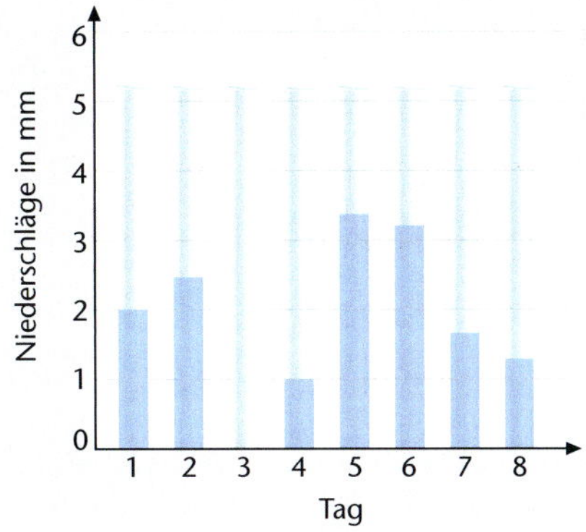

5 Niederschlagsdiagramm von Köln (Tagesniederschläge)

Station	J	F	M	A	M	J	J	A	S	O	N	D
Köln	46	39	38	49	73	92	80	75	64	47	46	38
Bilma (Niger)	1	0	0	0	1	1	3	10	5	2	1	0

6 Monatsniederschläge in mm von Köln und Bilma

Werkstatt

Geräte für die Wetterbeobachtung

1 Bau eines Luftfeuchtigkeitsmessers

Material

Ein Stück Pappe, große Kiefernzapfen, Trinkhalm, Knetmasse, Stift

Versuchsanleitung

Knicke die Pappe so, dass eine Hälfte als Boden, die andere als Rückwand dient. Stecke den Trinkhalm auf einen der Schuppen des Kiefernzapfens; er dient als Zeiger. Befestige den Zapfen mit Knetmasse auf der Pappe (▷B1). Zeichne auf der Rückwand eine Skala auf.
Steigt die Luftfeuchtigkeit, schließen sich die Schuppen, nimmt die Luftfeuchtigkeit ab, öffnen sie sich. Mithilfe deines Messgeräts kannst du schon kleine Unterschiede erkennen.

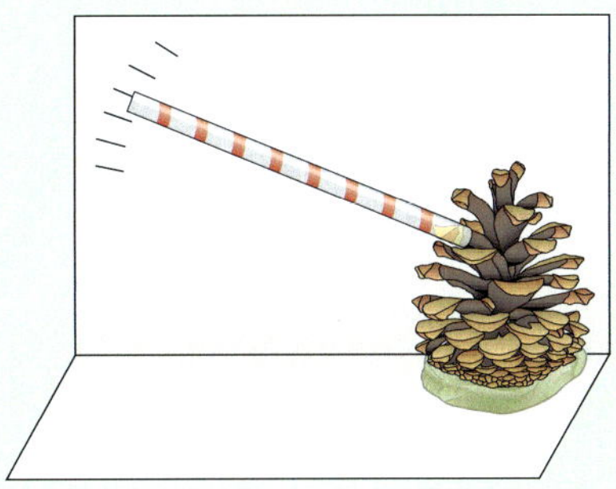

1 Ein Gerät zur Messung der Luftfeuchtigkeit

2 Bau eines Niederschlagsmessers

Material

Trinkglas, Millimeterpapier, Klebstoff, Schere

Versuchsanleitung

Voraussetzung für eine genaue Messung ist, dass das Trinkglas eine gerade Wand und einen ebenen Boden besitzt.

Schneide aus dem Millimeterpapier einen etwa 1 cm breiten Streifen und ziehe alle 5 Millimeter einen Strich; damit erleichterst du dir später das Ablesen der Werte.
Klebe den Streifen so auf das Glas, dass sich der Nullpunkt der Skala am Boden des Glases befindet.

Stelle deinen Niederschlagsmesser im Freien auf und lies jeden Tag die Niederschlagsmenge ab. Halte dazu das Glas auf Augenhöhe. Trage die Messwerte in eine Tabelle ein und erstelle ein Säulendiagramm aus den Werten.

2 Ein Niederschlagsmesser – einfach selbst gebaut

1 Der Luftdruck sinkt mit steigender Höhe.

2 Das Gewicht von einem Liter Luft.

Luft – ein unsichtbarer Stoff
Die Erde ist von einer Lufthülle umgeben, der Atmosphäre. Sie reicht bis in eine Höhe von 400 km.
Luft selbst können wir nicht sehen. Aber wir können die Auswirkungen von Luftbewegungen sehen: Ein schwacher Luftzug wirbelt Blätter umher, stürmische Luftbewegungen können Bäume entwurzeln oder Dächer abdecken.

Luft hat ein Gewicht
Jeder Körper auf der Erde hat ein Gewicht. Das gilt auch für Luft. Mithilfe einer Waage lässt sich zeigen, dass 1 Liter Luft 1,3 g wiegt.

Aufgrund des Gewichts der Luft werden die unteren Luftschichten der Atmosphäre von den darüber liegenden zusammengepresst. Dies ist die Ursache des **Luftdrucks**. Das erklärt auch, warum der Luftdruck kleiner wird, wenn man auf einen Berg steigt. Die Luftschicht, die den Druck erzeugt, wird mit zunehmender Höhe immer schmaler (▷ B 3).

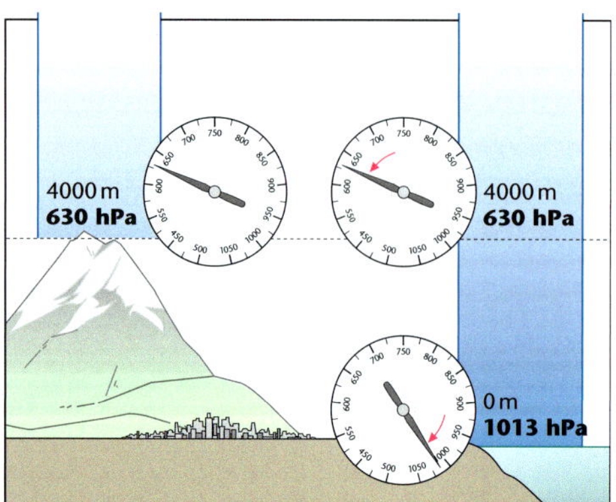

3 Unterschiedlich hohe Luftsäulen – unterschiedlich großer Luftdruck

In etwa 6000 m Höhe ist der Luftdruck nur noch halb so groß wie über dem Meeresspiegel.

Luftdruckmessung
Gemessen wird der Luftdruck mit dem Barometer. Die heute gebräuchlichste Form ist das Dosenbarometer (▷ B 4). Gemessen wird der Luftdruck in Pascal (Pa), oft auch in Bar (bar): 1 bar = 100 000 Pascal.

Der mittlere Luftdruck über dem Meeresspiegel ist auf 1013 hPa festgelegt (h steht für hekto, griech.: 100; 1 hPa = 100 Pa).
Er wird auch als **Normaldruck** bezeichnet.

Das Gewicht der Luft ist die Ursache für den Luftdruck. Die Einheit des Luftdrucks ist Pascal (Pa). Mit zunehmender Höhe nimmt der Luftdruck ab.

4 Das Barometer

Ein gewaltiger Druck
Kannst du dir vorstellen, wie groß ein Druck von 1013 hPa ist? Ein Beispiel soll dir helfen.

Betrachte eine Fläche von 1 m Länge und 1 m Breite. Stapele darauf in Gedanken etwa 100 000 Tafeln Schokolade, die jeweils 100 g wiegen.
Dieser gewaltige Schokoladenberg erzeugt an der Fläche einen Druck, der genauso groß ist wie der Luftdruck, der auf uns wirkt (▷ B 1). Wir Menschen spüren diesen Druck aber nicht, da wir ständig damit leben.

Luftdruck – messen und erfahren

Die folgende Anleitung zeigt dir, wie du ein einfaches Barometer selbst bauen kannst. Mit diesem Messgerät kannst du Veränderungen des Luftdrucks feststellen.

1 Ein selbst gebautes Barometer

Material

Flasche mit großer Öffnung (z. B. eine Saftflasche), Luftballon, Schere und Lineal, Trinkhalm, Tonpapier, Gummiband, Klebstoff

Bauanleitung

Schneide den Hals des Luftballons ab (▷ B 1). Spanne den Ballon straff über die Öffnung der Flasche und befestige ihn mithilfe des Gummibands. Achte darauf, dass die Öffnung der Flasche luftdicht verschlossen ist (▷ B 2).

Klebe den Trinkhalm auf die Mitte der gespannten Ballonfläche.

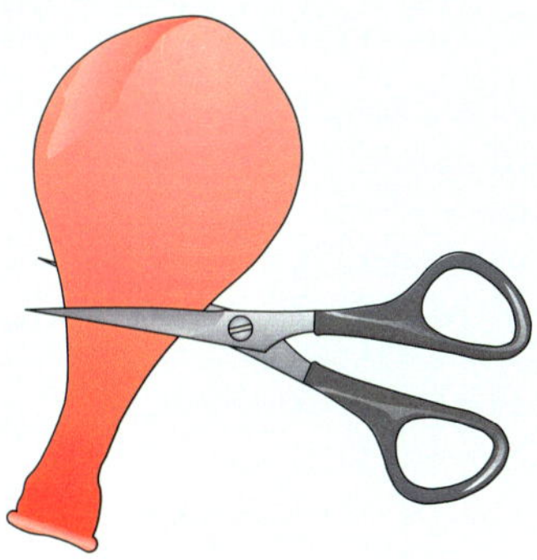

1 Zuschneiden des Luftballons

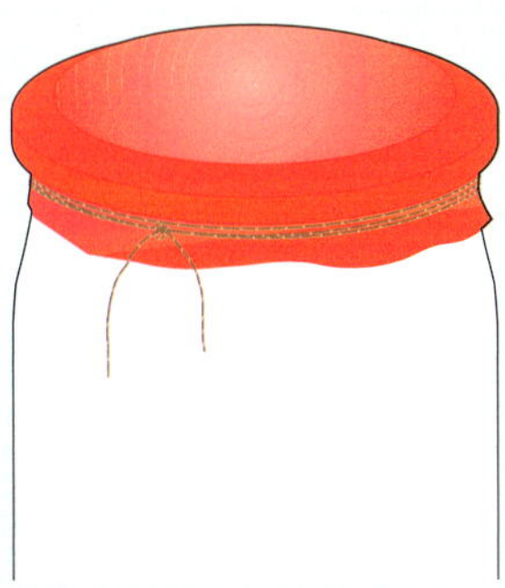

2 Der Luftballon wird über die Öffnung der Flasche gespannt

3 Das Barometer im Einsatz

Klebe eine Rückwand aus Tonpapier an die Flasche und zeichne eine Skala ein (▷ B 3).

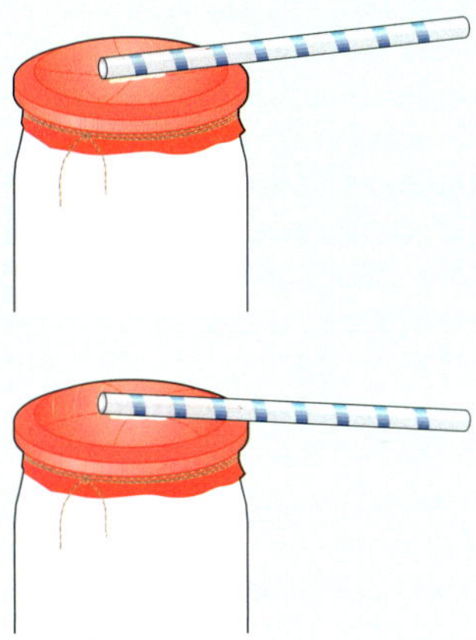

4 Zeigerausschlag bei hohem (oben) und niedrigem Luftdruck (unten)

Stelle dein Barometer an einem schattigen Platz auf, es sollte nicht in der Sonne oder in der Nähe der Heizung stehen.
Beobachte die Veränderung des Luftdrucks mit deinem Barometer über einen längeren Zeitraum. Überlege, wie dein Barometer funktioniert.

2 Luft oder Wasser – wer gewinnt?

Material

Trinkglas, Wasser, Blatt Papier

Tipp: Führe den Versuch im Freien oder über einer Badewanne durch.

Versuchsanleitung

Fülle ein Trinkglas randvoll mit Wasser. Decke es mit einem glatten Blatt Papier ab, das etwas größer ist als die Öffnung des Glases. Achte darauf, dass du keine Luftblase einschließt.

Halte das Papier mit einer Hand fest. Drehe das Glas vorsichtig um, sodass die Öffnung nach unten zeigt. Nimm jetzt vorsichtig die Hand unter dem Papier weg (▷ B 5). Beschreibe was passiert und erkläre das Ergebnis.

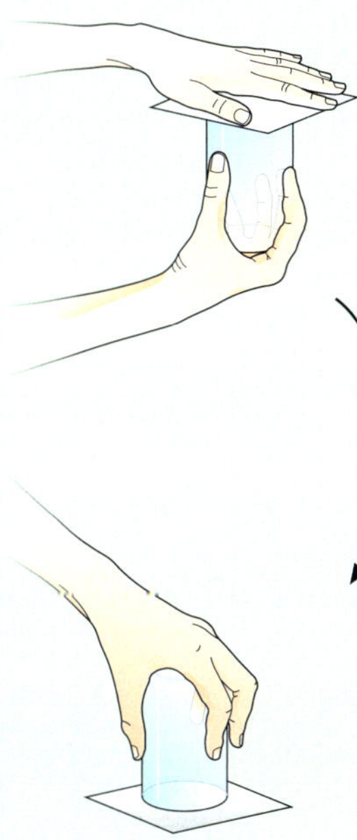

5 Zu Versuch 2

Werkstatt

Was die Luft bewegt

Wodurch werden Luftströmungen verursacht? Bearbeitet die folgenden Versuche in Gruppen und versucht anschließend, die Aufgabe gemeinsam zu lösen.

1 Bauanleitung für eine Flügelscheibe

Material

Papier, Zirkel, Schere, Lineal, Stecknadel, Stabmagnet, Kerze

Versuchsanleitung

a) Zeichne mit dem Zirkel zwei ineinander liegende Kreise (Radien 1 cm und 5 cm) auf das Papier. Teile die Kreise mit Lineal und Stift in 8 gleiche Segmente (die Linien müssen durch das Einstichsloch des Zirkels gehen) (▷ B 1).

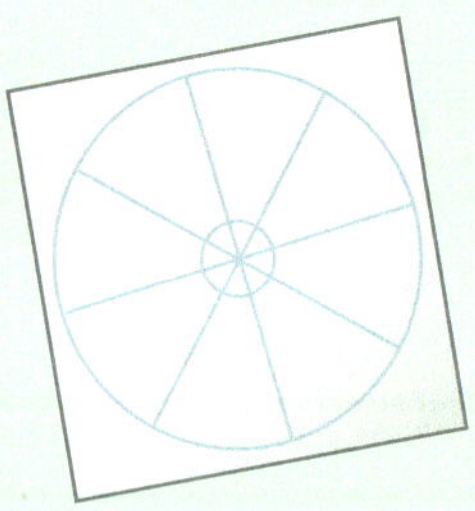

1 Kreis mit acht Segmenten

b) Schneide nun den äußeren Kreis aus. Schneide anschließend entlang der Linien bis zum inneren Kreis. Knicke alle „Flügelteile" in die gleiche Richtung etwas nach oben. Stecke die Stecknadel durch das Einstichsloch des Zirkels.

2 Zu Versuch 1

	Wasser	Sand
Anfangstemperatur		
nach 30 min		
nach ...		

3 Tabelle zu Versuch 3

c) Hänge die Stecknadel an den Magneten und halte die Flügelscheibe im Abstand von ca. 15 cm über eine Kerzenflamme (▷ B 2). Beschreibe und erkläre deine Beobachtung.

2 Luftbewegung zwischen zwei Räumen

Material

Streichhölzer, Kerze

Versuchsanleitung

Diesen Versuch kannst du im Türrahmen zwischen einem warmen und einem kalten Raum durchführen. Im Winter funktioniert er auch an einem geöffneten Fenster. Achte darauf, dass kein Durchzug entsteht!

Halte eine brennende Kerze oben, in der Mitte und unten in den Türrahmen der geöffneten Tür (▷ B 4).

Beobachte und erkläre das Verhalten der Kerzenflamme.

3 Erwärmung von Wasser und Sand

Material

2 Schälchen, Sand, Wasser, Küchenwaage, Thermometer, Löffel, Herdplatte oder Heizung

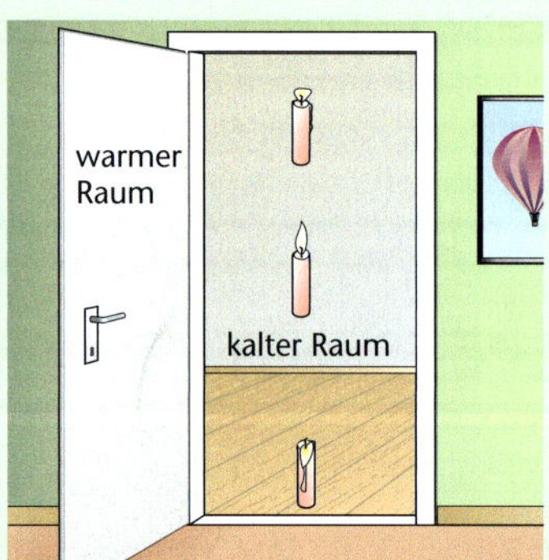

4 Zu Versuch 2

Versuchsanleitung

a) Fülle in ein Schälchen 200 g Wasser, in das andere 200 g Sand. Die Anfangstemperaturen von Sand und Wasser müssen gleich sein.

b) Erwärme das Wasser und den Sand gleichzeitig. Stelle dazu beide Schälchen für etwa 10 Minuten auf eine warme Herdplatte oder für eine halbe Stunde auf die warme Heizung (▷ B 5).

c) Durchmische den Sand nach Ablauf der Zeit gründlich mit einem Löffel. Rühre auch das Wasser kurz um. Miss die Temperaturen von Wasser und Sand. Übertrage die Tabelle (▷ B 3) in dein Heft und trage die Werte ein.

d) Miss nach einer halben Stunde erneut die Temperaturen von Sand und Wasser.

Gemeinsame Aufgabe

An der Küste weht tagsüber der Wind vom Meer her (Seewind) und nachts vom Land her (Landwind). Versucht mithilfe der Beobachtungen aus den Versuchen 1 bis 3 eine Erklärung für dieses Phänomen zu finden.

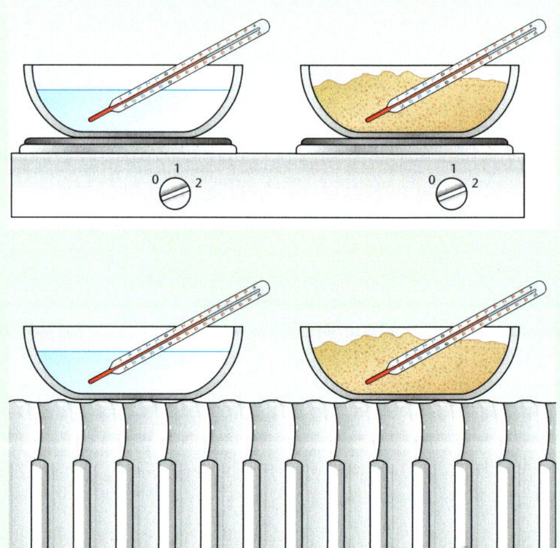

5 Zu Versuch 3

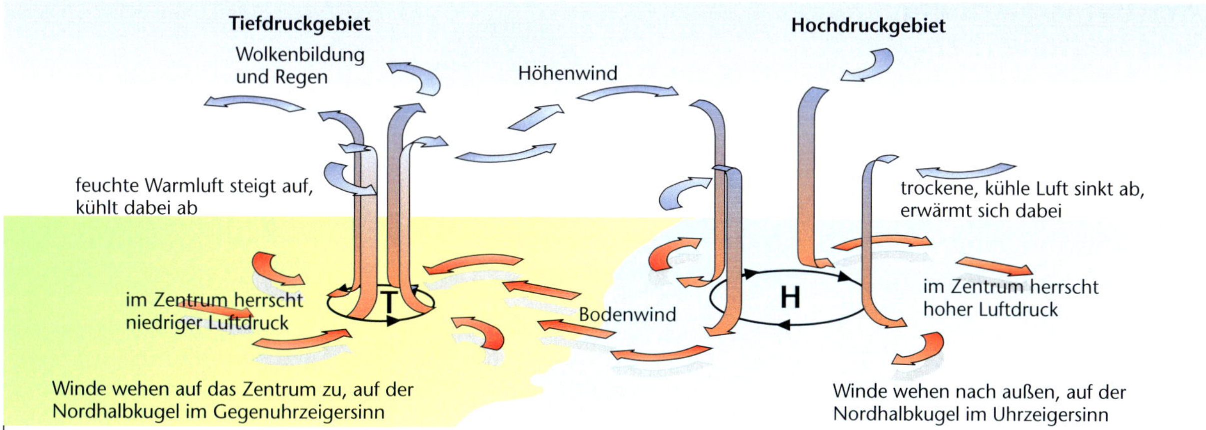

1 Die Entstehung von Wind

Wie entsteht Wind?
Du verbringst einen heißen Sommertag am Strand. Der Sand und das Wasser werden gleichermaßen von der Sonne beschienen. Wenn du barfuß durch den Sand läufst, verbrennst du dir fast die Fußsohlen. Das Wasser aber ist kühl. Der Sand hat sich also stärker erwärmt als das Wasser. Wegen der stärkeren Erwärmung des Sands erwärmt sich auch die Luft darüber stärker als über dem Wasser. Und das ist eine Ursache für Wind.
Warme Luft dehnt sich aus und steigt auf (▷B 1). Am Boden verringert sich dadurch der Luftdruck. Die Druckunterschiede zwischen der kühlen Luft über dem Wasser und der warmen Luft über dem Sand werden durch eine Luftströmung – den Wind – ausgeglichen.

Vom Hoch zum Tief
Was am Beispiel der Sandküste beschrieben wurde, passiert auch großräumig auf der gesamten Erde. Winde entstehen durch die unterschiedlich starke Erwärmung verschiedener Gebiete der Erde. In Gebieten, in denen Warmluft vom Boden aufsteigt, nimmt der Luftdruck am Boden ab. Dort herrscht Tiefdruck. Wo kalte Luft absinkt, sind die Verhältnisse umgekehrt. Am Boden entsteht ein Hochdruckgebiet.

Aufgaben

1 Erkläre, wie Hoch- und Tiefdruckgebiete entstehen.

2 Wie bewegt sich Luft von einem Hoch zu einem Tief? Fertige eine Skizze an. Lege in der Skizze drei Punkte fest und bestimme dort die jeweilige Windrichtung.

Zwischen einem Hoch und einem Tief findet ein Druckausgleich statt. Dabei strömt Luft vom **Hochdruckgebiet** (H) zum **Tiefdruckgebiet** (T). Diese Luftströmung bezeichnen wir als Wind (▷B 1; B 2). Aufgrund der Erddrehung bewegt sich die Luft aber nicht direkt vom Hoch zum Tief. Auf der Nordhalbkugel strömt sie im Uhrzeigersinn aus dem Hoch heraus und gegen den Uhrzeigersinn ins Tief hinein. Auf der Südhalbkugel ist es gerade umgekehrt.

Hoch- und Tiefdruckgebiete entstehen durch unterschiedlich starke Erwärmung verschiedener Gebiete der Erde. Es findet ein Druckausgleich statt, indem Luft vom Hoch- zum Tiefdruckgebiet strömt. Diese Luftströmung wird als Wind bezeichnet.

Luft – ein gasförmiger Körper
Du hast bereits gelernt, dass alle Stoffe aus kleinsten Teilchen bestehen. Das gilt auch für Luft. Bei gasförmigen Körpern wie der Luft haben die Teilchen einen großen Abstand voneinander und können sich frei bewegen (▷B 3). Daher ist Luft ein sehr beweglicher Körper, was sich bei Wind oder starken Stürmen zeigt.

2 Sturm

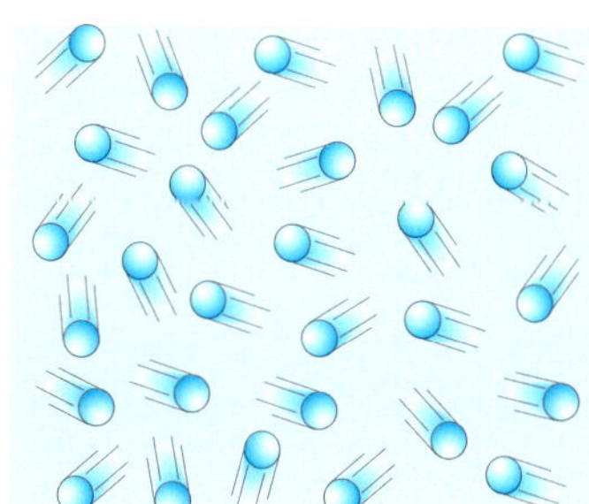
3 In Luft sind Teilchen frei beweglich

Wetterbeobachtung und Wettervorhersage

Alle reden vom Wetter – wir auch!
Das Wetter müssen wir nehmen, wie es kommt. Aber wir können uns darauf einstellen und nach den Vorhersagen planen.

- Erstelle eine Liste von zehn Begriffen, die das Wetter beschreiben.

- Welches Wetter magst du und welches nicht? Erstelle zu beidem eine Collage.

- Ein Landwirt wünscht sich manchmal sicherlich ganz anderes Wetter als der Besitzer eines Eiscafés. Stellt eine solche Diskussion in einem Gruppenspiel nach.

- Schneemänner bauen, Schlitten fahren und Schneeballschlachten veranstalten – dies gehört zu den schönen Seiten des Winters. Schnee und Kälte können aber auch gefährlich werden. Nenne einige Gefahren und beschreibe passende Schutzmaßnahmen.

„Die Ernte ist hin! Vier Wochen ohne Regen, da lassen sich Einbußen nicht mehr vermeiden."

„32 Grad sind o.k.! Mit jedem Grad mehr klettert auch mein Umsatz."

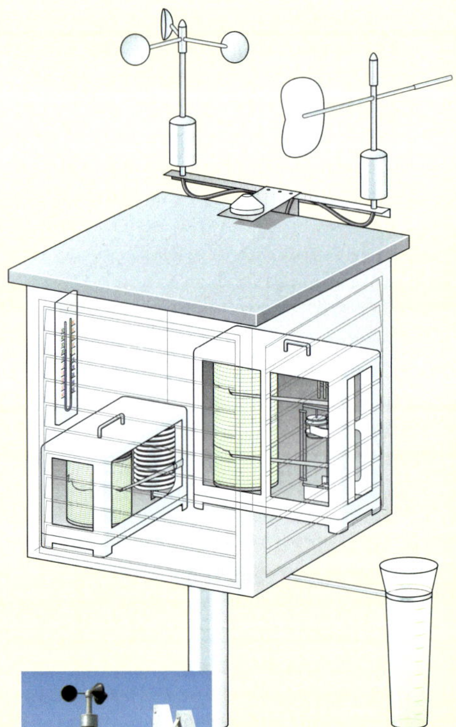

Die Messgeräte der Wetterstation
Meteorologen benötigen Messdaten, um Vorhersagen über die Entwicklung des Wetters treffen zu können. Diese Daten erhalten sie von so genannten Wetterstationen. Sie sind über das ganze Land verteilt und bestehen aus verschiedenen Geräten zur Messung der Wettergrößen. Die Fotos zeigen diese verschiedenen Messgeräte.

- Bildet Gruppen und informiert euch jeweils über ein Messgerät der Wetterstation.

- Stellt euer Messgerät den anderen Gruppen vor. Ihr könnt auch alle Informationen auf einem gemeinsamen Plakat zusammenstellen und es im Klassenraum aufhängen.

Thermometer

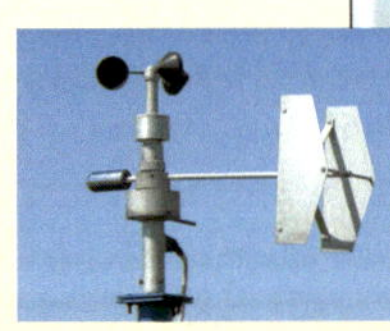

Windmesser

Regenmesser

Barometer

Hygrometer

Der Wetterbericht

Weil das Wetter für uns im privaten Bereich, aber auch in vielen Berufen von Bedeutung ist, veröffentlichen Zeitungen, Rundfunk und Fernsehen täglich Wetterberichte.

- Der Seewetterbericht trifft eine Vorhersage speziell für die Küstengebiete. Wer wird sich diesen Wetterbericht besonders gründlich anhören? Begründe.

- Vergleiche in mehreren Medien die Wetterberichte eines Tages. Finde Gemeinsamkeiten und Unterschiede heraus.

- Verfolge die Wetterberichte über mehrere Tage. Überlege, wie du die Veränderungen in einem Schaubild sichtbar machen kannst.

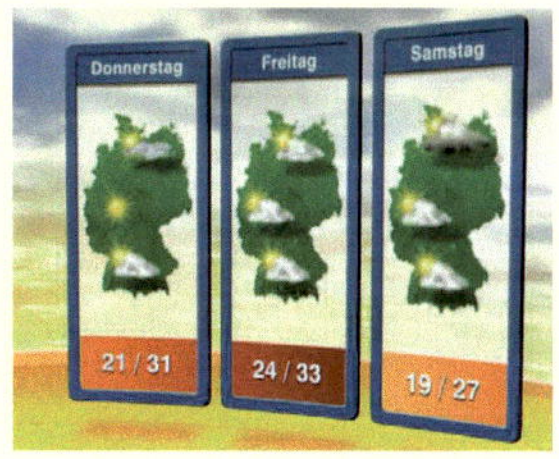

Extremes Wetter – Hurrikans und Taifune

In manchen Gebieten der Erde gibt es extreme Wettererscheinungen. Zu ihnen gehören Wirbelstürme, Hurrikans und Taifune. Sie haben für Menschen, Tiere und Pflanzen oft verheerende Auswirkungen.

- Wo auf der Erde kommen Hurrikans bzw. Taifune vor?

- Was verändert sich in den betroffenen Gebieten beim Wetter, wenn ein Wirbelsturm durchzieht?

- Warum ist der Wetterbericht für Menschen, die dort leben wo es Wirbelstürme geben kann, besonders wichtig?

Hurrican hinterlässt Spur der Verwüstung
5 Tote, 27 Verletzte und Schäden in Millionenhöhe

Weite Teile der Stadt liegen liegen bis zu einem halben Meter unter Wasser. Keller sind vollgelaufen. Selbst rechtzeitig angebrachte Barrikaden und Sandsäcke konnten bei den meisten Einwohnern keine Schaden verhindern helfen. Obwohl die Wasserpumpen auf Hochturen laufen, wird es wohl ein paar Tage dauern bis man hier mit den Aufräumarbeiten beginnen kann.
Die Produktionshalle der Oxmox Gmbh wurde davongeweht wie Spielkarten. …schäftigten stehen nun zwar … aber ob und wie das Werk wieder aufgebaut werden, und den Regelbetrieb aufnehmen kann. Die Beschäftigungssituation der 500 Arbeiter und Angestellten ist für die nächsten Monate also mehr als unklar.

Bei den Versicherungen laufen die Telefone heiß. Besorgte Bürger die nicht selten Ihr komplettes Ha… ren haben…

Wetterbeobachtung und -aufzeichnung

Material
Heft, Stifte, Lineal, Thermometer, Barometer, Niederschlagsmesser, Kompass, Wollfaden

Mit diesem Versuch kannst du dich selbst als Meteorologe versuchen. Miss dazu über einen längeren Zeitraum (zum Beispiel über 4 Wochen) die Werte verschiedener Wetterelemente und zeichne die Daten auf.
Wichtig ist, dass du die Messwerte jeden Tag zur gleichen Uhrzeit abliest.

Versuchsanleitung
Übertrage den Wetterbeobachtungsbogen (▷ B 2) in dein Heft.

a) *Temperaturmessung*
Hänge das Thermometer draußen an einem schattigen Platz auf. Achte darauf, dass du das Thermometer beim Ablesen der Messwerte immer auf Augenhöhe hältst (▷ B 1).

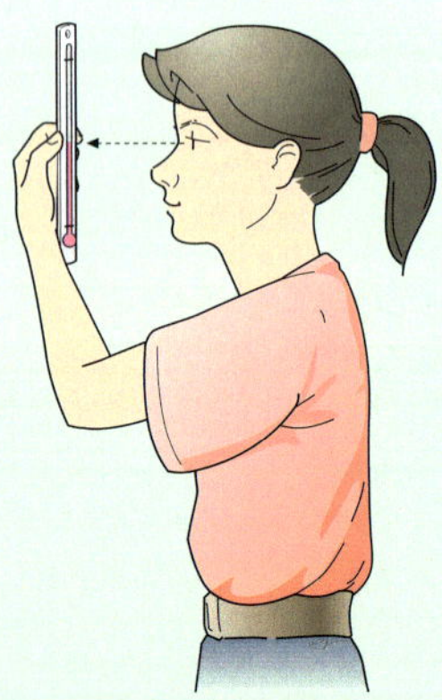

1 Richtiges Ablesen der Temperatur

Lies die Temperatur zu drei verschiedenen Tageszeiten ab (zum Beispiel um 7 Uhr, um 14 Uhr und um 21 Uhr). Trage die Messwerte in die Tabelle ein.
Am Ende des Tages kannst du die Tagesmitteltemperatur berechnen.

b) *Messung des Luftdrucks*
Das Barometer solltest du an einem Platz aufhängen, der vor Sonne und Regen geschützt ist. Lies die Anzeigewerte des Messgeräts einmal täglich ab und trage sie in die Tabelle ein.

c) *Niederschlagsmessung*
Stelle den Niederschlagsmesser möglichst frei auf, also nicht in der Nähe einer Hauswand oder anderer Gegenstände. Entleere das Messgerät nach dem Ablesen.

d) *Bestimmung der Windrichtung*
Bevor du die Windrichtung bestimmen kannst, musst du mit einem Kompass die Himmelsrichtungen zuordnen.

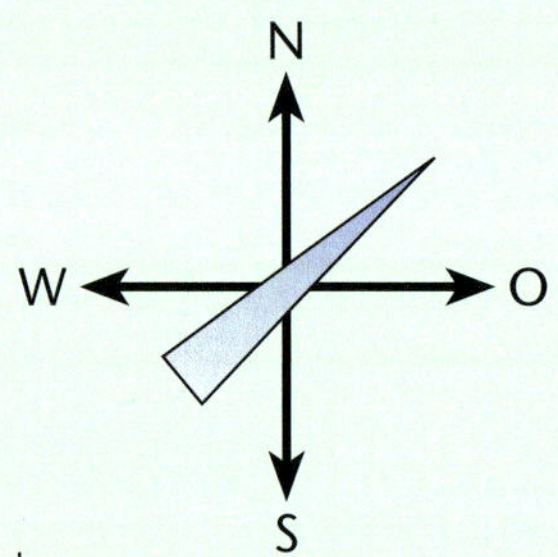

3 Wind aus Südwest

Lasse dann am ausgestreckten Arm einen leichten Wollfaden herunterhängen. Er zeigt an, aus welcher Richtung der Wind weht (▷ B 4). Bestimme die Windrichtung zweimal täglich, einmal am Vormittag und einmal am Nachmittag. Notiere das Ergebnis in der Tabelle. Trage dazu die Himmelsrichtungen ein und einen Pfeil, der die Windrichtung anzeigt.

4 Bestimmung der Windrichtung

e) *Aufzeichnung der Bewölkung*
Die Bewölkung wird je nach Stärke durch einen teilweise bis vollständig ausgemalten Kreis (▷ B 5) dargestellt. Bestimme den Grad der Bewölkung ebenfalls am Vormittag und Nachmittag.

5 Bewölkung

Aufgabe
Vergleiche nach Abschluss deiner Wetterbeobachtung deine Ergebnisse mit denen deiner Mitschüler. Stimmen eure Werte überein? Diskutiert, welche Ursachen unterschiedliche Ergebnisse haben könnten.

Tag	Temperatur (in °C)				Niederschlag	Luftdruck	Windrichtung		Bewölkung	
	7.00	14.00	21.00	Tagesmitteltemperatur	(in mm)	(in hPa)	vormittags	nachmittags	vormittags	nachmittags

2 In den Wetterbeobachtungsbogen werden die Messwerte eingetragen.

Kreisläufe beim Wetter

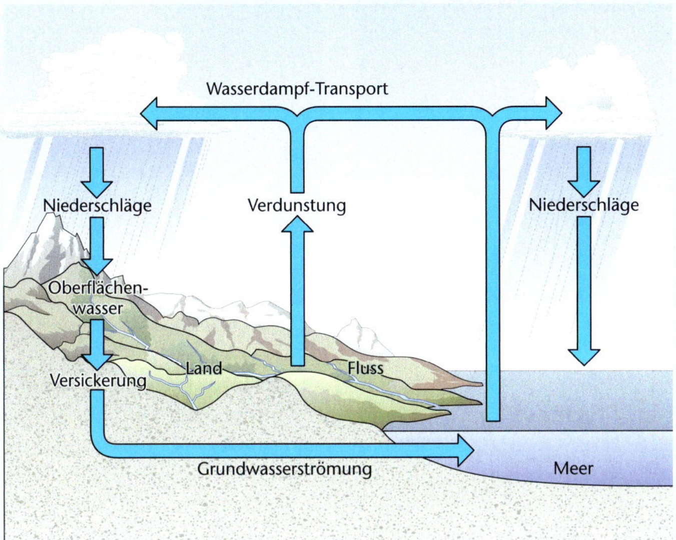

1 Der Kreislauf des Wassers

Was ist ein Kreislauf?

Es ist Herbst. Draußen stürmt es heftig. Daniel steht mit seinem Vater am Fenster: „Ist das ein Sturm! Woher kommt der starke Wind, der an unserem Haus vorbei fegt? Kann sich die Luft irgendwo sammeln? Und was passiert an dem Ort, aus dem der Wind kommt? Dort entstehen doch keine Luftlöcher!"

„Nein", erklärt sein Vater, „die Luft um die gesamte Erde herum ist in ständiger Bewegung. Sie bewegt sich in Kreisläufen. Genauso wie jemand, der z. B. im Stadion seine Runden dreht. Er startet an einem Punkt, läuft herum und kommt wieder am Start vorbei. Habt ihr nicht vor einiger Zeit in der Schule über den Kreislauf des Wassers gesprochen?"

„Ja", sagt Daniel. „Durch die Wärme der Sonne verdunstet das Wasser auf der Erde. Es steigt auf und bildet Wolken. Diese Wolken werden vom Wind weggeweht und regnen an anderer Stelle ab (▷ B 1). Ist das Wasser wieder auf der Erde angekommen, kann es erneut verdunsten."

Luft bewegt sich im Kreis

Wenn du deine Sommerferien am Meer verbringst, fällt dir vielleicht auf, dass der Wind tagsüber meist vom Meer in Richtung Land weht. Nachts ist die Windrichtung umgekehrt (▷ B 2).

Der Strand wird im Verlauf eines sonnigen Tages stärker erwärmt als das Wasser. Weil der Sand die Wärme auch schneller wieder abgibt, heizt sich die Luft darüber auf. Diese warme Luft steigt nach oben. In der Höhe bewegt sie sich in Richtung Meer, wo sie sich abkühlt und wieder nach unten sinkt. Über dem Land, wo die Luft aufsteigt, ist der Luftdruck am Boden geringer als über dem Meer. Deshalb strömt Luft vom Meer nach. Es bildet sich damit ein geschlossener Kreislauf.

Nachts sind die Verhältnisse anders: Weil das Wasser die Wärme länger speichert, ist es dort wärmer als über dem Land. Jetzt steigt die Luft über dem Wasser auf. Die Luft bewegt sich nun in umgekehrter Richtung im Kreis.

Aufgabe

1 Welche weiteren Kreisläufe kennst du? Benenne sie und erkläre, was sich dabei „im Kreis bewegt".
Erstelle eine Übersicht über die verschiedene Kreisläufe. Führe Gemeinsamkeiten und Unterschiede auf.

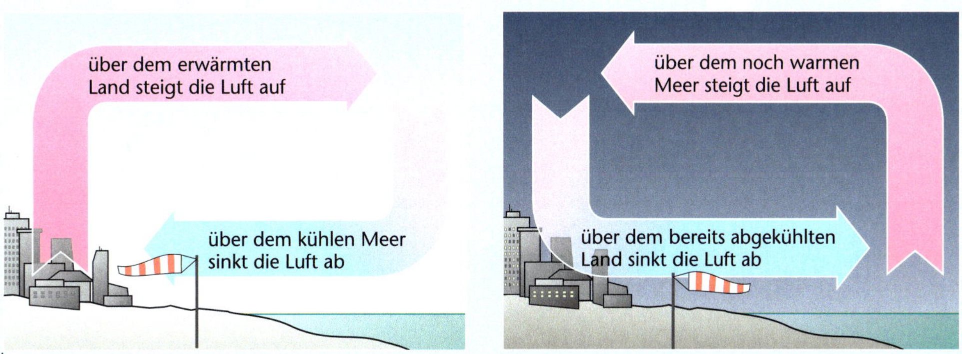

2 Seewind und Landwind – der Kreislauf der Luft

1 Federwolken

2 Haufenwolken

3 Gewitterwolke

Wie wird das Wetter?
Um eine Vorhersage für das Wetter machen zu können, müssen Wetterdaten gesammelt und ausgewertet werden. Es gibt aber auch „Zeichen", mit deren Hilfe du selbst eine einfache Wettervorhersage treffen kannst. Dazu gehören z. B. bestimmte Wolkenformen.
Auch der Luftdruck, der großen Einfluss auf das Wetter hat, wird durch gewisse Erscheinungen angezeigt. Bei hohem Luftdruck lösen sich Wolken auf. Der Himmel ist meist klar und es ist sonnig. Geringer Luftdruck ist fast immer mit Wolken, Wind und Niederschlägen verbunden.

Die Schwalben fliegen tief
Was haben Schwalben mit dem Wetter zu tun? Eigentlich nichts. Allerdings gibt die Flughöhe der Schwalben einen Hinweis auf die Wetterentwicklung: Schwalben ernähren sich von Insekten, die sie im Flug fangen. Diese Insekten bevorzugen einen bestimmten Luftdruck und richten ihre Flughöhe danach. Bei hohem Luftdruck halten sie sich in größerer Höhe auf, bei niedrigem Druck am Boden. Wenn du die Schwalben an einem schönen Sommertag nah über dem Boden Insekten jagen siehst, weißt du, dass niedriger Luftdruck herrscht. Es wird also bald Regen geben.

Kondensstreifen hinter Flugzeugen
Es gibt ein weiteres Zeichen am Himmel, an dem du die Wetterlage erkennen kannst: Betrachte die Kondensstreifen, die sich hinter Flugzeugen in großer Flughöhe bilden. Herrscht Hochdruck, lösen sie sich sofort auf.
Versuche nun einmal vorherzusagen wie das Wetter wird, wenn sich die Kondensstreifen nicht auflösen (▷ B 4).

4 Kondensstreifen am Himmel

Schnittpunkt

Bauernregeln

5 Schichtwolken

Wolkenbeobachtung

Wolken sagen eine Menge über die Entwicklung des Wetters in den folgenden Stunden aus:
Zeigen sich feine Federwölkchen am blauen Himmel, geht das schöne Wetter meist zu Ende (▷ B 1). Diese weißen Schleier sind die Vorboten des Regenwetters. Haufenwolken (▷ B 2), die sich wie weiße Watteflocken über den Himmel bewegen, sind ungefährlich. Aus ihnen fällt nur sehr selten Regen. Sie werden auch als Schönwetterwolken bezeichnet.
An einem heißen Sommertag kann sich eine solche Schönwetterwolke auch mal verändern: Wenn sie sich sehr hoch auftürmt, nach oben verbreitert und immer weiter ausfranst, dann solltest du einen sicheren Ort aufsuchen. Es bildet sich nämlich eine Gewitterwolke (▷ B 3), die Blitz und Donner und heftige Regenfälle bringt. Bei tief hängender dunkler Schichtbewölkung (▷ B 5) ist mit lang andauernden und heftigen Niederschlägen zu rechnen.

Morgenrot – viel Regen droht

Ein kräftiges Morgenrot kündigt oft einen verregneten Tag an. Die rote Färbung des Himmels bei Sonnenaufgang entsteht, wenn die Luft viel Feuchtigkeit enthält. Es ist sehr wahrscheinlich, dass sich im Laufe des Tages daraus Regenwolken bilden.

Aufgabe

1 Recherchiere im Internet zum Thema Bauernregeln. Wenn jeder in der Klasse eine Bauernregel auf ein Blatt schreibt und das Blatt noch mit einer Zeichnung schön farbig gestaltet, könnt ihr alle diese Blätter zu einem „Buch" zusammenstellen, das ihr in der Klasse auslegt.

Zum richtigen Zeitpunkt säen und ernten

Schon immer waren Bauern und Gärtner darauf angewiesen, das Wetter richtig einzuschätzen. Für sie ist es wichtig, den richtigen Zeitpunkt zum Säen und Ernten zu bestimmen. Deshalb beobachteten die Menschen das Wettergeschehen sehr genau. Allein in Europa gibt es mehrere tausend Wetter- oder Bauernregeln. Wiederkehrende Wettererscheinungen wurden meist in Reimform festgehalten und von Generation zu Generation weitergegeben.

Wetter, Tiere und Pflanzen

Vor einem Wetterwechsel kann man bei Tieren oder Pflanzen oft ein bestimmtes Verhalten beobachten. Viele Bauernregeln stützen sich auf solche Beobachtungen. Manche Regeln beziehen sich nur auf die nächsten Tage. Andere sagen dagegen das Wetter der nächsten Wochen oder Monate voraus. Noch heute schauen wir auf den „Siebenschläfertag" am 27. Juni: „Regnet´s am Siebenschläfertag, so regnet´s sieben Wochen nach." Erfahrungsgemäß hält das Wetter, das Ende Juni herrscht, über mehrere Wochen an. Wenn also ein kräftiges Tiefdruckgebiet um diese Zeit für viel Regen sorgt, regnet es meist über Wochen weiter.

1 Wetterballon

2 Wettermessboje

Wetterdaten werden gesammelt
Bevor eine Wettervorhersage gemacht werden kann, muss eine Wetterbeobachtung durchgeführt werden. Dazu sammelt man die Wetterdaten innerhalb eines größeren Gebietes.

Ganz Deutschland ist von einem dichten Netz von Wetterstationen überzogen. Außerdem gibt es über das Land verteilt zahlreiche Wetterämter.
Die Wetterämter sammeln die Messdaten aller Wetterstationen in ihrer Region. Diese Daten werden dann an das Zentralamt des Deutschen Wetterdienstes nach Offenbach übermittelt und dort weiterverarbeitet.

Zusätzliche Informationen liefern Wettersatelliten, Wetterballons (▷ B 1) und Messbojen (▷ B 2) im Meer.

Austausch von Wetterdaten
Zu den Wetterdaten gehören Angaben über Lufttemperatur, Luftdruck, Luftfeuchtigkeit, Bewölkung, Windrichtung und Windstärke. Diese Daten werden zwischen verschiedenen Wetterämtern ausgetauscht.

Der Austausch von Informationen erfolgt weit über die Landesgrenzen hinaus, denn auch die Wetterdaten angrenzender Staaten sind wichtig für die Erstellung von Wetterkarte und Wettervorhersage.

3 Hier wird das Wetter „gemacht".

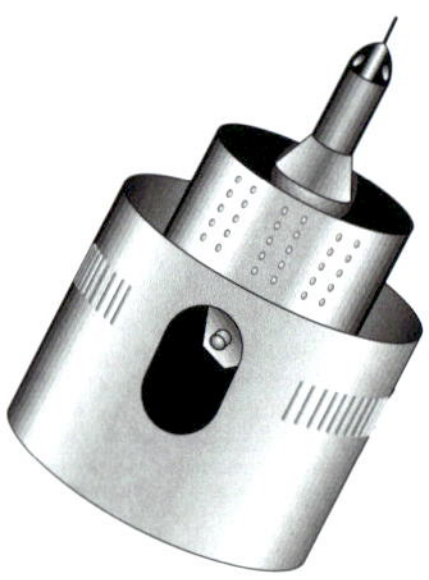

Aufgaben

1 a) Wie werden Wetterdaten gesammelt und gespeichert?
b) Nicht nur die Wetterstationen am Boden liefern Daten über die Wetterelemente. Welche weiteren Informationsquellen kennst du?
c) Was muss getan werden, bevor der Wetterbericht erstellt wird?

2 Sammle aus unterschiedlichen Zeitungen Wetterberichte.
a) Über welche Wetterelemente werden Aussagen gemacht?
b) Stimmen die Aussagen überein?

3 Vergleiche an mehreren aufeinander folgenden Tagen die Wettervorhersage mit dem tatsächlichen Wettergeschehen. Kannst du Unterschiede feststellen?

4 Die Bilder 4 und 5 zeigen die gleiche Wettersituation, einmal auf einer amtlichen Wetterkarte und einmal als Satellitenaufnahme.
a) Vergleiche die beiden Darstellungen und beantworte folgende Fragen:
Wie ist zum angegebenen Zeitpunkt das Wetter in Berlin, München, Oslo, Madrid und London? Mache Aussagen über Niederschlag, Bewölkung, Windrichtung und Windstärke. Welcher Luftdruck herrscht in London und Madrid?
Verfolge die schwarzen Linien. Sie verbinden Orte gleichen Luftdrucks miteinander. Diese Linien heißen Isobaren (Zonen gleichen Drucks).
b) Versuche anhand von Bild 4 vorherzusagen, wie sich das Wetter in den nächsten Tagen in München entwickeln wird.

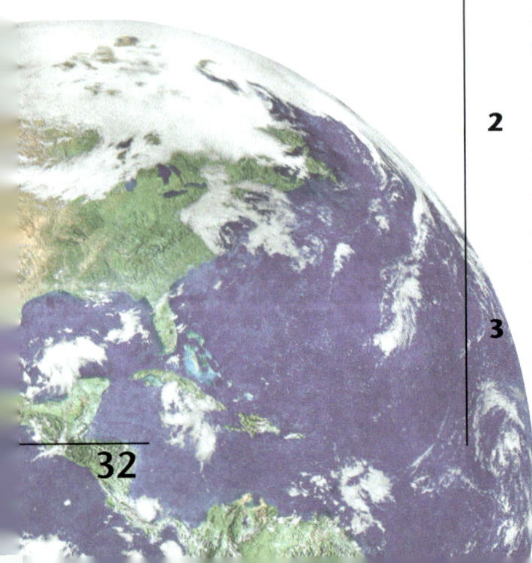

Wetterkarte und Wettervorhersage
Alle drei Stunden erstellt ein Computerprogramm aus den gespeicherten Wetterdaten eine Wetterkarte (▷B4). Sie beschreibt die momentane Wettersituation in einem bestimmten Raum.
Wenn der Meteorologe nun mehrere zeitlich aufeinander folgende Wetterkarten vergleicht, dann kann er aus den Veränderungen des Wetters eine Wettervorhersage treffen.

Genauigkeit der Vorhersage
Das Wetter wird von vielen Faktoren beeinflusst. Daher ist es schwierig, eine genaue Vorhersage zu machen.

Man unterscheidet zwischen kurzfristigen Wettervorhersagen (die für 24 Stunden gültig sind), mittelfristigen (für 3 bis 10 Tage gültig) und langfristigen Wettervorhersagen (gültig für mehr als 10 Tage).

Dabei wird die Genauigkeit der Vorhersage immer geringer, je länger der Zeitraum ist, für den die Vorhersage gelten soll. Kurzfristige Vorhersagen sind in etwa neun von zehn Fällen richtig. Bei Vorhersagen über Zeiträume von mehr als drei Tagen sinkt die Genauigkeit: Nur noch in der Hälfte aller Fälle entwickelt sich das Wetter so, wie es in der Vorhersage beschrieben wurde.

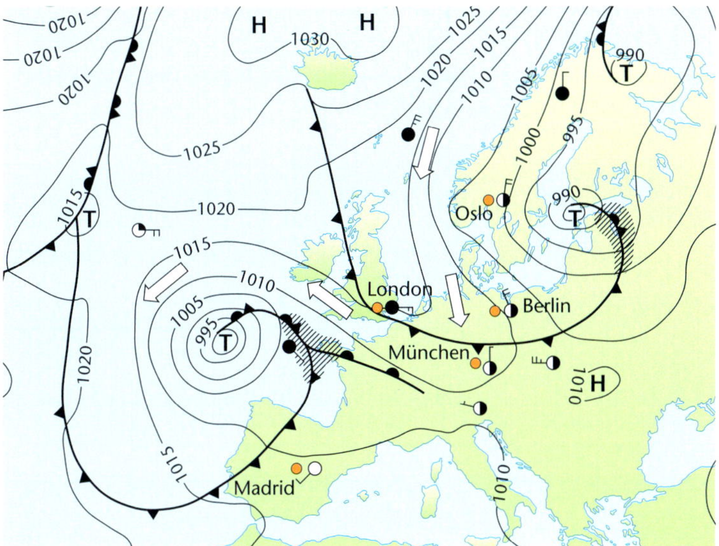

4 Wetterkarte vom 27.08.2005, 12 Uhr

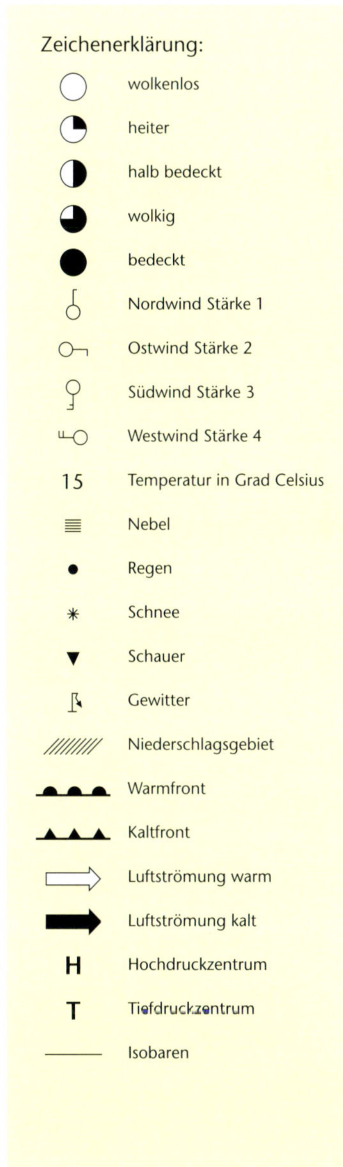

5 Satellitenaufnahme vom 27.08.2005, 12 Uhr

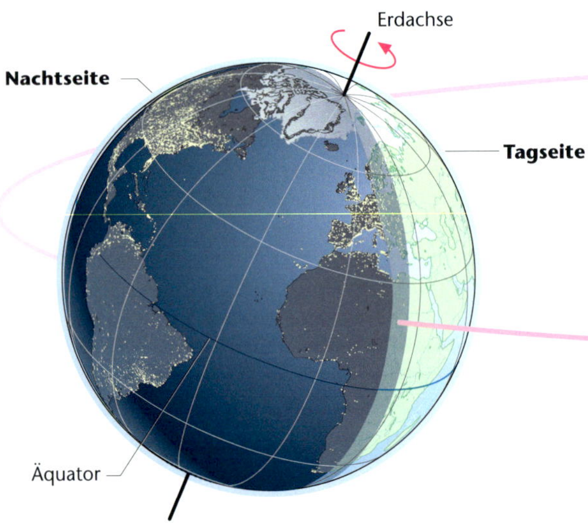

1 Die Erde dreht sich um ihre Achse.

Tag und Nacht

Die Erde dreht sich um eine gedachte, durch den Nord- und den Südpol verlaufende Erdachse (▷B1). Diese Bewegung wird als Erdrotation bezeichnet. Eine volle Umdrehung dauert 24 Stunden. Das entspricht in unserer Zeiteinteilung einem **Tag**.

Die Erdrotation verursacht den ständigen Wechsel von Tag und Nacht, weil nur eine Hälfte der Erde von der Sonne beleuchtet wird (▷B1). Suche dir in Bild 1 einen Punkt und überlege, wie er sich bewegt: Im Verlauf eines Tages durchläuft dieser Punkt sowohl den beleuchteten als auch den unbeleuchteten Bereich.

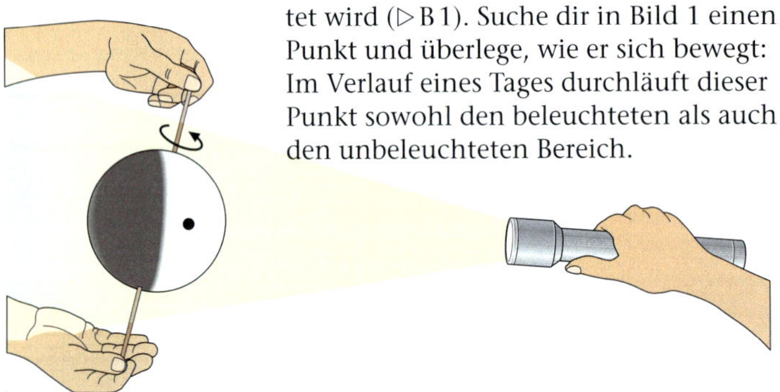

2 Entstehung von Tag und Nacht im Modell

Das Jahr

Wie die anderen Planeten bewegt sich auch die Erde um die Sonne (▷B3). Dabei legt sie in jeder Sekunde 30 Kilometer zurück. Das entspricht einer Geschwindigkeit von 108 000 Kilometer pro Stunde. Die Dauer eines vollständigen Umlaufs um die Sonne ist die Grundlage unserer Zeitrechnung. Nach ihr wurde das Jahr festgelegt. Allerdings benötigt die Erde nicht genau 365 Tage für ihren Umlauf, sondern sechs Stunden länger. Nach vier Jahren hat die Erde gegenüber der Zeitrechnung deshalb eine Verspätung von 24 Stunden. Als Ausgleich wird alle vier Jahre ein zusätzlilcher Tag in den Kalender „eingeschoben“, und zwar der 29. Februar. Ein solches Jahr bezeichnet man als Schaltjahr.

Die Erde führt zwei Bewegungen aus: Sie dreht sich in 24 Stunden ein Mal um die eigene Achse und umrundet in 365 Tagen und 6 Stunden ein Mal die Sonne.

Aufgaben

1 Woher kommen die Zeiteinheiten Tag und Jahr?

2 Warum ist es notwendig, alle vier Jahre ein Schaltjahr einzufügen?

Versuch

1 Führe den Versuch wie in Bild 2 durch. Markiere auf der Kugel einen Punkt, drehe die Styroporkugel und beschreibe den „Weg“ des Punktes.

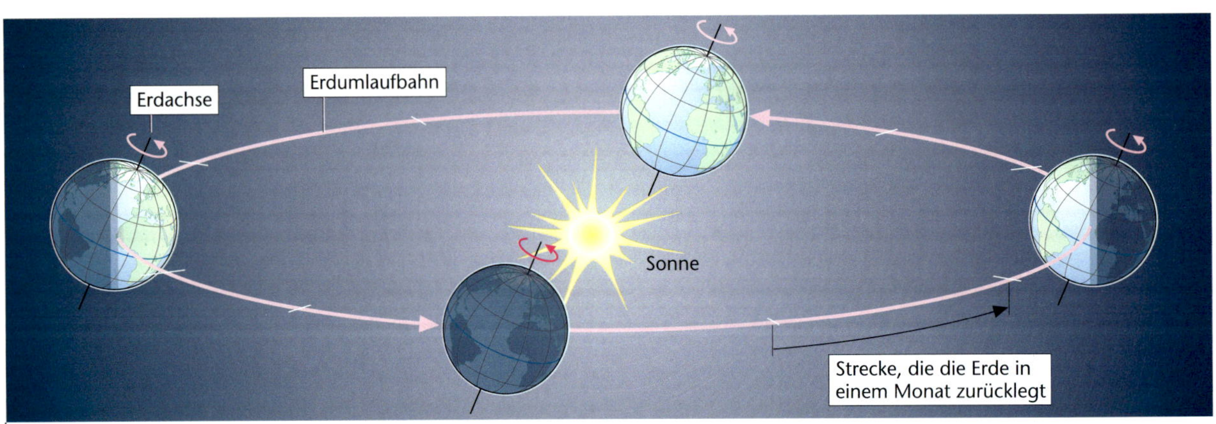

3 In einem Jahr umrundet die Erde einmal die Sonne.

1 Winter

2 Frühling

3 Sommer

4 Herbst

Der Einfluss der Jahreszeiten

Der Lebensrhythmus von Pflanzen und Tieren ist besonders durch die **Jahreszeiten** geprägt. So sind das Wachstum und die Vermehrung der Pflanzen und das Reifen ihrer Früchte daran gebunden. Viele Tiere nutzen in den warmen Monaten das große Nahrungsangebot und haben die unterschiedlichsten Methoden entwickelt, um gut durch den Winter zu kommen. Der Mensch hat zahlreiche technische Lösungen gefunden, um von den Jahreszeiten möglichst unabhängig zu sein. Heizungsanlagen und elektrisches Licht sind nur zwei Beispiele. Trotzdem werden auch wir von den Jahreszeiten beeinflusst.

Freust du dich an heißen Tagen nicht auch auf einen Besuch im Schwimmbad oder auf das Skifahren, wenn der Winter beginnt?

Schieflage mit Folgen

Wie entstehen die Jahreszeiten? Ihre Ursache ist die Schrägstellung der Erdachse (▷B5). Die Erde behält diese Schrägstellung auf ihrer Bahn um die Sonne bei. Daher ist im Verlauf eines Jahres einmal die Südhalbkugel und einmal die Nordhalbkugel zur Sonne geneigt.
Auf der Halbkugel, die der Sonne zugewandt ist, sind die Tage lang. Mittags steht die Sonne hoch über dem Horizont. Die Sonneneinstrahlung ist dort stärker als auf der abgewandten Halbkugel, sodass es dort auch wärmer ist. Auf der sonnenzugewandten Halbkugel herrscht Sommer, auf der abgewandten Halbkugel ist Winter.

Im Bereich der Tropen, nördlich und südlich des Äquators, gibt es keine Jahreszeiten. Dort sind die Temperaturen während des ganzen Jahres fast gleich bleibend hoch. Die größten Temperaturschwankungen gibt es zwischen Tag und Nacht.

▶ Die Erdachse steht schräg. Daher ist einmal die Nordhalbkugel und einmal die Südhalbkugel der Sonne stärker zugewandt. So entstehen die Jahreszeiten.

Aufgaben

1 Wodurch kommt es zur Entstehung der Jahreszeiten?

2 Fertige eine Skizze an, aus der man ablesen kann, wo auf der Erde welche Jahreszeit herrscht. Vergleiche deine Lösung mit der deiner Mitschüler. Diskutiert, welche Skizze am aussagekräftigsten ist.

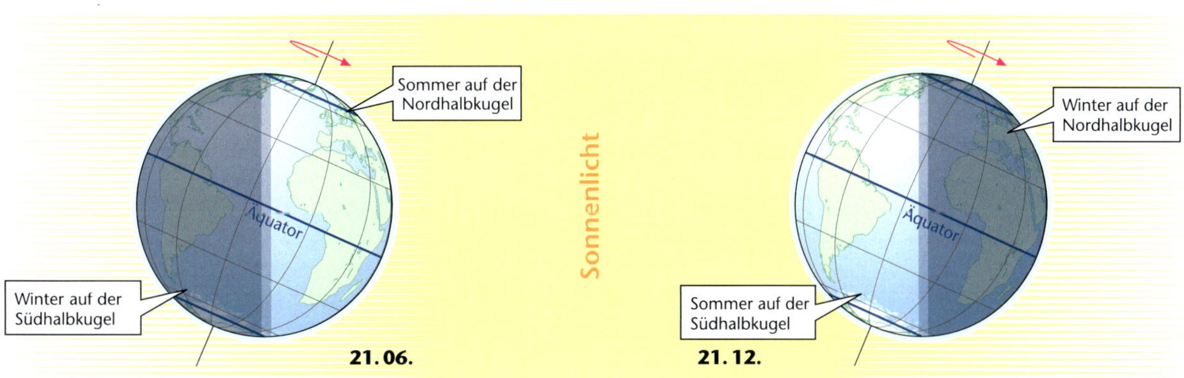

5 Die Entstehung der Jahreszeiten

Impulse

Leben bei jedem Wetter

Kleidung schützt

Es gibt den Satz für alle, die ihren Urlaub an der Nordsee verbringen möchten: Nicht das Wetter ist schlecht, man ist nur falsch angezogen.

- Was heißt „falsch angezogen"? Besorge dir Kataloge und Zeitschriften und erstelle mit ihrer Hilfe eine Collage, die diese Aussage darstellt.

- Du hast sicher Kleidungsstücke, die du nur bei bestimmtem Wetter trägst. Wie schützen sie dich vor Hitze oder Kälte, wie vor Regen und Wind? Wie müsste ein Universalkleidungsstück aussehen, das für alle Wetterlagen geeignet ist?

Leben in freier Natur

Auch die Tiere in der freien Natur müssen bei uns im Winter oder in den Polargebieten, wo es das ganze Jahr über sehr kalt ist, gegen Kälte geschützt sein.

- Manche Tiere bekommen ein Winterfell. Was könnte daran anders sein als bei dem Fell, das sie im Sommer haben?

- Schlagt unter dem Begriff „Winterfell" nach, welche Tiere das betrifft. Stellt in der Gruppe auf einem Plakat Informationen zum Thema „Winterfell bei Tieren" zusammen.

- Tiere müssen sich nicht nur vor Kälte schützen, sondern auch vor Hitze. Informiere dich, wie sich Tiere Abkühlung verschaffen.

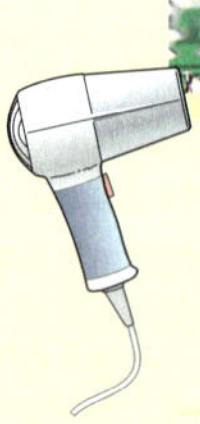

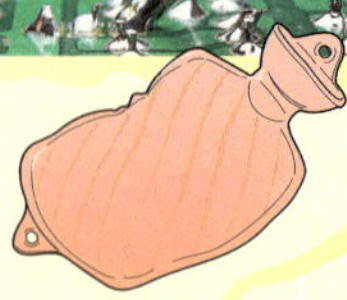

Wärmeübertragung – immer und überall

Immer dann, wenn ein warmer und ein kalter Körper miteinander in Berührung kommen, findet Wärmeübertragung statt. Das gilt für feste, flüssige und gasförmige Körper.

- Heißes Wasser wird in eine kalte Flasche geschüttet. Was passiert dabei mit dem Wasser und dem Glas?

- Du trägst im Winter Handschuhe, deine Hände sind warm, deine Ohren aber kalt. Wie könntest du Wärmeübertragung stattfinden lassen, damit dir die Ohren nicht erfrieren?

- Überlege dir weitere Beispiele für Wärmeübertragung aus deinem Alltag. Plane dazu Versuche und führe sie durch.
  Wie kannst du deine Ergebnisse am besten dokumentieren?

Wärmeübertragung? Nein, danke!

Wärmeübertragung ist z. B. in der Küche notwendig, damit das Essen gekocht werden kann. Es gibt aber auch viele Beispiele aus deinem Alltag, bei denen Wärmeübertragung verhindert werden soll.

- Wo findet in der Küche Wärmeübertragung statt?

- Wärmeübertragung erfolgt immer in einer bestimmten „Richtung". Wie ist das in all deinen Beispielen?

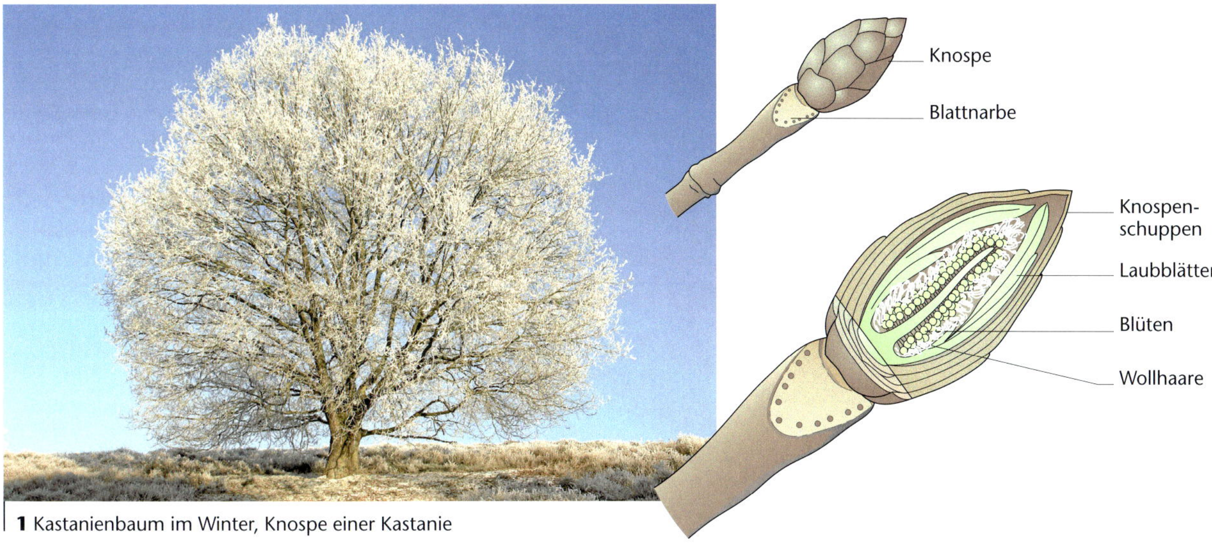

1 Kastanienbaum im Winter, Knospe einer Kastanie

Winterprobleme
Der Winter mit seiner Kälte macht allen Pflanzen zu schaffen. Das Hauptproblem ist die Wasserversorgung. Wenn der Boden gefroren ist, kann die Pflanze kein Wasser mehr aufnehmen. Bei Frost dehnt sich Wasser aus, die Wasserleitungsbahnen in der Pflanze würden zerspringen.

Blattfall als Rettung
Bäume und Sträucher, die die Blätter abwerfen, haben die Verdunstung ganz eingestellt. Es kann kein Wasser mehr abgegeben werden, sodass die Pflanzen vor dem Vertrocknen geschützt sind.

Grün durch den Winter
Die Stechpalme ist das ganze Jahr über grün. Der Baum schützt sich durch lederartige, dicke Blätter, die von einer Schutzschicht aus Wachs überzogen sind, vor Kälte und Verdunstung. Die Nadeln der Fichten, Kiefern und Tannen haben außerdem eine kleine Oberfläche, sodass sie kaum Wasser abgeben können.

Manche Pflanzen ziehen sich zurück
Bei einigen Wildkräutern, wie dem Sauerampfer, bleiben nur die unterirdischen Teile erhalten. Oft übersteht auch eine Knospe oder eine Rosette dicht an den Boden geschmiegt die kalte Jahreszeit.

Überwinterung als Samen
Das Hirtentäschelkraut ist wie die meisten Wildkräuter **einjährig**. Er stirbt im Herbst ab, die vielen Samen aber sichern seinen Bestand auch im nächsten Jahr.

Knospen für das nächste Jahr
Nach dem Blattfall sieht man die **Knospen**, in denen sich die Blätter und Blüten des kommenden Jahres befinden. Sie sind gut geschützt. Klebrige und hornige Knospenschuppen liegen wie Dachziegel übereinander (▷ B 1). Sie schützen das Innere vor Kälte und Nässe. Die Blütenknospen werden außerdem manchmal durch ein wolliges Haarkleid und grüne Blättchen vor der Kälte bewahrt.

Viele Pflanzen überstehen den Winter durch Laubfall, andere besitzen Blätter mit besonderen Schutzeinrichtungen. Bei manchen Arten überwintern nur einzelne Teile der Pflanze.

2 Überwinterung bei Pflanzen

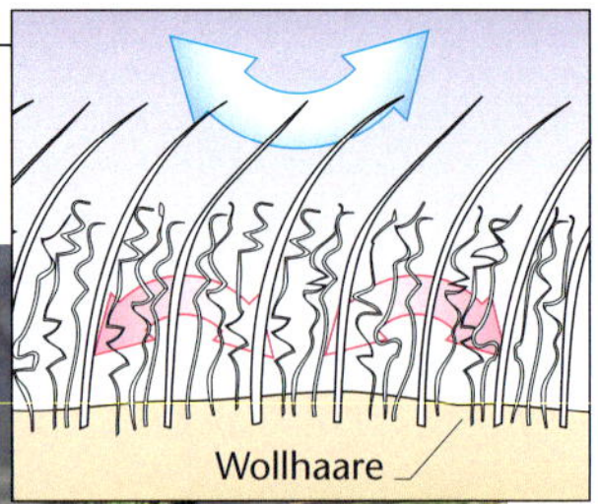

1 Funktion des Winterfells

2 Rotfuchs im Winterfell

Winterprobleme
Es ist Ende Januar. Die Temperaturen steigen am Tag nur wenig über 0 °C, nachts gefriert es sogar. Eiskalt fegt der Wind über verschneite Äcker und Wiesen. Es ist schwierig, jetzt Nahrung zu finden. Wie überstehen die Tiere diese harte Jahreszeit?

Ein „Wollmantel" schützt
Das Fell des Fuchses ist im Winter besonders dicht. Zu den vorhandenen **Wollhaaren** sind noch zusätzliche Wollhaare gewachsen (▷ B 1 und B 2).

3 Feldhamster

Die Wollhaare, die direkt auf der Haut aufliegen, schaffen eine stehende Luftschicht. Auf diese Wiese isolieren die Wollhaare gut gegen die Kälte und verlangsamen die Abgabe von Wärme. Bei uns bekommen fast alle Säugetiere in der kalten Jahreszeit ein solches **Winterfell**. Solange es noch reichlich Nahrung gab, haben sich die Tiere außerdem Fettpolster angefressen, die sie ebenfalls vor Kälte schützen.

Energie sparen durch Winterschlaf
Igel, Siebenschläfer und Fledermaus halten **Winterschlaf**. Das bedeutet, dass ihre Körpertemperatur stark abgesenkt wird, ihr Herz schlägt nur sehr langsam und der Körper verbraucht dabei kaum Energie. Die Tiere leben mehrere Wochen oder Monate nur von den angefressenen Fettvorräten.

Der Feldhamster (▷ B 3) macht eine Ausnahme: Er sammelt in seiner unterirdischen Höhle Getreide als Wintervorrat. Mehrmals unterbricht er seinen Winterschlaf, um von diesen Vorräten zu fressen. Sollte es den Winterschläfern einmal zu kalt werden, hat die Natur vorgesorgt: Bestimmte Stoffe im Körper, Hormone genannt, sorgen dann dafür, dass die Tiere aufwachen. Sie können ein neues Versteck suchen, in dem sie besser vor der Kälte geschützt sind.

Winterruher
Hoch oben in den Baumkronen hat das Eichhörnchen sein kugelförmiges Nest, den Kobel. Es ist mit Moos und anderen Pflanzenteilen so ausgepolstert, dass die Winterkälte das Tier nicht erreichen kann. Zu einer Kugel zusammengerollt, verschläft das Eichhörnchen hier viele Wintertage.

Hungern muss es dabei nicht, denn im Herbst hat es Nüsse und Eicheln versteckt. Ab und zu kommt es aus seinem warmen Versteck und frisst von den Vorräten. Im

4 Eichhörnchen frisst von seinen Vorräten.

5 Siebenschläfer

Herbst hat sich das Tier außerdem kleine Fettpolster angefressen; von ihnen zehrt es im Winter. Die Körpertemperatur des Eichhörnchens ist nur wenig herabgesetzt und auch das Herz schlägt normal. Das Eichhörnchen spart Energie, indem es die meiste Zeit ruht. Säugetiere, die auf diese Weise den Winter überstehen, halten eine **Winterruhe**.

Bei Säugetieren gibt es verschiedene Überwinterungsstrategien. Die meisten Säugetiere bekommen ein Winterfell, andere legen Vorräte an und halten Winterruhe oder einen Winterschlaf.

Aufgaben

1 Vergleiche, wie Hamster und Eichhörnchen den Winter überstehen. Stelle die einzelnen Punkte in einer Tabelle gegenüber.

2 Warum müssen Igel und Fledermaus einen Winterschlaf halten, nicht aber das Kaninchen und der Maulwurf?

3 Fertige ein Plakat zu dem Thema „Wie die Tiere den Winter überstehen" an. Sammle und ordne auch Bilder für das Plakat.

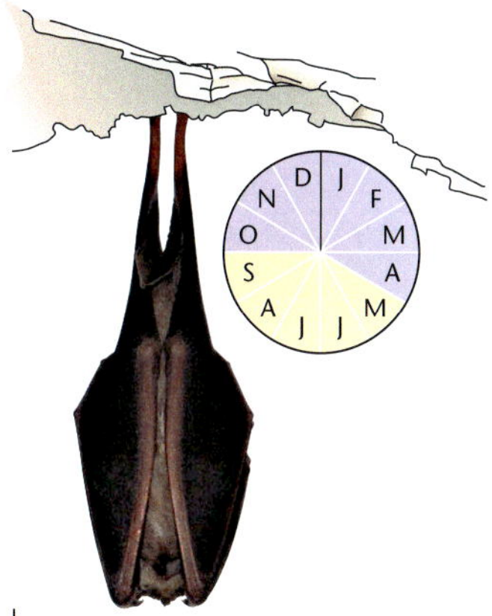

6 Fledermaus im Winterschlaf

Werkstatt

Geschützt wie ein Eisbär

Der Eisbär ist ein Bewohner der Arktis. Im Winter gräbt er sich eine Schneehöhle und hält Winterschlaf. Doch auch im Sommer ist es in der Arktis sehr kalt. Wie schützt sich der Eisbär vor Kälte, Schnee und eisigen Stürmen?

1 Die Hülle macht's

Material

4 Bechergläser, 4 Reagenzgläser, 4 Gummistopfen, Kosmetikcreme, Watte, eine Packung Trinkhalme, Gummiringe, Thermometer

Versuchsanleitung

Beschichte ein Reagenzglas dick mit Creme, hülle es in Klarsichtfolie. Packe das zweite Reagenzglas in Watte, die du mithilfe der Gummiringe befestigst. Ordne um das dritte Glas eine Lage Trinkhalme an. Befestige auch diese mithilfe der Gummibänder. Lass das letzte Reagenzglas unverändert.

Befülle nun alle Reagenzgläser mit warmem Wasser (ca. 35 bis 40 °C) und verschließe sie mit einem Gummistopfen. Stelle sie dann jeweils in einem Becherglas an einen kühlen Ort.

Miss nach 30 und nach 60 Minuten die Temperatur des Wassers in den Reagenzgläsern. Notiere die Ergebnisse.

2 Die Farbe macht's

Material

2 kleine Schachteln, weißes und schwarzes Papier, Thermometer

Versuchsanleitung

Beklebe eine der beiden Schachteln mit weißem Papier, die andere mit schwarzem Papier. Schneide jeweils auf einer schmalen Seite eine Öffnung in die Schachteln, sodass das Thermometer gerade hindurchpasst. Lege beide Schachteln in die Sonne. Miss nach etwa 30 Minuten die Temperatur in den Schachteln und notiere die Ergebnisse.

Aufgabe

Betrachte Bild 2. Kannst du mithilfe deiner Versuchsergebnisse erklären, welchen Nutzen die dunkle Haut des Eisbären, seine hohlen Haare und seine Fettschicht haben?

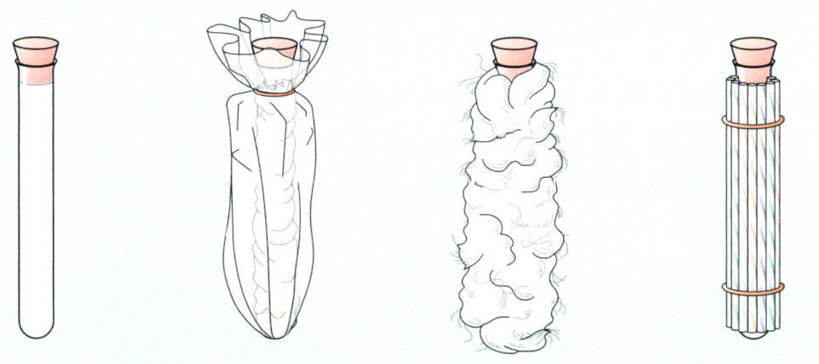

1 Zu Versuch 1

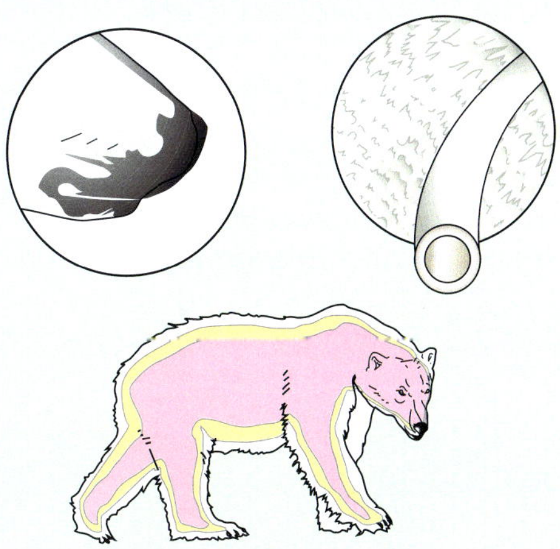

2 Besonderheiten beim Eisbären

Wärmeaustausch

Wird es uns im Sommer zu warm, legen wir Kleidungsstücke ab. In den kalten Monaten tragen wir dagegen Kleidung in mehreren Schichten übereinander. Beide Mal versuchen wir, den Wärmeaustausch zwischen unserem Körper und der Umgebung zu regeln. Bei leichter Kleidung kann der Körper viel Wärme an die Luft abgeben. Dicke Kleidung verhindert den Wärmetransport, sie wirkt wärmedämmend.

Wärmedämmung beim Hausbau

Die Heizkosten steigen von Winter zu Winter an. Da lohnt es sich, die Wärmedämmung der Häuser zu verbessern. Der Einsatz von Wärmedämmstoffen soll verhindern, dass zu viel Wärme nach außen abgeleitet wird (▷ B 2). Aber auch im Sommer ist eine gute Isolierung nützlich. Wenn die Sonne auf ein nicht isoliertes Dach „knallt", wird es in der darunter liegenden Wohnung unerträglich heiß. Ein im Hausbau häufig eingesetzter Wärmedämmstoff ist Styropor® (▷ B 1). Dieses Material besteht aus Kunststoff und Luft. Bei der Herstellung werden „Kunststoffperlen" erhitzt. Dabei blähen sie sich auf und verkleben miteinander.
Styropor® wird häufig zur Wärmedämmung eingesetzt, weil Kunststoff und Luft schlechte **Wärmeleiter** sind. Sie nehmen Wärme sehr langsam auf und transportieren sie nur schlecht weiter.
Metalle dagegen sind gute Wärmeleiter. Das bemerkst du z. B., wenn du einen Heizkörper kurz nach dem Einschalten anfasst. Das Metall leitet die Wärme des Wassers schnell nach außen.

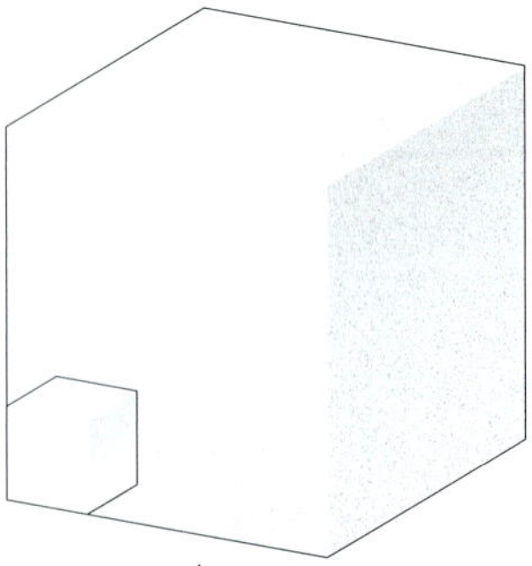

1 Aus 20 Liter Kunststoff werden 1000 Liter Styropor®.

▶ Wenn Wärme in einem Stoff weitergegeben wird, spricht man von Wärmeleitung. Zur Wärmedämmung werden schlechte Wärmeleiter verwendet.

Eine andere Art von Wärmeverlust tritt z. B. an undichten Fenstern auf. Er entsteht dadurch, dass Luft hinausströmen kann und dabei Wärme abtransportiert.

▶ Wenn Wärme zusammen mit einem Stoff transportiert wird, spricht man von Wärmeströmung.

Aufgaben

1 Warum sind „luftgefüllte Materialien" gut als Wärmedämmstoffe geeignet?

2 Durch welche baulichen Maßnahmen wird bei der Heizungsanlagen in deinem Wohnhaus erreicht, dass die Wärme auf dem Weg von der Heizungsanlage zu den Heizkörpern nicht „verloren" geht?

... auf dem Dach

... an der Außenwand

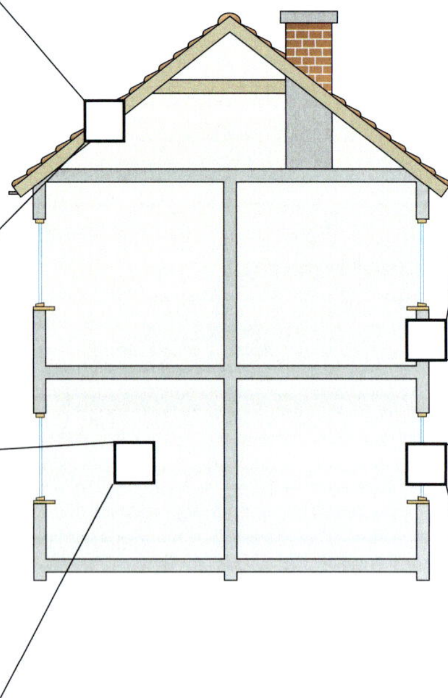

... im Inneren

... an den Fenstern

2 Wärmedämmung eines Hauses ...

Eine 5 cm dicke Wand aus Holz isoliert genauso gut wie:

- **eine 13 cm dicke Ziegelsteinmauer,**
- **eine 23 cm dicke Glaswand,**
- **eine 55 cm dicke Betonwand,**
- **eine 100 cm dicke Marmormauer.**

3 Dämmeigenschaften verschiedener Baumaterialien

Holz als Baumaterial

In Skandinavien, Alaska, Kanada und Sibirien werden Häuser meist aus Holz gebaut. Das ist nicht verwunderlich, da dort Holz als Baumaterial in großen Mengen vorhanden und somit preiswert ist. Aber das ist nicht der einzige Grund. Vergleiche einmal die Dämmeigenschaften verschiedener Baumaterialien miteinander (▷ B 3). Warum, glaubst du, ist Holz ein „ideales" Baumaterial?

Luft als „Wärmepolster"

Wenn du dich an kalten Wintertagen im Freien aufhältst, musst du deinen Körper davor schützen, dass er zu viel Wärme an die Luft abgibt. Du würdest frieren. Deine Winterkleidung besteht meist aus dickeren Materialien.
Eine Daunenjacke wirkt wie „aufgeblasen". Wenn du sie zusammendrückst, entweicht die Luft. Auch zwischen den Maschen eines dicken Wollpullovers können sich Luftpolster bilden.
Beobachte einmal Vögel im Winter: Sie plustern sich auf (▷ B 4) und spreizen das Gefieder ab, sodass sich zwischen den Federn ein Luftpolster bildet.

4 Vogel im Winter

Werkstatt

Gute und schlechte Wärmeleiter

Beim Hausbau ist eine gute Isolierung notwendig. Welche Materialien leiten die Wärme gut und welche schlecht?

1 Luft und Wasser im Wettstreit

Material
2 große feuerfeste Reagenzgläser, Eiswürfel, Stativ, Doppelmuffe, biegsamer Draht, Wasser, Gasbrenner, Schutzbrille

Versuchsanleitung
Gib in jedes Reagenzglas einen Eiswürfel, den du mit Draht umwickelt hast. Befülle nun eines der Gläser mit Wasser. Achte darauf, dass der Eiswürfel am Boden des Reagenzglases liegt. Erhitze beide Reagenzgläser am oberen Ende über einer Brennerflamme (▷ B 1). (Vorsicht, Spritzgefahr!)

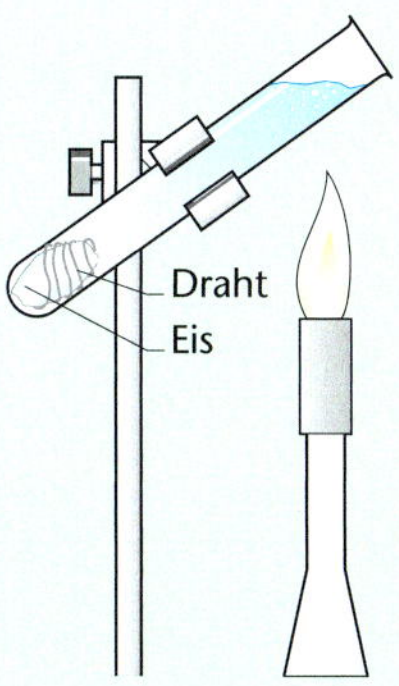

1 Erhitzen des Wassers

Beobachte die Eiswürfel und notiere deine Beobachtungen.

2 Schmelzende Kugeln

Material
Mehrere gleich lange Stäbe aus verschiedenen Materialien, Wachskügelchen, Wasserwanne, Styropor®-Platte, Heizplatte, Wasser

Versuchsanleitung
Befestige die Wachskügelchen in gleichen Abständen an den Stäben (▷ B 2). Stecke die Stäbe durch die Styropor®-Platte. Fülle Wasser in die Wanne und lege die Styropor®-Platte darauf. Erhitze das Wasser. Notiere, in welcher Reihenfolge die Wachskügelchen von den unterschiedlichen Materialien abfallen. Welche Schlussfolgerung kannst du daraus ziehen?

Aufgabe
Vergleiche die Ergebnisse der beiden Versuche. Wie beurteilst du Luft, Wasser und Metall als Wärmeleiter?

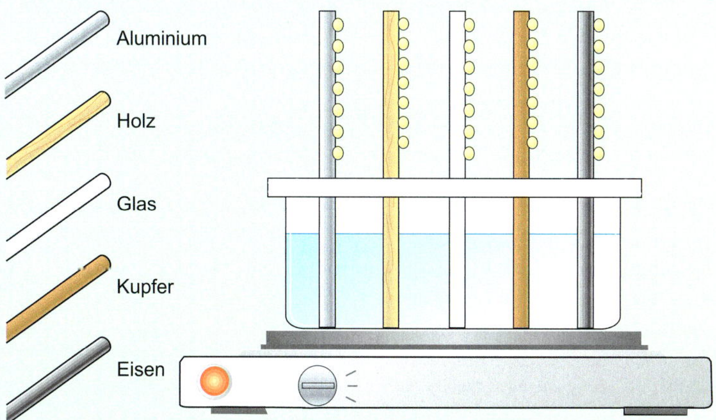

2 Guter oder schlechter Wärmeleiter?

Wir bauen ein Modellhaus

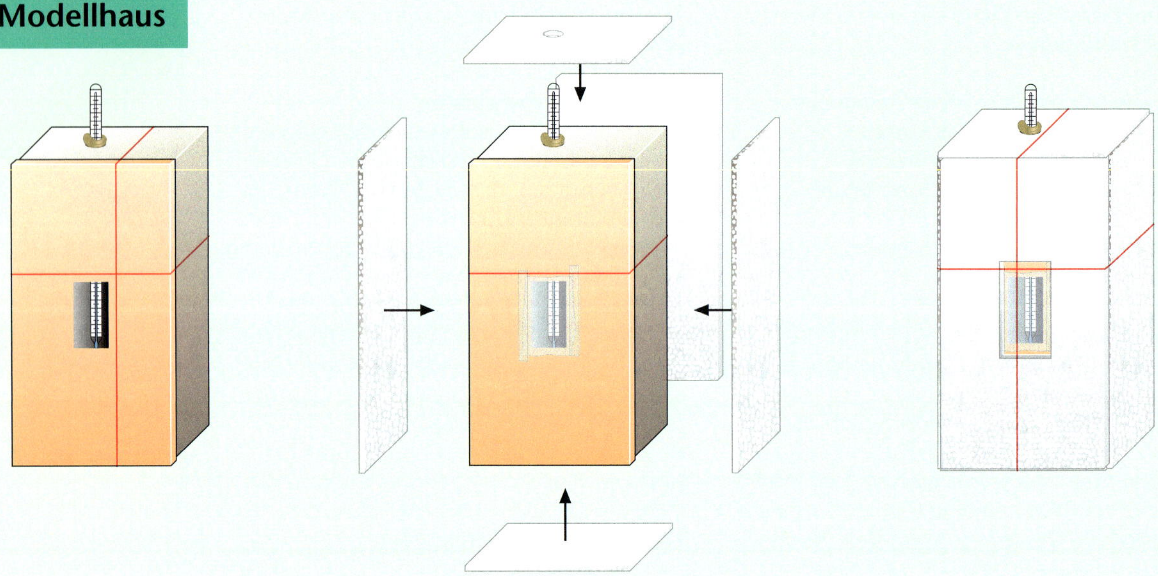

1 Ein Modellhaus ohne und mit Dämmung

Du hast über Hausbau mit besonderer Wärmedämmung bereits einiges gehört. Auf dieser Seite bekommst du nun die Bauanleitung für ein „Modellhaus".
Hier kannst du selbst überprüfen, welchen Einfluss die Wärmedämmung auf die Temperaturen in einem Haus hat.

Material
2 gleich große Schuhkartons, 2 gleich große Steine, 2 Thermometer, scharfes Messer, Schere, Kleber, Knetmasse, Klarsichtfolie, Alufolie, 4 Gummiringe, 2 Platten Styropor® (etwa 1 cm dick)

Versuchsanleitung
a) „Haus" ohne Wärmedämmung
Schneide in den Deckel des Schuhkartons ein Fenster und klebe als Scheibe ein Stück Frischhaltefolie davor.
Schneide oben ein kleines Loch in den Karton, stecke das Thermometer hinein und dichte das Loch mit Knetmasse so ab, dass das Thermometer festgehalten wird. Das Thermometer solltest du so tief in den Karton stecken, dass durch das Fenster die Skala zum Ablesen sichtbar bleibt. Befestige nun den Deckel mit zwei Gummiringen am Karton.

b) „Haus" mit Wärmedämmung
Baue dieses Haus zunächst genauso wie das erste. Ergänze dann die Isolierung (▷ B 1). Schneide aus den Styroporplatten Stücke aus, die so groß wie die vier Seitenwände, der Boden und der Deckel sind. Zeichne dazu mit einem Stift die Größe der Stücke auf das Styropor® und schneide sie anschließend mit einem scharfen Messer aus. Denke an die Fensteröffnung. Das Fenster dieses Hauses bekommt eine „Doppelverglasung". Dazu klebst du von innen und von außen Klarsichtfolie auf die Fensteröffnung.

Kleide zur weiteren Isolierung das Innere des Kartons (auch den Deckel) mit Alufolie aus. Die Folie muss nicht festgeklebt werden, sondern hält auch, wenn du sie fest andrückst.
Die Styroporplatten für die Seiten und den Boden kannst du mit zwei Gummiringen am Karton befestigen.

c) Wie funktioniert die Heizung?
Heize den Backofen auf 50 °C vor, lege zwei gleich große Steine etwa eine halbe Stunde hinein und lege sie dann in die Kartons (Vorsicht! Verwende Topflappen!).

Solltest du nur einen Karton und nur ein Thermometer zur Verfügung haben, kannst du die Messungen auch nacheinander ausführen. Falls das Thermometer einen längeren „Stiel" hat, steckst du es – wie beschrieben – in den Deckel und lässt es zum Ablesen der Temperaturen im Haus oben aus dem Deckel herausschauen.

Aufgabe
Übertrage die Tabelle (▷ B 2) in dein Heft, trage die Werte der Temperaturmessungen ein und bewerte dein Ergebnis.

	Temperatur				
	nach 0 min	nach 15 min	nach 30 min	nach 45 min	nach 60 min
ohne Dämmung					
mit Dämmung					

2 Tabelle

Werkstatt

Wasser verhält sich anders

Wasser ist ein ganz besonderer Stoff. Seine Eigenschaften beeinflussen alle Lebewesen.

Was unterscheidet Wasser von anderen Flüssigkeiten? Hier kannst du es selbst herausfinden.

1 Flüssigkeiten im Steigrohr

Material

Mehrere Rundkolben, Stopfen mit Bohrung, Glasrohre, Wanne, verschiedene Flüssigkeiten (Wasser, Salatöl, Essig, Spiritus usw.)

Versuchsanleitung

a) Färbe Wasser mit einigen Tropfen Tinte an. Fülle den Rundkolben bis knapp unter den Rand mit dem gefärbten Wasser.
b) Stecke das Glasrohr in die Bohrung des Stopfens und verschließe damit den Kolben. Achte darauf, dass keine Luftblase eingeschlossen wird.
c) Kühle den Kolben in Eiswasser auf etwa 0 °C ab. Markiere den Wasserstand im Glasrohr.

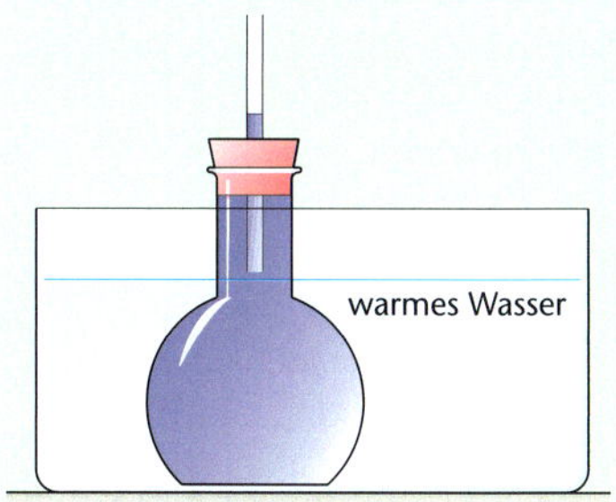

1 Erwärmen des Kolbens

d) Stelle den Glaskolben in eine Wanne mit zimmerwarmem Wasser (▷ B 1). Miss jede Minute die Steighöhe des Wassers im Glasrohr und notiere die Messwerte in einer Tabelle (▷ B 3).
e) Wiederhole den Versuch wie beschrieben mit den anderen Flüssigkeiten (▷ B 2). Achte darauf, dass die Flüssigkeiten zu Beginn ebenfalls eine Temperatur von 0 °C haben und dass die Füllhöhe jeweils etwa gleich ist.

2 Vergleichsmessung mit anderen Flüssigkeiten

Flüssigkeit	Zeit (in min)	Steighöhe (in cm)
Wasser	0	2,7
	1	

3 Tabelle zu Versuch 1

Aufgaben

1. Bereite für jede der untersuchten Flüssigkeiten ein Diagramm vor. Trage nach oben die Steighöhe der Flüssigkeit in Zentimeter ein, nach rechts die Zeit in Minuten.

2. Beschreibe, wie sich die Steighöhen der verschiedenen Flüssigkeiten bei der Erwärmung verändern. Wodurch unterscheidet sich Wasser von den anderen Flüssigkeiten?

2 Wasser und Wachs

Material

2 leere Teelichtdöschen, Wachs, Wasser

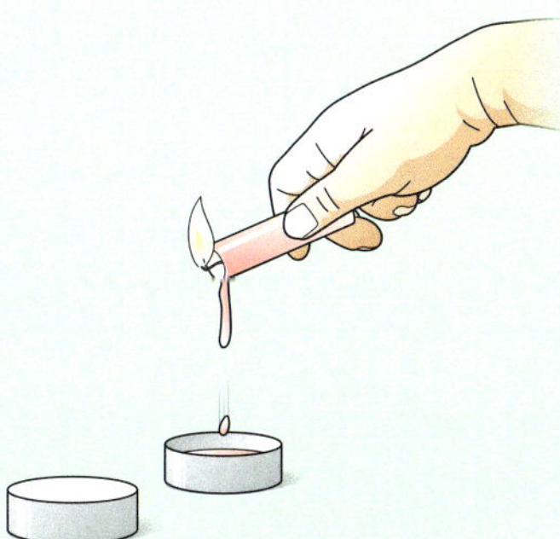

4 Wachs und Wasser im Vergleich

Versuchsanleitung

a) Fülle die beiden Döschen fast randvoll, das eine mit Wasser, das andere mit flüssigem Wachs (▷ B 4). Betrachte die Döschen von der Seite. Zeichne die Oberfläche der Flüssigkeiten im Querschnitt.
b) Stelle beide Döschen für etwa 3 Stunden ins Frostfach des Kühlschranks. Betrachte die erstarrten Flüssigkeiten in den Döschen von der Seite und zeichne wieder den Querschnitt. Welche Unterschiede zwischen Wasser und Wachs stellst du fest?

3 Gefahr im Frostfach

Material

Glasflasche mit Schraubverschluss, Plastiktüte, Wasser

Versuchsanleitung

Fülle die Flasche bis zum Rand mit Wasser und drehe den Verschluss ganz fest zu. Achte darauf, dass keine Luftblase eingeschlossen ist.
Packe die Flasche in die Plastiktüte und lege sie etwa einen halben Tag lang ins Frostfach des Kühlschrankes.
Hole die Tüte vorsichtig aus dem Frostfach und öffne sie. Was stellst du fest?

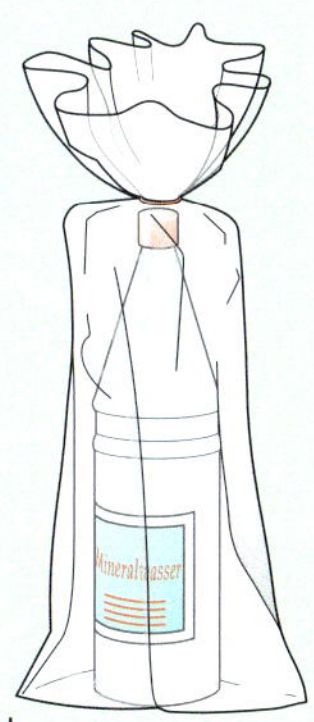

5 Wasser gefriert

Aufgabe

Warum muss man aus freiliegenden Wasserleitungen im Herbst das Wasser ablassen?

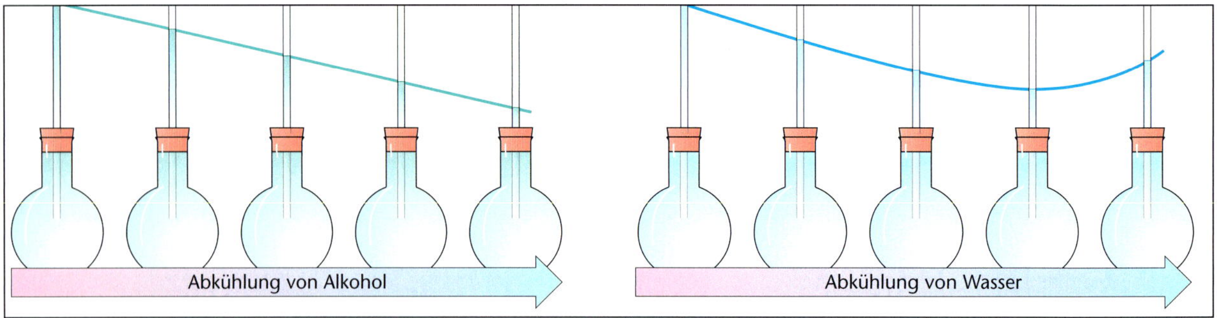

1 Alkohol und Wasser werden abgekühlt.

Wasser verhält sich anders
Um im Sommer Getränke schnell abzukühlen, liegt es nahe, die Saftflasche ins Eisfach zu legen. Wenn man die Flasche jedoch vergisst, kann man eine böse Überraschung erleben: Am nächsten Tag findet man im Eisfach einen gefrorenen Klotz inmitten von Glasscherben.
Wasser bildet unter den Flüssigkeiten eine Ausnahme. Zwar zieht es sich beim Abkühlen ebenfalls zusammen, aber nur bis zu einer Temperatur von +4 °C. Bei einer weiteren Abkühlung dehnt sich das Wasser wieder aus (▷ B 1). Dieses Verhalten wird als **Anomalie** des Wassers bezeichnet.

Ein See im Winter
Vielleicht warst du im Winter auch schon einmal auf einem zugefrorenen See Schlittschuhlaufen. In vielen solcher Seen und Teiche leben Fische. Wie überleben sie die kalte Jahreszeit?
Im Winter kühlt sich das Wasser in einem See ab, weil ein Wärmetransport vom wärmeren Wasser zur kälteren Luft stattfindet. Da Wasser von +4 °C sich am stärksten zusammengezogen hat, ist es am schwersten. Es sinkt auf den Boden des Sees. Wenn Wasser kälter als + 4 °C wird, dehnt es sich wieder aus. Das bedeutet, es wird leichter und sinkt nicht mehr nach unten.

Weil die Wassertemperatur von der Oberfläche bis zum Grund bis auf 4 °C ansteigt, können Fische und Pflanzen im Winter auch in zugefrorenen Seen überleben (▷ B 2).

Bei +4 °C nimmt eine bestimmte Menge Wasser den kleinsten Raum ein. Wenn es stärker abgekühlt wird, dehnt es sich wieder aus. Dieses Verhalten wird als Anomalie des Wassers bezeichnet.

Versuche

1 Fülle einen Messzylinder mit Wasser und Eis wie in Bild 2. Miss die Temperatur in der Eisschicht und am Zylinderboden. Vergleiche das Ergebnis mit einem See im Winter.

2 Fülle ein Reagenzglas zur Hälfte mit Wasser (▷ B 3). Markiere den Wasserstand und stelle das Reagenzglas in eine Kältemischung (Mischung aus zerstoßenem Eis und Salz). Markiere jetzt die Höhe des Eisstandes und vergleiche.

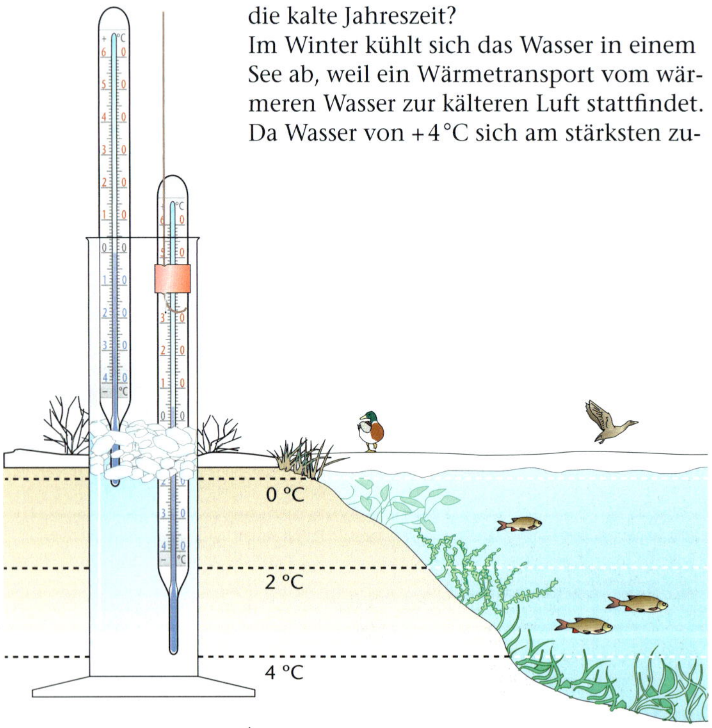

2 Temperaturschichtung im Versuch und im See

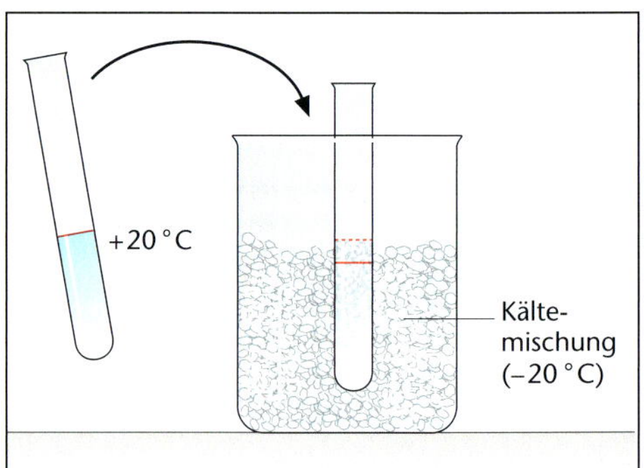

3 Das Volumen von Wasser und Eis

1 Eisläufer

Wasser in der Natur

Im Sommer ist es angenehm, auf einem See Boot zu fahren oder im Wasser zu plantschen. Bleibt es lange Zeit heiß und trocken, sinkt der Wasserspiegel im See, das Wasser verdunstet. Es bildet sich unsichtbarer Wasserdampf.
An kühlen Herbsttagen ist der See unter weißen Nebelschwaden verborgen. Nebel besteht aus kleinen Wassertröpfchen, die in der Luft schweben.
Bleibt es lange Zeit kalt, bedeckt eine Eisschicht den See (▷ B 1). Das Wasser ist gefroren.

Wasser kommt in drei Zustandsarten vor. Als Eis ist es fest, als Wasser flüssig und als Wasserdampf gasförmig (▷ B 2 – B 4). Diese Zustandsarten werden auch **Aggregatzustände** genannt. In welchem Aggregatzustand das Wasser sich jeweils befindet, hängt von der Temperatur ab.

▶ Wasser kann in drei Aggregatzuständen vorliegen: fest, flüssig oder gasförmig.

Aggregatzustände im Teilchenmodell

▶ In festen Stoffen bewegen sich die kleinsten Teilchen um ihre Ruhelage (▷ B 2).

▶ In flüssigen Stoffen sind die kleinsten Teilchen gegeneinander verschiebbar. Die Flüssigkeit passt sich daher der Gefäßform an (▷ B 3).

▶ Bei Gasen sind die kleinsten Teilchen frei beweglich. Gase nehmen daher den ganzen zur Verfügung stehenden Raum ein (▷ B 4).

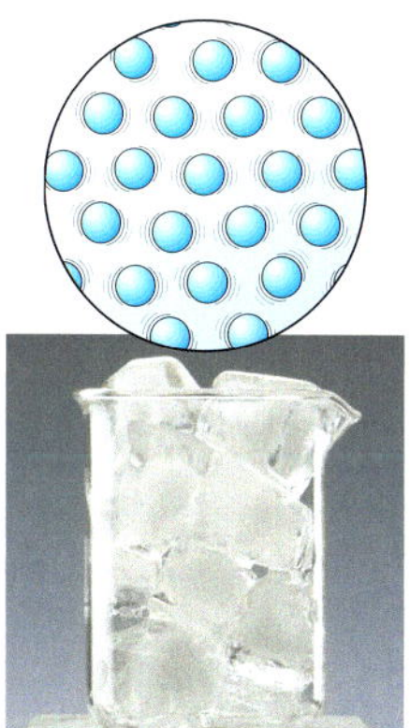
2 Eis – ein Feststoff

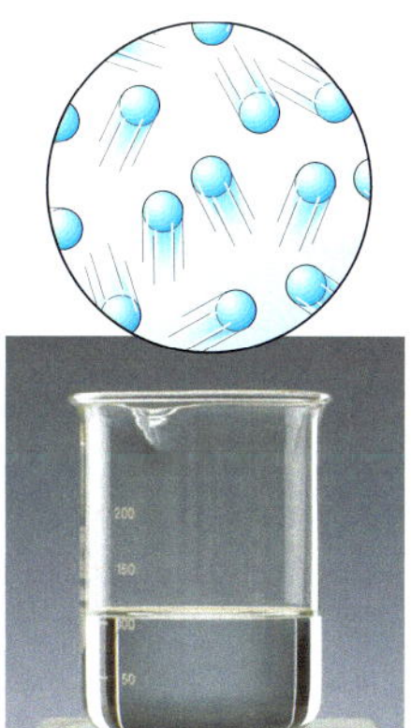
3 Wasser – eine Flüssigkeit

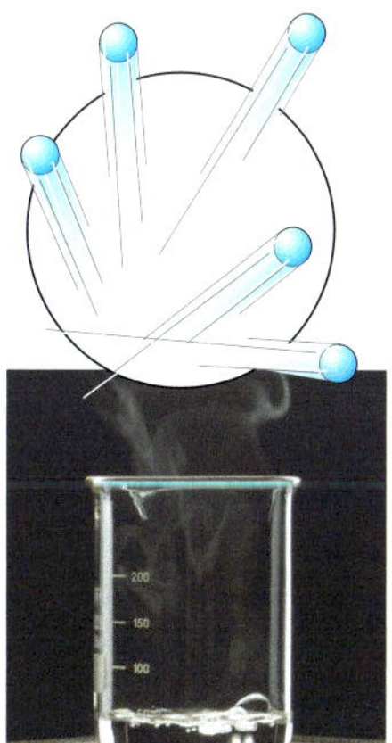
4 Wasserdampf – ein Gas

5 Wolken, Wasser, Schnee und Eis

Die Aggregatzustände ändern sich

Am Südpol in der Antarktis gibt es nur Schnee und Eis. Die Forscher, die dort leben, müssen ihr Trinkwasser selbst herstellen. Sie brechen Blöcke aus dem Eis und erwärmen sie in großen Kesseln. Das Eis **schmilzt**. Wenn der Feststoff schmilzt, dann ändert er seinen Aggregatzustand. Er wird flüssig. Erwärmt man das Wasser weiter, dann verdampft es. Die Flüssigkeit geht in den gasförmigen Zustand über. Es entsteht Wasserdampf.

▶ Beim Schmelzen wird ein Feststoff flüssig. Beim Verdampfen wird eine Flüssigkeit gasförmig. Dazu muss der Stoff jeweils erwärmt werden.

Beim Kochen füllt sich die Küche mit Wasserdampf. Kalte Fensterscheiben beschlagen, weil der Wasserdampf wieder flüssig wird. Man sagt, das Wasser **kondensiert**. Im Gefrierfach kann man Eiswürfel herstellen. Bei tiefen Temperaturen **erstarrt** Wasser zu Eis.

▶ Beim Kondensieren wird ein Gas flüssig. Beim Erstarren wird eine Flüssigkeit fest. Dabei muss gekühlt werden.

Versuche

1 Gib in ein Becherglas zwei Eiswürfel und erwärme sie mit der nicht leuchtenden Brennerflamme. Miss die Zeit, bis die Eiswürfel geschmolzen sind.

2 Erhitze im Erlenmeyerkolben etwas Wasser bis zum Sieden. Halte kurz eine kalte Glasscheibe in den Wasserdampf.

1 Mehlschwalbe

2 Bergfink

Gründe für den Vogelzug

Viele Vogelarten könnten im Winter nicht überleben, wenn sie nicht in mildere Klimagebiete umziehen würden.
Diese **Zugvögel** ernähren sich von Insekten und anderen wechselwarmen Tieren, die sie im Winter bei uns nicht mehr finden. Schwalben z. B. sammeln sich im Herbst und fliegen schließlich gemeinsam bis ins südliche Afrika.

Andere Arten sind **Jahresvögel**, die auch im Winter bei uns genügend Nahrung finden. So bleiben Amsel, Haussperling und Dompfaff das ganze Jahr über hier.

3 Erlenzeisig

Manche Vögel kommen erst mit Beginn des Winters zu uns. Sie stammen aus den eisigen Regionen Nordeuropas. Zu ihnen gehören Bergfinken (▷ B 2) und Erlenzeisige (▷ B 3). Sie finden auch im Winter noch genügend Nahrung in Mitteleuropa.

Einige unserer einheimischen Vogelarten ziehen bei ungünstigen Bedingungen in Gebiete ab, die noch Nahrung liefern. Der Eisvogel (▷ B 4) ist trotz seines Namens auf eisfreies Wasser angewiesen, um nach Fischen tauchen zu können. Er wandert deshalb an die Unterläufe der Flüsse.

4 Eisvogel

Gefährliche Reise

Auf ihrer langen Reise sind die Zugvögel vielen Gefahren ausgesetzt: Ein früher Wintereinbruch in den Alpen kann den Schwalben den Weg an das Mittelmeer versperren. Hohe Starkstromleitungen sind besonders nachts tückische Hindernisse. Hunderttausende von Vögeln fallen jährlich Fallenstellern zum Opfer, da die Tiere in einigen europäischen Ländern als Leckerbissen gelten.

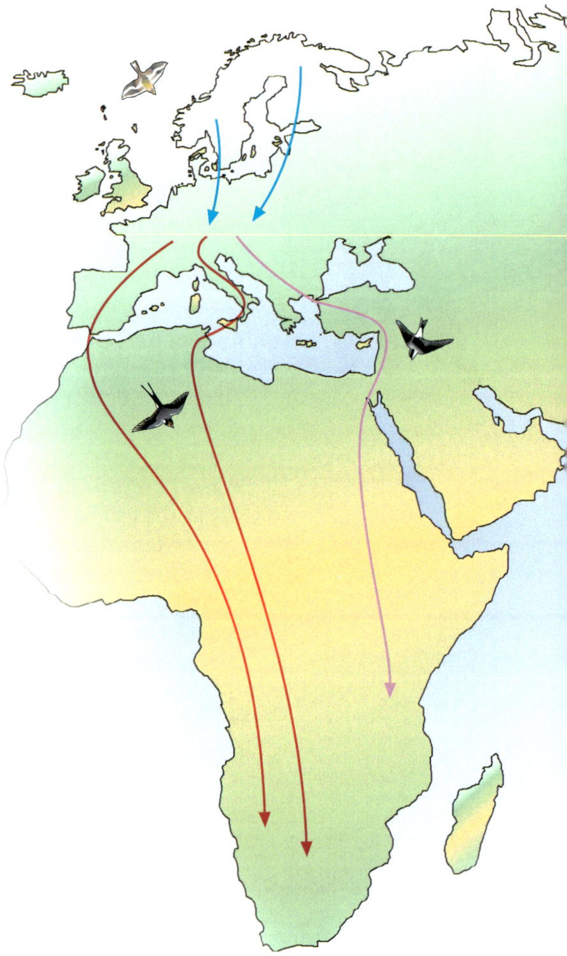

5 Flugrouten von Bergfink (blau), Mehlschwalbe (violett) und Rauchschwalbe (rot)

Zugvögel fliegen vor Wintereinbruch in warme Regionen. Nur dort finden sie noch ausreichend Nahrung.

Flugroute der Mönchsgrasmücke

Die Mönchsgrasmücke kannst du im Frühjahr in Gärten, Parkanlagen und Wäldern beobachten. Sie baut ihr Nest niedrig ins Gebüsch und ist im Sommer im dichten Laub nur schwer zu entdecken. Mönchsgrasmücken sind Zugvögel, die im Herbst zunächst Richtung Spanien fliegen. Anschließend geht es weiter nach Afrika bis ins Winterquartier südlich der Sahara. Und das schaffen sie gleich beim ersten Flug, ohne jemals vorher dort gewesen zu sein!

Magnetische Feldlinien weisen den Weg

Wissenschaftler haben entdeckt, dass sich die Vögel dabei nach dem Magnetfeld der Erde richten. Um sich das vorzustellen, kann man die Erde mit einem Stabmagneten vergleichen. Legt man auf den Magneten ein Blatt Papier und streut vorsich-

6 Mönchsgrasmücke

tig Eisenpulver darüber, so werden Linien sichtbar. Diese Linien heißen magnetische Feldlinien. Sie geben Richtung und Stärke des magnetischen Felds an, das um den Magneten herum wirkt. Bei der Erde treten die Feldlinien senkrecht am magnetischen Nordpol aus, verlaufen in einem Bogen zum magnetischen Südpol und treten dort wieder senkrecht in die Erde ein. Menschen können dieses Magnetfeld nicht wahrnehmen. Vögel erkennen dagegen seine Stärke und Richtung, als hätten sie einen eingebauten Kompass. Im afrikanischen Winterquartier hat das Feld eine andere Richtung und Größe als in Mitteleuropa.

Zugvögeln ist die Wahrnehmung des Erdmagnetfeldes angeboren. Sie scheinen ein Sinnesorgan dafür zu besitzen. Während des Fluges wird das Magnetfeld ständig registriert. Wenn es die richtige Stärke hat, wissen die Vögel, dass sie ihren Zielort erreicht haben.

Unterwegs sind die Gestirne sowie Flüsse, Meeresküsten und Gebirge weitere wichtige Orientierungspunkte.

Zugvögel orientieren sich am Magnetfeld der Erde, an Gestirnen und auffälligen Geländeformen.

Aufgabe

1 Im Internet können die Flugrouten einiger Zugvögel verfolgt werden. Ermittle über Suchmaschinen die Internetadressen und trage in eine Tabelle ein:
- Vogelarten
- Stationen auf dem Zugweg
- Flugdauer zwischen den einzelnen Stationen

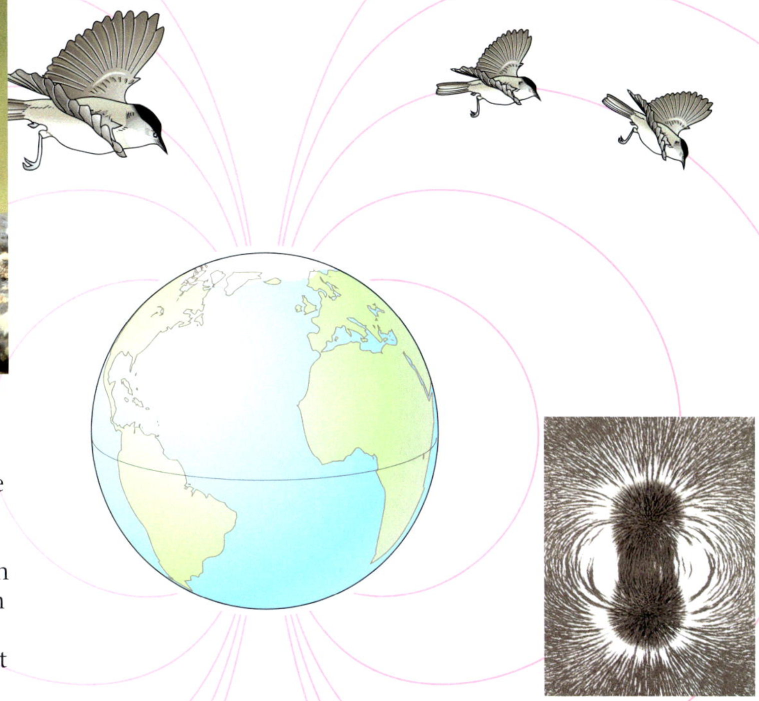

7 Die Mönchsgrasmücke orientiert sich am Magnetfeld der Erde.

Schnittpunkt

Die Tricks der Vogelzugforscher

Jungvögel oder im Netz gefangene Vögel werden in Deutschland von Mitarbeitern der **Vogelwarten** Helgoland, Hiddensee oder Radolfzell am Bodensee beringt. Dabei befestigen sie am Fuß der Tiere kleine Aluminiumringe (▷ B 1), auf denen die Anschrift der Vogelwarte und eine Nummer eingestanzt sind. Findet nun jemand einen solchen Ring und meldet den Fund mit genauer Ortsangabe der Vogelwarte, so wird diese Meldung auf eine Landkarte übertragen.
Greifvögeln und anderen großen Vogelarten haben die Wissenschaftler kleine Minisender wie Rucksäcke auf den Rücken geschnallt. Während des Fluges werden die Sendeimpulse von Satelliten empfangen und an Empfangsstationen auf der Erde weitergeleitet. Auf diese Weise kann man bis auf 150 m genau den jeweiligen Aufenthaltsort des Vogels bestimmen.

1 Beringter Vogel

1 Schneeglöckchen

Blüten im Schnee

Schneeglöckchen (▷ B 1) sind Vorboten des Frühlings. Sie können bereits Anfang Februar aus dem Schnee herausschauen. Wer das in seinem Garten erleben möchte, muss im Herbst die Zwiebeln etwa 5 cm tief in den Boden legen.

In der Mitte der **Zwiebel** sitzt die Blütenknospe mit einem sehr kurzen Stängel, der unten breiter wird. Die Blütenknospe wird von mehreren kleinen Blättern umhüllt, die mit Nährstoffen gefüllt sind. Brutzwiebeln und Ersatzzwiebeln liegen wie kleine Knospen zwischen den Blättern (▷ B 2).

Im späten Herbst schiebt sich eine kleine weiße Spitze aus der Zwiebel hervor. Darin ist schon die junge Blüte enthalten. Sie wird von Hüllblättern geschützt.

Wenn die Sonne im Februar den Boden erwärmt, schieben sich aus der weißen Spitze, die immer dicker geworden ist, zwei grüne Laubblätter hervor. Zwischen ihnen findet man den Stängel mit der Blütenknospe. Sie ist noch geschlossen und durch Blätter gegen Frost geschützt. In den nächsten sonnigen Tagen wächst der Stängel und das Schneeglöckchen öffnet seine Blüten.

Vorrat für nächstes Jahr

Wenn die Pflanzen verblüht sind, bleiben die grünen Blätter noch mehrere Wochen erhalten. Dann werden auch sie gelb und vertrocknen.

Im Sommer ist von den Schneeglöckchen nichts mehr zu sehen. Unter der Erde ist aber inzwischen einiges mit der Zwiebel geschehen: Die Ersatzzwiebeln haben sich mit Nährstoffen gefüllt und ersetzen die alte Zwiebel. So ist die Pflanze gut für das nächste Frühjahr versorgt und kann vor allen anderen Pflanzen austreiben. Gleichzeitig haben sich Brutzwiebeln entwickelt, aus denen im nächsten Jahr neue Pflanzen wachsen können.

Die Samen von Schneeglöckchen werden durch Ameisen verbreitet (▷ B 2).

▶ Schneeglöckchen haben Zwiebeln, in denen sie Nährstoffe speichern. So wird ein frühes Austreiben und Blühen möglich.

Aufgabe

1 Fotografiere im Frühjahr Schneeglöckchen. Beginne mit dem ersten Erscheinen der grünen Spitzen aus dem Boden und beende die Serie mit dem Abfaulen der Blätter. Stelle die Fotoserie auf einem Plakat zusammen. Schreibe unter jedes Bild das Datum der Aufnahme.
Präsentiere in der Klasse dein Ergebnis.

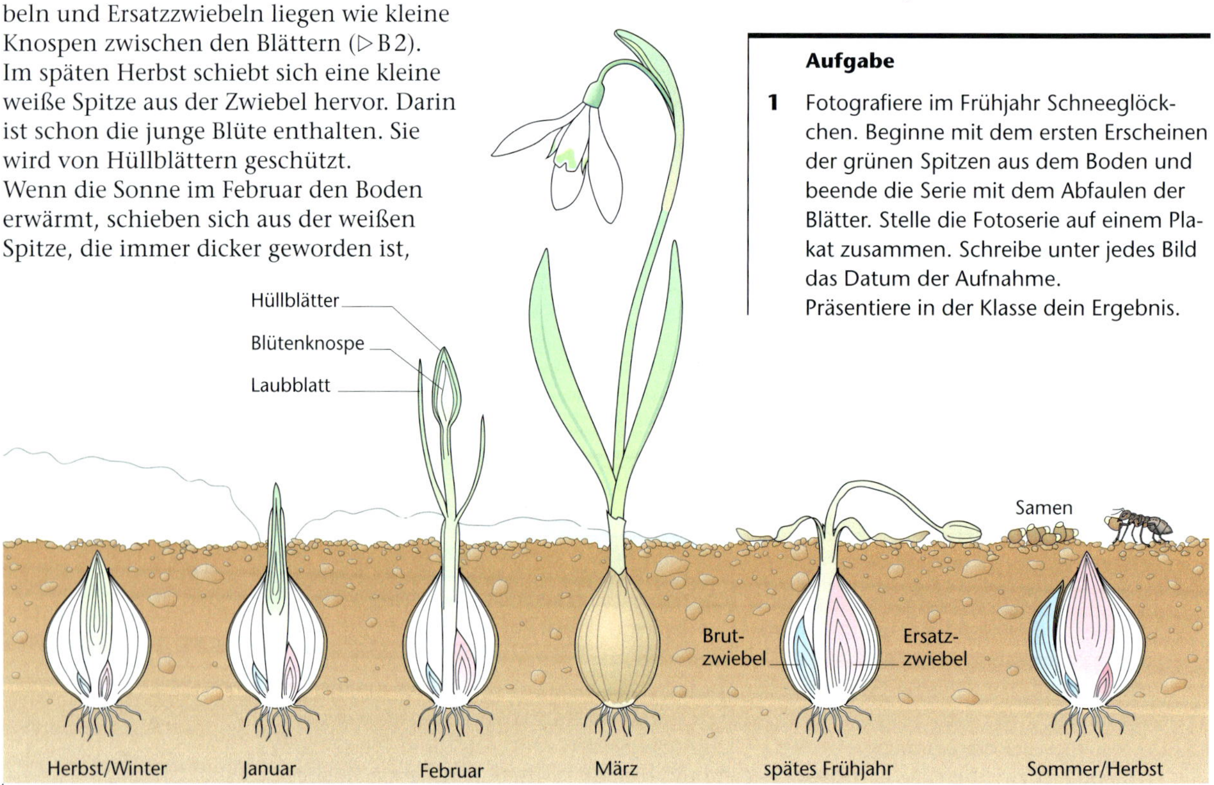

2 Das Schneeglöckchen im Jahresverlauf

Frühblüher

Gartenkrokus
Aus den Knollen der Gartenkrokusse sprießen schon im März die ersten Blüten. Eine verwandte kleine, meist weiß blühende Art bedeckt im Frühjahr zu Tausenden unsere Bergwiesen im Hochgebirge. Die getrockneten Narben einer wilden Krokusart liefern das teure Gewürz Safran.

Märzenbecher
Die Heimat des wilden Märzenbechers ist Mittel- und Südeuropa. Die Pflanze ähnelt dem Schneeglöckchen. Sie entwickelt sich im März aus der unterirdischen Zwiebel heraus.

Narzisse
Wilde Narzissen kann man heute noch in den Mittelmeerländern und in den Alpen finden. Da viele Narzissenarten im März oder April, also zur Osterzeit blühen, nennt man die Pflanze auch Osterglocke.

Schachblume
Die Blüte der Schachblume ist purpurn gefärbt mit einem Karomuster, das an ein Schachbrett erinnert. Die Pflanze entwickelt sich ab April aus einer sehr kleinen Zwiebel.

Traubenhyazinthe
Die Heimat der Traubenhyazinthe ist Kleinasien. Die Blüten entwickeln sich im April aus kleinen Zwiebeln. Die oberen duftenden Blüten sind unfruchtbar und haben die Aufgabe, Insekten anzulocken.

Energie aus der Zwiebel

1 Tulpen

Material
Becherglas, Blumendraht, Wasser, Tulpenzwiebel

Versuchsanleitung
Forme ein Ende des Drahts zu einer Schlaufe und biege das andere Ende so um, dass du es am Rand des Becherglases einhängen kannst. Die Schlaufe sollte so groß sein, dass du deine Tulpenzwiebel hineinsetzen kannst, sie aber nicht durchrutscht. Hänge die Tulpenzwiebel in das Glas und fülle so viel Wasser hinein, dass die Zwiebel etwas ins Wasser eintaucht. Prüfe täglich, ob du Wasser nachgießen musst. Stelle das Glas an einen warmen Ort und beobachte die Zwiebel einige Tage.

Miss jeden Tag die Länge der Wurzeln und des Sprosses und trage die Ergebnisse in eine Tabelle ein. Fertige außerdem eine Zeichnung einer halbierten Zwiebel an und beschrifte sie.

2 Tulpenzwiebel im Becherglas

Wiesen-Kerbel

Scharfer Hahnenfuß

1 Sommerwiese

2 Löwenzahn

Endlich Sommer!

Es ist ein heißer Sommer; jetzt muss man jeden Abend den Garten gießen, damit die Blütenpracht erhalten bleibt und die Pflanzen nicht verwelken.

Nicht nur im Garten blüht es, auch der Teil des Schulrasens, der nicht regelmäßig gemäht wird, hat sich zu einer blühenden Wiese entwickelt (▷ B 1). Wiesen-Kerbel, Scharfer Hahnenfuß und Löwenzahn stehen zwischen den Süßgräsern. Ende Juni bis Anfang Juli verblühen die meisten Blumen, dann wird gemäht (▷ B 2).

Samenverbreitung

Wiesenschaumkraut, Löwenzahn und Schlüsselblume blühen bereits sehr früh im Jahr. Wenn die Wiese im Juni das erste Mal gemäht wird, sind diese Pflanzen schon lange verblüht und haben ihre Samen bereits ausgestreut.

Rosetten

Der Löwenzahn hat außerdem eine **Rosette** (▷ B 2), die beim Mähen erhalten bleibt. Der Wiesen-Bärenklau wächst erst ab Mitte Juni zur vollen Größe heran.

Bis zu diesem Monat ist die Pflanze noch ziemlich klein. Die Grundblätter und die meisten Blütenknospen überstehen den ersten Schnitt daher ohne Beschädigung. Dann entwickeln sich die Stängel und die Blütendolden innerhalb kurzer Zeit – und noch vor dem zweiten Mähen im August sind die Früchte reif und werden verstreut.

Seitentriebe

Wie geht es nun den Gräsern, die ja den Hauptanteil an einer Wiese bilden? Gräser entwickeln nach dem Mähen an den unteren Knoten des Stängels **Seitentriebe**. So können sie nach dem Schnitt sogar noch besser und dichter wachsen. Deshalb wird zum Beispiel ein Rasen durch häufiges Mähen immer dichter.

Die anderen Blütenpflanzen haben dann immer weniger Möglichkeiten zu wachsen, weil das Gras ihnen den Platz wegnimmt.

▶ Wiesenpflanzen überstehen das Mähen durch frühzeitige Samenverbreitung, Bildung von Rosetten oder Bildung von Seitentrieben.

3 Anpassungen an das Mähen

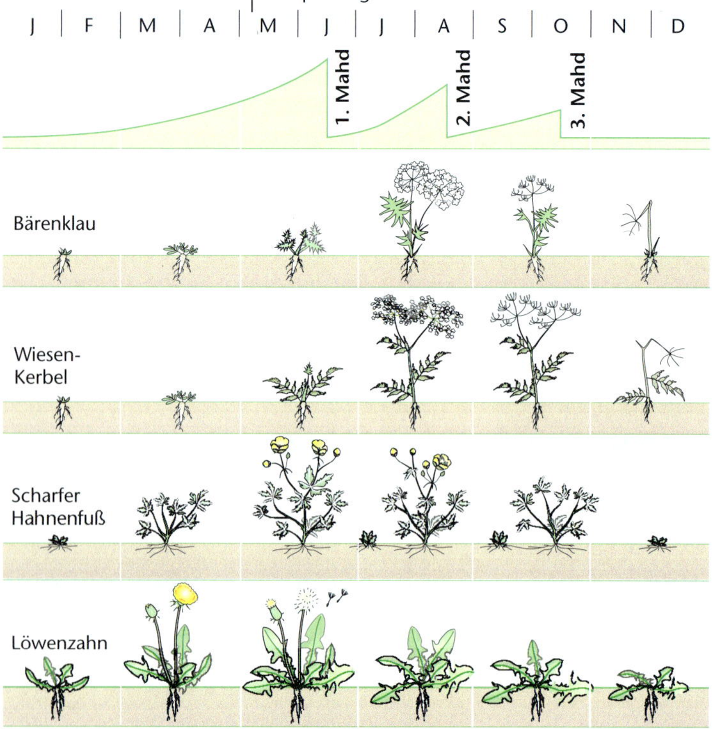

Aufgaben

1 Welchen Ratschlag würdest du jemandem geben, der in seinem Garten eine blumenreiche Wiese und keinen grünen Zierrasen haben möchte?

2 Können Krokusse und Schneeglöckchen auch in einem Rasen wachsen, der regelmäßig gemäht wird?
Begründe deine Meinung.

1 Herbstwald

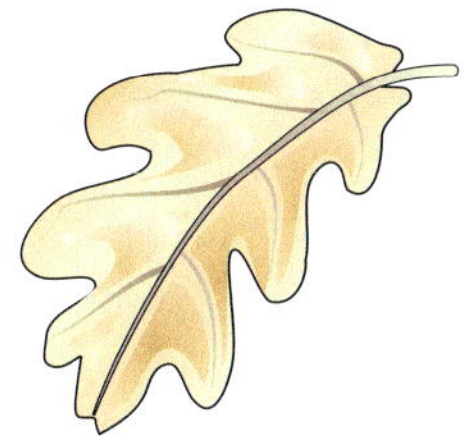

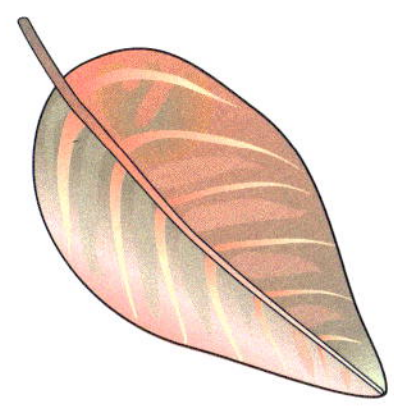

Bunte Wälder

Die herbstliche Farbenpracht zeigt, dass sich die Pflanzen auf den Winter einstellen. Die meisten Bäume werfen ihre Blätter am Ende des Herbstes ab. Die Farbe der Blätter ergibt sich aus einem Gemisch von grünen, gelben und roten Farbstoffen. In den Blättern werden im Herbst zunächst die grünen Farbstoffe abgebaut, der Baum speichert die Bestandteile in den Zweigen. Verbleibende gelbe Farbstoffe, die vorher von den grünen überdeckt waren, geben dem Blatt nun die gelbe **Herbstfärbung.** Rote Farben gehen auf andere Farbstoffe zurück, die zum größten Teil neu hergestellt werden. Später, wenn die Blätter absterben, werden sie braun und fallen ab.

Blattfall als Schutz

Bäume verlieren über ihre Blätter viel Wasser. Das Wasser wird über die Wurzeln wieder ersetzt. Im Winter ist der Boden gefroren und die Bäume können kein Wasser mehr aus dem Boden aufnehmen. Um nicht zu vertrocknen, ist es für den Baum lebensnotwendig, im Herbst die Blätter abzuwerfen. An den Stellen der Äste, wo vorher Blätter saßen, erkennt man jetzt die Blattnarben. Diese sind durch eine Korkschicht gut abgedichtet. So gelangt weder Wasser hinaus, noch können Fäulnisbakterien und Krankheitserreger in die Pflanze eindringen. In den Knospen sind die Blätter und Blüten für das nächste Jahr angelegt. Knospenschuppen schützen sie vor Kälte und Nässe. Bäume, die ihre Blätter nicht abwerfen wie z. B. die Tannen, Fichten und die Stechpalme, schützen sich u. a. durch eine Wachsschicht vor dem Trockentod, da so nur wenig Wasser verdunstet.

Der Blattfall ist eine Anpassung an den Winter, denn dadurch wird verhindert, dass der Baum vertrocknet und stirbt.

Versuch

1 Zerreibe zarte grüne Blätter in einem Mörser, gieße ein wenig Brennspiritus dazu (Vorsicht, brennbar!). Lasse das Gemisch von Blättern und Spiritus einige Minuten stehen. Stelle nun einen Streifen weißes Fließpapier in die Flüssigkeit und lasse diese etwa 15 Minuten im Papier steigen. Trockne anschließend das Fließpapier. Welche Farben kannst du auf dem Papier erkennen? Versuche, das Ergebnis zu erklären.

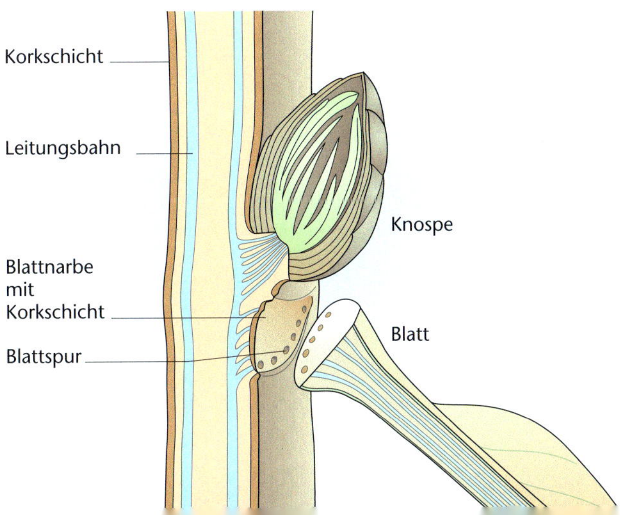

Aufbau einer Blütenpflanze

1 Saatmohn

Schau dir einmal Pflanzen, die auf dem Schulgelände wachsen, genauer an. Du wirst auf den ersten Blick die Unterschiede sehen, denn Saatmohn (▷ B 1) sieht ganz anders aus als ein Gänseblümchen oder das Hirtentäschelkraut, das in Bild 2 gezeigt ist.

Vergleichst du die Pflanzen genauer, so kannst du sehen, dass bei allen die gleichen Teile vorkommen: **Blätter, Blüten, Sprossachse** bzw. **Stängel** und **Wurzeln**. Die Pflanzenteile sehen aber sehr verschieden aus. Fachleuten verrät der unterschiedliche Bau oft schon auf den ersten Blick, unter welchen Lebensbedingungen die Pflanzen wachsen.

▶ Alle Blütenpflanzen haben die gleichen Grundorgane: Blüte, Sprossachse, Blatt und Wurzel. Diese Grundorgane benötigt die Pflanze, um zu wachsen, sich zu ernähren und sich fortzupflanzen.

Aufgaben

1 Sammle einige Pflanzen aus der Umgebung der Schule. Überprüfe, ob du bei allen die auf dieser Seite dargestellten Grundorgane erkennen kannst.

2 Bereite eine Ausstellung vor, für die du unterschiedliche Blätter, Blüten und Wurzeln sammelst.

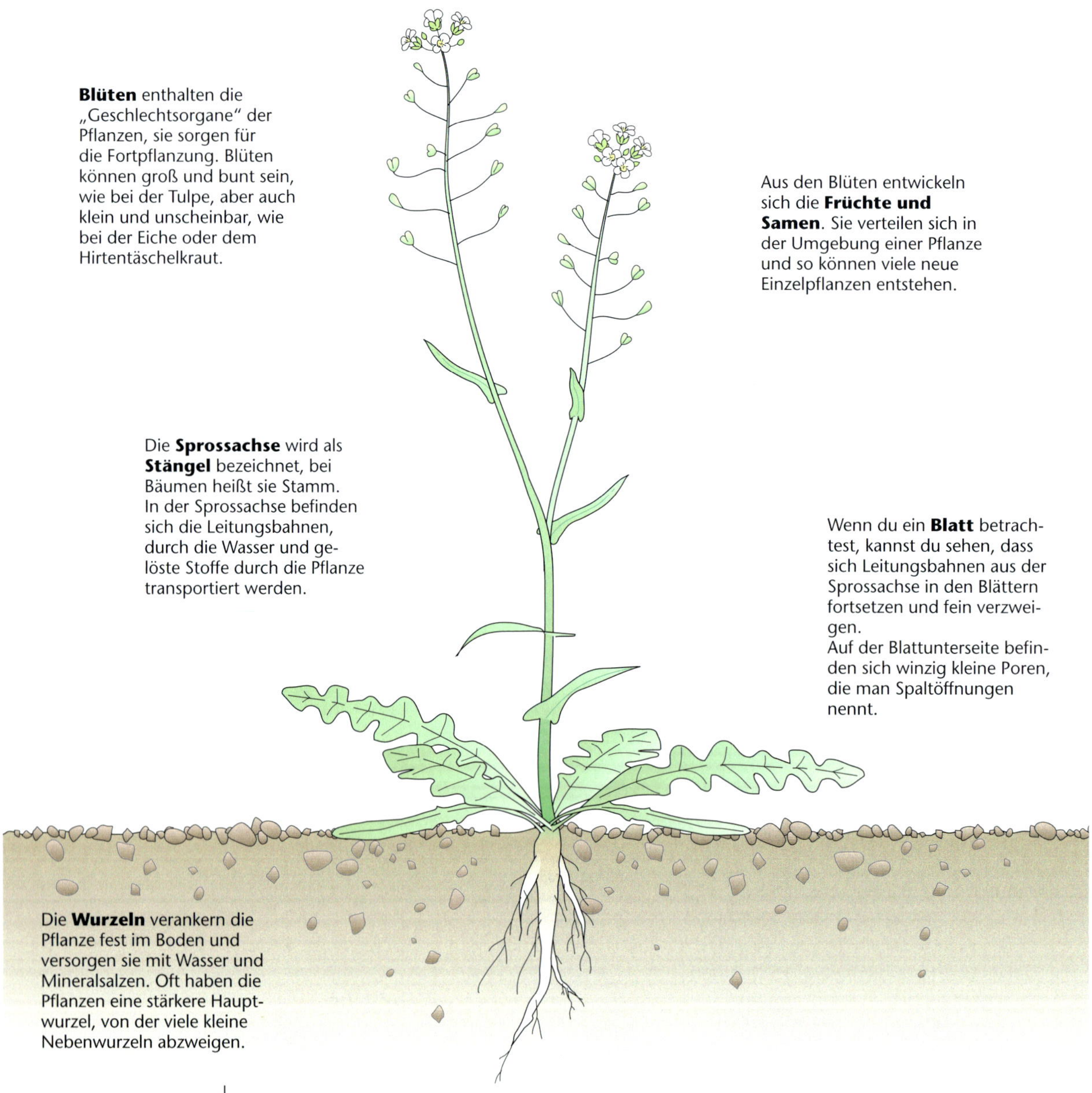

2 Aufbau einer Blütenpflanze, hier Hirtentäschelkraut

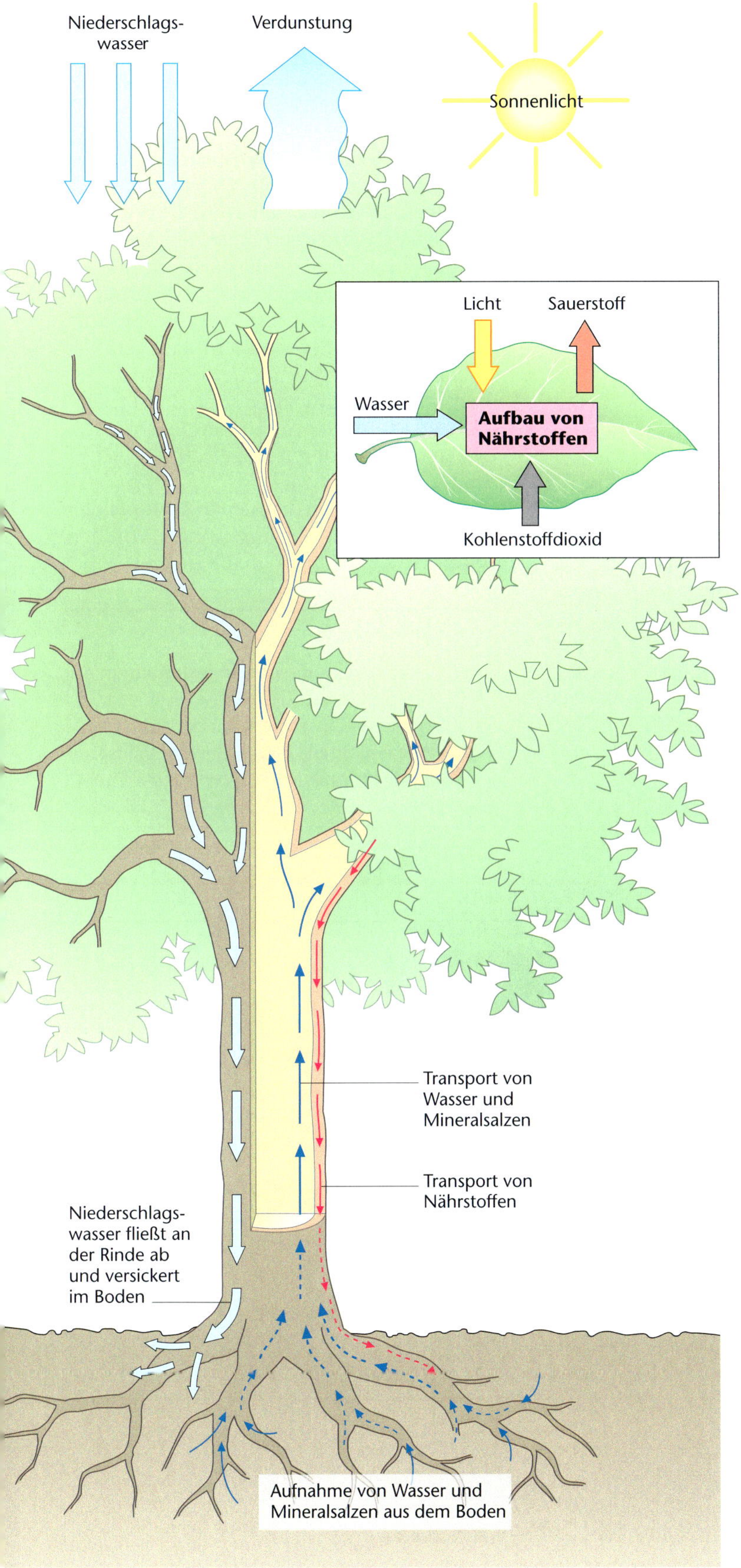

Wie ernähren sich die Pflanzen?

Menschen und Tiere können nicht leben, ohne zu essen und zu trinken. Wovon ernähren sich aber die Pflanzen? Woher kommen der Zucker in einer Weintraube, das Mehl in einem Getreidekorn oder das Holz eines Baumes? Pflanzen nehmen im Gegensatz zu Mensch und Tier keine Nährstoffe auf. Sie können nämlich alles, was sie zum Leben und für das Wachstum benötigen, selbst herstellen. Grundlage dafür ist die **Fotosynthese**:

- Mit den Wurzeln nimmt die Pflanze **Wasser** und **Mineralsalze** aus dem Boden auf. Durch die Leitungsbahnen werden diese Stoffe in jede Zelle der Pflanze transportiert.
- Durch die Spaltöffnungen der Blätter gelangt **Kohlenstoffdioxid** aus der Luft in die Blätter.
- In den **Chloroplasten** wird nun mithilfe des **Sonnenlichts** aus Wasser und Kohlenstoffdioxid **Traubenzucker** aufgebaut. Dabei wird Sauerstoff freigesetzt.
- Den **Sauerstoff** gibt die Pflanze durch die Spaltöffnungen an die Luft ab.

Pflanzen brauchen Energie

Der Traubenzucker wird zu allen Zellen der Pflanze, auch in die Wurzel, transportiert. In Form von Stärke kann er in verschiedenen Organen gespeichert werden. Er dient als Grundlage für den Aufbau aller weiteren lebenswichtigen Stoffe, wie z. B. der Eiweiße und Fette. Die dazu notwendige Energie erhalten die Pflanzen durch den Abbau von Traubenzucker. Sie benötigen dabei Sauerstoff und geben Wasser und Kohlenstoffdioxid ab. Diesen Vorgang nennt man **Zellatmung.**

Kein Leben ohne Fotosynthese

Alle Lebewesen benötigen Energie zum Leben und für das Wachstum. Für Menschen und Tiere, die keine energiereichen Stoffe selbst herstellen können, sind deshalb die Pflanzen die wichtigste Nahrungsgrundlage. Gleichzeitig liefern sie uns den Sauerstoff, ohne den wir nicht überleben könnten. Ohne die Fotosynthese der Pflanzen wäre tierisches und menschliches Leben auf der Erde unmöglich.

▶ Grüne Pflanzen stellen bei der Fotosynthese Traubenzucker her. Er ermöglicht die Zellatmung und liefert die Energie, die alle Lebewesen der Erde benötigen.

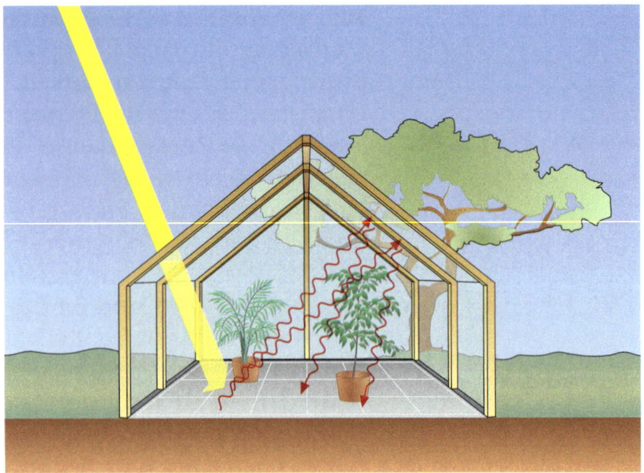

1 Gewächshaus

Gewächshäuser in Gärtnereien
In Gärtnereien gibt es langgestreckte „Häuser" aus Glas. Man nennt sie Gewächshäuser oder Treibhäuser (▷ B 1).
Im Frühjahr, wenn es draußen noch kalt ist, die Sonne aber schon scheint, beginnen sich die Gewächshäuser aufzuheizen. Die Pflanzen sind dort nicht nur vor kaltem Wind geschützt, sondern beginnen durch die Wärme auch ein zeitiges Wachstum. So kann man früh – noch vor der eigentlichen Saison – Früchte und Gemüse ernten.
Gewächshäuser nutzt man auch zum „Vorziehen" von Pflanzen. Die kräftigeren Jungpflanzen werden erst ins Freiland gesetzt, wenn die Außentemperaturen etwas angestiegen sind.

Wie erwärmen sich Gewächshäuser?
Die Sonnenstrahlung durchdringt die Scheiben des Gewächshauses. Sie erwärmt die Pflanzen und den Boden. Ein Teil der aufgenommenen Energie wird vom Boden als Wärmestrahlung (Infrarotstrahlung) wieder abgegeben. Diese Wärmestrahlung kann die Glasscheiben allerdings nicht mehr durchdringen, sondern sie wird von den Scheiben zurückgeworfen (▷ B 1). Die Wärme ist im Innern des Gewächshauses „gefangen". Dadurch heizt sich die Luft im Gewächshaus auf.
Durch die Gewächshäuser sind wir bei der Produktion von Nahrungsmitteln von den Wettererscheinungen unabhängiger.

Aufgaben

1 Erkläre, warum die Sonnenstrahlung Gewächshäuser aufheizt.

2 Welche Vorteile haben Gewächshäuser für die Produktion von Nahrungsmitteln?

Werkstatt

Das Minitreibhaus

Material
Einmachglas mit Deckel, Gartenerde, 2 Blumentöpfe, Kressesamen

Versuchsanleitung
Fülle Gartenerde in die Blumentöpfe. Streue die Samen darauf und decke sie mit etwas Erde ab. Feuchte die Erde leicht an. Stelle nun einen Blumentopf in das Einmachglas und bedecke es so mit dem Deckel, dass noch ein Luftaustausch möglich ist.
Stelle dein „Minitreibhaus" und den zweiten Blumentopf draußen an einen sonnigen, vor Regen geschützten Ort. Vergleiche das Pflanzenwachstum in beiden Töpfen und erkläre die Unterschiede.

1 Treibhaus

2 Material

Schnittpunkt

Vorratshaltung in früherer Zeit

Der Sommer 1951 war sehr heiß. Das Schützenfest in unserem Dorf stand bevor. Für uns Kinder war das immer ein Erlebnis. Buden, Karussells und ein großes Festzelt wurden auf den Rheinwiesen aufgebaut. Und am Sonntag kam der Eishändler mit Pferd und Wagen und lieferte große Stangen Eis zum Festzelt. Schließlich wollten unsere Eltern gut gekühlte Getränke bei dem heißen Wetter. Der Mann, der die Eisstangen ablieferte, schlug sie voneinander los und trug sie auf der Schulter in die großen Holzkisten, die im Festzelt standen ...

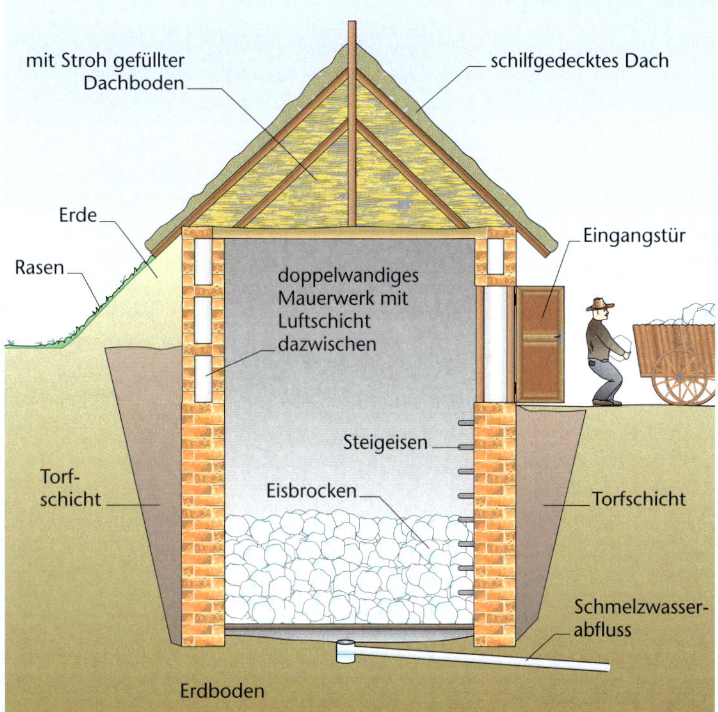

1 „Eiskeller" aus der Zeit um 1900

Auch schon vor der Erfindung des Kühlschrankes, der Gefriertruhe und der Klimaanlage haben die Menschen ihre Speisen und Getränke kühl gehalten, um sie vor zu schnellem Verderben zu schützen. Man nutzte zur Isolierung und Wärmedämmung den Erdboden. Die Keller lagen daher tief in der Erde. Sie waren in der warmen Jahreszeit kühl und im Winter frostfrei (▷ B 2). Das Wort „Keller" kommt vom lateinischen Wort „celarium" und bedeutet Vorratsraum oder Speisekammer.

2 Weinkeller

Eisblöcke für den Sommer

Schon vor Jahrhunderten schnitten die Menschen im Winter Eisblöcke aus Flüssen und Seen und lagerten sie in tiefen, mit Stroh „ausgepolsterten" Erdlöchern in kühlen Wäldern für den Sommer. Sie machten sich die Wärmedämmung des Erdbodens sowie von Holz, Stroh, Torf und Schilf zu Nutze.
Bild 1 zeigt einen „Eiskeller", der um 1900 gebaut wurde und mit natürlichen Dämmstoffen isoliert ist. Aber auch heute werden im ländlichen Bereich vereinzelt noch „Naturkeller" genutzt (▷ B 3).

3 „Naturkeller" – noch heute genutzt

Aufgabe

1 Beschreibe den Aufbau des Eiskellers aus der Zeit um 1900 (▷ B 1). Welche Materialien wurden zur Isolierung verwendet? Begründe die Wahl der Materialien.

1 Sonnenschirme schützen

Sonne oder Schatten?
Es ist ein heißer Sommernachmittag. Kerstin und Luka genießen eine Zeit lang die Strahlung der Sonne. Als es ihnen langsam zu warm wird, setzen sie sich in den Schatten des Sonnenschirms (▷ B 1). „Wie warm ist es eigentlich?", fragt Luka. Kerstin holt ein Thermometer, sie misst im Schatten 32 °C und in der Sonne 45 °C. Der Schirm hält die Wärme gut zurück.

Die Infrarotstrahlung
Von der Sonne gelangt unterschiedliche Strahlung zur Erde. Einen Teil dieser Strahlung, den wir Infrarotstrahlung nennen, nehmen wir als Wärme wahr.
In der Medizin werden Lampen verwendet, die diese Infrarotstrahlung aussenden. Ihre Wärme hilft bei Muskelverspannungen die Beschwerden zu lindern.
Auch im Bereich der Tierhaltung kommen die Lampen zum Einsatz: Infrarotstrahler, die über den Ställen angebracht sind, schützen die noch empfindlichen Jungtiere vor Kälte.

Schwarz und weiß!
Wenn die Wärmestrahlung der Sonne auf einen Körper trifft, kann ihre Energie in Wärme umgewandelt werden. Unterschiedlich helle Gegenstände erwärmen sich durch Wärmestrahlung unterschiedlich stark (▷ V 1).

Helle Flächen reflektieren einen großen Teil der Sonnenstrahlung und bleiben deshalb kühler als dunkle Flächen, die viel Strahlung absorbieren. Deshalb zieht man im Sommer lieber helle Kleidung an. Ein Gärtner kalkt die Stämme seiner Apfelbäume (▷ B 3). Die Frühjahrssonne erwärmt so die Stämme langsamer und der Knospenaustrieb verzögert sich. Die Knospen sind besser gegen späten Frost geschützt.

▶ Die Strahlung der Sonne enthält Infrarotstrahlung. Trifft sie auf einen Körper, kann sie in Wärme umgewandelt werden. Dabei erwärmen sich helle Flächen weniger stark als dunkle.

Versuch

1 Der T-Shirt-Test: Lege zuerst ein helles, dann ein dunkles T-Shirt in die Sonne oder vor einen Heizstrahler. Miss in beiden Fällen die Temperatur im Inneren des T-Shirts.

Aufgaben

1 Warum ist ein gekalkter Baum gegen späten Frost geschützt?

2 Sammelt in der Gruppe Informationen zum Thema Infrarotstrahlung. Präsentiert eure Ergebnisse.

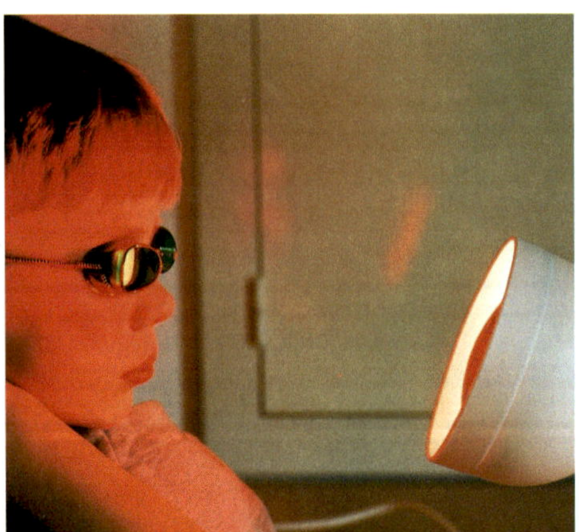

2 Wärmestrahlung bei einer Infrarotlampe

3 Ein gekalkter Baum ist gegen späten Frost geschützt.

Sonnenstrahlen – Genuss und Gefahr
Neben der Infrarotstrahlung enthält das Sonnenlicht einen weiteren Anteil, den wir nicht sehen können, die **Ultraviolettstrahlung**. Sie wärmt nicht, sondern bräunt die Haut und hilft bei der Bildung von Vitamin D im Körper. Allerdings kann sie schädlich oder sogar gefährlich für uns sein. Gerötete, brennende Haut nach einem zu langen Sonnenbad ist ein erstes Anzeichen dafür. Wirkt dauerhaft zu viel Sonnenstrahlung auf die Haut ein, kann sogar Hautkrebs entstehen. Vor allem im Frühjahr und zu Beginn des Sommers muss man deshalb die Haut durch Sonnencreme schützen. Vor dem größten Teil dieser gefährlichen Strahlung ist die Erde aber geschützt: Die Erdatmosphäre wirkt wie ein Filter und lässt nur einen Teil der Sonnenstrahlung durch (▷ B 1).

▶ Das Sonnenlicht enthält auch Ultraviolettstrahlung. Vor der gefährlichen Strahlung ist die Erde durch ihre Atmosphäre weitestgehend geschützt.

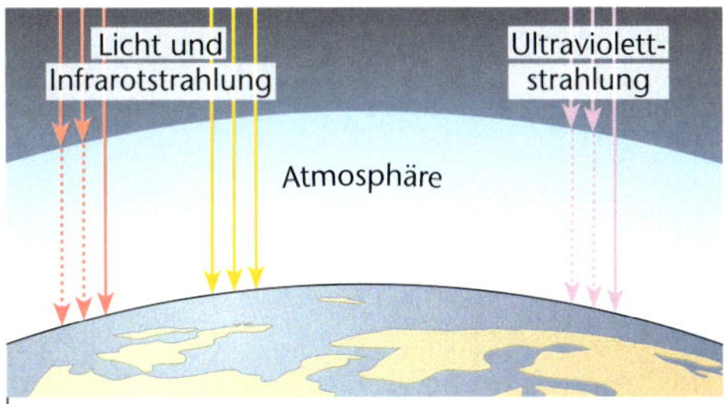

1 Die Atmosphäre wirkt als Schutzfilter

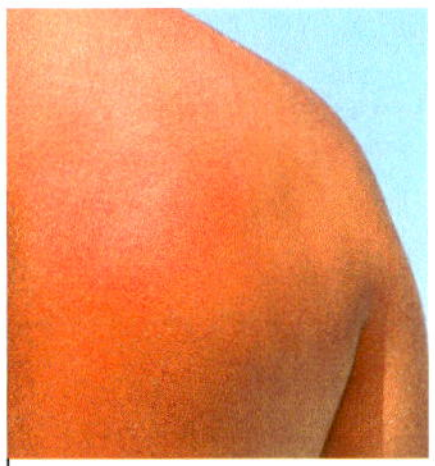
2 Sonnenbrand auf der Haut

Aufgaben

1 Stelle eine Liste von Maßnahmen zum Schutz vor zu viel ultravioletter Strahlung zusammen.

2 a) Welcher Nutzen und welche Gefahren gehen von Solarien oder Sonnenbänken aus? Erkundige dich.
b) Warum solltest du vor der Benutzung eines Solariums mit einem Hautarzt reden?

3 Im Schnee ist es besonders wichtig, deine Augen zu schützen. Erkläre.

Schnittpunkt

Sonnenkult

Sonnenkult in den Hochkulturen
Vor mehreren tausend Jahren haben die Ägypter, Babylonier, Sumerer, Griechen und Römer die Sonne als oberste Gottheit verehrt. Schon diese Völker wussten, dass ohne die Sonne kein Leben möglich ist. Der Sonnenkult war fester Bestandteil ihrer Religion.
Und noch heute verehren viele Naturvölker die Sonne als Gottheit.

1 Ägyptischer Sonnengott Ra

Stonehenge
Im Südwesten Englands gibt es Überreste eines monumentalen Kreises aus Steinen. Diese Kultstätte wurde etwa 3000 v. Ch. errichtet. Die Steine sind zum Teil bis zu 50 Tonnen schwer und haben eine Höhe von ungefähr fünf Metern. Stonehenge kommt aus dem Altenglischen und heißt „hängende Steine“.
Dieser Platz wurde wahrscheinlich für religiöse Handlungen und als Begräbnisstätte genutzt. Er war aber auch so eine Art Kalender. Denn die Steine waren so angeordnet, dass zur Zeit der Sonnenwende, am Frühlings- und Herbstanfang, das Licht der aufgehenden Sonne genau zwischen bestimmte Steine bis ins Innere der Anlage fiel.

2 Stonehenge

Wärme kann gespeichert werden

Kachelöfen – die Vorläufer unserer Zentralheizung

Wärme kann man speichern und transportieren. Der rechts stehende Bericht nennt zwei Beispiele: Wasser und Ziegelsteinen wird Wärme zugeführt, die dann anschließend an anderer Stelle wieder abgegeben werden kann. Statt der erwähnten Ziegelsteine nimmt man heute wassergefüllte Wärmflaschen aus Kunststoff.
Kachelöfen waren in früherer Zeit, als es noch keine Zentralheizungen gab, zum Heizen der Häuser sehr beliebt. Kachelöfen sind große, aus Steinen gemauerte Öfen, die unten eine Feuerstelle haben. Der massive Steinkern wird erhitzt und gibt noch lange Zeit, nachdem das Feuer bereits erloschen ist, Wärme ab.
Auch heute findet man noch Kachelöfen in Wohnhäusern (▷ B 3), dann aber oft mit Gas- oder Ölfeuerung.

Backen und „Kochen" mit gespeicherter Wärme

In abgelegenen Bergdörfern findet man noch vereinzelt Backöfen auf Bauernhöfen (▷ B 1). Mehrere Stunden vor dem Backen wird im Backraum ein kräftiges Feuer entfacht. Dadurch erhitzen sich der Boden und das Gewölbe des Ofens. Dann werden Glut und Asche aus dem Backraum entfernt, der Boden wird sauber gewischt und das Brot hineingelegt. Die von den Steinen und dem Lehm gespeicherte Wärme wird in den Backraum abgegeben und das Brot gebacken.

> *Als ich noch ein Kind war, kamen die Bauern aus der Umgebung am Sonntag mit der Kutsche ins Dorf zum Gottesdienst. Die Pferde wurden an den Linden am Marktplatz angebunden. In den kalten Wintern hatten die Bauern in ihren Kutschen flache Behälter aus Kupfer, die zu Hause mit heißem Wasser gefüllt wurden. Darauf stellten sie die Füße, um sie vor der großen Kälte zu schützen.*
> *Während des Gottesdienstes brachten immer zwei der Bauern diese Behälter zu uns nach Hause und stellten sie auf den großen eisernen Herd in der Küche. Das Wasser sollte für die Rückfahrt wieder aufgeheizt werden.*
> *In diesem Herd gab es auch ein Fach, in das mein Vater im Winter einige Ziegelsteine legte. Am Abend wurden sie mit Zeitungspapier umwickelt und an die Fußenden der Betten unter das Bettzeug gelegt. Dadurch wurden die Betten in den damals ungeheizten Räumen schön vorgewärmt.*

2 Wassergefüllter Behälter als Fuß- oder Bettwärmer

1 Ein traditioneller Backofen

3 Moderner Kachelofen

Sonne – Wetter – Jahreszeiten

Die Sonne
Die Sonne ist der Lebensspender für unsere Erde. Sie liefert die Energie für das Leben, für Menschen, Tiere und Pflanzen. Zu viel Strahlung kann aber auch gefährlich sein. Sie kann Dürren verursachen und bei uns Menschen zu Hautkrankheiten führen.

Wetter und Klima
Die Sonne ist auch der Motor der „Wettermaschine". Zu den Wetterelementen gehören Temperatur, Niederschlag, Luftdruck, Wind, Bewölkung und Luftfeuchtigkeit. Das Wetter ist das momentane Zusammenwirken der Wetterelemente an einem bestimmten Ort. Das Klima ergibt sich aus den langjährigen Durchschnittswerten aller Wetterelemente eines großen Gebietes.

Die Wettervorhersage
Auch einfache Beobachtungen ermöglichen Aussagen über das kommende Wettergeschehen. Bei den Wetterämtern werden Wetterdaten aus der ganzen Welt gesammelt. Die Daten werden von Computern zu einem Wetterbericht verarbeitet und Wetterkarten gezeichnet.

Tag/Nacht und Jahreszeiten
Die Erde dreht sich um ihre eigene Achse. Dadurch entstehen Tag und Nacht. Die Erde dreht sich um die Sonne. Ein Umlauf um die Sonne ist der Zeitraum ein Jahr. Die Erdachse steht schräg. Daher ist einmal die Nordhalbkugel und einmal die Südhalbkugel der Sonne zugeneigt. Dies ist die Ursache für die Jahreszeiten.

Pflanzen und Tiere überstehen den Winter
Pflanzen verlieren im Herbst ihre Blätter, sie ziehen sich in den Boden zurück, überwintern als Samen oder bilden Knospen für das nächste Jahr. Die frühen Blumen wachsen aus Zwiebeln, in denen die Nährstoffe gespeichert sind. Bei Säugetieren gibt es verschiedene Überwinterungsstrategien: Manche bekommen ein Winterfell, andere legen Vorräte an und halten Winterruhe oder einen Winterschlaf. Fische überleben am Boden der Gewässer, wo das Wasser im Winter am „wärmsten" ist. Viele Vogelarten ziehen in wärmere südliche Gegenden.

Menschen im Winter
Menschen schützen sich vor Kälte durch winterfeste Kleidung; beim Hausbau bieten Isoliermaterialien und Doppelverglasungen Schutz. In Treibhäusern werden die ersten wärmenden Sonnenstrahlen im Frühjahr für das Pflanzenwachstum genutzt.

Technische Nutzung der Sonnenenergie
Die Energie der Sonne wird genutzt mit Hilfe von Sonnenkollektoren (Erwärmung des Brauchwassers im Haushalt) oder Solarzellen zur Stromerzeugung. Auch erneuerbare Energien wie z. B. Wind- und Wasserkraft gewinnen immer mehr an Bedeutung. Das gilt auch für die schnell nachwachsenden Rohstoffe, die für die Zukunft eine Alternative zu Kohle, Öl und Gas sein können.

Aufgaben

1 Erkläre, warum die Sonne der „Motor" des Wetters ist.

2 Erläutere wie die Sonnenenergie technisch genutzt werden kann.

3 Erkläre warum die Temperaturen auf der Erde zwischen den Polen und dem Äquator so unterschiedlich sind.

4 Erkläre die Begriffe Winterruhe und Winterschlaf.

5 Der Luftdruck nimmt mit zunehmender Höhe ab. Erkläre dies mit dem Teilchenmodell.

6 Baue dir – wie auf den Werkstattseiten beschrieben – einfache Wettermessgeräte und stelle sie zu einer Wetterstation zusammen. Überlege, ob du noch „Geräte" aus deinem Haushalt dazu nimmst, wo du die Geräte anbringst, wie und wann du die Wetterdaten abliest und wie du die Werte dokumentierst.

Geräte und Maschinen im Alltag

In den letzten Jahrzehnten sind viele Arbeiten für uns Menschen einfacher geworden. Nicht nur in Fabriken, auch im Haushalt erleichtern Geräte die tägliche Arbeit.

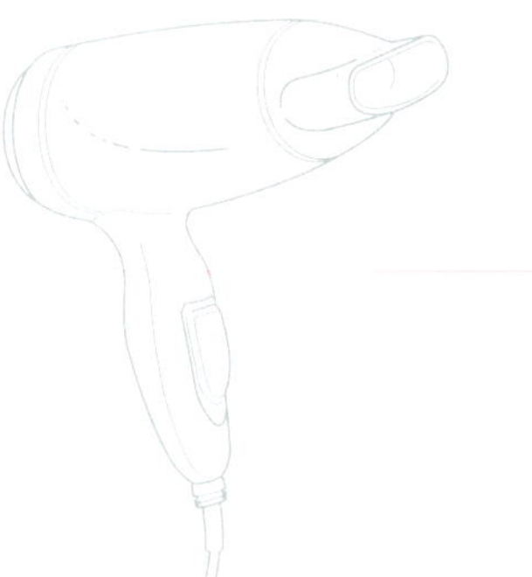

Früher konnten sich nur sehr reiche Leute Diener oder Personal leisten. An ihrer Stelle verrichten heute verschiedene Geräte viele mühsame Arbeiten für uns.

Noch vor 50 Jahren konnte sich niemand kurz vor der Schule noch schnell die Haare waschen. Sie wurden an der Luft oder vor dem Ofen nicht rechtzeitig trocken. Heute benutzt jeder ganz selbstverständlich einen Föhn.
Aber auch ganz einfache Werkzeuge wie Schraubendreher, Spaten oder Keile erleichtern uns viele Arbeitsschritte.

107
108
KUKA

Vom Faustkeil zum Mixer

Auf der Baustelle

Auf einer Baustelle werden viele Werkzeuge und Maschinen gebraucht. Es müssen Rohre verlegt werden, Sand, Kies oder Beton werden transportiert und schwere Bauteile angehoben.

- Notiere alle Werkzeuge und Maschinen, die du auf einer Baustelle siehst.
- Vergleiche die Baustellen auf den beiden Bildern. Beschreibe die Unterschiede.

So geht es leichter!

Werkzeuge sind einfache Hilfsmittel, die uns die Arbeit erleichtern können. Schon in der Steinzeit wurden die ersten Werkzeuge erfunden.

- Informiere dich, welche einfachen Werkzeuge die Menschen in der Steinzeit benutzten, wofür sie verwendet wurden und wie diese ersten Werkzeuge aussahen.
- Vergleiche die Werkzeuge aus der Steinzeit mit den heutigen. Stelle sie anschaulich auf einem Plakat dar und erkläre, wofür die Werkzeuge jeweils eingesetzt wurden – oder noch eingesetzt werden.

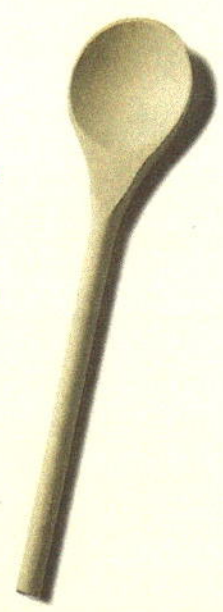

Korkenzieher, Kochlöffel & Co.

Auch in der Küche kannst du einfache Geräte und Werkzeuge entdecken.

- Finde Geräte, die es elektrisch und handbetrieben gibt.
- Der Franzose Nicolas Appert (1749–1841) erfand 1824 die Dosenkonserven. Dafür wurde ein Dosenöffner gebraucht. Schreibe eine Geschichte, wie es zu dieser Erfindung gekommen sein könnte.

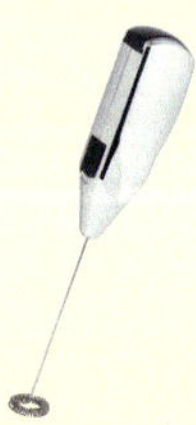

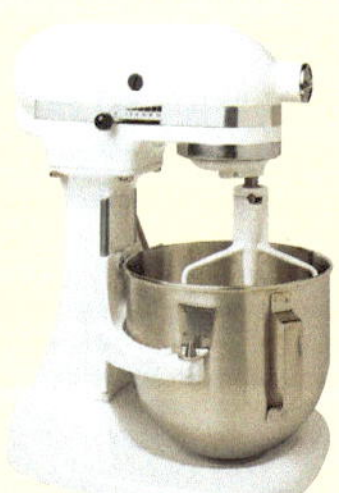

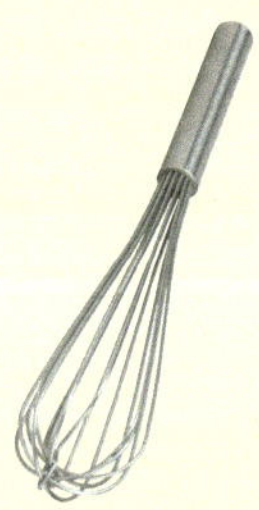

Allerlei Scherereien

Ist dir schon einmal aufgefallen, wie viele verschiedene Scherenarten es gibt? Papierscheren, Blechscheren, Nagelscheren – und jede Schere sieht anders aus.

- Erarbeite eine Übersicht, in der möglichst viele verschiedene Scherenarten und ihre Verwendungszwecke aufgelistet sind.

- Es gibt Tiere, die ihre Schere immer bei sich haben. Wie heißen diese Tiere? Wozu brauchen sie solch ein robustes Werkzeug?

Länger – aber bequemer

Rampen findet man überall dort, wo es darauf ankommt, Höhen zu überwinden. Das nutzten vermutlich schon die Ägypter beim Bau ihrer Pyramiden.
Straßen und Wanderwege, die einen Berg hinauf führen, sind meistens in Serpentinen gebaut. Das ist nicht so steil und deshalb einfacher, auch wenn der Weg dadurch erheblich länger ist.

- Wo nutzt man solche Schrägen oder Rampen noch? Suche Beispiele und beschreibe, welche Arbeit sie erleichtern.

- Das Gewinde einer Schraube funktioniert ebenfalls nach dem Prinzip einer Rampe. Schneide aus Papier ein rechtwinkliges Dreieck aus und wickle es um einen Stift. Was erkennst du?

Eine runde Sache

Ob zu Hause, auf der Straße oder auf einer Baustelle – Räder kommen überall zum Einsatz. Man weiß nicht, wer das Rad erfunden hat. Aber es ist bekannt, dass schon die Menschen in der Steinzeit Baumstämme als Walzen benutzten. Später verbanden die Menschen zwei Holzscheiben über eine Achse und bauten sich so einen Karren.

- Welche Arten von Rädern gibt es? Suche zehn Begriffe, die das Wort „...rad" enthalten.

- Überlege dir Sportarten und Freizeitvergnügen, bei denen Räder oder Rollen gebraucht werden.

- Kombiniert man verschiedene Zahnräder miteinander, so spricht man von einem Getriebe. In welche Richtung dreht sich das letzte Zahnrad in der Zeichnung rechts?

- Bei einem Fahrrad mit Gangschaltung bewegt sich die Kette über verschieden große Zahnräder. Was bewirkt die unterschiedliche Größe?

1 Eine Wippe im Gleichgewicht

Werkzeuge für größere Kräfte
Um die Schale einer Haselnuss aufzubrechen, reicht deine Muskelkraft allein nicht aus. Du benötigst ein Hilfsmittel, am besten einen Nussknacker. Du legst die Nuss vorn, nah am Drehpunkt ein und fasst die langen Griffe hinten an. Wenn du nun zudrückst, kannst du eine größere Kraft ausüben und auch harte Nüsse knacken.

Auf einer Baustelle findest du ebenfalls Hilfsmittel, die kleine Kräfte in größere umwandeln: Schwere Lasten wie Zementsäcke transportieren die Bauarbeiter z. B. mit Schubkarren. Die Last wird vorn, in geringem Abstand vom Drehpunkt aufgeladen (▷ B 2). Der Bauarbeiter hebt die Schubkarre am Ende der langen Griffe an. Mithilfe der Schubkarre wird seine Kraft in eine größere umgewandelt und die Säcke lassen sich nun leichter anheben.

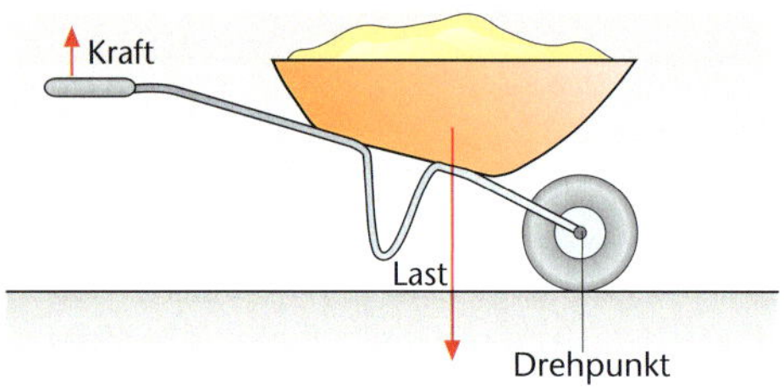

2 Schubkarren erleichtern den Transport schwerer Lasten

3 Gewusst wie!

Der Hebel als Kraftwandler
Die Schubkarre und der Nussknacker besitzen lange Griffe, die sich um einen Punkt drehen können. Alle Griffe oder Stangen, die drehbar gelagert sind, bezeichnet man als **Hebel**.

Ein Hebel ist ein einfaches mechanisches Gerät, mit dem man die Größe einer Kraft verändern kann.

Dies nutzt man bei Werkzeugen wie dem Schraubenschlüssel oder der Kneifzange aus. Durch die Verlängerung des Griffs muss der Handwerker weniger Kraft aufbringen.

Das Gleichgewicht an einer Wippe
Auch eine Wippe ist ein Hebel. Ihr Drehpunkt befindet sich in der Mitte der Stange. Eine Wippe ist im Gleichgewicht, wenn auf beiden Seiten in gleicher Entfernung vom Drehpunkt gleich schwere Kinder sitzen.

Aber auch wenn die Kinder unterschiedlich schwer sind, kann man die Wippe ins Gleichgewicht bringen. Das hast du sicher schon einmal ausprobiert. Das schwerere Kind rutscht einfach näher an den Drehpunkt heran (▷ B 1).

Aufgabe

1 Suche in der Küche nach Geräten, die die Hebelwirkung nutzen. Skizziere jedes Gerät und markiere jeweils den Drehpunkt.

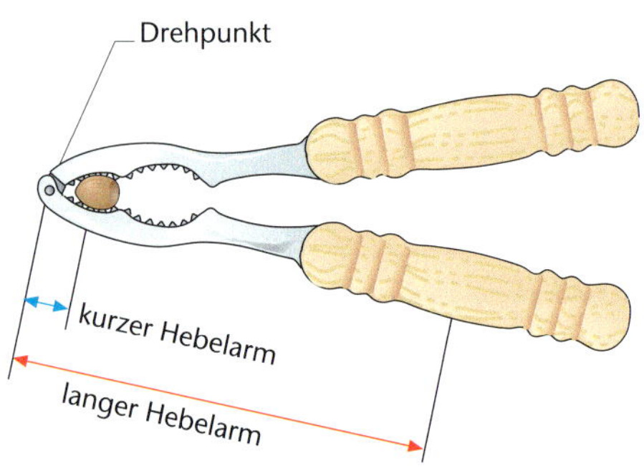

4 Der Nussknacker ist ein Hebel.

Werkstatt

Versuche zum Hebel

1 Ein Lineal als Wippe

Material

30-cm-Lineal, ein Stift, mehrere unterschiedliche Münzen

Versuchsanleitung

a) Baue aus dem Lineal und dem Stift eine Wippe. Bringe die Wippe ins Gleichgewicht.

b) Stelle mit den verschiedenen Münzen unterschiedliche Gleichgewichtszustände her.

c) Skizziere drei deiner Versuche. Notiere, welche Münzen du verwendet hast und in welchen Abständen l_1 und l_2 du sie auf die Wippe gelegt hast (▷ B 1).

Aufgabe

Im Zirkus werden Artisten manchmal mit einem Katapult in die Höhe geschleudert. Das Katapult ist eine Wippe, auf deren einer Seite ein Artist steht. Nun springt ein zweiter Artist von einem Podest auf die andere Seite der Wippe und schleudert somit seinen Kollegen nach oben (▷ B 3).

Versuche, dies mit deiner „Lineal-Wippe" und einem Radiergummi nachzumachen. Wer erreicht die größte Höhe?

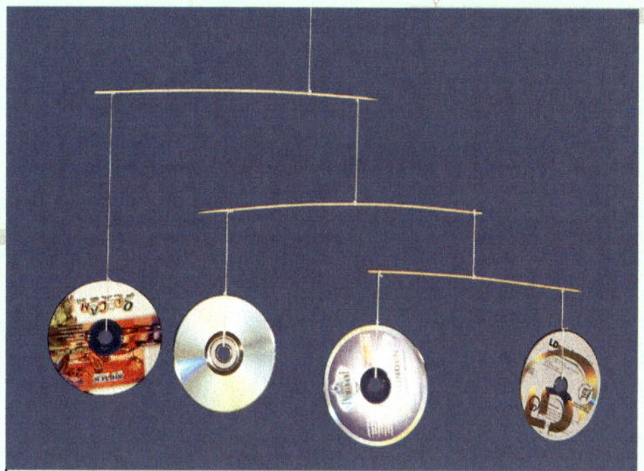

2 Ein CD-Mobile

2 Ein CD-Mobile

Material

Mehrere dünne Stangen (z. B. Holzspieße), ein dünner Faden (z. B. Zwirn), mehrere alte CDs (z. B. Werbe-CD-ROMs), eine Schere

Versuchsanleitung

Baue das Mobile entsprechend Bild 2 auf. Achte beim Anbringen der Fäden darauf, dass sich alle Stangen frei drehen können. Eventuell musst du die Länge der Fäden korrigieren.
Wenn du dein „CD-Mobile" mit einem Lichtstrahler („Spotlight") beleuchtest, dann kannst du an den Wänden deines Zimmers interessante Lichteffekte beobachten.

3 Schnipseleien

Material

Papier unterschiedlicher Dicke, unterschiedlich dicke Pappen, verschiedene Scheren

Versuchsanleitung

a) Schneide die einzelnen Papiere und Pappen mit den verschiedenen Scheren. Setze den Schnitt am Papier bzw. der Pappe einmal vorn an der Spitze der Schere und dann hinten, fast am Drehpunkt der Schere an. Achte darauf, in welchem Fall es dir leichter gelingt, das Papier zu schneiden.

b) Notiere deine Beobachtungen und fasse die Ergebnisse deines Versuchs zusammen.

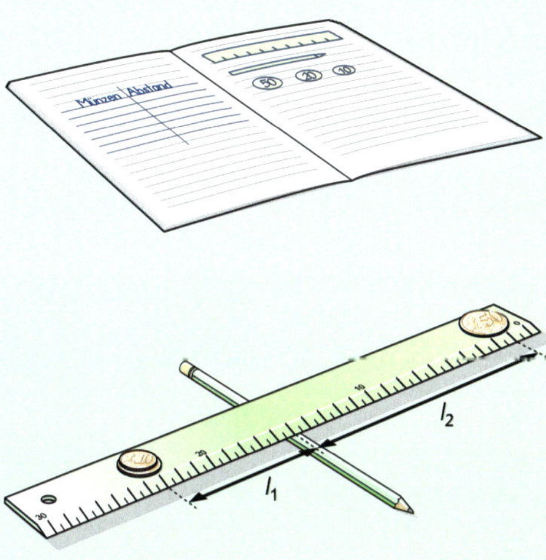

1 Bestimmung der Abstände zum Drehpunkt

3 Artisten auf dem Katapult

Schnittpunkt

Lebewesen und Maschinen

Wenn du Maschinen mit Lebewesen vergleichst, fallen dir bestimmt Gemeinsamkeiten auf. Oft werden Geräte und Maschinen nach Vorbildern aus der Natur gestaltet. Der Mensch baut in der Technik Systeme nach, die in der Natur gut funktionieren.

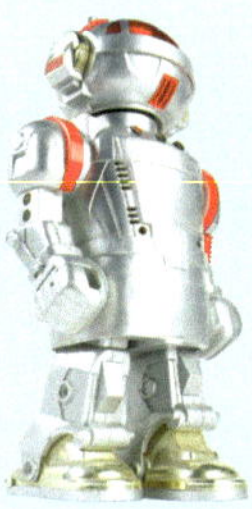

Roboter

Es gibt schon Roboter, die sich auf zwei Beinen vorwärtsbewegen können, und mit denen man einfache Gespräche führen kann. Sie begeben sich zum Aufladen selbstständig an eine Ladestation. So beeindruckend das auch ist, sie handeln nach einem eng vorgegebenen Programm und lernen nur in engen Grenzen. Roboter sind dort von Nutzen, wo große Kräfte gebraucht werden oder sehr eintönige und genaue Arbeiten zu verrichten sind. Roboter werden auch eingesetzt, wenn die Arbeit für Menschen zu ungesund oder zu gefährlich ist. Sie müssen jedoch immer von Menschen für ihre Aufgabe programmiert werden.

1 Roboter in der Industrie

Fliege contra Maschine

Fliegen sind nicht gut angesehen. Schaut man sich jedoch ihre Leistungsfähigkeit bei ihrer Größe an, bekommt man etwas mehr Respekt. Es gibt zwar Maschinen, die fliegen können. Diese sind allerdings viel größer. Keine Maschine kann sich vollständig selbstständig mit Nahrung versorgen. Maschinen haben große Schwierigkeiten in einer fremden Umgebung ihren Weg zu finden. Maschinen können sich selbst bei kleinen Schäden nicht selbst reparieren. Maschinen, die von sich selbst Kopien herstellen können, gibt es auch noch nicht.

2 Hubschrauber

Energieversorgung

Lebewesen sind so gebaut, dass sie sich mit Energie aus ihrer Umgebung selbst versorgen können. Geräte und Maschinen sind darauf angewiesen, dass Energie in der richtigen Form rechtzeitig von außen zugeführt wird. Es gibt Maschinen, die Sonnenlicht direkt in elektrische Energie umwandeln können. Pflanzen nutzen die Energie in der Sonnenstrahlung, die sie in chemische Energie umwandeln und speichern können. Menschen und Tiere nutzen chemische Energie, die in Nahrungsmitteln gespeichert ist.

3 Parkautomat mit Solarzellen

4 Pflanzen leben von Sonnenenergie

Bei der Umwandlung von Energie in andere Formen kann meist nicht alles genutzt werden, ein Teil wird z. B. als Wärme in die Umgebung abgegeben.

Entwicklungsstufen

Viele Lebewesen durchlaufen in ihrer Entwicklung verschiedene Stufen und sind dabei jeweils optimal an ihren Lebensraum angepasst. Geräte und Maschinen werden für ihren Einsatzzweck fertig konstruiert und verändern sich nicht weiter. Lebewesen passen sich an ihre Umweltbedingungen an, sie müssen sich über viele Generationen hinweg neuen Bedingungen anpassen können, sonst sterben sie aus. Maschinen werden von Baureihe zu Baureihe an neue Anforderungen angepasst.

Wahrnehmung

Lebewesen reagieren auf Reize in der Umwelt. Das können auch viele Maschinen. Beide haben Sensoren, welche die Temperatur, die Helligkeit oder die Konzentration bestimmter Stoffe messen können. Wenn es jedoch darum geht, Bilder auszuwerten und auf Veränderungen in diesen Bildern richtig zu reagieren, sind Lebewesen klar im Vorteil.
Inzwischen gibt es Maschinen, die Autos selbständig durch unbekanntes Gelände steuern können. Das Auto kann jedoch nur langsam fahren und auf unvorhergesehene Zwischenfälle nicht sehr flexibel reagieren.

Nervensystem

Lebewesen können Reize aus der Umwelt aufnehmen. Diese werden in elektrische Impulse umgewandelt und über das Nervensystem weitergeleitet. In Geräten und Maschinen werden auch Informationen in Form von elektrischen Impulsen transportiert, die über Kabel geleitet werden.
Die Reaktionszeit bei Geräten und Maschinen ist kürzer als die Lebewesen. Deshalb überlässt man zum Beispiel das Auslösen der Airbags einer Maschine und drückt bei einem Unfall nicht selbst auf einen Auslöseknopf.

Gefühle

Viele Lebewesen können Gefühle haben und diese auch zeigen. Andere Lebewesen können diese wahrnehmen und darauf reagieren. Geräte und Maschinen haben keine Gefühle. Spezielle Maschinen können inzwischen aber Gesichtsausdrücke wahrnehmen und interpretieren.

Wie funktioniert das?

Strom kannst du nicht sehen oder riechen. Du erkennst ihn aber an seinen Wirkungen, wenn du z. B. das Radio, den Fernseher oder den Mixer anschaltest. Heutzutage nutzen wir die unterschiedlichsten elektrischen Geräte ganz selbstverständlich. Ende des 19. Jahrhunderts war das noch ganz anders.

Strom kann gefährlich sein
Elektrischer Strom ist in unserem alltäglichen Leben sehr wichtig! Ohne ihn würden viele Haushaltsgeräte nicht funktionieren und das Leben wäre in manchen Bereichen beschwerlicher. Aber man muss beim Umgang mit dem Strom auch vorsichtig sein! Es ist zum Beispiel gefährlich, ein defektes elektrisches Gerät zu benutzen. Wenn man einige Vorsichtsmaßnahmen beachtet, ist der elektrische Strom jedoch eine schöne und nützliche Sache!

- Nenne einige Verhaltensregeln, die du beim Experimentieren mit Strom beachten solltest!
- Stelle dir vor, du hättest ein kleines Geschwisterkind im Alter von einem Jahr! Welche Vorsichtsmaßnahmen müssten in eurer Wohnung getroffen werden, damit sich das Kind nicht durch den Strom verletzen kann?

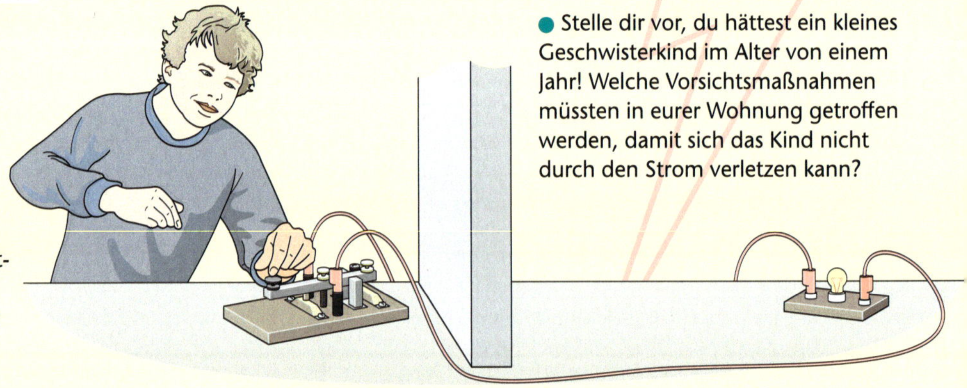

Ein Morseapparat – schnell selbst gebaut!
Aus einer Wäscheklammer, zwei Heftzwecken, einer Batterie, Kabeln und einer Glühlampe kannst du dir einen Morseapparat bauen!

- Informiere dich, was „morsen“ heißt! Schreibe das Morsealphabet in dein Heft!
- Überlegt in der Gruppe, wie ihr aus den aufgelisteten Materialien einen Morseapparat bauen könnt!
- Wer war Samuel Morse? Informiere dich im Internet und notiere seine Lebensdaten!

Wie fließt der Strom im Stromkreis?
Will man einen Stromkreis aufbauen, so benötigt man eine Spannungsquelle (z. B. eine Batterie), ein elektrisches Gerät (z. B. eine Glühlampe) und zwei Leiter (z. B. Kabel) von der Quelle zum Gerät und vom Gerät zurück zur Quelle.

- Bringe mit den genannten Materialien die Glühlampe zum Leuchten.

Elektrische Geräte sind vielseitig

Du nutzt elektrische Geräte jeden Tag zum Radiohören, zum Fernsehen, zum Telefonieren.

- Elektrischer Strom kann z. B. Wärme, Licht und Bewegung erzeugen. Erstelle eine Liste von Geräten, die diese Wirkungen zeigen.

- Gibt es Geräte, die mehrere Wirkungen zeigen? Wenn ja, welche?

- Manche Geräte schließt du mit einem Stecker an der Steckdose an, andere betreibst du mit Batterien oder Akkus.
Liste auf, zu welchen Zwecken du die Steckdose als Anschluss verwendest und wann du eine Batterie oder einen Akku benutzt.

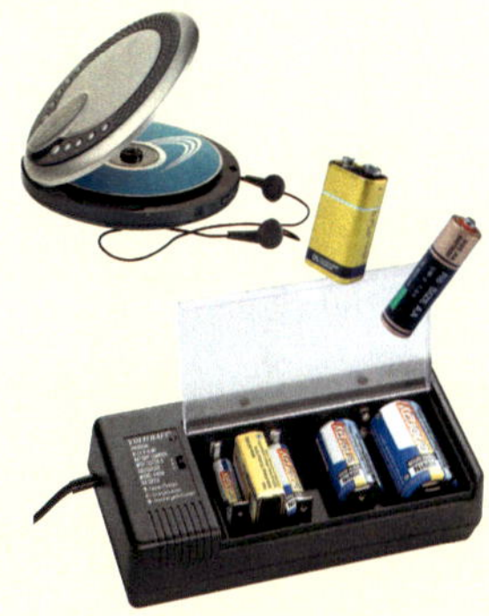

Der elektrische Wissenstest

Mit etwas Geschick und Überlegung kannst du dir selbst einen elektrischen Wissenstest bauen. Er funktioniert ganz einfach!
Es gibt vielfältige Möglichkeiten: Du kannst Wörterpaare bilden, Begriffe ihren Erklärungen zuordnen, Vokabeln üben usw.

- Überlege, wie das Spiel funktioniert und erkläre es deinen Mitschülern.

- Viele der Materialien, die du benötigst, findest du zu Hause. Für die Kontaktpunkte neben den Wörtern kannst du z. B. Verschlussklammern aus Messing verwenden. Pro Wörterpaar benötigst du außerdem noch einen Draht, der auf der Rückseite die richtige Verbindung herstellt. Erstelle eine Liste der Materialien, die du sonst noch brauchst.

- In den Leitungen fließt Strom, der die Lampe zum Leuchten bringt. Fertige eine Zeichnung an, mit der du erklären kannst, weshalb die Lampe leuchtet.

Die verschwundenen Münzen

Julia und Tina sollen zum Supermarkt gehen, um einzukaufen. Den Einkaufszettel und das Geld hat Julias Mutter auf den Garderobenschrank gelegt. Als Julia nach dem Geld sehen will, rollen ihr einige Münzen aus der Geldbörse und fallen in den Spalt zwischen Schrank und Wand. Zunächst versuchen die Mädchen, das Möbelstück von der Wand wegzuziehen, aber das klappt nicht. Nun überlegen sie, wie sie sonst an die Münzen kommen können. Da hat Tina eine Idee.

1 Julia und Tina angeln Münzen

Die Lösung des Problems

Die Mädchen nehmen einen Magneten von der Magnettafel in der Küche, binden ihn an einen Faden und lassen ihn im Spalt nach unten. Es klickt. Die erste Münze hängt am Magneten und kann nach oben geholt werden. „Siehst du“, sagt Tina, „einen Euro haben wir schon geangelt.“ Auch die zweite Münze wird auf diese Weise nach oben befördert. Bei der dritten Münze gibt es Schwierigkeiten. Obwohl der Magnet die Münze berührt, bleibt sie nicht an ihm hängen. Warum funktioniert es dieses Mal nicht?

Ein einfacher Versuch

Manchmal beobachtest du etwas, das du nicht gleich erklären kannst. Oft lässt sich die Erklärung aber mithilfe eines einfachen Versuchs finden. Das Problem, das Tina und Julia haben, kannst du z. B. in der folgenden „Werkstatt“ untersuchen. Und um später noch einmal nachlesen zu können, wie du bei der Untersuchung des Problems vorgegangen bist und was du herausgefunden hast, solltest du ein Versuchsprotokoll erstellen. Auf der nächsten Seite wirst du noch weitere ungewöhnliche Eigenschaften von Magneten kennenlernen.

Werkstatt

Welche Münzen zieht der Magnet an?

Material

Magnet, verschiedene Münzen

Versuchsanleitung

Übertrage die Tabelle in dein Heft. Halte den Magnet an die Münzen und überprüfe, ob sie von ihm angezogen werden oder nicht. Trage den Wert der Münze in die Tabelle ein und notiere die entsprechende Antwort (Anziehung? Ja/Nein).

Aufgabe

1. Welche Münzen könnten noch hinter dem Schrank liegen? Begründe deine Antwort.
2. Führe den Versuch mit anderen Gegenständen durch. Gibt es Gemeinsamkeiten zwischen den Gegenständen, die angezogen bzw. nicht angezogen werden?

Münze	Anziehung?
1 Cent	
2 Cent	
5 Cent	
10 Cent	
20 Cent	
50 C	
1	

Die magnetische Wirkung

Erstelle zu jedem der beschriebenen Versuche ein Protokoll und fasse deine Ergebnisse kurz zusammen.

1 Welche Gegenstände zieht ein Magnet an?

Material

Magnet, verschiedene Gegenstände, z. B. Lineal, Radiergummi, Schere, verschiedene Schlüssel, Trinkglas, Becher, Schrauben, Münzen u. a.

Versuchsanleitung

Nimm einen Magneten und nähere ihn den verschiedenen Gegenständen (▷ B 2).
Lege eine Tabelle an, in der du notierst, ob der Gegenstand vom Magneten angezogen wird oder nicht (▷ B 1).

Gegenstand	Anziehung?
Schere	
Lineal	
Schlüssel	
Anspitzer	

1 Tabelle zu Versuch 1

Aufgabe

Betrachte die Ergebnisse. Kannst du eindeutig sagen, welche Art von Gegenständen von dem Magneten angezogen werden?

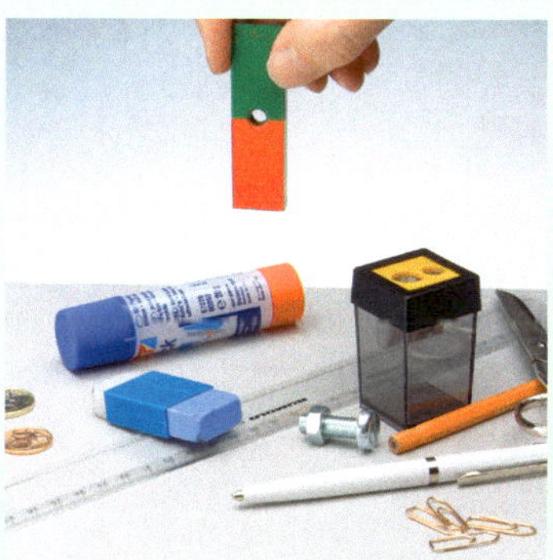

2 Welche Gegenstände werden von einem Magneten angezogen?

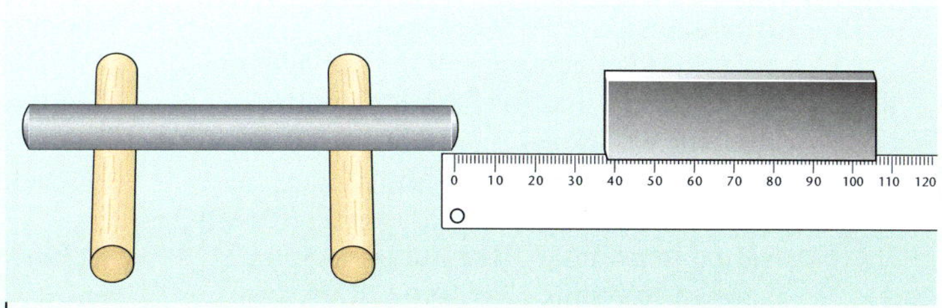

3 Ein Magnet wirkt auch auf die Entfernung.

2 Welche Stoffe zieht ein Magnet an?

Material

Magnet, Prüfstücke aus Eisen, Nickel, Kupfer, Kunststoff, Graphit, Holz, Aluminium, Glas u. a.

Versuchsanleitung

Nimm einen Magneten und halte ihn an die verschiedenen Prüfstücke. Notiere in einer Tabelle, welcher Stoff von dem Magneten angezogen wird.

Aufgabe

Kannst du genau sagen, welche Stoffe bzw. Materialien von dem Magneten angezogen werden? Vergleiche deine Ergebnisse mit den Ergebnissen aus Versuch 1.

3 Fernwirkung

Material

Stabmagnet, Lineal, Eisenstab, Rundhölzer

Versuchsanleitung

Lege den Eisenstab auf die beiden Rundhölzer. Richte den Eisenstab am Nullpunkt des Lineals aus. Nähere den Stabmagneten langsam dem Eisenstab (▷ B 3).

Aufgabe

Von welcher Entfernung an wird der Eisenstab angezogen?

4 Durchdringung oder Abschirmung?

Material

Magnet, Eisennagel, Pappe, Papier, Backblech (oder eine Eisenplatte), Aluminiumfolie, Holzplatte sowie weitere Materialien, die du prüfen möchtest

Versuchsanleitung

Halte nacheinander die verschiedenen Stoffe zwischen den Magneten und den Nagel. Prüfe jeweils, in welcher Entfernung der Nagel noch angezogen wird.

Aufgabe

Durch welche Stoffe wirkt der Magnet hindurch? Welche Stoffe schirmen seine Wirkung ab?

5 Weiterleiten der Magnetwirkung

Material

Magnet, Nägel

Versuchsanleitung

Hänge einen Nagel an einen Stabmagneten (▷ B 4). Hänge an das Ende des Nagels einen weiteren Nagel und an diesen nochmals einen Nagel usw.

Aufgabe

Wie viele Nägel kannst du aneinander reihen?

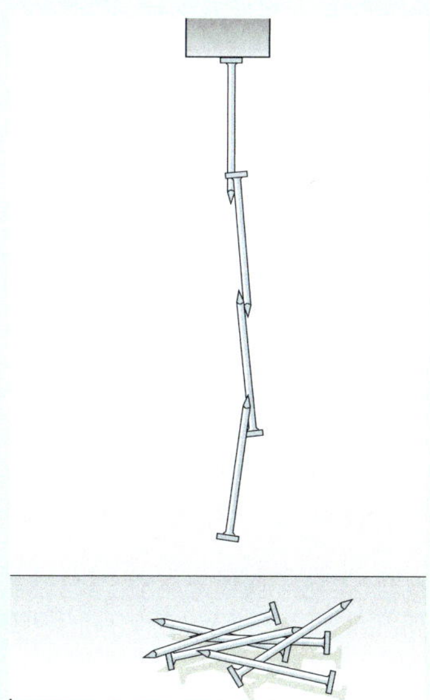

4 Zu Versuch 5

Anziehung durch Magnete
In deiner Umgebung findest du viele magnetische Helfer: die Haltemagnete für die Pinnwand, der magnetische Türverschluss im Kühlschrank, die Magnetnadel beim Kompass oder die Magnetspitze am Schraubendreher. Aber auch bei Spielzeug kannst du häufig Magnete finden. Du kannst sicher noch weitere Beispiele aufzählen.
Bestimmt hast du schon bemerkt, dass ein Magnet manche Gegenstände anzieht, andere dagegen nicht. Allerdings hängt es nicht von der Form oder Größe eines Gegenstandes ab, ob eine Anziehung stattfindet oder nicht. Entscheidend ist das Material, aus dem der Gegenstand besteht. So werden beispielsweise nicht alle Münzen vom Magneten angezogen.
Münzen können aus vielen verschiedenen Materialien bestehen. Durch Ausprobieren kannst du herausfinden, welche Materialien von einem Magneten angezogen werden.
Manche Münzen enthalten Eisen oder Nickel. Diese Materialien werden von einem Magneten angezogen. Neben Eisen und Nickel besitzt auch das Metall Kobalt magnetische Eigenschaften.

Zwischen einem Magneten und einem Gegenstand, der Eisen, Nickel oder Kobalt enthalten, wirkt eine magnetische Anziehungskraft.

1 Magnetische Wirkung bei Schlüsseln

Werkstatt

Die magnetischen Polgesetze

1 Magnetische Kräfte

Material
3 nicht gekennzeichnete Stabmagnete, 3 Klebepunkte gleicher Farbe, Eisenstück

Versuchsanleitung
a) Kennzeichne an den Stabmagneten jeweils eine Seite durch einen Klebepunkt. Probiere aus, was geschieht, wenn du die Enden zweier Magnete einander annäherst.
Teste alle Möglichkeiten und notiere deine Beobachtungen.
b) Nähere einen Magneten einem Eisenstück auf unterschiedliche Weise. Notiere deine Beobachtungen.

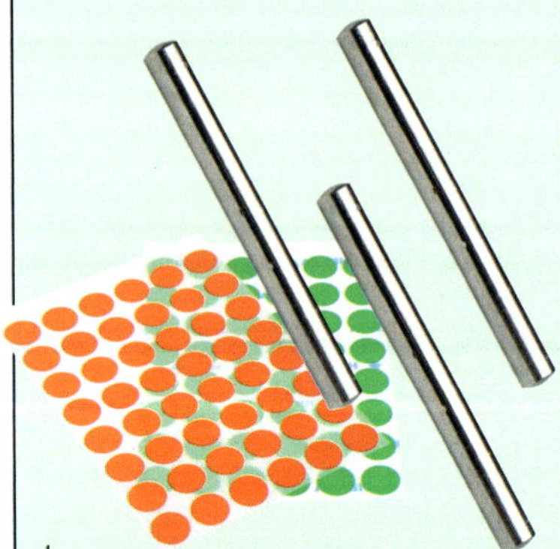
1 Material zu Versuch 1

2 Anziehung und Abstoßung

Material
Farbig gekennzeichneter Stabmagnet, Kompass

Versuchsanleitung
Nähere zuerst den Nordpol, anschließend den Südpol eines Magneten einer Kompassnadel. Was stellst du fest?
Notiere deine Beobachtungen.

3 Polgesetze

Material
2 farbig gekennzeichnete Magnete

Versuchsanleitung
Halte den Nordpol des einen Magneten an den Südpol des anderen Magneten.
Führe weitere Versuche durch, halte nun aber jeweils die Nordpole und anschließend die Südpole der Magnete aneinander.
Welche Pole ziehen sich an?
Welche Pole stoßen sich ab?

Aufgabe
Formuliere aus den Beobachtungen zu allen Versuchen allgemeine Regeln für das Verhalten der Magnete.

2 Experimente mit Magneten

Magnetische Wirkung trotz Abstand

Die Anziehung zwischen einem Magneten und einem Eisennagel lässt sich schon feststellen, bevor sich die beiden berühren. Je weiter der Nagel vom Magneten entfernt ist, desto schwächer ist die Anziehungskraft. Verwendest du anstelle des Nagels eine kleine Büroklammer aus Eisen, so kannst du die magnetische Wirkung in einem noch größeren Abstand feststellen.

Magnetpole

Jeder Magnet hat zwei Pole. Bei einem Stabmagneten befinden sie sich an den beiden Enden. Im Bereich der Pole ist die magnetische Kraft am größten. In der Mitte des Stabmagneten wirkt keine magnetische Kraft.

Wenn du einen Magneten an einem Faden frei aufhängst, dann richtet sich der Magnet immer gleich aus: eine Seite zeigt in nördliche Himmelsrichtung, die andere in südliche Himmelsrichtung (▷ B 2). Der Pol, der nach Norden zeigt, heißt Nordpol des Magneten. Den Pol, der nach Süden zeigt, bezeichnet man als Südpol.
Damit man die Pole schneller erkennt, sind viele Magnete in der Physik farblich markiert. Die Seite des Nordpols ist oft rot, die Seite des Südpols oft grün lackiert.
Bei einem Kompass nutzt man dieses Verhalten eines frei drehbaren Magneten aus. Es gibt auf dem offenen Meer keine Orientierungspunkte. Für die Seeleute war daher der Kompass in früheren Zeiten sehr hilfreich um ihren Weg zu finden.

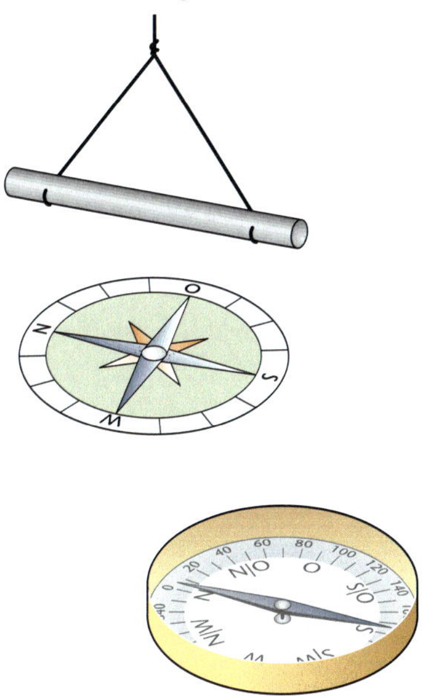

2 Drehbare Magnete zeigen in Nord-Süd-Richtung.

Die magnetischen Polgesetze

Zwischen zwei Magneten können anziehende und abstoßende Kräfte auftreten. Der Nordpol des einen Magneten zieht den Südpol des anderen Magneten an und umgekehrt.
Näherst du jedoch den Nordpol des einen Magneten an den Nordpol des anderen Magneten an, tritt eine abstoßende Kraft auf. Gleiches gilt auch für zwei Südpole. Das gleiche passiert, wenn du stattdessen den Südpol des einen Magneten dem Südpol des anderen Magneten annäherst.

▶ Ungleichnamige Magnetpole ziehen sich an. Gleichnamige Magnetpole stoßen sich ab.

Aufgaben

1 Die Erde ist ein riesiger Magnet. Die Pole des Erdmagneten und die geografischen Pole liegen aber an verschiedenen Orten. Suche im Atlas die magnetischen und die geografischen Pole.

2 Steffen meint: „Der magnetische Nordpol liegt in der Nähe des geografischen Südpols." Was sagst du zu dieser Behauptung?

Versuche

1 Hänge eine Büroklammer (aus Eisen) an einen Bindfaden. Nähere die Büroklammer einem Magneten an (▷ B 4). Was stellst du fest?

2 Halte einen Stabmagneten in eine Kiste mit Eisennägeln (▷ B 3). Wo ist die magnetische Kraft am stärksten?

3 Polbereiche

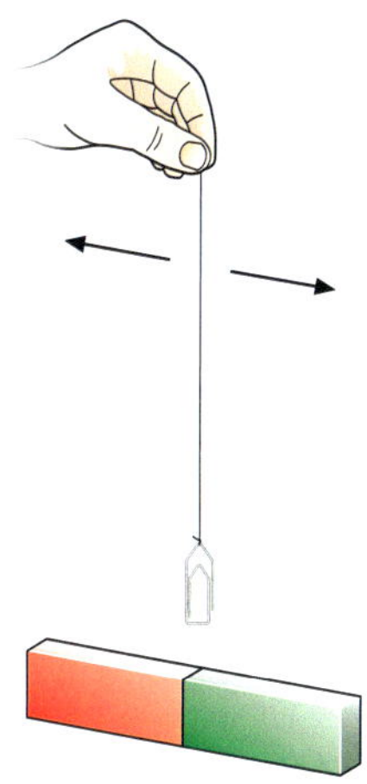

4 Zu Versuch 1

Suchen und Finden im Internet

Das Internet
Das Internet ist ein Zusammenschluss vieler Computer. Auf diese Weise ist eine Art riesige Bibliothek entstanden, in der vielfältige Informationen zu finden sind.

Um in das Internet zu gelangen, muss man sich über einen so genannten Provider telefonisch einwählen. Ein Provider ist eine Firma, die dir den Zugang zum Internet ermöglicht. In der Schule genügt es meistens, am Computer einen Browser (engl. browse = stöbern) zu starten, die telefonische Anwahl geschieht meist automatisch. Zu Hause sollten dir deine Eltern den Zugang zum Internet zeigen.

Mit einem Browser bewegst du dich im World Wide Web (Weltweites Netzwerk). In der Adresszeile kannst du sofort bekannte WWW-Adressen eingeben, z. B. **www.weltderphysik.de** oder **www.klett.de**.

Viele dieser Seiten sind Ausgangsseiten (Portale), die durch Verweise auf andere Seiten zeigen. Diese Verweise (so genannte Links) erkennst du daran, dass sie unterstrichen und meist farbig hervorgehoben sind. Zudem wird beim Überstreichen eines Links aus dem Mauszeiger eine Hand. Einige Links sind auch durch kleine Grafiken dargestellt. Wenn du einen Link anklickst, wechselst du zu der Seite, auf die der Link verweist. In der Adresszeile steht jetzt meist eine neue Adresse.

Suchen und Finden
Wenn du spezielle Informationen benötigst, musst du die Adresse kennen, unter der die Informationen zu finden sind. Nur in den wenigsten Fällen wirst du über Portale an die entsprechenden Informationen gelangen.

Effektiver ist es, eine Suchmaschine zu benutzen. Eine Suchmaschine kannst du dir wie ein riesiges Lexikon vorstellen. Nach Eingabe eines Begriffs erstellt die Suchmaschine eine Liste mit Seiten, die deinen Suchbegriff enthalten. Suchmaschinen sind z. B. zu finden unter:

www.altavista.de
www.fireball.de
www.google.de
www.lycos.de
www.yahoo.de

Wenn du in dem Feld „Suche nach" ein Stichwort eingibst und dann auf „Suche starten" klickst oder die Eingabetaste drückst, beginnt die Suchmaschine damit, passende Seiten zu suchen.
Als Ergebnis gibt die Suchmaschine eine Linkliste der Seiten zurück, die diesen Suchbegriff enthalten.

Wenn du z. B. Informationen über Magnete benötigst, musst du in der Suchzeile das Wort Magnet eingeben.
In den meisten Fällen erzielt die Suchmaschine jetzt aber nicht nur einen Treffer, sondern viele, vielleicht sogar Millionen. Dein Suchbegriff ist dann zu allgemein und die Information, die du eigentlich suchst, ist nur schwer zu finden.

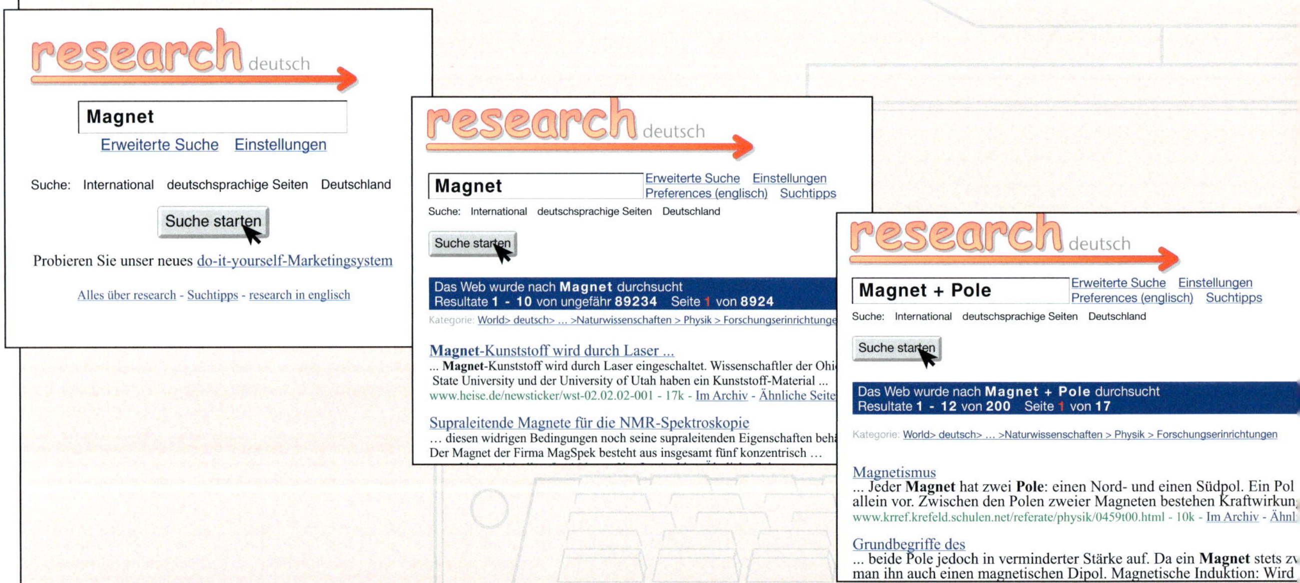

Verfeinern der Suche
Alle Suchmaschinen erlauben es, die Suche zu verfeinern, indem man mehrere Schlagwörter in der Suchzeile einträgt. Zusätzlich sollte man direkt vor jedes Wort das Pluszeichen (+) setzen. Das Pluszeichen bedeutet, dass dieser Begriff im Ergebnis in jedem Fall enthalten sein muss. Suchst du z. B. nach den magnetischen Polen, könntest du als Suchbegriffe eingeben:

+Magnet +Pole

Begriffe ausschließen
Manchmal ist es auch sinnvoll, bestimmte Begriffe bei der Suche auszuschließen. In diesen Fällen musst du ein Minuszeichen (–) vor das Wort stellen. Suchst du z. B. nach den magnetischen Polgesetzen und möchtest du keine Informationen, die von einer Universität stammen, so gibst du ein:

+Magnet +Polgesetz –Universität

Textsuche
Angenommen, du willst ein Referat über Christoph Kolumbus schreiben. Möglicherweise reicht hier die Suche mit

+Christoph +Kolumbus

nicht aus, da jetzt auch andere Vor- und Nachnamenkombinationen denkbar sind, wie z. B. Dokumente, in denen Christoph Meier und Lisa Kolumbus vorkommen. Muss in dem zu suchenden Dokument aber unbedingt der Text Christoph Kolumbus vorkommen, so sind beide Wörter zusammen in doppelte Anführungszeichen zu setzen, also:

„Christoph Kolumbus"

Jetzt erhältst du nur Verweise auf Dokumente, in denen genau dieser Text vorkommt.

1 Ob Internet oder Bibliothek: Man muss wissen, wie man Informationen findet.

Einstellen der Startadresse
Du siehst, nur wenn man geschickt im Internet sucht, findet man auch die richtigen Ergebnisse. Am besten ist es, wenn man den Browser so einstellt, dass er gleich als Startseite eine Suchmaschine aufruft. Eine neue Startseite stellst du im Browser über den Menüpunkt „Einstellungen" oder „Optionen" ein.

Kosten sparen
Auch wenn das Surfen im Internet immer preiswerter wird, es kostet dennoch Geld. Du kannst Kosten sparen, wenn du dir beim Surfen nicht alle Seiten genau durchliest. Dies kannst du später „offline", also ohne Telefonverbindung nachholen. Dazu musst du nur den Browser im Dateimenü in den Offlinebetrieb schalten. Wenn du auch noch den Verlauf anwählst, kannst du die zuletzt besuchten Seiten direkt anwählen und eventuell auch ausdrucken.

Der einfache Stromkreis

Elektrische Geräte benutzt du jeden Tag ganz selbstverständlich. Aber welche Voraussetzungen müssen erfüllt sein, damit ein Gerät auch funktioniert?

Im folgenden Versuch kannst du es selbst herausfinden. Beachte die Versuchsanweisungen. **Vorsicht**: Experimentiere niemals mit elektrischem Strom aus der Steckdose!

1 Der einfache Stromkreis

Versuchsanleitung

a) Bringe mithilfe von Batterien und Kabeln die Lampen einer Taschenlampe zum Leuchten (▷ B 1). Wie musst du den Stromkreis aufbauen, damit die Lampe leuchtet?

b) Was passiert, wenn du die Kabel an der Fassung vertauschst?

c) Schließe nun zunächst eine Fahrradlampe und anschließend eine Haushaltsglühlampe an die Batterien an.
Was beobachtest du nun? Notiere deine Beobachtungen.

Aufgaben

1. Erstelle eine Materialliste für deinen Versuch. Führe den Versuch anschließend durch.

2. Welche Voraussetzungen müssen erfüllt sein, damit eine Lampe in einem Stromkreis leuchtet? Fasse die Ergebnisse deiner Untersuchungen zusammen.

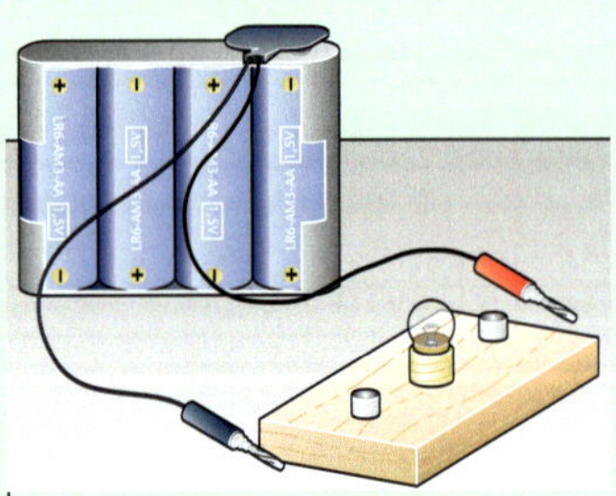

1 Wann leuchtet die Lampe?

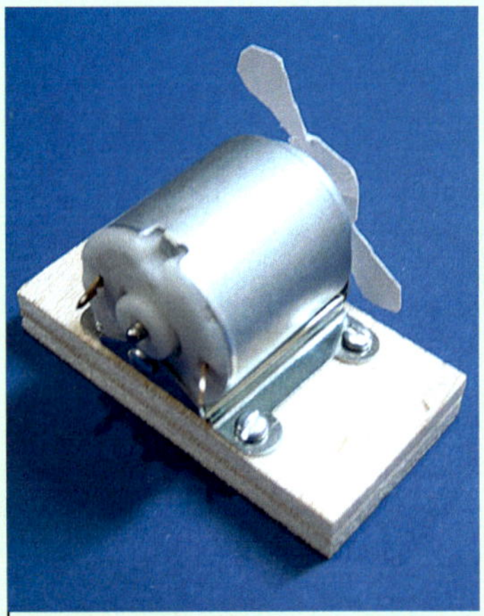

2 Elektromotor

3 Solarzelle

2 Wann läuft der Motor?

Material

Solarzelle, Elektromotor, Kabel, starke Taschenlampe

Versuchsanleitung

a) Setze den Elektromotor mithilfe einer Solarzelle in Betrieb.
Zeichne die Versuchsanordnung in dein Heft und beschreibe dein Experiment. Notiere Besonderheiten.

b) Verändere die Helligkeit der Lampe. Beschreibe, wie der Motor auf die unterschiedliche Beleuchtung reagiert.

3 Wie läuft der Motor?

Material

Glühlampe (3,8 V), Batteriehalter, Batterien, Elektromotor, Kabel

Versuchsanleitung

a) Schließe die Lampe an die Spannungsquelle an und bringe sie zum Leuchten. Vertausche anschließend die Anschlüsse an der Spannungsquelle. Notiere deine Beobachtungen.

b) Wiederhole den Versuch. Verwende anstelle der Glühlampe nun aber den Elektromotor.
Notiere deine Beobachtungen.

c) Vergleiche deine Beobachtungen aus den beiden Versuchen. Halte das Ergebnis schriftlich fest.

4 Der Dynamo als Quelle

Material

Lampe (z. B. 3,8 V), Fahrraddynamo, Kabel

Versuchsanleitung

a) Bringe mit dem Fahrraddynamo die Lampe zum Leuchten. Skizziere den Versuchsaufbau und beschreibe dein Vorgehen.

b) Untersuche, wodurch die Helligkeit der Lampe verändert werden kann. Notiere die Ergebnisse.

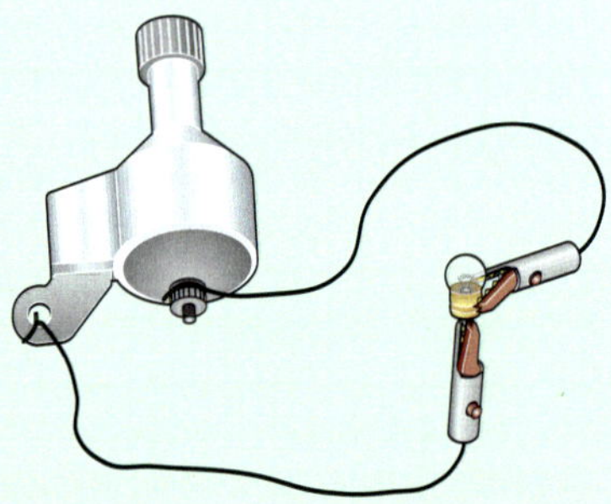

4 Anschluss der Lampe an den Dynamo

Aufgaben

1. Vergleiche die Ergebnisse der Versuche. Welche Bedingungen müssen erfüllt sein, damit ein elektrischer Stromkreis funktioniert?

2. Vergleiche Solarzelle, Batterie und Dynamo miteinander. Welche Vorteile besitzt jede dieser Spannungsquellen und welche Nachteile könnten sie haben?

Ein Tag ohne Elektrogeräte?
Elektrische Geräte erleichtern unser Leben und übernehmen viele Arbeiten, die früher mühselig in Handarbeit verrichtet werden mussten. Einen Brief am Computer schreiben, Musik hören oder schnell noch die Haare trocknen – ohne elektrische Geräte können wir uns unseren Alltag nicht mehr vorstellen.
Überlege selbst einmal, wie dein Tag ohne elektrische Geräte ablaufen würde.

Elektrische Geräte anschließen
Um elektrische Geräte nutzen zu können, müssen sie mit Energie versorgt werden. Dazu brauchst du eine Spannungsquelle. Für eine Glühlampe (▷ B 4) reicht eine Batterie, Haushaltsgeräte werden an die Steckdose angeschlossen. Der „Strom aus der Steckdose" ist jedoch lebensgefährlich. Keinesfalls darfst du damit experimentieren.
Ungefährliche Spannungsquellen sind z. B. Batterie, Solarzelle oder Fahrraddynamo.

Jede Spannungsquelle hat zwei Anschlussstellen, einen Pluspol (+) und der Minuspol (-). An diese werden die elektrischen Geräte angeschlossen.

Der elektrische Stromkreis
Im Bild 1 siehst du einen einfachen elektrischen Stromkreis. Die elektrische Verbindung beginnt an einem Batteriepol und führt durch die Lampe wieder zum anderen Batteriepol zurück. Die Lampe leuchtet nur, wenn die Verbindung an keiner Stelle unterbrochen ist und der elektrische Stromkreis geschlossen ist.
Oft wird in den Stromkreis noch ein Schalter eingebaut (▷ B 2). Damit kannst du einen elektrischen Stromkreis je nach Bedarf unterbrechen oder schließen.

Die Voltangabe ist wichtig
Sicher hast du schon auf Batterien die Aufschrift 1,5 V oder 9 V gelesen.
Das „V" steht für „Volt".
Damit ein elektrisches Gerät richtig funktioniert, muss es zur Spannungsquelle passen. Das ist der Fall, wenn die Voltangaben auf beiden in etwa übereinstimmen. Ist die Spannungsquelle zu schwach, funktioniert das Gerät nicht. Ist sie zu stark, kann das Gerät kaputt gehen.

Auf dem Sockel der Lampe in Bild 4 findest du die Aufschrift „3,5 V". Zu dieser Lampe passt also z. B. eine 3-V-Batterie. Schließt du die Lampe stattdessen an eine 9-V-Batterie an, geht sie kaputt.

▶ Ein elektrisches Gerät funktioniert nur dann, wenn es an eine geeignete Spannungsquelle angeschlossen ist und der elektrische Stromkreis geschlossen ist.

Die richtige Polung
Bei einer Batterie ist es egal, wie die Lampe an die Pole angeschlossen wird. Vertauschst du die Pole, leuchtet die Lampe genauso wie vorher.
Nicht so bei einem Elektromotor! Bei einem Elektromotor ändert sich die Drehrichtung, wenn die Batteriepole vertauscht werden.

In vielen Geräten ist angegeben, wie die Batterien eingelegt werden müssen. Legst du die Batterie falsch ein, funktioniert das Gerät nicht oder kann zerstört werden.

▶ Achte bei einem elektrischen Gerät darauf, wie die Batterien eingelegt werden müssen. Bei falsch eingelegten Batterien könnte es zerstört werden.

3 Die Pole der Batterie sind gekennzeichnet.

4 Voltangabe auf einer Glühlampe

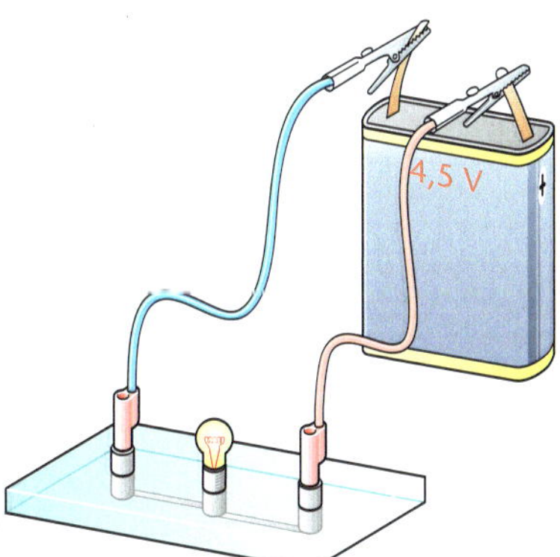

1 Geschlossener elektrischer Stromkreis

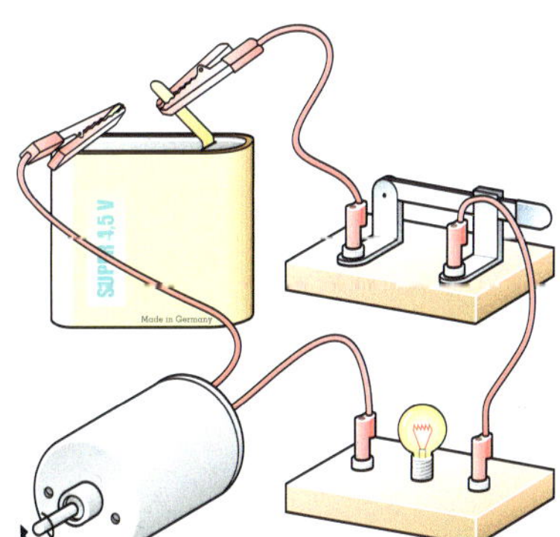

2 Geschlossener elektrischer Stromkreis mit Schalter

Ein Bindfaden im Stromkreis
Als Jochen einen einfachen Stromkreis aufbauen will, hat er zunächst kein Kabel. Er nimmt deshalb einen Bindfaden anstelle eines Drahtes (▷ B 2).
Warum leuchtet die Lampe nicht? Jochen überprüft die Lampe, indem er Gewinde und Fußkontakt direkt an die Anschlüsse der Batterie hält. Die Lampe leuchtet.

Anschließend holt sich Jochen zwei Kabel, über die er die Lampe mit der Spannungsquelle verbindet. Wiederum leuchtet die Lampe.
Sobald Jochen aber den Bindfaden anstelle eines Kabels verwendet, bleibt es dunkel. Der Bindfaden leitet den elektrischen Strom nicht.

Welche festen Stoffe leiten den elektrischen Strom?
Wenn du genauer untersuchen möchtest, welche Stoffe den elektrischen Strom leiten, musst du verschiedene Gegenstände in den Stromkreis schalten (▷ B 1; V 1).

Bei einigen Stoffen leuchtet die Glühlampe auf. Diese Stoffe leiten den elektrischen Strom.

Bei anderen Stoffen hingegen leuchtet die Glühlampe nicht. Diese Stoffe leiten den elektrischen Strom nicht oder in nur so geringem Maß, dass der Strom nicht ausreicht, um die Lampe aufleuchten zu lassen.

Wenn du die Lampe durch ein empfindliches Strommessgerät ersetzt, dann kannst du manchmal einen geringen Stromfluss feststellen.

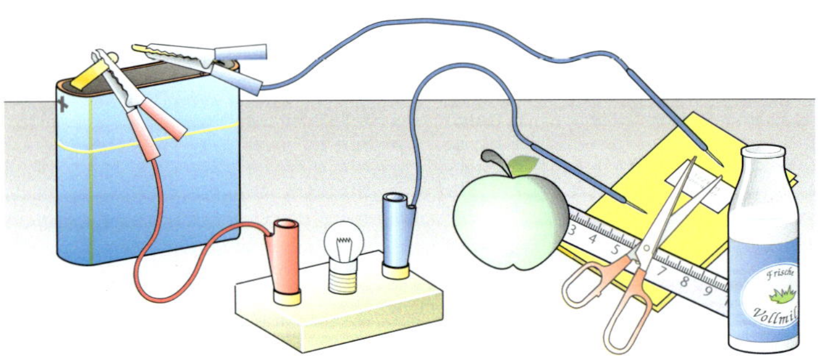

1 Zu Versuch 1

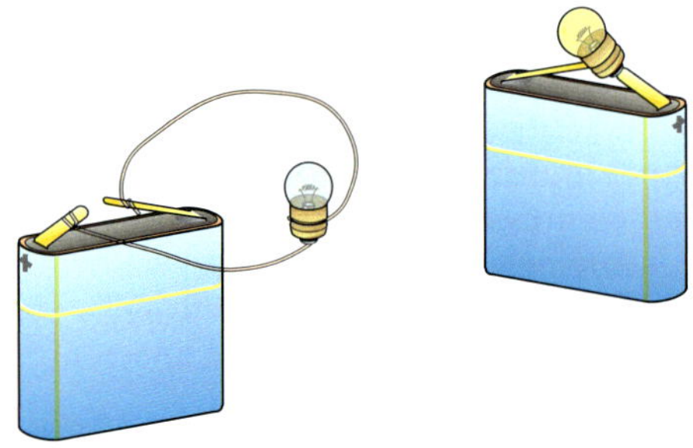

2 Mit einem Bindfaden leuchtet die Lampe nicht.

Leitende Stoffe sind z. B. alle Metalle, aber auch Graphit. Diese Stoffe nennt man **Leiter**.

Zu den nicht leitenden Stoffen zählen z. B. Glas, Porzellan und Kalk. Diese Stoffe nennt man **Isolatoren**.

▶ Stoffe, die den elektrischen Strom gut leiten, werden als Leiter bezeichnet. Stoffe, die den elektrischen Strom nicht oder nur sehr schlecht leiten, werden Isolatoren (Nichtleiter) genannt.

Versuch

1 Baue einen Prüfstromkreis mit Batterie und Glühlampe (▷ B 1). Schalte verschiedene Gegenstände in den Stromkreis. Trage deine Beobachtungen in eine Tabelle ein (▷ B 3).

Aufgabe

1 Schreibe auf, wo Leiter gebraucht werden und wo Isolatoren wichtig sind. Welche Stoffe werden zum Isolieren benutzt?

Gegenstand	Stoff	Lampe leuchtet
Heft	Papier	
Brille	Glas	
Bleistiftmine	Graphit	
Kreide	Kalk	
Nagel	Eisen	
Türklinke	Aluminium	

3 Tabelle zu Versuch 1

Glühlampen gibt es seit über 120 Jahren. Sie wurden in den vielen Jahrzehnten nur wenig verändert. Ihr Aufbau ist immer gleich, ob die Lampe groß ist oder klein.

Der Aufbau einer Glühlampe
Das Äußere der Glühlampe besteht aus einem Glaskolben. Er sitzt auf einem Gewinde, sodass man die Lampe in eine Fassung hineindrehen kann. Unterhalb des Gewindes kannst du eine Isolierschicht und einen Fußkontakt erkennen (▷ B 1).

Im Inneren der Glühlampe verläuft ein Draht vom Fußkontakt zum Glühdraht. Die andere Seite des Glühdrahts ist ebenfalls mit einem Draht verbunden, der den Seitenkontakt mit dem Metallgewinde herstellt. Durch Haltedrähte wird der Glühdraht festgehalten. Ein Glasisolator verhindert, dass sich die Drähte in der Lampe berühren.

Der Glühdraht der Lampe besteht aus dem Metall Wolfram. Es bleibt auch bei Weißglut noch fest und schmilzt nicht. Der Glühdraht ist sehr dünn. Damit er nicht verbrennt, ist der Glaskolben mit einem speziellen Gas gefüllt oder luftleer gepumpt. Der fast 1 m lange Glühdraht einer Haushaltsglühlampe ist doppelt gewendelt, damit er in den Glaskolben passt.

Die Lampenfassung
Die Lampenfassung ist das Gegenstück zur Glühlampe. Wird die Glühlampe in die Fassung gedreht, haben die leitenden Gewinde von Lampe und Fassung Kontakt miteinander.
Wird die Lampe vollständig in die Fassung eingeschraubt, so berühren sich die Fußkontakte von Lampe und Fassung.

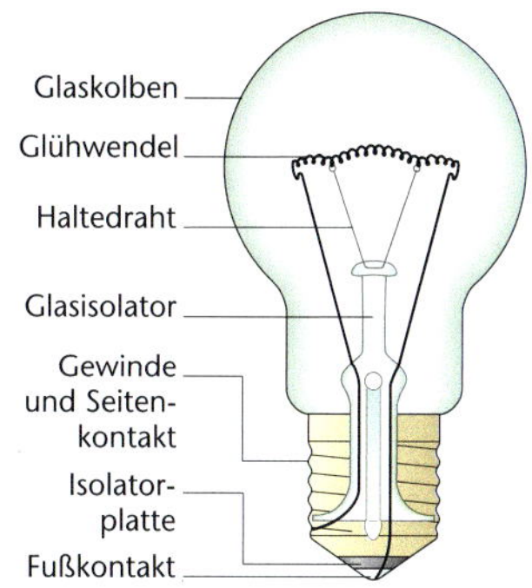

1 Aufbau einer Glühlampe

Aufgaben

1 Entferne vorsichtig den Glühdraht aus einer Lampe und ziehe ihn auseinander. Wie lang ist der Draht?

2 Beschreibe den Weg des Stroms in einem geschlossenen Stromkreis. Beschreibe dabei auch den Weg innerhalb der Lampe und der Fassung.

Schnittpunkt

Die Erfindung der Glühlampe

1 Heinrich Göbel

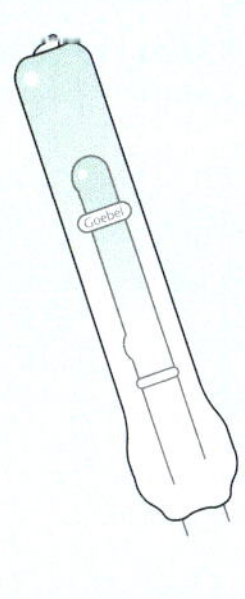

Heinrich Göbel
Der eigentliche Erfinder der Glühlampe ist Heinrich Göbel. Er wurde 1818 in Springe bei Hannover geboren und wanderte 1848 nach Amerika aus. Göbel war Optiker und Uhrmacher und eröffnete in New York ein Geschäft für optische Geräte. Er interessierte sich für physikalisch-technische Fragen. 1854 baute er eine Kohlefaser in ein Fläschchen ein, pumpte die Luft ab und ließ Strom durch die Faser fließen.
Diese erste Glühlampe leuchtete viele Stunden in seinem Schaufenster. Göbel konnte seine Erfindung aber nicht wirtschaftlich nutzen, denn es gab keine Stromversorgung. Außerdem hatten die Menschen damals kein Verständnis für die Erfindung. Noch brauchte sie niemand. Schließlich fehlten Göbel das Geld und das Geschick, um seine Erfindungen systematisch zu vermarkten und zu verbreiten.

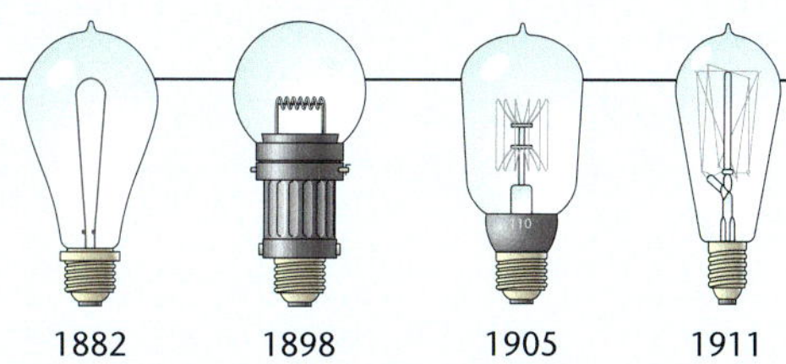

2 Entwicklung der ersten Glühlampen

Thomas Alva Edison
Der Entwickler der modernen Glühlampe war Thomas Alva Edison. Auch seine Lampe aus dem Jahr 1879 hatte einen Glühfaden aus Kohlefaser. Sie leuchtete 45 Stunden. Edisons Erfindung konnte sich rasch durchsetzen, weil er neben der Glühlampe auch ein komplettes Beleuchtungssystem vom Dynamo bis zum Installationszubehör entwickelte.
Lange Zeit galt deshalb Edison als Erfinder der Glühlampe. Göbel erhielt erst kurz vor seinem Tod Recht: Ein Gericht in New York stellte fest, dass er die Glühlampe bereits 25 Jahre vor Edison erfunden hatte.
In den heutigen Glühlampen befindet sich keine Kohlefaser mehr. Sie wurde durch den Glühdraht aus Wolfram ersetzt.

Strategie

Ein Arbeitsblatt für die Klasse

Du sollst bis zur nächsten Woche für deine Mitschülerinnen und Mitschüler ein Arbeitsblatt über Glühlampen erstellen. Dazu hast du die entsprechenden Seiten im Schulbuch durchgelesen und noch über 20 Seiten aus dem Internet ausgedruckt.
Wie bekommst du nun eine sinnvolle Gliederung in diese Menge an Informationen?

A. Was ist wichtig?
Frage dich zuerst, was deine Klassenkameraden über Glühlampen unbedingt wissen sollten. Notiere die Begriffe, die du gefunden hast, auf kleine Kärtchen. Schreibe zu jedem Begriff ein oder zwei Stichworte.

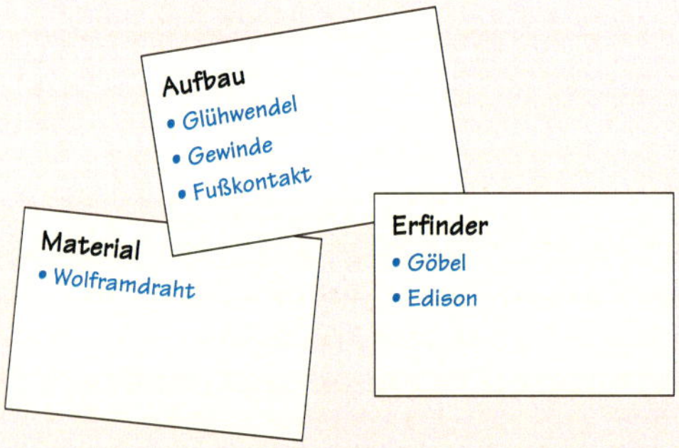

B. Interessant gestalten – gewusst wie!
Wenn du dir genügend Fragen überlegt hast, geht es an die Gestaltung deines Arbeitsblattes. Es sollte möglichst abwechslungsreich sein. Du weißt sicher, dass Menschen sich auf unterschiedliche Weise Dinge einprägen und lernen: Manche brauchen ein Bild zum Anschauen, andere lesen lieber einen Text.

Auf dieser Seite findest du viele Ideen, wie du dein Arbeitsblatt gestalten kannst. Sicher fallen dir noch weitere ein. Schau auch einmal in Rätselheften nach.

Du könntest zum Beispiel danach fragen, woher die Glühlampen ihren Namen haben.

Plane genügend Platz für die Antworten ein. Du kannst mit der Anzahl der Striche schon eine kleine Hilfe geben, wie viele Erklärungsmöglichkeiten es geben könnte.

Aber nur Fragen zu stellen, die sich auf den Text im Physik-Buch beziehen, ist nicht so spannend. Bemühe dich deshalb, Fragen zu entwickeln, die auf unterschiedliche Weise beantwortet werden können.

Auch ein Lückentext ist interessant, in den deine Mitschülerinnen und Mitschüler wichtige Begriffe eintragen können. Dabei kannst du die fehlenden Begriffe auf dem Arbeitsblatt bereits vorgeben oder auch nicht.

In einem Wortsuchspiel kannst du wichtige Begriffe verstecken. Vielleicht findest du ein entsprechendes Programm im Internet. Ansonsten kannst du die Tabellenfunktion deines Schreibprogramms benutzen. Gib noch an, wie die Begriffe im Wortsuchspiel verteilt sind: vorwärts, rückwärts, waagerecht, senkrecht oder diagonal.

Auf dein Arbeitsblatt darfst du auch etwas zeichnen, wenn du das kannst. Beziehe diese Zeichnung in deine Frage mit ein. Deine Mitschülerinnen und Mitschüler erinnern sich vielleicht später noch an diese Zeichnung und dann fallen ihnen die Begriffe dazu schneller wieder ein.

DAS GROSSE GLÜHLAMPEN-RÄTSEL

Ergänze die fehlenden Worte:

Das Äußere der Glühlampe besteht oben aus dem __________. Darunter befindet sich das _______, sodass man die Lampe in die _______ eindrehen kann. Unterhalb des _______ befindet sich zunächst die _____________ und ganz unten der __________.

Hier haben sich 10 Begriffe rund um die Glühlampe versteckt. Finde sie und rahme sie farbig ein.

K	I	B	J	W	E	N	D	E	L
V	O	G	P	O	L	A	R	G	I
G	Ö	B	E	L	E	B	A	E	H
R	N	I	D	F	I	R	H	W	T
F	G	Ö	I	R	T	E	T	I	O
B	L	F	S	A	E	B	A	N	M
E	A	U	O	M	R	L	E	D	P
K	S	Q	N	E	G	I	K	E	L
D	I	S	O	L	A	T	O	R	K

Aus welchen Teilen ist die Glühlampe aufgebaut?

Stimmt's oder stimmt's nicht? Du musst dich entscheiden. Sind alle Antworten richtig, ergeben die roten Buchstaben ein Lösungswort:

Im Inneren der Glühlampe verläuft ein Draht vom Fußkontakt
a) zum Glühdraht (P)
b) zum Glaskolben (C)

Der Erfinder der Glühlampe ist
a) Edison (I)
b) Göbel (R)

Der Glühdraht besteht aus
a) Kupfer (E)
b) Wolfram (I)

Zwischen Gewinde und Fußkontakt befindet sich
a) ein Isolator (M)
b) ein Leiter (S)

Die Glühlampe gibt es seit
a) etwa 150 Jahren (A)
b) etwa 50 Jahren (E)

Lösung: _ _ _ _ _

Hoppla, hier ist etwas durcheinandergeraten. Kannst du erklären, was?

TERILE ____________________
Erklärung: ____________________
____

SONEDI ____________________
Erklärung: ____________________
____

HAGRLDÜHT ____________________
Erklärung: ____________________
____

Bei den „Stimmt/stimmt nicht"-Fragen müssen sich deine Mitschülerinnen und Mitschüler entscheiden, welche der beiden angegebenen Antworten richtig ist. Formuliere die falsche Antwort nicht zu unwahrscheinlich, damit sie überlegen müssen.

Wenn du hinter die falschen und richtigen Antworten noch Buchstaben setzt, könnte sich am Schluss – wenn alle richtigen Antworten erkannt wurden – ein Lösungswort ergeben.

Wie wäre es mit einem Kreuzworträtsel? Auch dazu findest du im Internet entsprechende Programme.

Anstelle eines Kreuzworträtsels kannst du die Buchstaben wichtiger Begriffe auch durcheinander wirbeln. Deine Mitschülerinnen und Mitschüler müssen sie zu sinnvollen Wörtern ordnen. Lasse sie die Begriffe dann aber noch einmal mit eigenen Worten erklären.

Vielleicht findest du zum Schluss noch einen Spruch oder einen Comic. Dann lösen deine Mitschülerinnen und Mitschüler dein Arbeitsblatt sicher mit noch mehr Spaß.

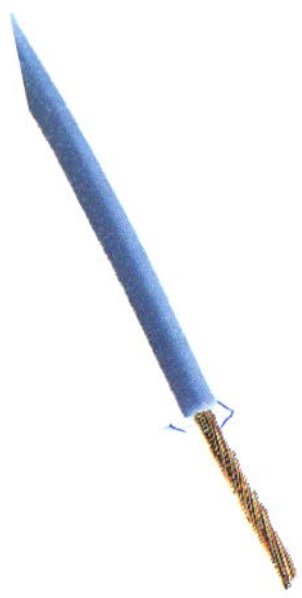

1 Experimentierkabel

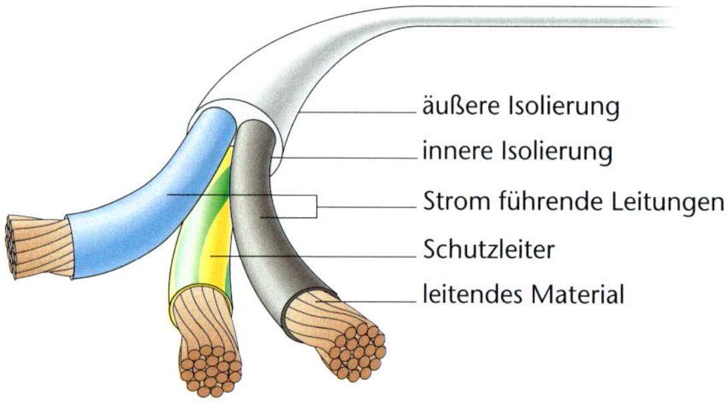

2 Aufbau eines Kabels

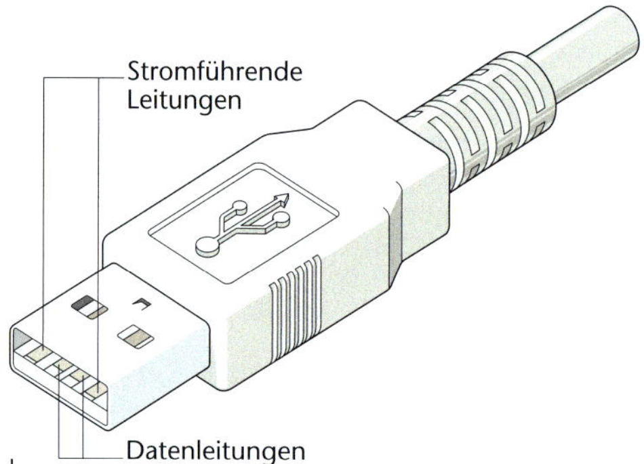

3 USB-Kabel

Stromleitungen

Um elektrische Geräte richtig anzuschließen, benötigt man Leitungen für den elektrischen Strom.

Im Bild 1 siehst du, wie ein einfaches Experimentierkabel aufgebaut ist: Es besteht aus mehreren feinen Kupferdrähten, die von Kunststoff umhüllt sind. Durch die vielen einzelnen Drähte bleibt das Kabel biegsam und bricht nicht so leicht.

Die Materialien Kupfer und Kunststoff erfüllen im Kabel unterschiedliche Aufgaben: Kupfer wird eingesetzt, weil es ein sehr guter elektrischer Leiter ist. Kunststoff ist dagegen ein Isolator, dadurch wird verhindert, dass jemand einen elektrischen Schlag bekommt.

Die Zuleitungen für elektrische Haushaltsgeräte bestehen meist aus drei einzelnen Leitungen (▷ B 2). Die Kupferdrähte in ihnen sind viel dicker als beim Experimentierkabel, weil ein stärkerer Strom fließt.

Alle drei Leitungen sind voneinander gut isoliert. Außen sind alle Leitungen noch einmal von einem Mantel aus Kunststoff umgeben.

Daten-Leitungen

Mit Hilfe eines USB-Kabels (▷ B 3) können Daten zwischen einem Computer und einem Gerät, wie beispielsweise einer Kamera oder einem Speicherstick ausgetauscht werden. Gleichzeitig können per USB-Kabel auch manche Geräte, wie z. B. eine Computermaus oder eine Tastatur mit Strom versorgt werden.

Deshalb findest du in USB-Kabeln mindestens 4 Leitungen: zwei dienen zur Datenübertragung, zwei dienen der Stromversorgung.

Aufgabe

1 Untersuche den Aufbau verschiedener Kabelreste. Bereite eine Präsentation vor.

Schnittpunkt

Die Kindertage elektrischer Kabel

1 Telegrafenkabel (um 1840)

2 Starkstromkabel um 1900

Die ersten Telegrafenkabel

Um 1837 wurden die ersten Telegrafenkabel zur Nachrichtenübertragung eingesetzt. Stimmen konnte man damals noch nicht hören, die Nachricht wurde von einem Gerät auf Papier aufgezeichnet.

Die Telegrafenkabel bestanden aus Kupferdrähten, die mit Harz isoliert und in Holz eingelassen waren (▷ B 1). Das Holz hatte jedoch einen großen Nachteil: Es nahm Feuchtigkeit auf. Die Folge war, dass einerseits die Leitungen nicht mehr richtig isoliert wurden und andererseits die Kabel mit der Zeit brüchig wurden.

Die ersten Starkstromkabel

1880 wurden die ersten Starkstromkabel für die Berliner Straßenbeleuchtung eingesetzt. Auch dafür wurden zunächst einfache einzelne Kupferdrähte verwendet. Erst später wurden mehrere Drähte gebündelt.

Zur Isolierung benutzte man eine Papierschicht, die mit einem Spezialöl getränkt war. Außen wurde das Kabel von einem Bleimantel umhüllt, der die Papierschicht vor Feuchtigkeit schützen sollte (▷ B 2).

Strampeln für Energie
Hast du schon einmal die Beleuchtung an verschiedenen Fahrrädern genauer untersucht? Möglicherweise wirst du dabei verschiedene Varianten finden.

Manche Fahrradlampen werden von einer Batterie mit Energie versorgt, den Stromkreis mit Hin- und Rückleitung kannst du deutlich erkennen.
Bei anderen Fahrrädern musst du jedoch kräftig in die Pedale treten, damit die Scheinwerfer leuchten. Hier dient ein Dynamo als Energiequelle. Wenn sich das Rädchen am Dynamo dreht, leuchtet die Lampe. Je kräftiger du in die Pedale trittst, desto heller leuchtet die Lampe.
Oftmals findest du dabei jedoch nur ein einziges Kabel, das vom Dynamo zur Fahrradlampe führt. Ein zweites Kabel als Rückleitung fehlt hier meistens.
Dennoch ist der Stromkreis auch hier geschlossen, man bedient sich nur eines Tricks: Als Rückleitung nutzt man einen Teil des Metallrahmens des Fahrrads. Als Kontakte dienen bei Dynamo und Lampe die Befestigungen am Rahmen.

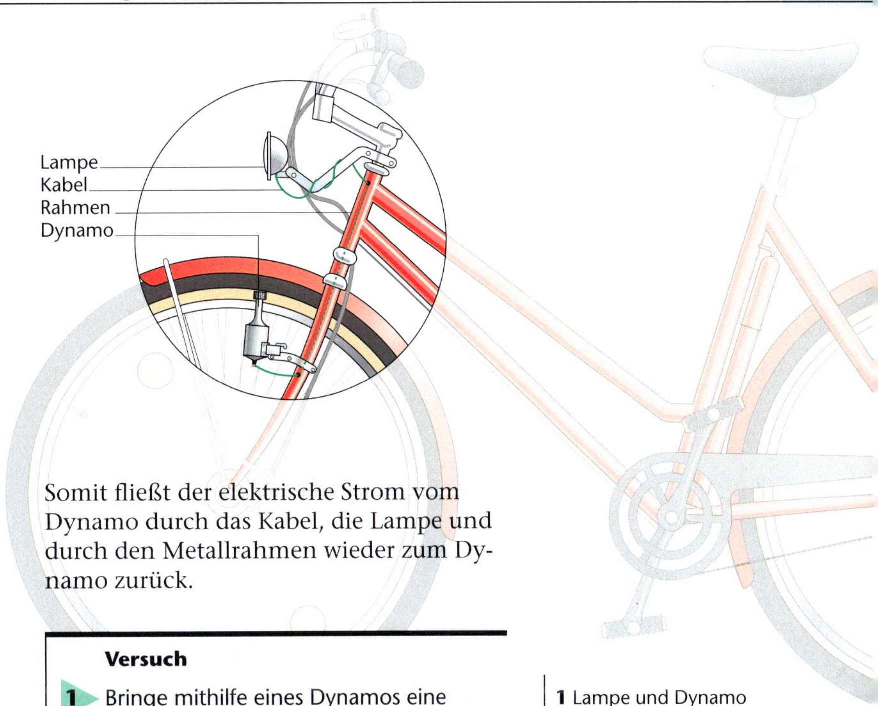

Somit fließt der elektrische Strom vom Dynamo durch das Kabel, die Lampe und durch den Metallrahmen wieder zum Dynamo zurück.

Versuch

1 Bringe mithilfe eines Dynamos eine Lampe zum Leuchten. Demonstriere dabei, wie die Fahrradbeleuchtung funktioniert.

1 Lampe und Dynamo am Fahrrad

Schnittpunkt

Das verkehrssichere Fahrrad

Sicherheit ist Vorschrift
Zwei Räder und ein Lenkrad – für ein verkehrssicheres Fahrrad reicht das nicht aus. Fahrräder müssen sich in einem technisch einwandfreien Zustand befinden, sonst darfst du sie nicht im Straßenverkehr benutzen. Die StVZO (Straßenverkehrszulassungsordnung) schreibt ganz genau vor, welche Sicherheitsausstattung ein Fahrrad haben muss (▷ B 1).

Sehen und gesehen werden
Besonders wichtig ist die Beleuchtungsanlage. Bei Regen, Nebel oder Dämmerung erkennen Autofahrer oft nur schlecht, dass sich ein Fahrrad vor ihnen befindet. Deshalb musst du darauf achten, dass du gut gesehen wirst: Lampen und Reflektoren sind Pflicht. Beachte auch, dass du als Energiequelle einen Dynamo benutzen musst, batteriebetriebene Leuchten dürfen nur zusätzlich angebracht werden.

Bremsen, Klingel und Co.
Neben einer gut hörbaren Klingel ist auch vorgeschrieben, dass dein Fahrrad zwei unabhängige Bremsen haben sollte: eine Handbremse für das Vorderrad und eine Rücktrittbremse für das Hinterrad.
Wichtig sind auch rutschfeste und fest angebrachte Pedalen, diese müssen je zwei Pedalreflektoren aufweisen.

1 Sicherheitsausstattung am Fahrrad

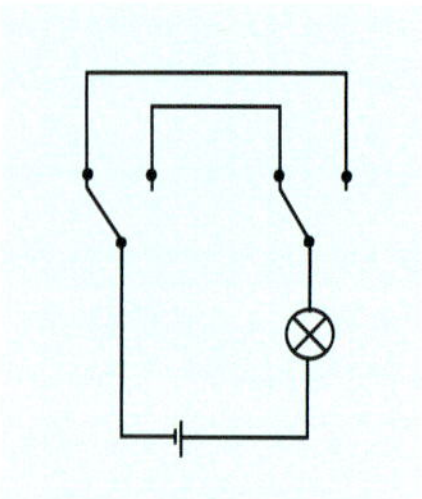

1 Schaltplan einer Schaltung mit zwei Wechselschaltern

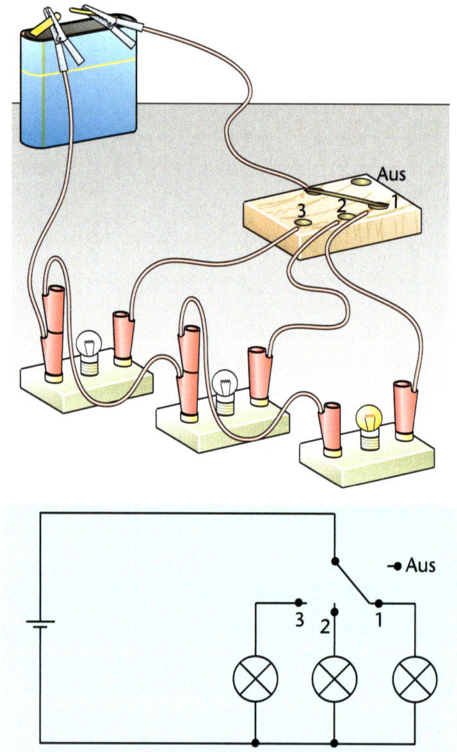

2 Schaltung und passender Schaltplan

Ein schneller Plan für jede Schaltung
Wenn du deine Schaltungen in Worten jemandem beschreiben müsstest, dann wäre das meist sehr aufwändig.
In einem **Schaltplan** kannst du schnell und übersichtlich darstellen, welche Bauteile in einer Schaltung verwendet werden und wie sie miteinander verbunden sind (▷ B 2). Um sich die Arbeit zu erleichtern, verwendet man für jedes Bauteil ein festgelegtes Schaltzeichen (▷ B 3).

Von der Schaltung zum Schaltplan
Beginne beim Zeichnen immer an einem Pol der Stromquelle. Verfolge in Gedanken den Weg durch den Stromkreis von Bauteil zu Bauteil bis zum anderen Pol der Stromquelle. Ergänze dann weitere Bauteile.

Beachte beim Zeichnen:
- Kabel werden durch gerade Linien dargestellt.
- Bei Richtungsänderungen werden Kabel im rechten Winkel weiter gezeichnet.
- Die Stellen, an denen Kabel miteinander verbunden sind, werden mit einem kleinen Punkt markiert.
- Bauteile werden nie in eine Ecke gezeichnet.

Wenn du eine Schaltung nach Vorlage eines Schaltplans aufbauen sollst, gehst du genauso vor. Beginne auch hier an einem Pol der Stromquelle.

Aufgabe

1 Betrachte Bild 1. Baue die dort abgebildete Schaltung nach. Wie müssen die Schalter stehen, damit die Lampe leuchtet?

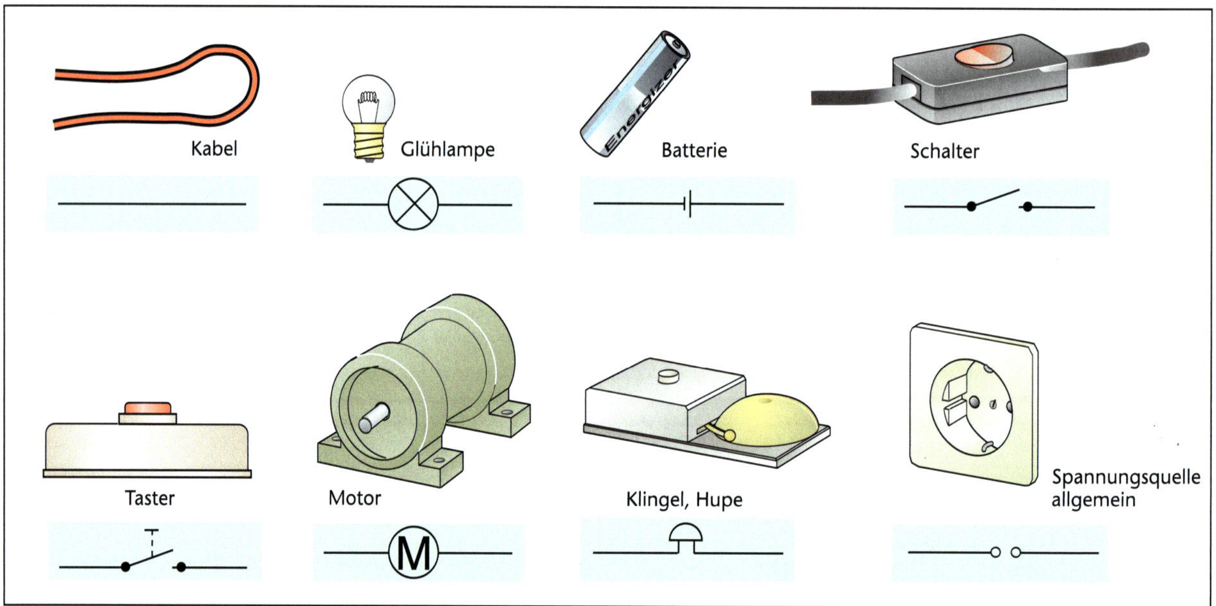

3 Bauteile und die zugehörigen Schaltzeichen

Schalter – selbst gebaut

Bislang hast du nur einen einfachen Stromkreis mit Batterie, Lampe, Fassung und Kabeln aufgebaut. Nach Beendigung deiner Versuche musstest du den Stromkreis unterbrechen, indem du z. B. die Krokodilklemme von der Batterie entfernt hast.
Mit Schaltern kannst du Stromkreise einfach unterbrechen oder schließen.

1 Ein einfacher Taster

Material
Aufbaubrett mit Lüsterklemmen, Batterie, Lampe mit Fassung, Lochstreifen, Schrauben, Draht

Versuchsanleitung
Mithilfe eines Möbelverbinders oder Lochstreifens und einem blanken Drahtstück lässt sich ein einfacher Taster bauen.
Entferne von den beiden Enden eines Drahtstücks etwa 2 cm der Isolierung. Führe ein Ende durch eine Bohrung des Lochstreifens und verdrille den Draht.
Schraube den Lochstreifen auf dem Aufbaubrett mit zwei Schrauben fest (▷ B 1).

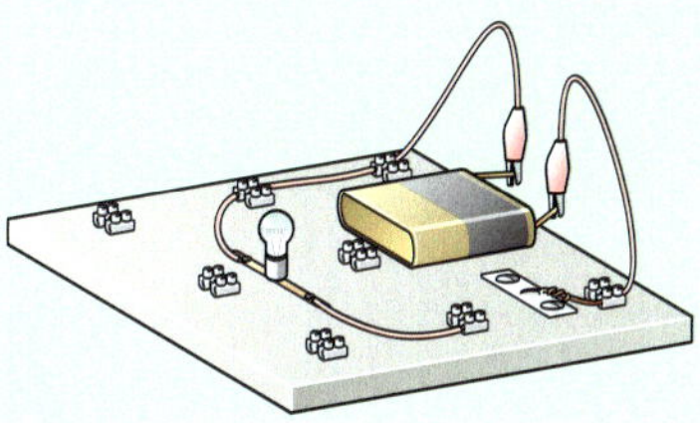

1 Zu Versuch 1

Schraube das andere Drahtende in einer Lüsterklemme fest.
Entferne von einem etwa 15 cm langen Drahtstück die Isolierung. Biege den Draht zu einer Schlaufe. Schraube den Draht in einer dem Lochstreifen gegenüberliegenden Lüsterklemme fest. Biege den Draht so, dass er den Lochstreifen berührt, wenn der Draht heruntergedrückt wird (▷ B 3).

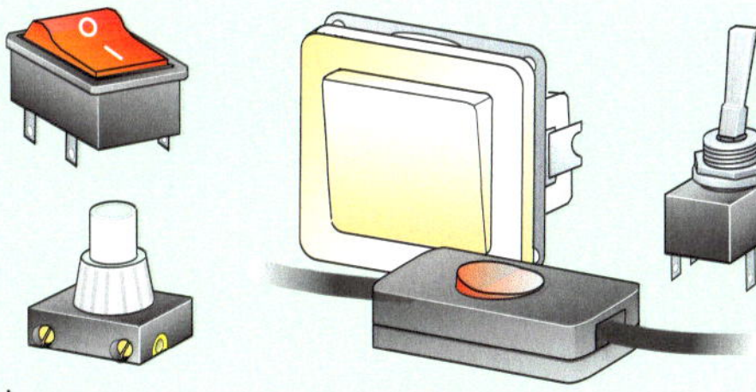

2 Verschiedene Schalter

Verbinde die blanke Drahtschlaufe mit der Lampe und einem Pol der Batterie. Verbinde den Lochstreifen mit dem anderen Pol der Batterie.

3 Der Kontakt wird geschlossen.

Aufgaben
1. Beschreibe, wann die Lampe leuchtet.
2. Kannst du den Aufbau so abändern, dass der Taster den Stromkreis ausschaltet? Beschreibe den Versuchsaufbau.
3. Wo könnte man einen solchen „Unterbrecher" einsetzen?

2 Ein-Aus-Schalter

Um den Stromkreis dauerhaft zu unterbrechen, musst du dir einen Ein-Aus-Schalter basteln.

Material
Aufbaubrett mit Lüsterklemmen, Batterie, Lampe mit Fassung, Lochstreifen, Schrauben, Draht

Versuchsanleitung
Befestige einen Draht an einem Lochstreifen. Schraube den Lochstreifen mit einer Schraube so wie in Bild 4 fest. Der Lochstreifen muss sich dabei noch drehen lassen.

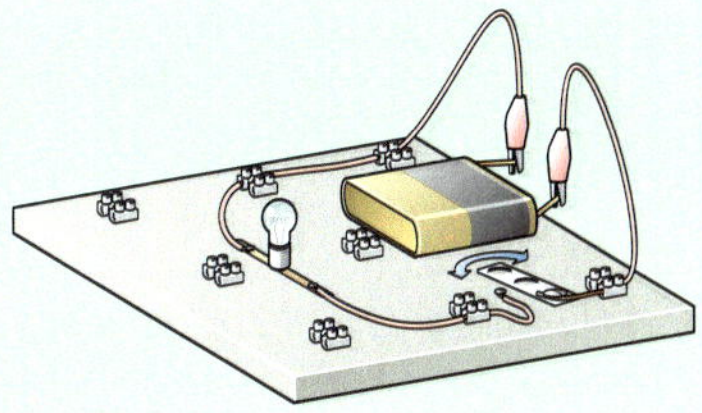

4 Zu Versuch 2

Befestige eine zweite Schraube auf das Aufbaubrett, sodass sie den Lochstreifen berührt, wenn du ihn drehst. Befestige einen Draht an der zweiten Schraube.

Aufgabe
Beschreibe an mindestens drei Beispielen, wie ein solcher Schalter eingesetzt wird.

3 Wechselschalter

Material
Aufbaubrett mit Lüsterklemmen, Batterie, Lampe mit Fassung, Lochstreifen, Schrauben, Draht

Versuchsanleitung
Ein Wechselschalter ist ein Schalter, der zwei Kontaktpunkte hat. Baue einen Wechselschalter wie in Bild 5 gezeigt auf.

Aufgabe
Eine Wechselschaltung wird zum An- und Ausschalten des Lichts in Treppenhäusern oder Fluren eingesetzt. Man benötigt dafür zwei Wechselschalter. Informiere dich, wie die Wechselschaltung funktioniert.

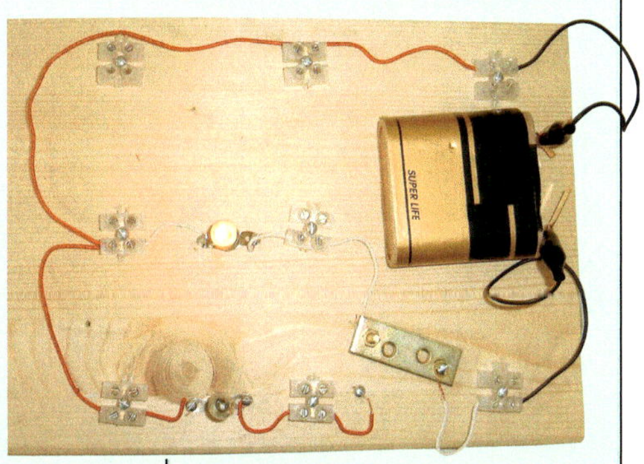

5 Zu Versuch 3

Strategie

Wie erstelle ich ein Plakat?

Plakate kennst du als öffentlich angebrachte Werbung an Wänden oder Litfaß-Säulen. Die Werbefachleute setzen auf Plakaten geschickt Bild und Text ein, damit dir im Vorübergehen die Werbebotschaft auffällt und in Erinnerung bleibt. So soll es auch mit Plakaten sein, die du für den Unterricht gestaltest. Hier ein paar Tipps:

A. Das Wichtigste zuerst – die Überschrift
Die Überschrift deines Plakates muss groß und deutlich geschrieben werden, damit man rasch erkennt, um welches Thema es geht. Benutze dazu z. B. die breite Seite deines Filzstiftes.

B. Ein Bild sagt mehr
Du findest bestimmt Bilder zu deinem Thema. Suche solche, die das Thema möglichst groß und deutlich abbilden. Gehe aber sparsam mit den Bildern um. Das Plakat soll am Ende nicht aussehen wie ein Fotoalbum.

C. Fasse dich kurz
Rede nicht lange um den heißen Brei. Schreibe nur wenig Text. Kurze Sätze lassen sich leicht lesen und prägen sich rasch ein.

D. Den Text gliedern
Unterteile das Thema in Abschnitte. Gleiche Inhalte werden dazu unter einer Zwischenüberschrift zusammengefasst.

E. Ordnung schaffen
Bilder und Texte sollten nicht wahllos durcheinandergewürfelt werden. Benutze Farben und Symbole, um den Platz auf deinem Plakat aufzuteilen und zu ordnen. Eine gute optische Aufteilung fällt sofort ins Auge und verleitet zum Hinschauen.

F. Mit Zeichnungen erklären
Manche Dinge lassen sich weder mit Worten noch mit Fotos beschreiben. Für solche Fälle kannst du auch selber etwas zeichnen, um dein Thema zu erklären.

G. Weniger ist immer mehr
Ein Plakat darf nicht zu voll und überladen sein. Es braucht auch leere Flächen. Versuche deshalb auch immer, etwas freien Platz zu lassen.

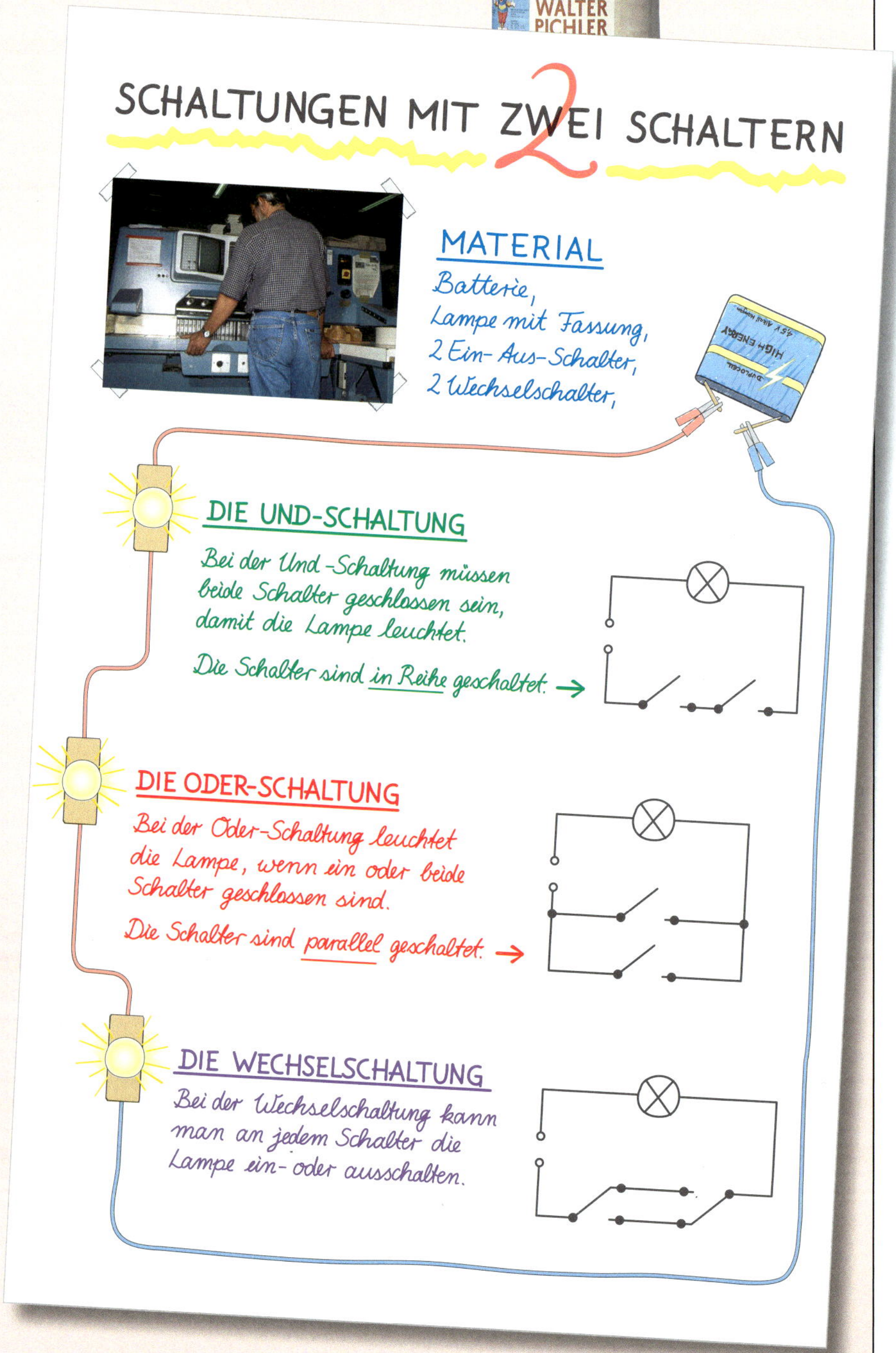

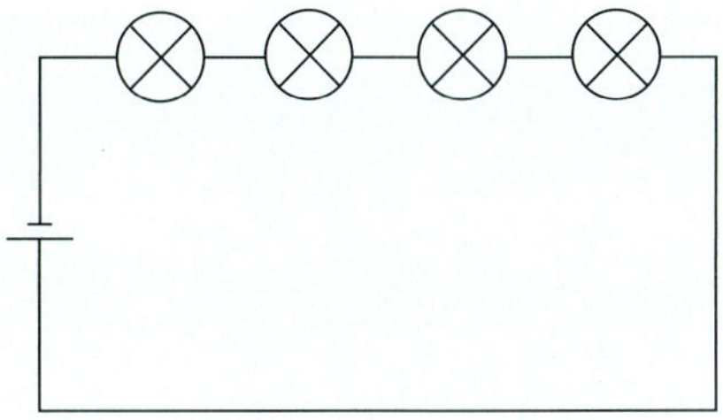

1 Schaltplan einer Reihenschaltung

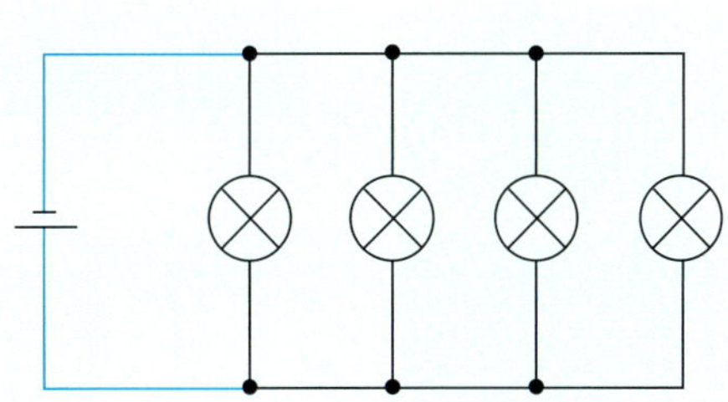

2 Schaltplan einer Parallelschaltung

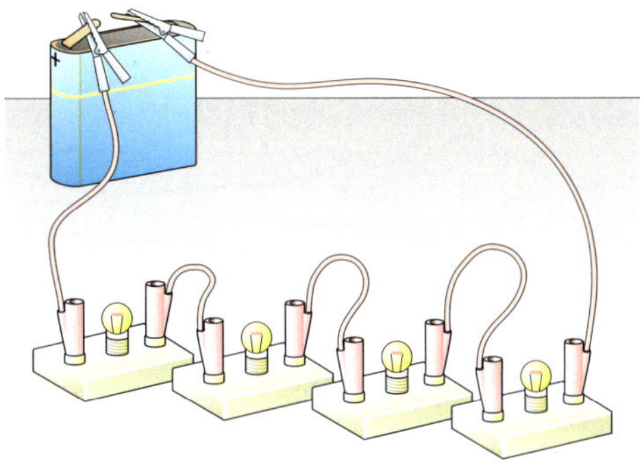

3 Reihenschaltung

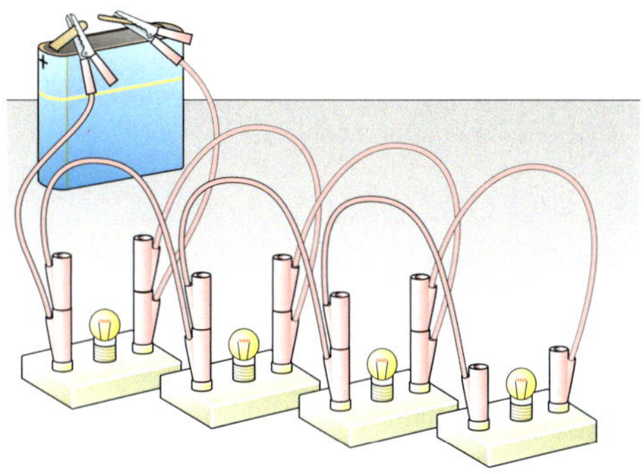

4 Parallelschaltung mit gemeinsamer Zuleitung

Eine Spannungsquelle für mehrere Lampen

Bei einem Fahrrad, in einem Auto oder auch in deinem Zimmer leuchten oft mehrere Lampen gleichzeitig. Diese werden meistens von einer einzigen Spannungsquelle versorgt. Welche Möglichkeiten gibt es dafür?

Reihenschaltung

Im Bild 1 sind die Lampen in einer Reihe angeordnet. Der Stromkreis führt von der Batterie nacheinander durch jede Lampe und wieder zur Batterie zurück. Solch eine Schaltung wird als **Reihenschaltung** bezeichnet.

In Versuch 1 wirst du zwei wichtige Eigenschaften der Reihenschaltung kennen lernen. Je mehr Lampen in Reihe geschaltet werden, desto schwächer leuchtet jede einzelne. Dreht man eine der Lampen aus der Fassung, dann ist der gesamte Stromkreis unterbrochen.

Versuche

1 Schließe eine Lampe (3,8 V) an eine geeignete Batterie an. Schalte nacheinander weitere gleiche Lampen in Reihe hintereinander (▷ B 1 und B 3). Wie verändert sich die Helligkeit der Lampen? Löse eine beliebige Lampe aus der Fassung. Was geschieht?

2 Wiederhole Versuch 1. Schalte jedoch die Lampen nicht in Reihe, sondern parallel zueinander (▷ B 2 und B 4).

Parallelschaltung

Du kannst auch jede Lampe getrennt mit der Batterie verbinden. Dann bildet jede Lampe mit der Batterie einen eigenen Stromkreis. Oftmals benutzen die Lampen eine gemeinsame Zuleitung (▷ B 2; B 4). Eine solche Anordnung wird **Parallelschaltung** genannt.

Der große Vorteil: Du kannst jede Lampe einzeln an- oder ausschalten. Ist eine der Lampen kaputt, so ist nur der betreffende Stromkreis unterbrochen – die anderen Lampen leuchten weiter.

Eine weitere Eigenschaft (▷ V 2) der Parallelschaltung ist, dass die Lampen nicht schwächer leuchten, wenn zusätzlich (gleichartige) Lampen in den Stromkreis geschaltet werden.

Aufgabe

1 In die Schaltungen der Bilder 1 und 2 sollen Schalter eingebaut werden. Wo müsstest du Schalter einbauen, wenn …
a) … alle Lampen gleichzeitig ein- oder ausgeschaltet werden sollen?
b) … jede Lampe einzeln geschaltet werden soll?

1 Elektrisch beheiztes Kochfeld

Das alles kann elektrischer Strom
Den elektrischen Strom kannst du nicht sehen. Ob Strom fließt oder nicht, kannst du nur an seinen Wirkungen erkennen.

Die Wärmewirkung kennst du von Geräten wie beispielsweise dem Wasserkocher, dem Bügeleisen oder dem Elektroherd. In solchen Geräten befinden sich Heizdrähte aus Metall. Wenn Strom durch sie fließt, erwärmen sie sich. Manche elektrischen Geräte, wie z. B. Computer, können so warm werden, dass sie gekühlt werden müssen.

In herkömmlichen Glühlampen wird ein Draht so stark erhitzt, dass er zu glühen beginnt und Licht aussendet. Glühlampen sind jedoch Energieverschwender: Der größte Teil der Energie wird nicht in Licht sonder in unerwünschte Wärme umgewandelt. Deshalb werden Glühlampen mehr und mehr von Energiesparlampen und Leuchtstofflampen ersetzt. Ihre Lichtwirkung ist bei gleichem Strom viel stärker und sie erwärmen sich nur wenig.

Mithilfe des elektrischen Stroms können Gegenstände verkupfert oder verchromt werden. Dabei wird der Gegenstand mit einer dünnen Schicht eines Metalls überzogen. Ist dir schon einmal aufgefallen, dass manche Gegenstände von außen glänzend wie Metall aussehen, aber innen aus Kunststoff bestehen?

Elektrischer Strom hat auch eine magnetische Wirkung. Diesen Effekt nutzt man in Elektromagneten.

▶ Elektrischer Strom ist an seinen Wirkungen erkennbar. Diese sind Wärme- und Lichtwirkung sowie magnetische und chemische Wirkung.

Werkstatt

Elektrischer Strom – ein Alleskönner

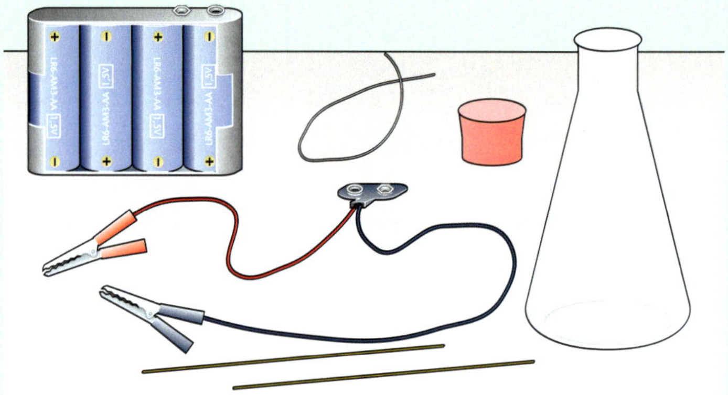

1 Material zu Versuch 2

Geh einmal deinen Tagesablauf durch. In welchen Situationen ist dir der Strom hilfreich? Welche seiner Wirkungen nutzt du?

1 Wärme aus Strom – der Tauchsieder

Material
Konstantandraht (Durchmesser 0,2 mm, Länge 30 cm), 2 Kupferdrähte (Durchmesser 1 mm, Länge 15 cm), Korkstopfen, Glasbecher, Batteriehalter, Batterien, Batterieclip, Nagel, Stativ, Klammer, Stift

Versuchsanleitung
Wickle den Draht um den Stift zu einer Spirale (▷ B 2). Bohre mit dem Nagel zwei Löcher durch den Stopfen. Schiebe die Kupferdrähte durch die Löcher. Biege jeweils die unteren Enden der Kupferdrähte um und klemme die Heizspirale zwischen ihnen fest.

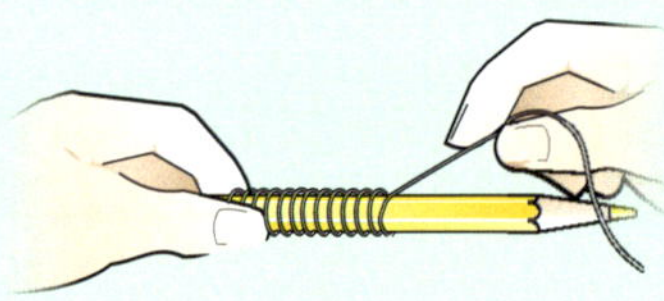

2 Herstellung der Heizspirale

Befestige deinen „Tauchsieder" so am Stativ, dass die Heizspirale ins Wasser eintaucht. Schließe die Drähte an die Batterien an (▷ B 3). Beobachte das Wasser in der Nähe der Spirale.

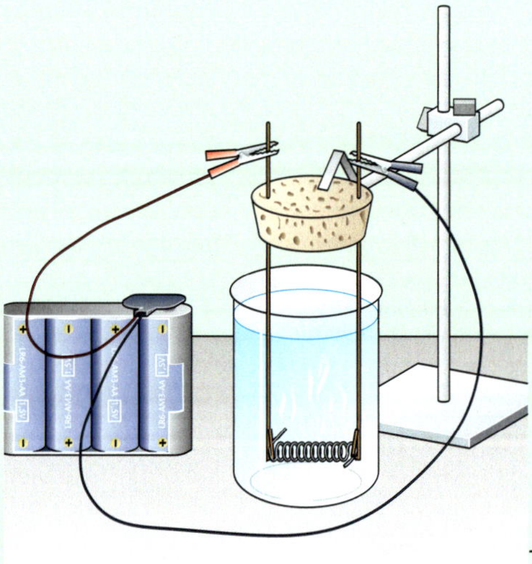

3 Tauchsieder

2 Licht aus Strom – die Glühlampe

Material

Glaskolben mit Stopfen, 2 Kupferdrähte (Durchmesser 1 mm, Länge 12 cm), Batteriehalter, Batterien, Batterieclip, Konstantandraht (Durchmesser 0,2 mm, Länge 30 cm), Kugelschreibermine

Versuchsanleitung

Wickle den Konstantandraht ganz eng auf die dünne Kugelschreibermine. Wenn du sorgfältig arbeitest, sodass die einzelnen Windungen sauber nebeneinander liegen, erhältst du eine feine Spirale. Ziehe die Spirale etwas auseinander, bis sich die einzelnen Windungen nicht mehr berühren.

Biege die beiden Kupferdrähte am Ende so um, dass du die Konstantanspirale darin festklemmen kannst (▷ B 4). Schiebe die Drähte mit der Spirale voran in den Kolben. Setze den Stopfen so auf die Öffnung, dass er die Kupferdrähte festklemmt. Achte darauf, dass sich die Drähte nicht berühren. Schließe nun die Batterien an die Kupferdrähte an.

Wenn der Draht nicht hell leuchtet, kannst du ihn entweder kürzen oder eine stärkere Spannungsquelle verwenden, z. B. ein Netzgerät.

Aufgabe

Warum wird der Draht zu einer Spirale gewickelt?

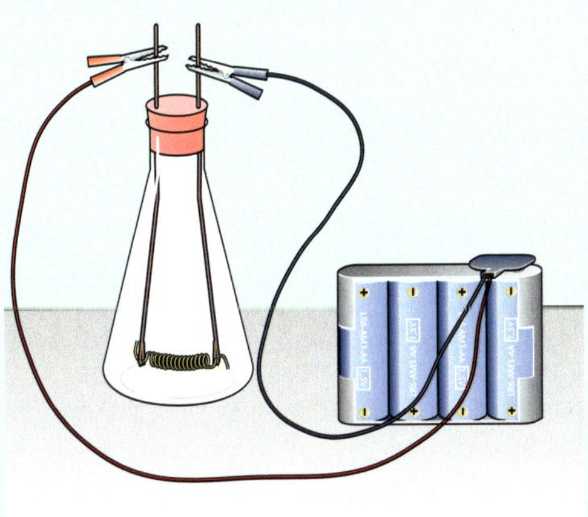

4 Glühlampe

3 Verkupfern mithilfe von Strom

Material

1 Becherglas (250 ml), Kabel, 2 isolierte Krokodilklemmen, Kupferblechstreifen, Nagel oder Schlüssel aus Eisen, Spannungsquelle (3 V), Schleifpapier, Schutzbrille, Kupferelektrolytlösung

Beachte: Bei diesem Versuch musst du eine Schutzbrille tragen! Befolge auch die weiteren Sicherheitsanweisungen deines Lehrers! Entsorge die Lösung nach dem Versuch entsprechend den Anweisungen deines Lehrers.

Versuchsanleitung

Fülle das kleine Becherglas etwa zur Hälfte mit der Elektrolytlösung. Reinige den Eisennagel mit dem Schleifpapier gründlich.
Befestige den Nagel an einer Krokodilklemme und den Kupferblechstreifen an der anderen Krokodilklemme. Tauche Nagel und Kupferstreifen in die Lösung.
Verbinde den Pluspol der Spannungsquelle mit dem Kupferblechstreifen und den Minuspol mit dem Eisennagel. Lasse nun für einige Minuten Strom fließen.

Aufgaben

1. Beschreibe deine Beobachtungen.

2. Den Vorgang, einen Stoff mithilfe des Stroms zu beschichten, nennt man „Galvanisieren“, zu Ehren des Physikers Luigi Galvani. Informiere dich über Galvani und erstelle eine Präsentation.

3. Informiere dich, was die folgenden Gefahrensymbole (▷ B 5) bedeuten.

5 Gefahrensymbole

Elektrische Magnete überall

Viele elektrische Geräte würden ohne elektrische Magnete nicht funktionieren. Im Mixer, der Bohrmaschine oder im Föhn findest du Motoren, die ohne die magnetische Wirkung des elektrischen Stroms nicht funktionieren würden. Besonders starke elektrische Magnete werden zum Heben von Eisenschrott benötigt.

Strom hat eine magnetische Wirkung

Grundlage für den Bau von Elektromagneten war die Entdeckung des dänischen Physikers HANS CHRISTIAN OERSTED (1777–1851). Im Jahr 1820 fand er heraus, dass elektrischer Strom eine magnetische Wirkung hat. Als OERSTED einen Strom führenden Draht über eine Kompassnadel hielt, beobachtete er, dass die Kompassnadel plötzlich in eine andere Richtung abgelenkt wurde. Als er den Strom wieder ausschaltete, pendelte die Kompassnadel wieder in die ursprüngliche Richtung zurück.

1 Elektronische Spule

Elektromagnete

Wenn du einen isolierten Draht zu einer Spule aufwickelst und z. B. an eine Batterie anschließt, erhältst du einen Elektromagneten. Je mehr Wicklungen die Spule hat, desto größer ist die magnetische Wirkung. Wickelst du den Draht zudem um einen Eisenkern (z. B. einen Eisennagel), so verstärkt sich die magnetische Wirkung um ein Vielfaches.

Werkstatt

Elektrische Magnete im Test

1 Vom Draht zum Elektromagnet

Material

Batterie, Kabel, Schalter, Kompass, isolierter Kupferdraht, Karton, Nägel

Versuchsanleitung

Baue einen einfachen Stromkreis mit einem geöffneten Schalter auf. Lasse die Kompassnadel in Nord-Süd-Richtung einpendeln.

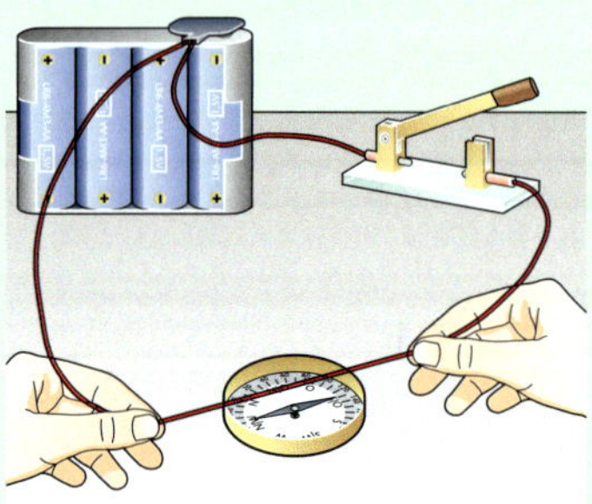

1 Zu Versuch 1

a) Halte das Kabel parallel zur Kompassnadel über den Kompass und schalte kurz den Strom ein. Vertausche die Pole und wiederhole den Versuch.

b) Halte den Draht quer zur Kompassnadel und teste wie der Kompass sich jetzt verhält.

2 Elektromagnete selber wickeln

Material

Batterie, Kabel, Kompass, isolierter Kupferdraht, ein großer (Huf-)nagel (aus Eisen), Eisennägel

Versuchsanleitung

a) Wickle den isolierten Kupferdraht mehrfach um den Hufeisennagel.
Schließe deine selbstgebaute Spule an eine Batterie an und teste, wie viele Nägel angezogen werden können.

b) Entferne den Hufnagel und teste, wie viele Nägel jetzt angezogen werden.

c) Wickle verschiedene Spulen mit unterschiedlichen Wicklungszahlen, z. B. 50, 100, 200 Wicklungen. Hat die Zahl der Windungen einen Einfluss auf die magnetische Wirkung?

d) Finde mit einem Kompass heraus, wo sich die Magnetpole des Elektromagneten befinden.

Aufgabe

Fasse die Ergebnisse der Versuche 1 und 2 zusammen.

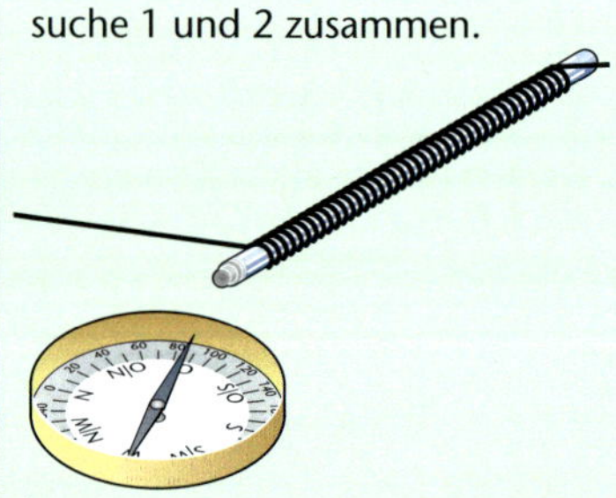

2 Zu Versuch 2

Die elektrische Türklingel

Elektromagnete findest du auch in der Türklingel und im Türgong.
Wenn du eine elektrische Klingel betätigst, ertönt sie so lange, wie du den Taster gedrückt hältst. Die Klingel enthält eine Spule und einen beweglichen Anker, dessen Verlängerung den Klöppel bildet. Der Anker ist über eine Blattfeder mit einer Kontaktschraube verbunden.
Durch Drücken des Tasters schließt du einen Stromkreis in der Klingel.
Dadurch laufen viele Vorgänge nacheinander in ganz kurzer Zeit ab:
Der Strom fließt durch die Spule, diese wird magnetisch, zieht den Anker an und der Klöppel schlägt an die Glocke. Gleichzeitig löst sich dadurch die Blattfeder vom Kontakt und der Stromkreis wird unterbrochen. Somit ist die Spule nicht mehr magnetisch, der Klöppel schwingt zurück. Die Blattfeder kommt nun wieder mit dem Kontakt in Berührung, der Stromkreis ist nun wieder geschlossen. Der Vorgang beginnt wieder von vorne.

Stabmagnet	Elektromagnet
2 verschiedene Pole	
Nordpol	
Südpol	
Pole sind fest	

2 Gemeinsamkeiten und Unterschiede bei Elektromagneten und Dauermagneten

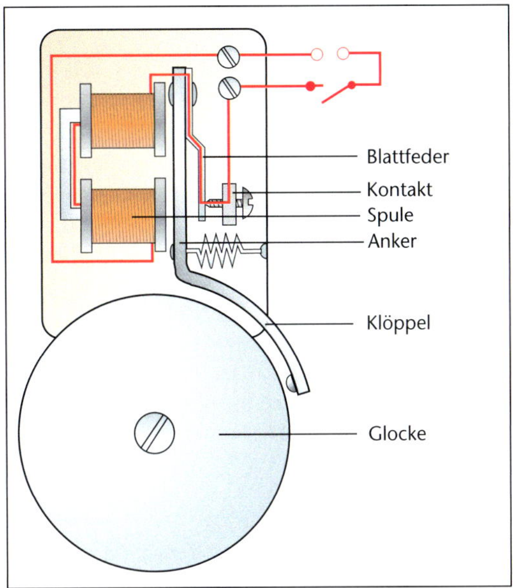

3 Eine Klingel enthält einen Elektromagneten

Aufgaben

1 Erforsche Gemeinsamkeiten und Unterschiede zwischen Elektromagneten und Dauermagneten. Notiere sie in einer Tabelle (▷ B 2). Überlege dir dazu auch geeignete Experimente. Bereite eine Präsentation vor.

2 Auch in einem Türgong werden Elektromagnete verwendet. Schließe einen geöffneten Türgong an eine 9 V Batterie an. Beschreibe wie der Türgong funktioniert.

Schnittpunkt

Elektromotoren

Elektromotoren überall

Was haben Mixer, CD-Player und Waschmaschine gemeinsam? In allen Geräten wird durch den elektrischen Strom eine Bewegung erzeugt: Im Mixer dreht sich ein Messer, im CD-Player wird die CD gedreht, in der Waschmaschine bewegt sich die Wäschetrommel ...
In diesen und in vielen anderen Geräten befindet sich ein Elektromotor. Fließt Strom durch einen Elektromotor, so erzeugt er eine Drehbewegung. Das Bild zeigt einen zerlegten Elektromotor. Du kannst erkennen, dass er im Inneren einen aufgewickelten Draht aus Kupfer enthält. Wenn Strom durch diese Leitung fließt, wird in Kombination mit einem Magneten Bewegung erzeugt.

Elektromotoren im Auto

Elektromotoren treiben zahlreiche Geräte an. Meist sind es aber Geräte, die klein sind und im Haushalt genutzt werden. Für größere Maschinen benutzt man dagegen überwiegend Verbrennungsmotoren, die mit Benzin oder Dieselöl betrieben werden.

Demontageprotokoll

Bei den meisten Geräten kann man nicht einfach erkennen, wie sie funktionieren. Die meisten Bauteile sind in einem Gehäuse versteckt. Das Gehäuse soll häufig verhindern, dass du dich an scharfen Bauteilen verletzt oder einen Schlag bekommst.

Damit der Monteur weiss, wie er ein Gerät auseinander bauen muss, gibt es fertige Demontageprotokolle vom Hersteller.
Willst du wissen, wie ein Gerät funktioniert, musst du es zuerst demontieren. Dazu gibt es einige Grundregeln:

- Demontiere nur dafür freigegebene Geräte.
- Geräte, welche an eine Steckdose angeschlossen werden, dürfen nach einer Demontage nicht mehr angeschlossen werden! Schneide um dies sicherzustellen gleich den Netzstecker ab.
- Verwende zur Demontage passendes Werkzeug, keine Geräte mit Gewalt zerlegen.
- Viele Geräte sind mit besonderen Schrauben verschlossen. Lass dir beim Lösen dieser Spezialschrauben von einem Erwachsenen helfen.

Vorbereitung
Besorge dir zum Demontiern zuerst ein einfaches Gerät.
Bereite den Arbeitsplatz vor. Du solltest eine Kamera, einen Stift und mehrere Blatt Papier auf dem Tisch haben. Andere Gegenstände räumst du weg, sonst weißt du hinterher nicht mehr, was zum Gerät gehört hat. Kleine Behälter oder Plastiktüten helfen, Schrauben und andere Kleinteile geordnet aufzubewahren. Mit Klebeetiketten kennzeichnest du demontierte Bauteile. Schau nach, mit welchen Schrauben das Gehäuse verschlossen ist, und wähle danach dein Werkzeug aus.

Demontage
Hast du eine Kamera, dann dokumentiere jeden Schritt mit Bildern.

Löse die Schrauben vorsichtig und öffne das Gehäuse. Bewahre die Schrauben in einem Behälter auf und kennzeichne ihn. Wende keine Gewalt an! Du hast möglicherweise noch nicht alle Schrauben gelöst. Sieh unter Batteriedeckeln und anderen Abdeckungen nach.

Fotografiere das geöffnete Gerät.

Versuche, für Bauteile zu erkennen, wozu sie dienen. Schau nach, ob es innen Schalter gibt, mit denen man das Gerät von außen bedienen kann.

Versuche mit dem Stift den Weg des Stromes durch die Kabel im Gerät nachzufahren.
Zeichne auf deinem Protokollblatt den oder die verschiedenen Stromkreise deines Gerätes auf.

Versuche Bauteile, die du nicht kennst, mithilfe von Bauteilen in der Nachbarschaft zu identifizieren. Vielleicht kann dir dein Lehrer weiterhelfen.

Beschreibe in Stichworten, was du gemacht hast. Formuliere aus deinen Stichworten später deine Demontageanleitung. Notiere dir, ob es Bauteile gibt, die du nicht demontieren kannst.

Aus wie vielen Bauteilen besteht dein Gerät? Du solltest es mit deinen Aufzeichnungen wieder zusammenbauen können. Je genauer deine Demontageanleitung ist, desto leichter fällt dir der Zusammenbau. Es sollten keine Teile übrig bleiben – der Konstrukteur hat sich bei jedem Teil etwas gedacht!

Nach der Demontage

Erkläre deinem Nachbar, was das Gerät leistet, und wozu die einzelnen Bauteile dienen.

Drucke deine Fotos aus und klebe sie in der richtigen Reihenfolge in dein Heft. Schreibe deine Anmerkungen daneben. Fasse in einem kurzen Text zusammenzufassen, wie dein Gerät funktioniert. Überlege, wie es verbessert werden könnte, und schreibe deine Ideen auf.

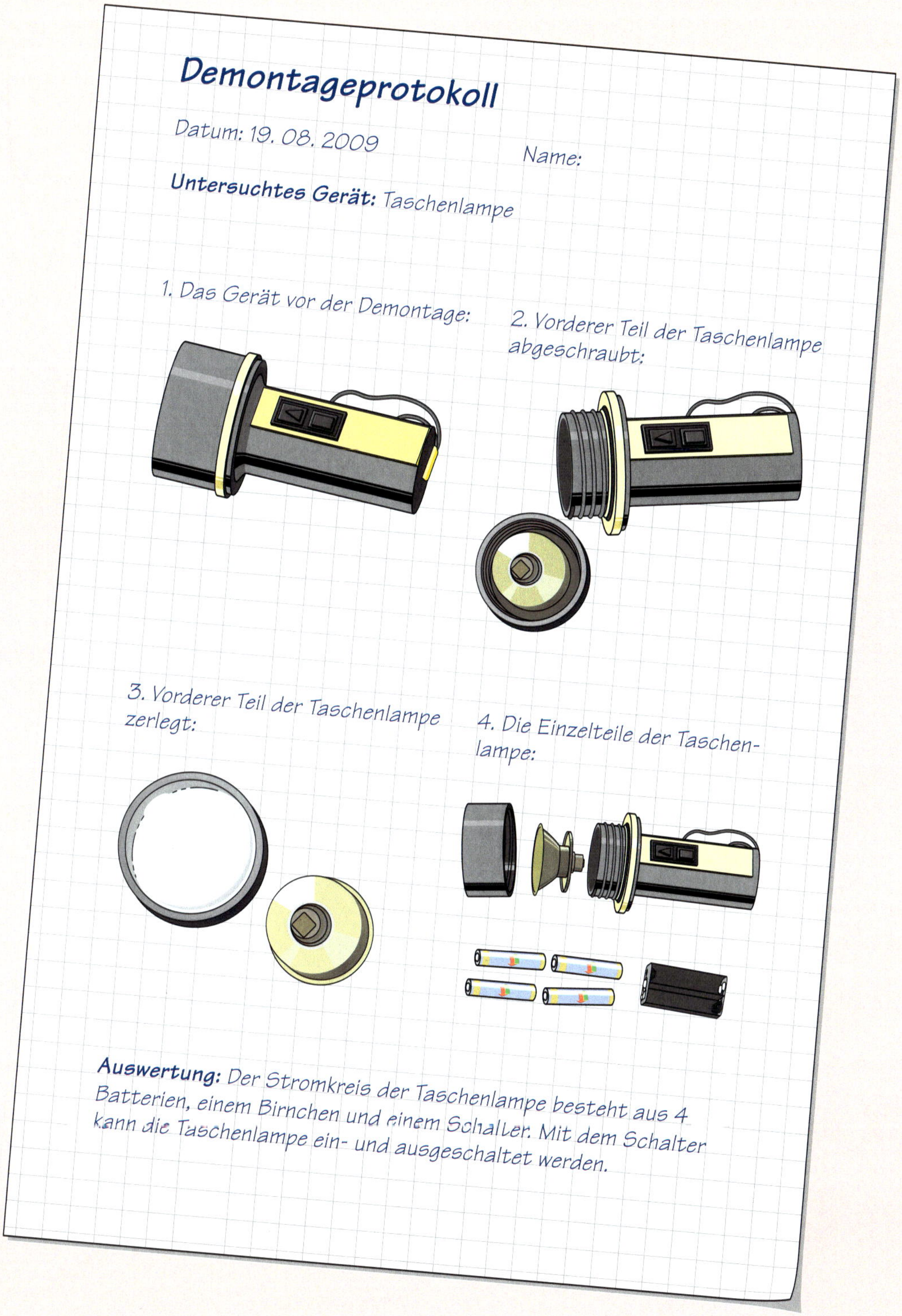

Per Hand oder automatisch?
An einem kalten Winterabend kannst du es dir zu Hause so richtig gemütlich machen. Bei Einbruch der Dunkelheit schaltest du das Licht ein, du schließt die Jalousien am Fenster und drehst die Heizung auf. Dies alles kann auch ganz automatisch gesteuert werden. Du kennst sicher die folgenden Beispiele: Abends schaltet sich automatisch die Straßenbeleuchtung ein – morgens geht sie wieder aus. An einem kalten Tag schaltet sich die Heizung ein, bei glühender Hitze reguliert dagegen eine Klimaanlage die Temperatur.

Steuern mit Sensoren
Temperatur, Helligkeit, Luftfeuchtigkeit, und vieles mehr können von automatischen Steuerungen überwacht werden. Dazu werden oft Sensoren (Fühler) eingesetzt, die zum Beispiel auf Licht- oder Temperaturunterschiede reagieren und diese Informationen in ein elektrisches Signal umwandeln.

- Das automatische Schließen und Öffnen von Rollläden wird durch einen Dämmerungsschalter ermöglicht. Darin ist ein Lichtsensor eingebaut, der je nach Helligkeit einen Stromkreis schließt und so die Rollläden steuert.
- In vielen Rauchmeldern wird ein Stromkreis geschlossen und Alarm ausgelöst, wenn starker Rauch in einem Zimmer entsteht.
- Sprinkleranlagen reagieren auf stark erhöhte Temperaturen im Raum. Bei starker Hitze wird ein elektrischer Kontakt geschlossen, der die Wasserpumpen in Betrieb setzt.

Schnittpunkt

Lichtsensoren in der Natur

Ausrichtung zur Sonne
Keine andere physikalische Größe beeinflusst die Lebensvorgänge in der Natur so sehr wie das Licht. Deshalb hat die Natur viele Lebewesen und Pflanzen mit „Lichtsensoren“ ausgestattet.
Ein Musterbeispiel dafür sind die Sonnenblumen. Sie wenden ihre Blütenköpfe während der Wachstumsphase stets zur Sonne und folgen ihrem Lauf während des Tages. Die Lichtsensoren in der Pflanze sorgen dafür, dass sie stets die maximale Sonneneinstrahlung bekommt.

Ohne Augen sehen?
Schlangensterne sind mit den Seesternen verwandte Meeresbewohner. Schlangensterne können bei Gefahr ihre Arme abwerfen. Normalerweise wachsen die Arme wieder nach. Schlangensterne besitzen zwar keine Augen, können aber trotzdem Licht und Schatten wahrnehmen und sich auf diese Weise vor ihren Feinden in Sicherheit bringen.

Ihre „Lichtsensoren“ sind über die ganze Körperoberfläche verteilt: Schlangensterne sind von Tausenden winzigen Kalkspatkristalle bedeckt. Diese wirken wie Linsen und lenken das Licht auf darunter liegende Nervenzellen.

1 Sonnenblumen drehen sich mit der Sonne

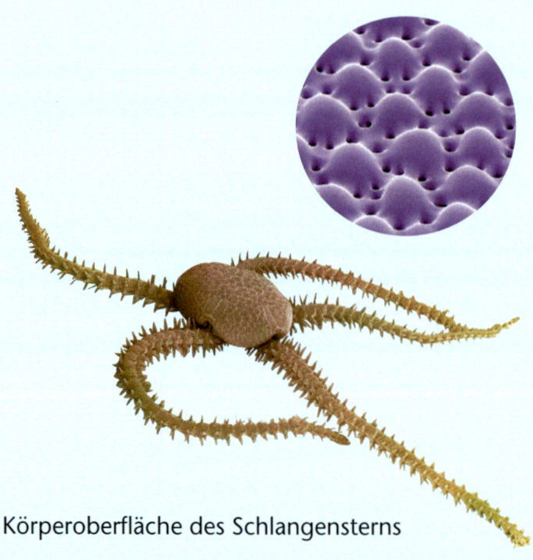

2 Körperoberfläche des Schlangensterns

Ein Bimetall im Bügeleisen

Damit beim Bügeln die Wäsche nicht verbrennt, wird die Temperatur des Bügeleisens automatisch geregelt. Es genügt, wenn du vorher am Regelknopf die für den Stoff geeignete Temperatur einstellst. Ist diese erreicht, schaltet sich das Bügeleisen automatisch aus. Ist die Temperatur zu niedrig, schaltet sich das Bügeleisen wieder ein. Die Regelung erfolgt mithilfe eines Bimetalls.

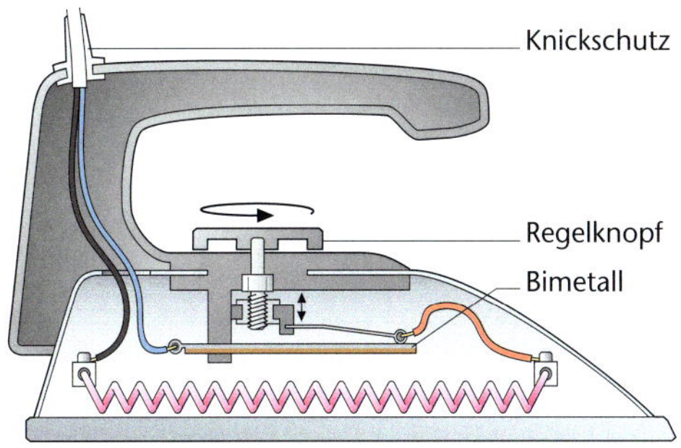

1 Thermostat eines Bügeleisens

Ein Bimetall (lat. bi: zwei) besteht aus zwei unterschiedlichen Metallstreifen, die fest miteinander verbunden sind. Bei Erwärmung krümmt sich das Bimetall, weil sich die beiden Metalle unterschiedlich stark ausdehnen. Auf diese Weise kann das Bimetall in einem Stromkreis das Ein- und Ausschalten steuern. In einem Versuch (▷B 2) wird deutlich, wie dies funktioniert: Durch die Erwärmung verbiegt sich das Bimetall. Dadurch schließt sich der Stromkreis und die Lampe leuchtet.

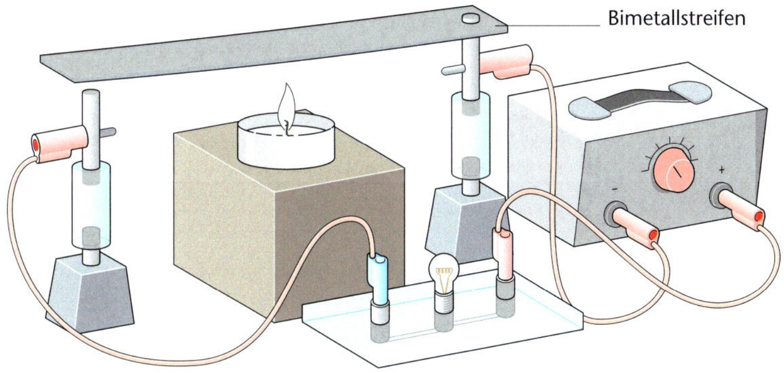

2 Ein Bimetall-Schalter

Wie funktioniert die Bügeleisen-Regelung?

Vom Regelknopf des Bügeleisens führt ein Kontakt zum Bimetall. Über diesen Kontakt öffnet und schließt sich der Stromkreis. Schaltet man das Bügeleisen an, fließt ein Strom, der die Heizspirale erhitzt. Gleichzeitig erwärmt sich auch das Bimetall. Ist die gewünschte Temperatur erreicht, hat sich das Bimetall so weit gebogen, dass sich der Kontakt öffnet und so den Stromkreis unterbricht. Jetzt kühlt sich das Bügeleisen langsam ab. Mit sinkender Temperatur biegt sich auch das Bimetall wieder zurück, der Stromkreis schließt sich und das Bügeleisen erwärmt sich erneut.

Werkstatt

Bimetall

Material

Bimetall, Stativmaterial, Kerze, Kaugummipapier, Batterie, Kabel, Lampe

Versuchsanleitung

a) Spanne ein Bimetall fest in einem Stativ ein. Untersuche, wie sich das Bimetall bei Erwärmung und bei Abkühlung verhält.

b) Kaugummipapier besteht ebenfalls aus zwei Beschichtungen. Was beobachtest du, wenn du es vorsichtig erwärmst, ohne es zu versengen. Skizziere deine Versuchsergebnisse.

c) Spanne ein Bimetall so ein, dass es sich bei Erwärmung nach oben biegt. Baue einen Stromkreis auf, bei dem eine Lampe ausgeschaltet wird, wenn sich das Bimetall erwärmt. Vergleiche mit der Regelung im Bügeleisen.

Aufgaben

1. Präsentiere deine Versuchsergebnisse und Lösungen deinen Mitschülern und erkläre sie.

2. Überlege dir eine Schaltung, bei der durch starke Hitze ein Alarmton ausgelöst wird. Wo könnte eine solche Schaltung eingesetzt werden?

Woher kommt elektrische Energie?
Damit eine Lampe leuchtet oder ein Motor sich dreht, benötigen sie Energie. Du kannst diese Energie der Steckdose oder einer Batterien entnehmen. Doch woher stammt sie ursprünglich?
Bevor du die Energie des elektrischen Stroms nutzen kannst, muss diese erst aus anderen Energieformen gewonnen werden.
Im Elektrizitätswerk wird beispielsweise die Energie, die in Kohle, Erdgas usw. gespeichert ist, in elektrische Energie umgewandelt.
Solarzellen können erst dann elektrische Energie liefern, wenn sie dem Licht ausgesetzt werden. Auch der Fahrraddynamo „erzeugt“ keine elektrische Energie, sondern er wandelt Energie um, die ihm durch Bewegung (Drehen des Rädchens) zugeführt wird.
In Akkus und in Batterien laufen chemische Vorgänge ab, bei denen elektrische Energie frei wird.

Elektrische Geräte sind Energiewandler
Im elektrischen Stromkreis wird die elektrische Energie von z. B. einer Batterie über die Kabel zu den elektrischen Geräten transportiert. Diese wandeln die Energie dann um: Der Wasserkocher gibt z. B. Wärme ab, der Glühdraht beginnt zu leuchten oder ein Motor beginnt sich zu drehen.

Wenn elektrische Geräte arbeiten, dann wandeln sie elektrische Energie in andere Energieformen um.

Wo Strom ist, entsteht auch Wärme
Bei jeder Energieumwandlung entsteht neben der gewünschten Energieform immer auch Wärme.

So erwärmt sich beispielsweise jeder Computer und jeder Motor während des Betriebs. Sie müssen sogar gekühlt werden, damit sie sich nicht überhitzen. Diese Wärme wird an die Umgebung abgegeben.

Insgesamt geht dabei zwar keine Energie verloren, aber ein Teil der Energie lässt sich aber nicht mehr nutzen.

Aufgaben

1 Beschreibe die Energieumwandlungen, die im Bild dargestellt sind.

2 Welche Geräte im Haushalt arbeiten mit der Energie des elektrischen Stromes, welche werden manuell betrieben? Fertige für jedes Gerät ein Energieschema an.

3 Batterie, Steckdose usw. werden oft als Energiequelle bezeichnet. Was meinst du zu diesem Begriff? Begründe.

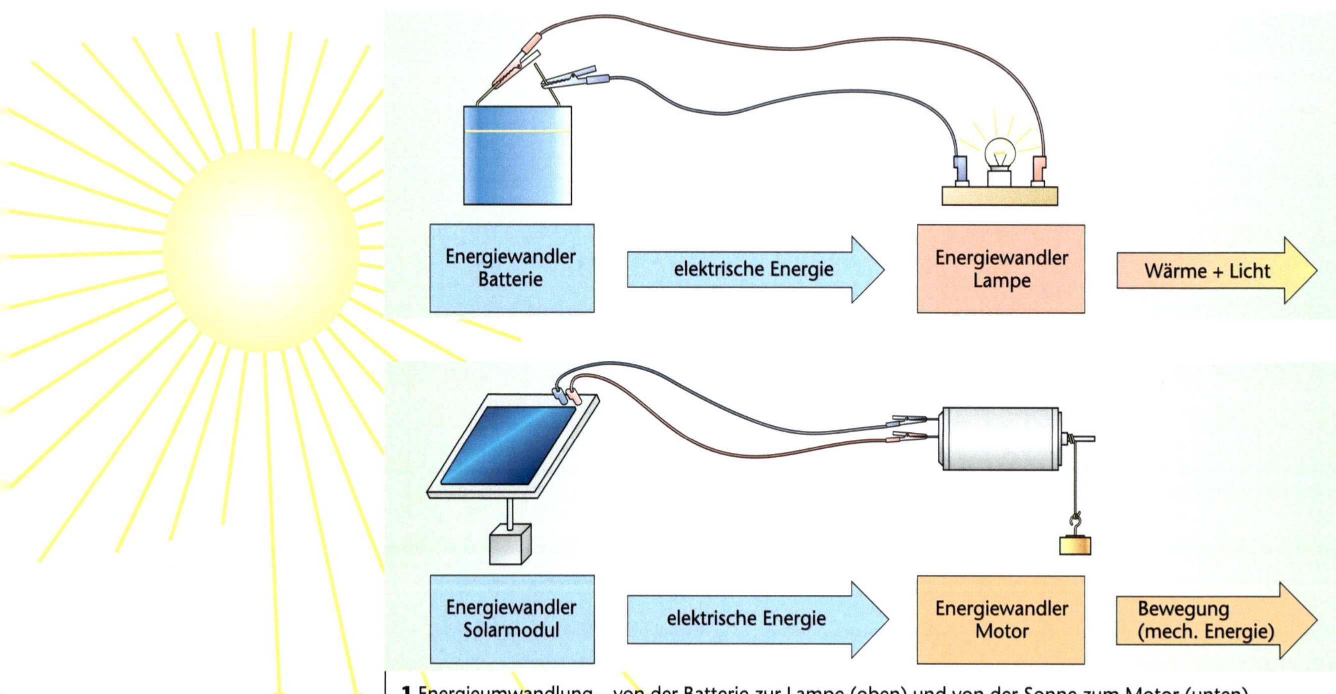

1 Energieumwandlung – von der Batterie zur Lampe (oben) und von der Sonne zum Motor (unten)

Strom – ein Energietransporter

1 Der Fluss – ein Strom aus Wasser

2 Durch Städte fließen Verkehrsströme.

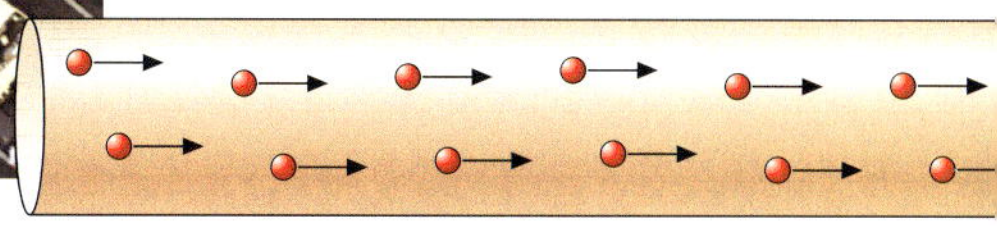

Energietransport im Stromkreis
Jeden Tag hast du mit Elektrizität zu tun. Du schaltest das Licht, den Fernseher oder den Computer an – und schon kannst du alle Geräte nutzen. Wie aber kommt die Energie von der Steckdose zu den Elektrogeräten? Diese Aufgabe übernimmt der elektrische Strom.

Alles in die gleiche Richtung
Vielleicht denkst du beim Wort „Strom“ auch an solche Ströme, wie sie in den Bildern 1 und 2 zu sehen sind: Ein großer Fluss wird als Strom bezeichnet, durch Städte fließen Verkehrsströme.
All diese Ströme haben eine Gemeinsamkeit: In einem Wasserstrom bewegen sich viele Wasserteilchen in die gleiche Richtung, beim Verkehrsstrom sind es die Fahrzeuge.

Was ist elektrischer Strom?
So ähnlich kannst du dir auch den elektrischen Strom vorstellen:
In jedem Kupferkabel gibt es viele kleine „Stromteilchen“, sie werden Elektronen genannt. Wenn sie sich in eine gemeinsame Richtung bewegen, fließt ein elektrischer Strom. Auf ihrem Weg im Stromkreis transportieren sie elektrische Energie zum Elektrogerät.

Beim elektrischen Strom bewegen sich Elektronen in eine gemeinsame Richtung.

Ein Modell für den elektrischen Strom
Die Vorgänge in einem Stromkreis kannst du nicht sehen. Ein Modell hilft, diese besser zu verstehen. Das Modell im Bild 3 vergleicht den elektrischen Stromkreis mit einem Wasserkreislauf.
Die Pumpe kannst du mit der Batterie im elektrischen Stromkreis vergleichen. Die Turbine entspricht dem Elektromotor.
Im Wasserstrom-Modell treibt die Pumpe das Wasser in den Leitungen an. Im elektrischen Stromkreis treibt die Batterie die Stromteilchen an. Sie sind so klein, dass sie sich durch das Kabel genauso frei bewegen können wie die Wasserteilchen durch die Wasserleitung.
In beiden Kreisläufen wird mit dem Strom Energie transportiert. Diese Energie kann genutzt werden, um z. B. einen Gegenstand anzuheben.

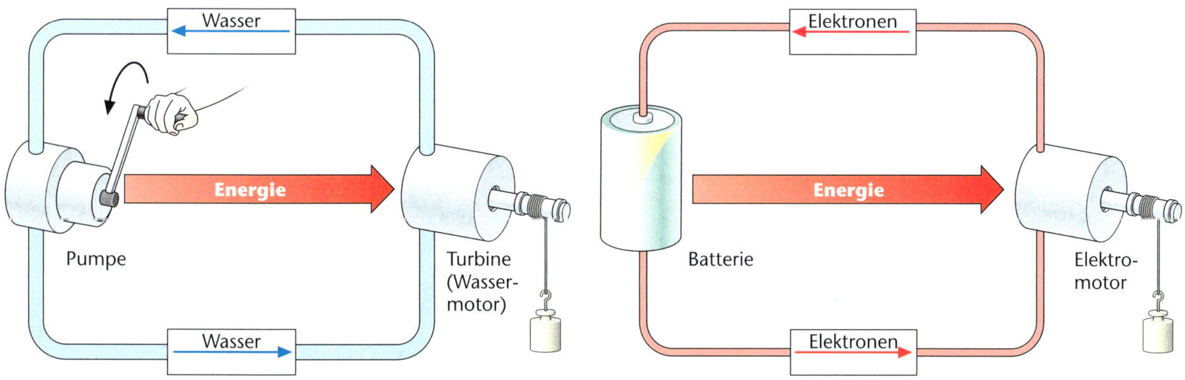

3 Das Wasserstrom-Modell hilft unsichtbare Vorgänge im elektrischen Stromkreis besser zu verstehen.

Woher kommt die elektrische Energie?

1 Ein modernes Wärmekraftwerk

Kraftwerke
Wir bekommen die elektrische Energie von einem Energieversorgungsunternehmen. Bereitgestellt wird die Energie in „Kraftwerken“. Eigentlich müsste man diese Anlagen jedoch „Energiewerke“ nennen. In diesen Kraftwerken werden andere Energieformen in elektrische Energie umgewandelt.
Überlandleitungen transportieren die elektrische Energie in die Städte.

Wärmekraftwerke
Aus der Luft betrachtet sieht ein modernes Wärmekraftwerk ziemlich kompliziert aus (▷ B 1). Kühltürme, Schornsteine und viele Gebäude sind über ein großes Gelände verteilt.

Die Funktionsweise eines solchen Kraftwerks kannst du dir mithilfe eines einfachen Modellversuchs verdeutlichen (▷ B 2): In einem Kessel wird Wasser erhitzt. Das Wasser siedet und verdampft. Der Wasserdampf wird über eine Turbine geleitet und versetzt sie in Drehung. Die Turbine ist mit einem Dynamo verbunden, der die gewünschte Elektrizität erzeugt. In einem Wärmekraftwerk werden riesige Dynamos verwendet. Dort heißen sie Generator.

In einem Wärmekraftwerk dienen als Brennstoff Kohle, Erdöl, Erdgas oder Uran. Bei der Verbrennung von Kohle, Erdöl oder Erdgas entstehen Gase, die die Luft verschmutzen. Uran wird in Kernkraftwerken verwendet. Dabei entsteht zwar kein schädliches Gas jedoch schädlicher radioaktiver Abfall.

Windkraftwerke
Auch der Wind kann mithilfe eines Propellers einen Generator antreiben. Du findest Windräder meisten an der Küste, weil dort ein stetiger Wind weht, der den Propeller dreht.

Wasserkraftwerke
An vielen Gewässern findest du Wasserkraftwerke. Hier treibt das strömende Wasser den Generator an und sorgt so für Elektrizität.

Solarkraftwerke
Solarzellen wandeln die Lichtenergie direkt in elektrische Energie um. Du benötigst dazu keinen Generator.
Solarzellen findest du auch auf vielen Häusern. Sie dienen auch hier zur Versorgung der Haushalte mit elektrischer Energie.

Erdwärmekraftwerk
Im Erdboden kann es an bestimmten Orten so heiß werden, dass Wasser verdampft. In Erdwärmekraftwerken wird mit diesem Dampf ein Generator angetrieben und Elektrizität erzeugt.

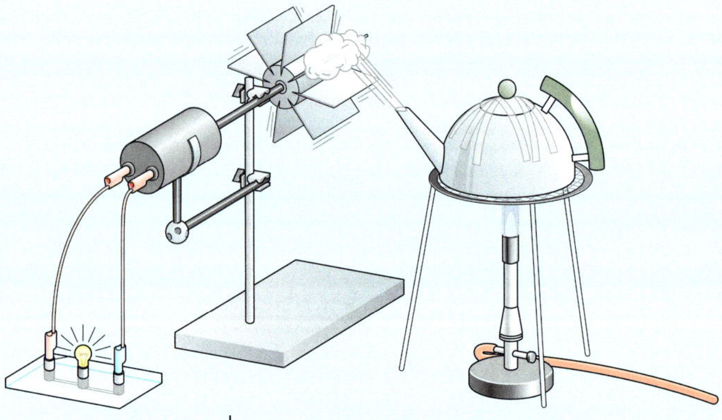

2 Das Modell eines Wärmekraftwerks

3 Solarzellen

Energie – ein kostbares Gut

1 Stromzähler

Ohne Energie läuft nichts

Energie hält das Leben in Gang. Menschen, Tiere und Pflanzen benötigen sie, um sich z. B. zu bewegen. Über die Nahrung wird die dazu benötigte Energie geliefert. Auf Lebensmittelpackungen findest du deshalb häufig den Energiegehalt der Nahrung aufgedruckt.

Energie unter der Lupe

Energie benötigen wir aber auch für die Heizung oder für den Fernseher. Für diese gelieferte Energie müssen wir bezahlen, die Energie ist nicht kostenlos. Deshalb befindet sich in jedem Haushalt ein sogenannter Stromzähler (▷ B 1). Dieser Stromzähler müsste eigentlich Energiezähler heißen, denn er misst die Energie, die dem Stromnetz entnommen wird.
Im Prinzip ist der Zähler ein Elektromotor mit einem Zählwerk. Schaltest du ein elektrisches Gerät ein, so dreht sich die silberne Scheibe.
Eine Waschmaschine benötigt viel Energie, hier dreht sich die Scheibe schneller als beim Betrieb des Fernsehers.
Wie viel elektrische Energie ein Gerät benötigt, kannst du aber auch mit einem Messgerät messen (▷ B 2). Wenn du z. B. eine 60 W Glühlampe an den Energiezähler anschließt, wirst du feststellen, dass sie mehr Energie in einer Stunde umsetzt als eine Energiesparlampe von 11 W. Trotzdem leuchten beide Lampen etwa gleich hell.

„Mach gefälligst das Licht aus!"

Es gibt viele Möglichkeiten, elektrische Energie einzusparen. Wenn du z. B. dein Zimmer verlässt, solltest du nicht mehr benötigte Geräte wie z. B. das Radio, den Computer aber auch die Beleuchtung abschalten. Man kann auch Energie einsparen, indem man Fernseher oder DVD-Player nicht im Standby-Betrieb lässt und die Waschmaschine nicht nur zur Hälfte befüllt.
Manchmal ist auch die Anschaffung eines neuen energiesparenden Gerätes sinnvoll. Im Fachhandel sind viele Haushaltsgeräte in Energieklassen eingeteilt (▷ B 6). So weiß du sofort, ob ein Gerät viel oder wenig Energie benötigt.
Glühlampen solltest du durch Energiesparlampen ersetzen, da sie die elektrische Energie besser nutzen. Demnächst wirst du auch keine normalen Glühlampen mehr kaufen können.

Aufgaben

1 Stelle eine Liste von elektrischen Geräten zusammen, die unbedingt nötig sind. Auf welche elektrischen Geräte könnte man verzichten?

2 „Energiesparen ist unsere wichtigste Energiequelle". Diskutiert, was mit diesem Satz gemeint sein könnte.

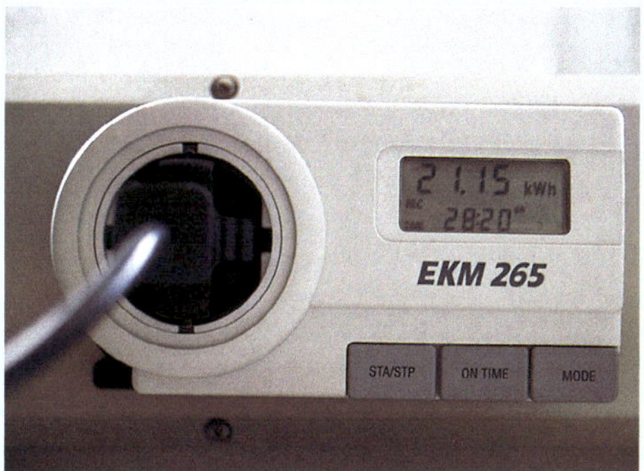

2 Energiekosten-Messgerät

3 Kühlschrank

4 Glühlampe

5 Energiesparlampe

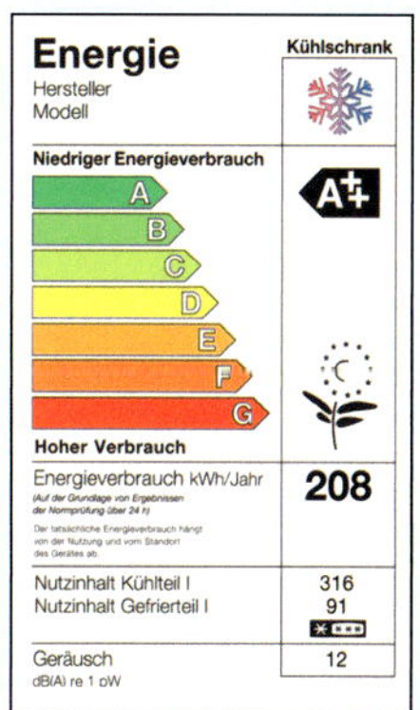

6 Energieklassen

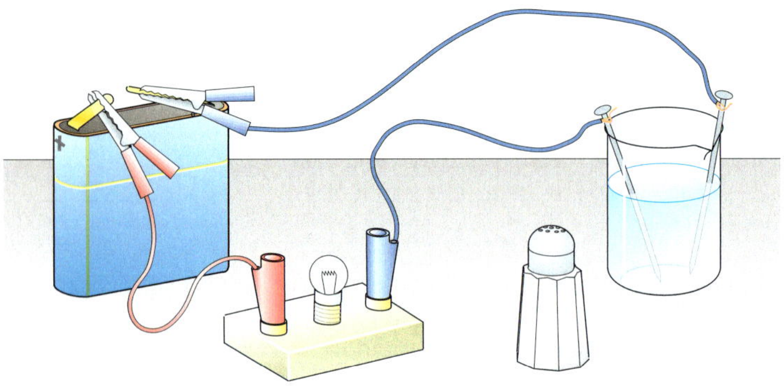

1 Aufbau der Schaltung zu Versuch 1

Menschen haben keinen Stromsinn
Wenn du mit der Hand in die Nähe einer heißen Kochplatte kommst, dann spürst du die Wärme. Dein Temperatursinn warnt dich, sodass du dich nicht verbrennst.
Wir Menschen haben aber keinen Sinn, der uns vor einem Stromschlag warnen könnte. Wir können den elektrischen Strom nur an seinen Wirkungen oder mithilfe von Geräten erkennen.

Eine Wirkung spürst du z. B. bei einem Stromschlag. Du hast bestimmt schon einmal einen Stromschlag bekommen, wenn du über einen Teppich gegangen bist und anschließend z. B. ein Metallgeländer angefasst hast.
Was du da gefühlt hast, war jedoch nicht der Strom selbst, sondern das Zucken deiner Muskeln, die vom Strom angeregt wurden. Ein solcher Stromschlag ist ungefährlich. Du kannst dich höchstens erschrecken.

Falls aber ein stärkerer Strom durch deinen Körper fließt, kann das schlimme Folgen haben. Weil der Herzschlag durch elektrische Signale gesteuert wird, kann ein Stromschlag das Herz aus dem Takt oder sogar zum Stillstand bringen.

▶ Vorsicht! Du darfst niemals mit dem elektrischen Strom aus der Steckdose experimentieren! Lebensgefahr!

Falls du selbst Versuche machen möchtest, dann arbeite am besten nur mit Batterien.

Auch Wasser leitet den Strom
Du bist sicher schon oft gewarnt worden: „Fass keine elektrischen Anlagen mit nassen Händen an! Lebensgefahr!“
Der Versuch 1 zeigt, dass Strom auch im Wasser fließen kann. Wenn du Salz hinzugibst, nimmt der Stromfluss deutlich zu. Das Lämpchen leuchtet heller.
Auch wenn du kein Salz ins Wasser schüttest, es sind immer Stoffe im Wasser gelöst, die dafür sorgen, dass Strom fließen kann. Deshalb ist die oben angeführte Warnung so wichtig.

Kurzschluss
Im Haushalt entstehen Kurzschlüsse, wenn sich die elektrischen Leitungen berühren. Dies kann passieren, wenn Stromleitungen angebohrt werden. Hat der Metallbohrer zu beiden Leitungen Kontakt, wird ein Kurzschluss ausgelöst. Der Strom fließt in einem solchen Fall direkt von einem Pol der Spannungsquelle zum anderen (▷V 3).

Versuche

1 Verbinde zwei Nägel mit einer Flachbatterie und einem Lämpchen. Tauche die Nägel in Wasser (▷B 1). Achte darauf, dass sich die Nägel nicht berühren.
Streue etwas Salz in das Wasser und rühre es um.
Was kannst du beobachten?

2 a) In einen Stromkreis mit einer Lampe wird ein dünner Draht eingefügt (▷B 3). Über den Draht wird ein Stück Papier gehängt. Weitere Lampen werden zur schon vorhandenen Lampe angeschlossen.
Wie viele Lampen können angeschlossen werden, bis das Papier brennt?

b) Versuch 2a wird wiederholt, anstelle des Drahts wird aber nun ein Stromstärkemessgerät angeschlossen. Beschreibe deine Beobachtungen.

3 Ein Lämpchen wird an ein Netzgerät angeschlossen. In den Stromkreis ist ein Aluminiumstreifen gespannt (▷B 2).
Warum schmilzt der Aluminiumstreifen durch, wenn das Lämpchen mit einem Draht überbrückt wird (▷B 4)?

4 Öffne eine Schmelzsicherung. Was stellst du fest?
Beschreibe, was sich im Inneren der Schmelzsicherung befindet!

Bei einem Kurzschluss fließt ein sehr großer Strom, der sogar Brände verursachen kann!

Bei einem Kurzschluss fließt der Strom direkt von einem Pol der Spannungsquelle zum anderen.

Überlastete Stromkreise
Tina fönt sich in ihrem Zimmer die Haare. Dabei hört sie Musik. Als ihr Vater dann noch den Staubsauger anschaltet, fällt in Tinas Zimmer der Strom aus. Weshalb hat die Sicherung den Stromkreis unterbrochen? Der Versuch 2 zeigt, dass sich in der gemeinsamen Leitung die Stromstärke mit jedem neu angeschlossenen Gerät erhöht. Dabei können die elektrischen Leitungen so heiß werden, dass ein Brand entsteht. Die elektrischen Leitungen sind überlastet.

Bei einer Überlastung fließt ein hoher Strom in der gemeinsamen Leitung der angeschlossenen Geräte.

Die Sicherung
Sicherungen verhindern, dass bei einer Überlastung oder einem Kurzschluss ein Brand entstehen kann.
Die einfachsten Sicherungen sind die Schmelzsicherungen (▷ B 5). Sie bestehen aus einem dünnen Draht, der von einem Porzellankörper umgeben ist. Überschreitet der Strom einen bestimmten auf der Sicherung aufgedruckten Wert, wird der Draht heiß und schmilzt durch. Der Stromkreis ist unterbrochen.
Viele elektrische Geräte sind zusätzlich durch eine Feinsicherung abgesichert (▷ B 6). Auch hier schmilzt der dünne Draht im Inneren der Sicherung durch, wenn ein zu großer Strom fließt.

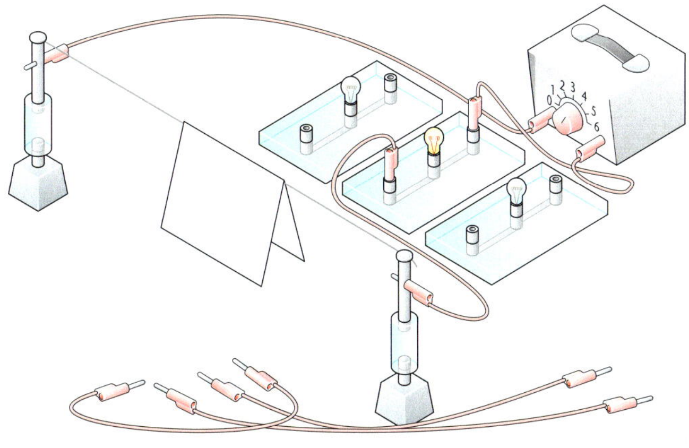

3 Aufbau der Schaltung zu Versuch 2

Sicherungen unterbrechen den Stromkreis, wenn ein zu großer Strom fließt.

Sicherungsautomaten
Im Haushalt findet man häufig Sicherungsautomaten. Sie werden durch einen zu großen Strom nicht zerstört, sondern es wird ein Schalter umgelegt. Ist die Störung beseitigt, kann man den Schalter und somit auch den Stromkreis wieder schließen.
Die in einem Haushalt benötigten Sicherungen befinden sich im Sicherungskasten.

Aufgaben

1 Erkundige dich, wo sich bei euch zu Hause die Sicherungen befinden.

2 Lasst euch in der Schule vom Hausmeister den Sicherungskasten zeigen. Erkundigt euch, worin er sich vom Sicherungskasten in eurer Wohnung unterscheidet.

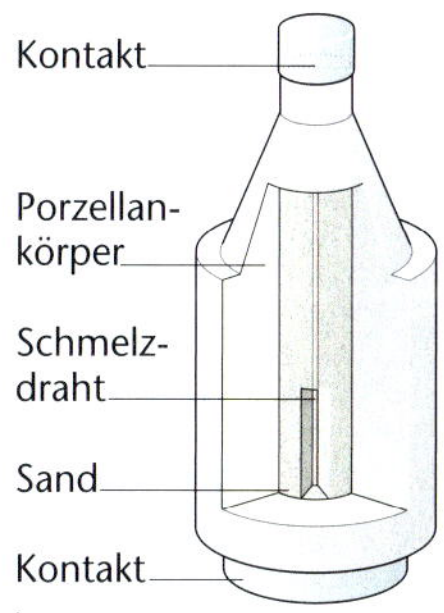

5 Schmelzsicherung

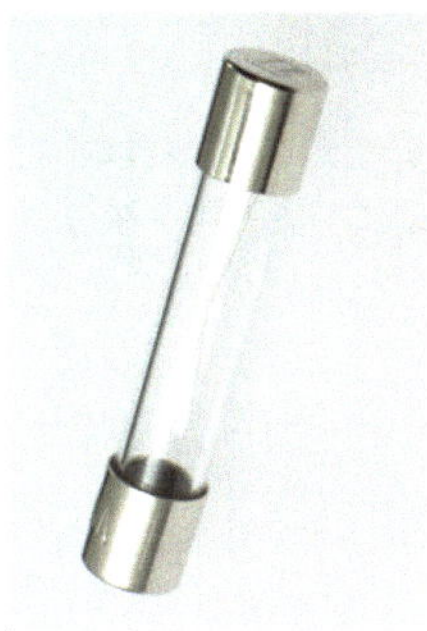

6 Feinsicherung

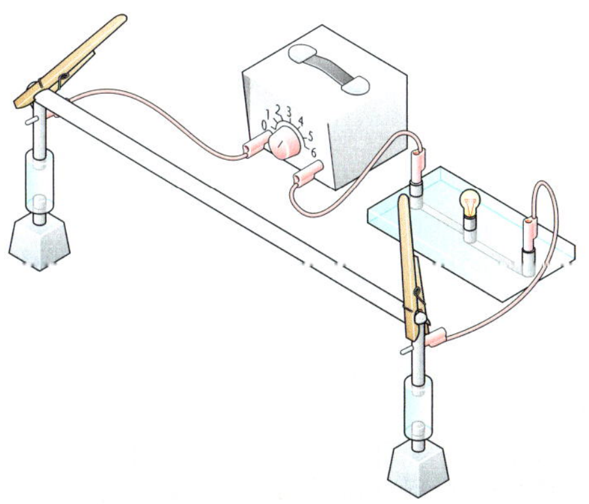

2 Schaltungsaufbau zu Versuch 3 – ohne Kurzschluss

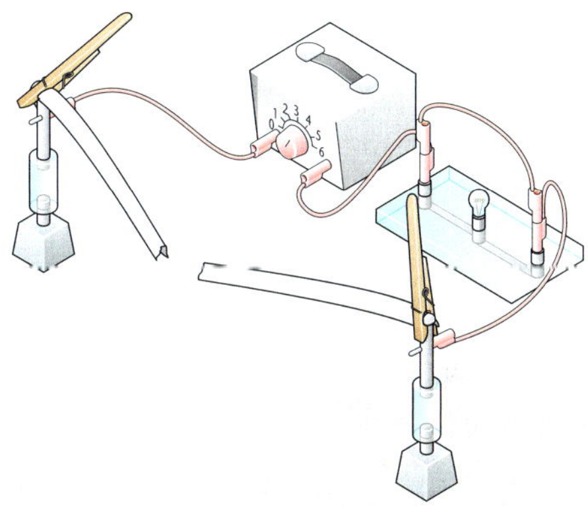

4 Schaltungsaufbau zu Versuch 3 – mit Kurzschluss

Schlusspunkt

Geräte und Maschinen im Alltag

Einfache Geräte
Im Alltag nehmen uns technische Geräte viele Arbeiten ab.
Schere, Zange oder Nussknacker sind einfache Geräte, die alle nach dem Hebel-Prinzip funktionieren.
Als Hebel bezeichnet man alle Griffe, Stangen oder Bretter, die drehbar gelagert sind (▷ B 2). Mit einem Hebel kann man die Größe einer Kraft verändern.

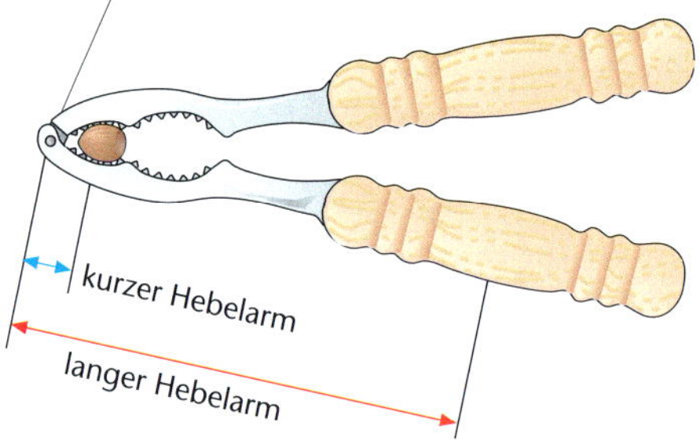

2 Der Nussknacker ist ein Hebel.

Magnetismus
In manchen Schraubendrehern ist in der Spitze ein kleiner Magnet eingebaut, damit z. B. kleine Eisenschrauben besser gehalten werden können.
Zwischen einem Magneten und einem Gegenstand, der Eisen, Nickel oder Kobalt enthält, wirkt eine magnetische Anziehungskraft (▷ B 1).
Die magnetischen Kräfte wirken nicht nur bei Berührung sondern auch in größerer Entfernung.

Jeder Magnet hat einen Nord- und einen Südpol. Im Bereich der Pole ist die magnetische Kraft am größten.
Zwischen zwei Magneten können anziehende oder abstoßende Kräfte auftreten. Ungleichnamige Pole ziehen sich an (▷ B 3), gleichnamige Pole stoßen sich ab.

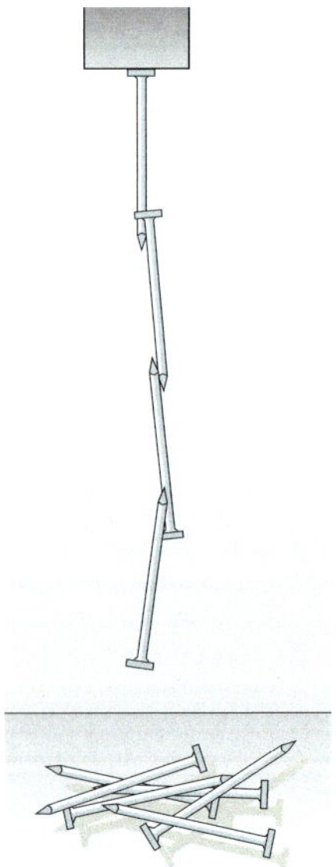
1 Magnet

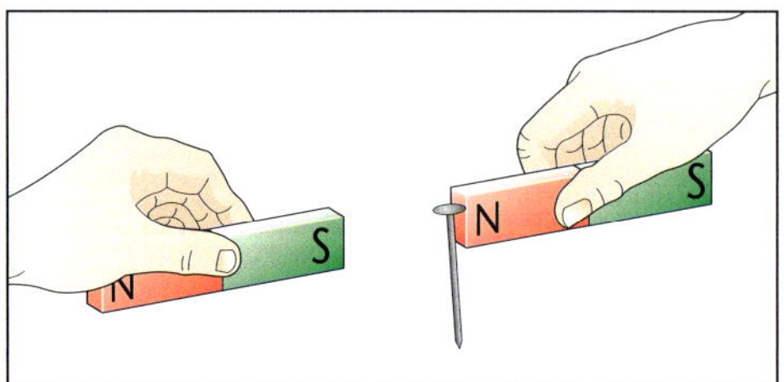

3 Ungleichnamige Pole ziehen sich an.

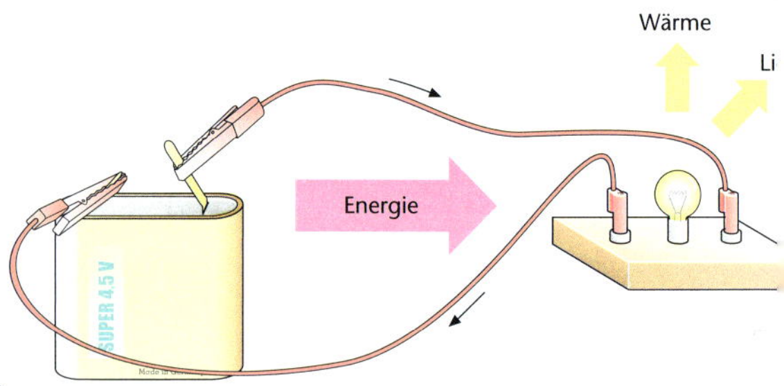

4 Stromkreis

Elektrische Geräte
Geräte, die mit elektrischem Strom betrieben werden, heißen elektrische Geräte.
Elektrische Haushaltsgeräte werden an die Steckdose angeschlossen. Der „Strom aus der Steckdose" ist jedoch lebensgefährlich. Du darfst auf keinen Fall damit experimentieren.
Elektrische Geräte funktionieren nur, wenn sie an eine passende Spannungsquelle angeschlossen sind und der Stromkreis an keiner Stelle unterbrochen ist.

Der elektrische Stromkreis
Ein elektrischer Stromkreis ist eine ununterbrochene elektrische Verbindung, die von einem Pol der Spannungsquelle über das angeschlossene Elektrogerät zum zweiten Pol der Spannungsquelle führt (▷ B 4).

In fast allen elektrischen Geräten findest du Schalter. Mit ihrer Hilfe kann ein elektrischer Stromkreis unterbrochen oder geschlossen werden

Elektrischer Strom und Energie
Der elektrische Strom transportiert Energie im Stromkreis zum elektrischen Gerät. Dieses wandelt die Energie des elektrischen Stroms in andere Energieformen um.

Leiter und Nichtleiter
Alle Metalle sind gute elektrische Leiter.
Materialien, die den elektrischen Strom nicht leiten, werden Isolatoren (Nichtleiter) genannt. Dazu gehören z. B. Kunststoff, Porzellan und Glas.

Kabel für elektrische Geräte sollen einerseits den Strom gut leiten, andererseits für den Menschen ungefährlich sein. Deshalb bestehen die Kabel innen aus Kupfer und sind außen mit nichtleitendem Kunststoff umhüllt (▷ B 5).

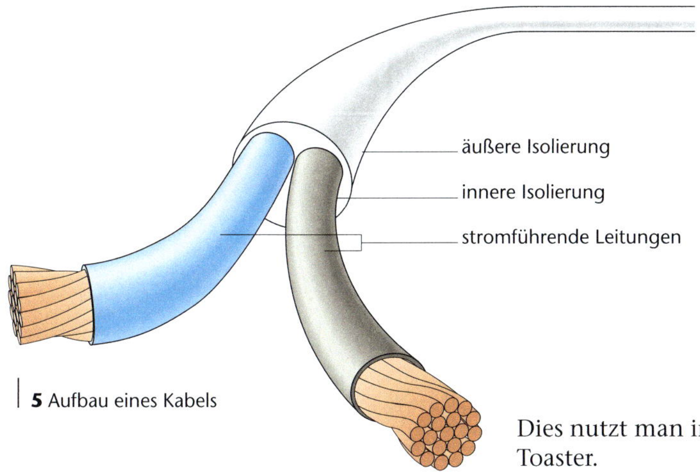

5 Aufbau eines Kabels

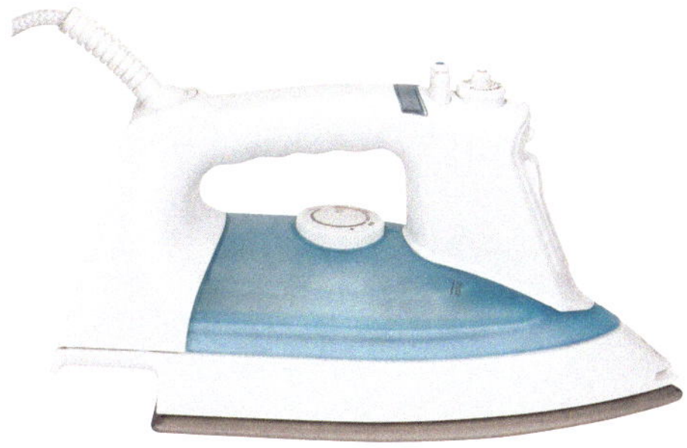

6 Bügeleisen

Bei manchen Fahrrädern führt nur ein Draht vom Dynamo zur Lampe. Die Rückleitung erfolgt über den Rahmen aus Metall.

Schaltzeichen
Mithilfe von Schaltzeichen können elektrische Schaltungen übersichtlich dargestellt werden.

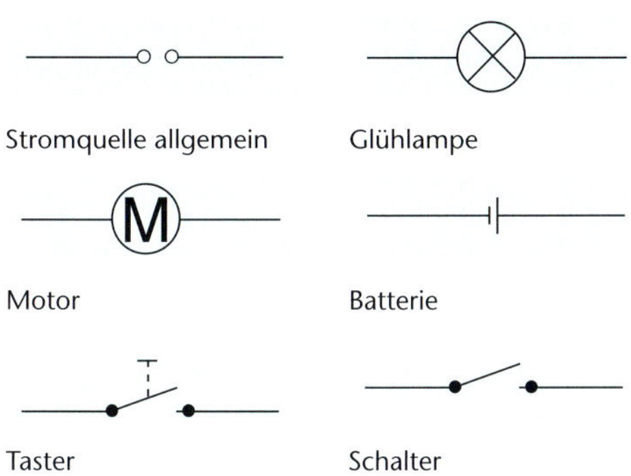

Lampenschaltungen
Mehrere Lampen lassen sich hintereinander schalten. Dann fließt der Strom nacheinander durch jede Lampe. Eine solche Schaltung heißt Reihenschaltung. Fällt eine Lampe aus, so leuchten auch die anderen nicht mehr.

Bei einer Parallelschaltung von Lampen bildet jede Lampe zusammen mit der Spannungsquelle einen geschlossenen Stromkreis.

Wirkungen des elektrischen Stroms
Der elektrische Strom hat unterschiedliche Wirkungen. Diese kannst du an vielen Geräten feststellen.
Wenn elektrischer Strom durch den Leitungsdraht fließt, erwärmt sich der Leiter. Dies nutzt man im Haartrockner und im Toaster.
Am Beispiel einer Glühlampe wird deutlich, dass der elektrische Strom außer Wärme auch Licht erzeugt.
Bei einem Elektromagnet wird die magnetische Wirkung des elektrischen Stroms genutzt.

Steuern und Regeln
Viele elektrische Maschinen werden automatisch gesteuert. Sensoren sind „Fühler", die z. B. auf Licht oder Wärme reagieren und dadurch Steuerungen einleiten.

Auch durch ein Bimetall kann im Stromkreis das Ein- und Ausschalten gesteuert werden.

Kurzschluss und Sicherungen
Ein Kurzschluss liegt vor, wenn der Strom direkt von einem Pol der Spannungsquelle zum anderen fließt.
Dabei wird der Strom so groß, dass durch die Erwärmung der Kabel sogar Brände entstehen können.

Sicherungen verhindern dies, indem sie den Stromkreis unterbrechen, wenn ein zu großer Strom fließt.

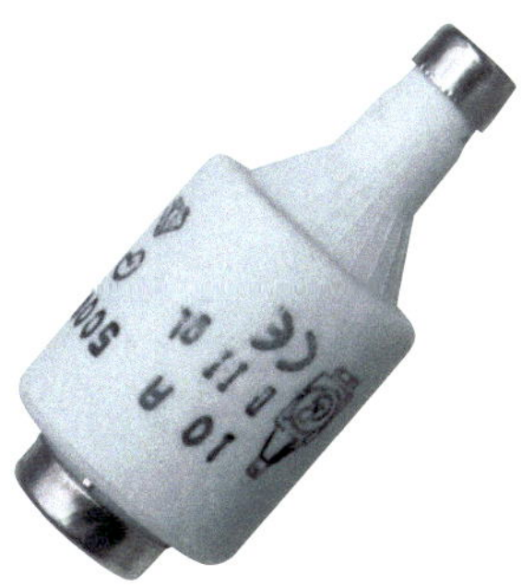

7 Schmelzsicherung

Aufgaben

1 Finde heraus, welche Alltagsgeräte oder Werkzeuge mit einem Hebel arbeiten. Notiere sie in dein Heft und beschreibe wo sich der Hebel befindet.

2 Das Bild 10 zeigt eine römische Waage. Sie hat einen sehr kurzen Hebelarm, an dem die Last hängt, und einen langen Hebelarm, an dem das Wägestück verschiebbar angebracht ist. Wie konnte man auf dem Markt damit das Gewicht der Ware bestimmen?

3 Erkläre mit eigenen Worten den Begriff „System" am Beispiel eines einfachen Stromkreises.

4 Stelle eine Liste von Geräten zusammen, die Energie umwandeln. Erkläre, welche Energieform in welche andere umgewandelt wird.

5 Nenne wichtige Sicherheitsmaßnahmen beim Umgang mit dem elektrischen Strom.

6 Zeichne einen Stromkreis mit dem man testen kann, welche Materialien den elektrischen Strom leiten.

7 Wenn in einer Lichterkette in Parallelschaltung eine Lampe durchbrennt, leuchten die anderen weiter. Begründe dies. Was passiert bei einer Reihenschaltung, wenn eine Lampe durchbrennt?

8 Entwirf eine Parallelschaltung mit zwei Lampen. Zeichne Schalter ein, mit denen
a) beide Lampen gleichzeitig,
b) jede Lampe einzeln ein- und ausgeschaltet werden kann.

9 Zeichne eine Energieumwandlungskette, die deutlich macht, dass die Energie zum Autofahren ursprünglich von der Sonne stammt.

10 Welche Materialien sind magnetisch? Untersuche mit einem Magneten Gegenstände in deinem NaWi-Saal. Schreibe auf, welche magnetisch sind.

11 Zwei Eisenstäbe sehen völlig gleich aus. Wie kannst du ohne weitere Hilfsmittel herausfinden, ob einer der beiden Eisenstäbe ein Magnet ist?

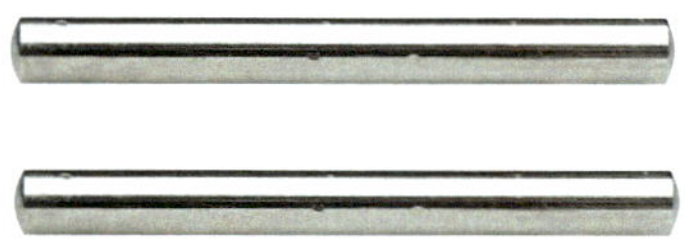

8 Zu Aufgabe 11

12 Welche Wirkungen kann der elektrische Strom haben? Suche zu jeder Wirkung eine praktische Anwendung.

13 Nicole hört immer wieder, dass elektrische Geräte als Stromverbraucher bezeichnet werden. Erläutere, weshalb dies nicht korrekt ist.

14 Beschreibe den Aufbau einer Schmelzsicherung. Erkläre, wie sie funktioniert.

15 Vergleiche elektrische Magnete und Dauermagnete. Stelle die Eigenschaften in einer Tabelle zusammen.

16 Auch unsere Erde ist ein Magnet. Versuche, die folgenden Fragen zu beantworten. Du kannst dazu verschiedene Quellen benutzen, z. B. Lexika oder das Internet.

9 Zu Aufgabe 15

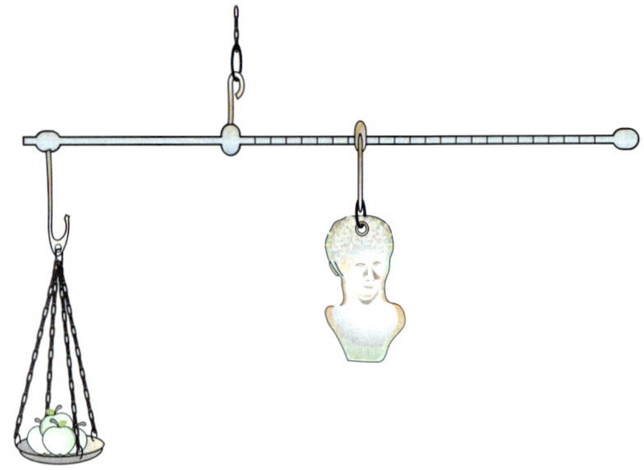

10 Zu Aufgabe 2

a) Wo befinden sich die magnetischen Pole der Erde? Wie weit sind sie von den geografischen Polen der Erde entfernt?

b) Wie bezeichnet man die Abweichung zwischen den geografischen und den magnetischen Polen der Erde (▷ B 11)?

c) Der Kompass funktioniert nur, weil die Erde ein Magnet ist. Wohin genau zeigt der Nordpol einer Kompassnadel?

d) Wer wies als erster nach, dass die Erde ein Magnet ist?

e) Juliana meint: „Weil die Erde ein Magnet ist, werde ich von ihr angezogen."
Hat sie recht? Begründe deine Antwort.

11 Zu Aufgabe 16

f) Welcher Planet hat ein stärkeres Magnetfeld als die Erde?

17 Versuche zu erklären, weshalb Lampen in Reihenschaltung unterschiedlich hell leuchten wie die gleiche Anzahl in Parallelschaltung.

18 a) Bild 13 zeigt eine komplizierte Schaltung aus lauter gleichen Glühlampen. Du kannst daran prüfen, was du über den elektrischen Stromkreis gelernt hast. S1 bis S4 sind Schalter.
Beschreibe, was geschieht, wenn
a) S3 ⟶ ein,
b) S1 ⟶ aus, S3 ⟶ ein,
c) S2 ⟶ ein, S3 ⟶ ein, S4 ⟶ ein.
Warum leuchten B und C immer gleich hell?
d) Wie müssen die Schalter stehen, damit nur die Lampe A leuchtet?

19 Nenne mehrere Schalterarten. Wofür werden sie gebraucht?

20 Weshalb ist es sinnvoll, Energieformen möglichst nicht zu oft ineinander umzuwandeln?

21 Sieh dir die Gangschaltung eines Fahrrades an. Beschreibe was passiert, wenn man in verschiedene Gänge wechselt.

22 Recherchiere im Internet den Namen „Alessandro Volta" und erstelle in deiner Gruppe ein Plakat über ihn.

12 Zu Aufgabe 22

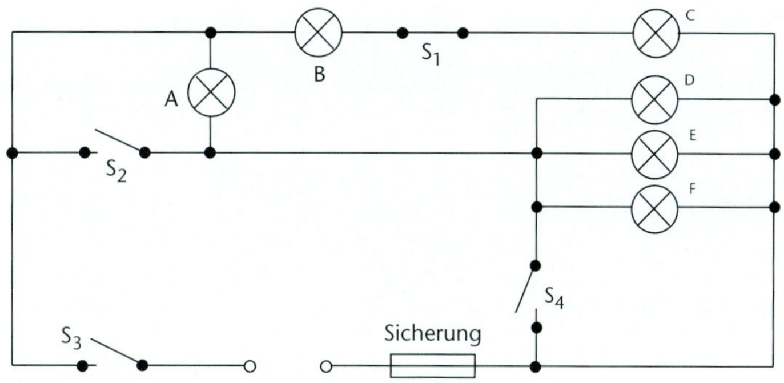

13 Zu Aufgabe 18

23 Ein elektrisches Gerät soll in einem abgelegenen Gebiet betrieben werden. Zähle verschiedene Möglichkeiten auf, das Gerät mit Strom zu versorgen. Nenne dazu Vor- und Nachteile.

24 Weshalb könnte man den elektrischen Strom als einen Alleskönner bezeichnen?

25 Erkläre, weshalb man ein Verlängerungskabel nicht im aufgerollten Zustand benutzen sollte.

26 Was passiert, wenn bei einem elektrischen Gerät die Kabel zu dünn sind?

27 Erkläre den Sinn einer Sicherung in einem Stromkreis.

28 Der Glühdraht einer Glühlampe besteht aus Wolfram.
a) Warum verwendet man gerade dieses Metall?
b) Aus welchem Grund wird der Wolframdraht zu einer Spirale aufgewickelt (▷ B 14)?

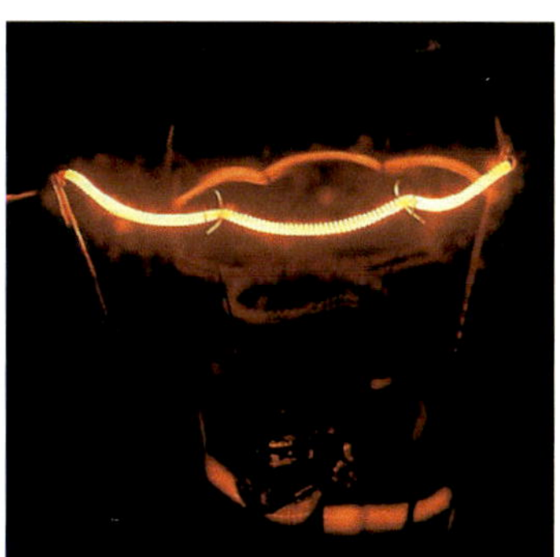

14 Zu Aufgabe 28

23 Claudia hat an ihrem Fahrrad ihr metallenes Schutzblech gegen eines aus Kunststoff (▷ B 15) ausgetauscht. Nachdem sie das Rücklicht daran festgeschraubt hat, stellt sie fest, dass es nicht mehr leuchtet.

a) Wie muss der Stromkreis zur Beleuchtung des Fahrrads aufgebaut sein, wenn das Rücklicht nach Austausch des Schutzblechs nicht mehr funktioniert? Erstelle einen genauen Schaltplan.

b) Wie kann Claudia das Rücklicht wieder zum Leuchten bringen?

c) Damit die Lampe leuchtet, muss das Fahrrad in Bewegung sein. Woher stammt die Energie für den Betrieb der Lampe und wie wird sie transportiert? Stelle den Energiefluss in geeigneter Form dar.

15 Schutzblech aus Kunststoff

Die Stoffe um uns herum

Du findest in deiner Umgebung Gegenstände, die aus verschiedenen Materialien bestehen. In der Chemie werden die Materialien als Stoffe bezeichnet.

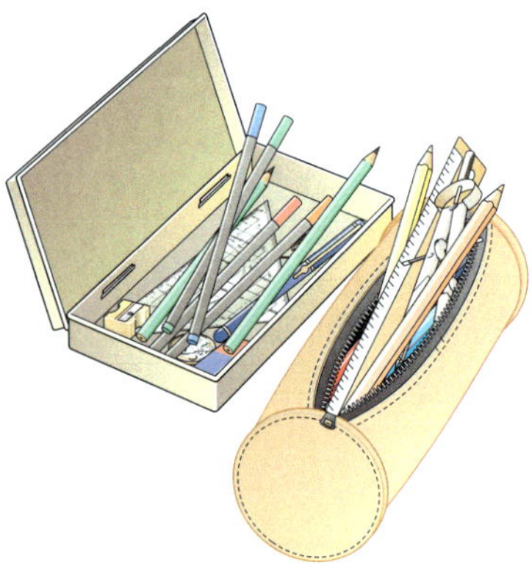

Sieh dich in deiner Umgebung aufmerksam um. Zähle Gegenstände (Körper) auf, die dir auffallen.
Gib die Materialien (Stoffe) an, aus denen diese Gegenstände bestehen.
Mach eine Aufstellung der Stoffe und der daraus bestehenden Gegenstände.
Gibt es gleiche Gegenstände aus verschiedenen Stoffen? Oder gibt es verschiedene Gegenstände aus dem gleichen Stoff?

Kennst du schon Möglichkeiten, Stoffe voneinander zu unterscheiden? Vielleicht gelingt es dir auch, Untersuchungsmethoden anzugeben, mit denen man den unterschiedlichen Stoffen auf die Spur kommen kann.

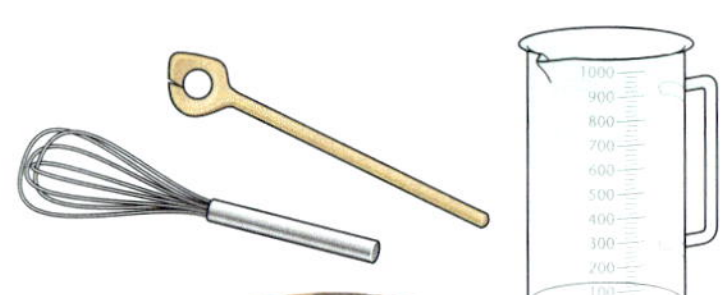

P

Stoffe

Stoffen begegnest du täglich in sehr unterschiedlicher Weise. Ob Lebensmittel, Getränke, Medikamente, Baustoffe oder Sonnenschutzmittel, immer hast du es mit Stoffen zu tun.

Das Federmäppchen – eine bunte Welt verschiedener Stoffe
Der Blick ins Federmäppchen zeigt dir Gegenstände aus vielen unterschiedlichen Stoffen.

- Notiere die Gegenstände, die du in deinem Federmäppchen findest, und schreibe dazu, aus welchen Stoffen sie bestehen.
- Begründe, warum die Gegenstände gerade aus diesem Stoff sind – und nicht aus einem anderen.

Nr.	Gegenstand	Stoff
1	Bleistift	
2	Kuli	
3	Füller	
4	Filzstift	
5	Buntstift	
6	Edding	

Stoffe begleiten uns – von früh bis spät
Vom Aufstehen bis zum Ins-Bett-Gehen nehmen wir viele unterschiedliche Stoffe in die Hand.

- Stelle einen Tages-Ablaufplan auf und notiere alle Stoffe, mit denen du Kontakt hast.
- Fertige eine Tabelle an, in der du die Stoffe, denen du „begegnest", ordnest; z. B. nach Lebensmittel, Kosmetika, Reinigungsmittel, usw.

Stoffe, die brennen können
Ein Lagerfeuer brennt besonders gut, wenn man möglichst trockenes Holz verwendet. Nach dem Abbrennen des Holzes bleibt meistens nicht mehr viel übrig.

- Erkundige dich nach besonders feuergefährlichen Stoffen.
- Stelle Vermutungen auf, was mit dem Holz beim Verbrennen passiert sein könnte.

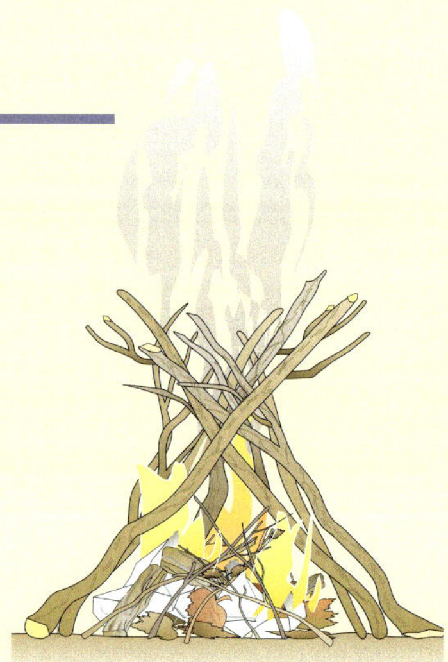

Luft und Gase – sind das überhaupt Stoffe?
Wer mag sie nicht, die bunten Gasluftballons auf den Jahrmärkten? Aber was ist das überhaupt – ein Gas?

● Stelle Vermutungen auf, ob es sich bei Gasen um Stoffe handelt.

● Denk dir einen Versuch aus, der zeigt, ob Luft ein Stoff ist.

Gefährliche Stoffe
Gefährlichen Stoffen kannst du überall begegnen. Viele Stoffe des täglichen Lebens gehören dazu. Häufig macht gerade die Gefährlichkeit die besondere Verwendung dieser Stoffe erst möglich. Oder was würdest du über Brennspiritus denken, wenn dieser nicht brennen würde?

● a) Gehe zu Hause auf die Suche nach gefährlichen Stoffen. Besonders geeignet dafür ist der Hobbykeller.
Fallen dir Stoffe mit einem Gefahrensymbol auf?
Notiere diese Stoffe und die dazugehörigen Gefahrensymbole.
b) Beurteile den Einsatz dieser Stoffe unter den Gesichtspunkten von Sicherheit und Umweltverträglichkeit.

● Nenne Sicherheitsratschläge, die auf den Packungen angegeben werden.

● Beschreibe Maßnahmen, die dazu beitragen könnten, die Umweltgefährdung durch Haushaltschemikalien zu verringern.

● Nenne Stoffe aus dem Haushalt, die deiner Meinung nach umweltgefährdend sind.

● Erkundige dich nach umweltverträglichen Putz- und Reinigungsmethoden.

Stoffe, die keiner mehr will
Viele Stoffe, die nicht mehr benötigt werden, fallen in der Schule und zu Hause als Abfall an. Häufig werden Abfälle aus Unkenntnis oder Sorglosigkeit in den Ausguss oder in den Abfalleimer geschüttet. Auf diese Weise kann jedoch die Umwelt erheblich belastet werden.

● Nenne mögliche Abfallarten.

● Zähle Stoffe aus dem Haushalt auf, die als Schadstoffe entsorgt werden müssen.

● Beschreibe den Weg von Benzinresten, wenn sie in den Ausguss geschüttet werden.

● Suche nach sachgerechten „Entsorgungswegen" für Problemabfälle.

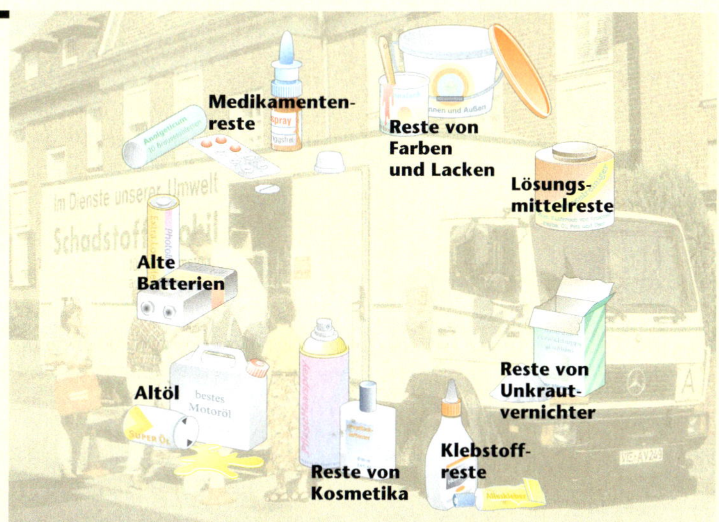

Sprudel, Brause und Früchtetee

1 Was macht den Sprudel zum Sprudel?

Material

Sprudel, Leitungswasser, Löffel, Trinkhalm, 2 Gläser

Versuchsanleitung

a) Gieße in das eine Glas Sprudel ein, in das andere Leitungswasser. Vergleiche!
b) Tauche in beide Gläser einen Trinkhalm ein.
c) Trinke durch den Halm vom Sprudel und vom Leitungswasser.
d) Notiere alle Beobachtungen (sehen, spüren) von a) bis c).

Aufgaben

1. Ermittle mithilfe des Etiketts Bestandteile des Sprudels.

2. Gib den Inhaltsstoff an, der für die Bläschenbildung verantwortlich ist.

2 Haben die Bläschen ein Gewicht?

Material

Sprudel, Waage, Becherglas, Löffel

Versuchsanleitung

a) Wiege 100 g Mineralwasser ab. Rühre drei Minuten lang mit einem Löffel um und wiege dann erneut. Notiere das Ergebnis.
b) Wiederhole den Versuch. Stelle dieses Mal das Becherglas in heißes Wasser, während du rührst (▷ B 1). Trockne das Becherglas sorgfältig ab, bevor du erneut wiegst. Wie erklärst du dir den Unterschied?

1 Zu Versuch 2.

2 Brause

Zutaten: Zucker, Säuerungsmittel Weinsäure, Natriumhydrogencarbonat (Natron), künstliche Süßstoffe Cyclamat und Saccharin, Aromen
Farbstoffe: Carotin, Carotinoid, Anthocyane, Chlorophyll.

Kalorienarm durch Verwendung der Süßstoffe Cyclamat (40 mg) und Saccharin (20 mg) anstelle von 9,9 g Zucker pro Portionsbeutel.

200 ml Brause-Getränk (= 1 Portionsbeutel) enthalten: Kohlenhydrate (Saccharose) 3,9 g, physiologischer Brennwert 80 kJ

3 Brause und Bläschenbildung

Material

Weinsäure, Natron, Zucker, Süßstoff

Aufgabe

Entwirf eine Versuchsanleitung, die dazu dient, den Stoff bzw. die Stoffe zu bestimmen, die beim Einstreuen von Brausepulver in Wasser Gasbläschen bilden.

4 Untersuchung des gebildeten Gases

Material

2 Petrischalen, Sprudel, Brausepulver, 2 Schraubgläser mit Deckel, gefiltertes Kalkwasser

Versuchsanleitung

a) Fülle in eine Petrischale bis zum Rand Sprudel ein und stülpe sofort ein Schraubglas darüber. Nimm es erst ab, wenn keine Gasbildung mehr zu beobachten ist. Verschließe es sofort mit dem Deckel.
b) Gib etwas Wasser in die zweite Petrischale, füge etwas Brausepulver hinzu und verfahre weiter wie in a).
c) Gieße in jedes der beiden Schraubgläser etwas Kalkwasser und schüttle nach dem Aufsetzen des Deckels kräftig durch.

Aufgabe

Gib das Gas an, das du in Versuch c) im Sprudel und in der Brause nachgewiesen hast.

5 Früchtetee aus dem Beutel

Material

Früchtetee (lose oder im Beutel), Zahnstocher, flacher Teller, Schere, Teelöffel, Teefilter, Tasse, Wasserkocher, Zucker, Binokular

Versuchsanleitung

a) Hänge einen Teebeutel mit Früchtetee in eine Tasse mit heißem Wasser. Lasse den Tee 5 Minuten ziehen. Süße mit Zucker und probiere den Geschmack.
b) Schneide einen Teebeutel auf und schütte die Früchteteemischung auf den Teller. Sortiere die Bestandteile mit dem Zahnstocher nach Aussehen und Farbe. Wenn nötig, verwende ein Binokular.
c) Beschreibe das Verhalten der einzelnen Bestandteile des Früchtetees im Wasser. Plane die notwendigen Versuche und stelle die benötigten Geräte zusammen!

Aufgaben

1. Lies die Angaben auf der Früchtetee-Packung und ordne sie den Bestandteilen zu.

2. Früchtetees sollten 5 bis 10 Minuten ziehen. Begründe

3. a) Nenne weitere Teesorten.
b) Zähle Eigenschaften auf, in denen sich Teesorten unterscheiden.

4. Beschreibe die Herstellung von Tee.

5. Nenne Anbaugebiete für Tee.

Stoffe prüfen und ordnen

Wir untersuchen unterschiedliche Eigenschaften von Stoffen mit unseren Sinnen und einfachen Hilfsmitteln.

1 Wir betrachten Stoffe

Material

Gummibärchen, Kochsalz, Kandiszucker, Eisenblech, Kupferblech, Essig, ein Stück Gummischlauch, Holzstück, Zitronensäure, Spatel, Uhrgläser, Lupe

1 Gummibärchen – ein Stoff in vielen Farben

Versuchsanleitung

Gib jeweils eine kleine Stoffprobe auf ein Uhrglas und betrachte die Stoffe mit der Lupe. Notiere ihr Aussehen (Farbe, Glanz, Oberflächenbeschaffenheit) und lege eine Tabelle an (▷ B 2).

Stoff	Aussehen
Kupfer	
Gummi	
Glas	
Holz	

2 Das Aussehen der Stoffe

Aufgabe

Gibt es Möglichkeiten, die Vielfalt dieser Stoffe zu ordnen?

2 Wir fühlen und tasten

Material

Kugeln aus verschiedenen Materialien (z. B. Holz, Glas, Styropor®, Stahl, Gummi, Eisen), Metalldose, Tuch

Versuchsanleitung

Lege die Kugeln aus den unterschiedlichen Materialien in die Dose und decke sie mit dem Tuch ab. Taste die Oberfläche der Gegenstände mit deinen Fingern ab.

Aufgabe

Ordne die Kugeln danach, ob sie sich kalt oder warm, rau oder glatt, hart oder weich anfühlen.

3 Wir prüfen die Härte

Material

Bleche aus Eisen, Kupfer und Aluminium

Versuchsanleitung

Prüfe die Härte der unterschiedlichen Metalle durch Ritzproben (▷ B 3). Versuche zunächst, mit dem Kupferblech das Blech aus Eisen zu ritzen. Prüfe anschließend den umgekehrten Fall.

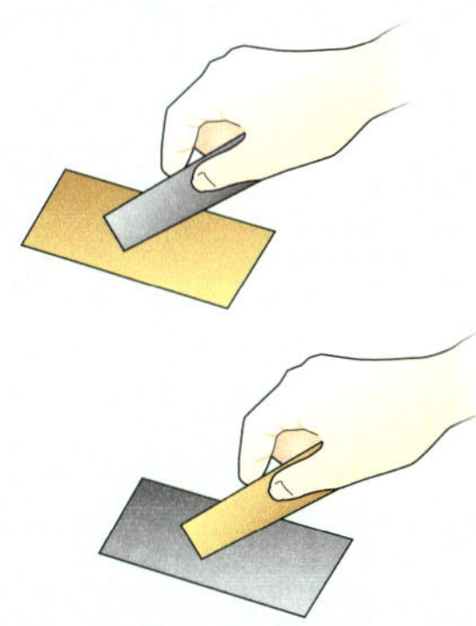

3 Ritzversuche

Teste auf diese Art auch die Kombinationen Kupfer-Aluminium und Eisen-Aluminium. Ordne nach den Ritzversuchen die Metalle nach ihrer Härte.

Aufgabe

Zähle Bereiche auf, in denen die Härte eines Metalls von besonderer Bedeutung ist.

4 Wir ertasten die Wärmeleitfähigkeit

Material

Becherglas, Metallstab, Glasstab, Gasbrenner, Dreifuß mit Keramikdrahtnetz, Handtuch, Uhr

Versuchsanleitung

Erhitze Wasser im Becherglas bis zum Sieden. Tauche den Glas- und den Metallstab gleichzeitig für etwa 5 Sekunden in das Wasser (▷ B 4). Ziehe die Stäbe dann gleichzeitig wieder aus dem Wasser, trockne sie mit dem Handtuch kurz ab und befühle sie. Welcher Stab ist schneller warm geworden?

Aufgabe

Manchmal ist es besser, wenn ein Stoff die Wärme schlecht leitet. Gib hierfür Beispiele an.

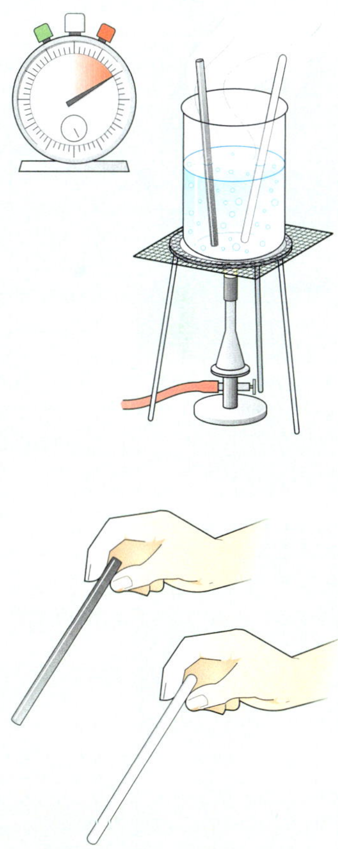

4 Wird Metall oder Glas schneller warm?

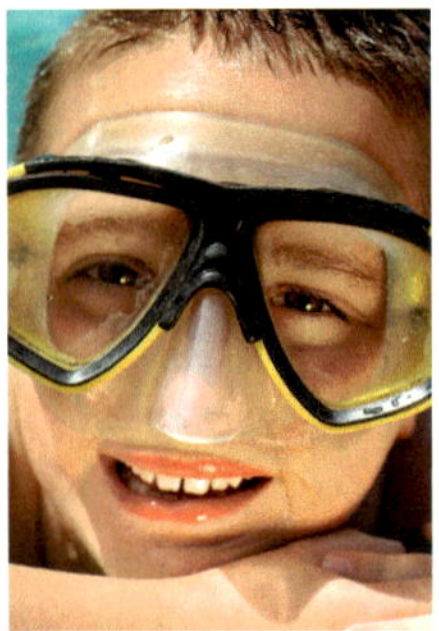

1 Eine Brille aus Kunststoff oder Glas?

2 Kupfergegenstände – gleicher Stoff, verschiedene Formen

Gegenstand (Körper) und Stoff

So vielfältig die Gegenstände sind, die uns umgeben, so vielfältig sind die Materialien, aus denen sie bestehen. Manchmal ist auf den ersten Blick nicht zu erkennen, ob es sich z. B. um Glas oder Kunststoff handelt (▷ B 1). Umgekehrt werden aus einem Material wie Kupfer (▷ B 2) ganz unterschiedliche Gegenstände angefertigt.
In den Naturwissenschaften werden die Materialien auch als **Stoffe** bezeichnet.

> Gegenstände (Körper) bestehen aus Stoffen. Verschiedene Stoffe besitzen unterschiedliche Eigenschaften.

Aussehen eines Stoffes

Für einfache Stoffuntersuchungen können wir unsere Sinne nutzen. Mithilfe der Augen erkennen wir sofort Eigenschaften wie die Farbe oder die Beschaffenheit eines Stoffes. Auch ob ein Stoff fest oder flüssig ist, können wir sehen.

Geschmack und Geruch eines Stoffes

Zitronensaft schmeckt sauer, Grapefruitsaft etwas bitter, Schokolade süß und Meerwasser salzig. Probiere jedoch nie unbekannte Stoffe, denn ein giftiger Stoff könnte schon in kleinen Mengen zu gesundheitlichen Schäden führen.
Manche Stoffe riechen angenehm, manche sind geruchlos, wieder andere stinken.
Auch bei Geruchsproben musst du vorsichtig sein, denn einige Stoffe geben giftige Dämpfe ab oder reizen die Nasenschleimhaut.

Elektrische Leitfähigkeit

Die Fähigkeit, den elektrischen Strom zu leiten, kann zur Unterscheidung von Stoffen benutzt werden. Metalle sind gute Stromleiter.

Härte und Verformbarkeit eines Stoffes

Härte und Verformbarkeit sind ebenfalls typische Stoffeigenschaften. Der Diamant ist der härteste aller natürlich vorkommenden Stoffe. Wie Holz und Glas lässt sich auch ein Diamant nicht verformen. Metalle dagegen sind gut verformbar.

Grenzen einfacher Stoffuntersuchungen

Viele Stoffe sehen sich auf den ersten Blick sehr ähnlich. So bilden Citronensäure, Zucker, Salz und Natron weiße Kristalle, die ohne weitere Untersuchungen kaum zu unterscheiden sind. Da Geschmacksproben nicht durchgeführt werden dürfen, müssen bei ähnlichen Stoffen weitere Eigenschaften mit anderen Hilfsmitteln bestimmt werden.

Versuch

1 Bereite einen Versuch vor, mit dem du die Härte von Kupfer, Eisen und Aluminium vergleichen kannst.

Aufgabe

1 Finde den Unterschied zwischen Orangensaft, Orangennektar und Orangenlimonade heraus.

Werkstatt

Entscheidung im Stromkreis

Material

Flachbatterie (4,5 V), 4 Krokodilklemmen (isoliert, schwarz, rot), Halterung für Glühlämpchen, Glühlämpchen (4 V; 0,04 A), 3 Verbindungskabel, Eisennagel, Kohlestift, Holzstab, Glasstab, Kupferblech und weitere Gegenstände aus anderen Stoffen

Versuchsanleitung

Baue wie in Bild 1 einen Stromkreis auf. Schließe nacheinander den Eisennagel, den Kohlestift, den Holzstab, den Glasstab und das Kupferblech in den Stromkreis. Welcher Gegenstand bzw. welcher Stoff leitet den Strom?

Aufgabe

Überprüfe weitere Stoffe und erstelle eine Liste von elektrischen Leitern und Nichtleitern.

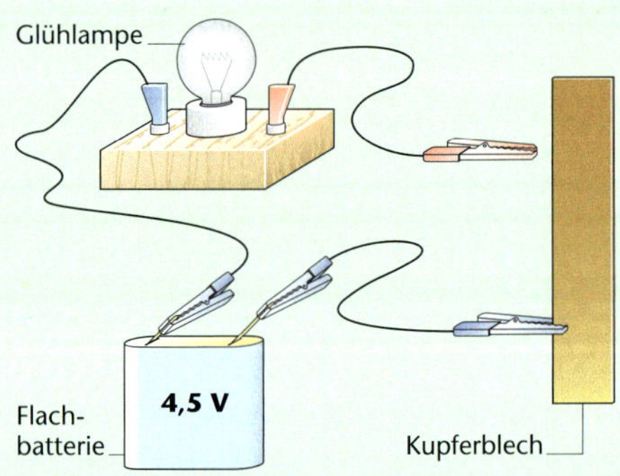

1 Prüfen von Feststoffen

Strategie

Das schreib ich mir auf!

Stell dir einmal vor, du willst einen spannenden Versuch nach einem Jahr wiederholen. Vielleicht stellst du dir dann die Frage: „Wie habe ich das damals gemacht? Das hätte ich mir aufschreiben sollen!“
Mit einem schriftlichen Versuchsprotokoll kann dies nicht passieren.

Wie sollte ein Protokoll aufgebaut sein?
Ein Versuchsprotokoll sollte übersichtlich angelegt und klar gegliedert sein. Die Auswertung eines Versuchs gelingt nur dann, wenn alle Beobachtungen und Messergebnisse genau festgehalten wurden. Unten siehst du ein Beispiel, das die wichtigsten Teile eines Versuchsprotokolls kurz darstellt.

Thema des Versuchs
Der Versuch wird als Thema oder Fragestellung formuliert. Es sollte möglichst in einem Satz exakt formuliert werden.

Name und Datum
Wie bei jeder Protokollerstellung enthält auch ein Laborprotokoll den Namen des Protokollanten und das Datum der Anfertigung.

Geräte und Materialien
Es werden alle benötigten Chemikalien, Geräte und sonstige Hilfsmittel notiert.

Versuchsprotokoll

Datum: 19.08.2009

Name:

Thema: Wir ertasten die Wärmeleitfähigkeit

Material:
Schutzbrille
Becherglas
Metallstab
Glasstab
Gasbrenner
Dreifuß mit Keramikdrahtnetz
Handtuch
Uhr
Wasser

Aufbau:

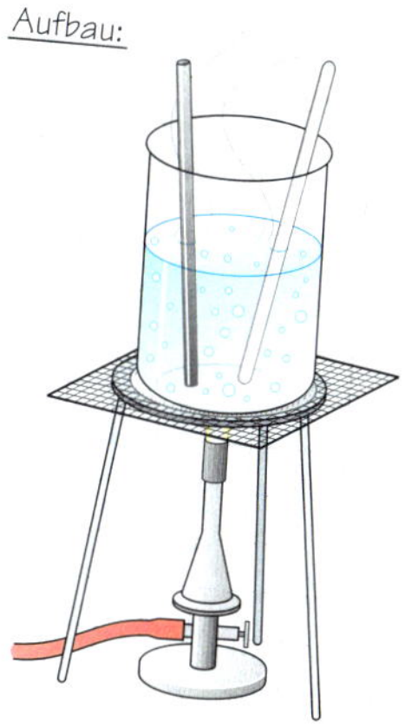

Sicherheitsmaßnahmen:
- Schutzbrille aufsetzen
- Stäbe nur kurz in heißes Wasser tauchen (Verbrennungsgefahr)

Versuchsanleitung: Erhitze Wasser in einem Becherglas bis zum Sieden. Tauche den Glas- und den Metallstab gleichzeitig für etwa 5 Sekunden in das Wasser. Ziehe die Stäbe dann gleichzeitig wieder aus dem Wasser, trockne sie mit dem Handtuch ab und befühle sie.

Beobachtung: Der Metallstab ist wärmer als der Glasstab.

Auswertung: Metalle leiten die Wärme besser als Glas.

Entsorgung: Da das Wasser bei dem Versuch nicht verschmutzt wurde, kann es in das Abwasser gegeben werden.

Sicherheitsmaßnahmen
Bei der Durchführung des Versuchs müssen bestimmte Sicherheitsmaßnahmen beachtet werden. Das Tragen einer Schutzbrille ist fast immer unerlässlich. Sind die verwendeten Chemikalien Gefahrstoffe, müssen entsprechende Sicherheitsvorkehrungen getroffen werden.

Versuchsaufbau
Man erstellt eine Versuchsskizze, damit man sich den Versuchsaufbau besser vorstellen kann. Versuchsskizzen sollten beschriftet werden.

Beobachtung
Alle Einzelheiten, die während des Versuchsablaufs beobachtet werden, insbesondere die Messergebnisse, werden notiert.

Versuchsanleitung
Die Durchführung des Versuchs wird in kurzer, aber verständlicher Form beschrieben.

Auswertung
Die Auswertung erhält man aufgrund der Versuchsbeobachtungen. Sie besteht häufig aus einer allgemeinen Formulierung oder einer Gesetzmäßigkeit.

Entsorgung
Häufig bleiben nach Beendigung des Versuchs Abfälle (Chemikalienreste, Gerätebruch) übrig. Diese müssen vorschriftsmäßig entsorgt werden.

Da löst sich etwas

Was kannst du feststellen, wenn du Früchtetee in Wasser gibst? Gibt es verborgene Stoffe? Was glaubst du: Löst sich unendlich viel von einem Stoff in Wasser?

1 Tee löst sich im Wasser.

1 Die Löslichkeit von Tee in Wasser

Material

2 Teegläser (oder absolut saubere Bechergläser), flacher Teller, Teelöffel, Schere, Früchtetee (lose oder im Beutel), heißes und kaltes Wasser

Versuchsanleitung

a) Fülle ein Glas zur Hälfte mit heißem Wasser (Vorsicht: Verbrühungsgefahr!).
Stelle ein zweites Teeglas mit genauso viel kaltem Wasser bereit.

b) Nimm jeweils einen halben Löffel Früchtetee und gib ihn vorsichtig auf die Oberfläche des heißen und des kalten Wassers.

c) Beobachte genau und fertige eine Tabelle mit deinen Beobachtungen an. Probiere nach ca. 5 Minuten von beiden Lösungen: Gibt es Unterschiede?

Aufgaben

1. Bewerte die Lösevorgänge in den beiden Gläsern.

2. Im Früchtetee gibt es auch „verborgene Bestandteile", die sich in Wasser lösen. Zähle diese auf.

2 Die Löslichkeit von Kochsalz in Wasser

Material

Becherglas, Reagenzglas, Messzylinder (50 ml), Spatellöffel, Waage, Stopfen, Kochsalz, Wasser

Versuchsanleitung

a) Fülle in ein Reagenzglas 10 ml Wasser.

b) Wiege das mit 10 ml Wasser gefüllte Reagenzglas (▷ B 2). Notiere den angezeigten Wert.

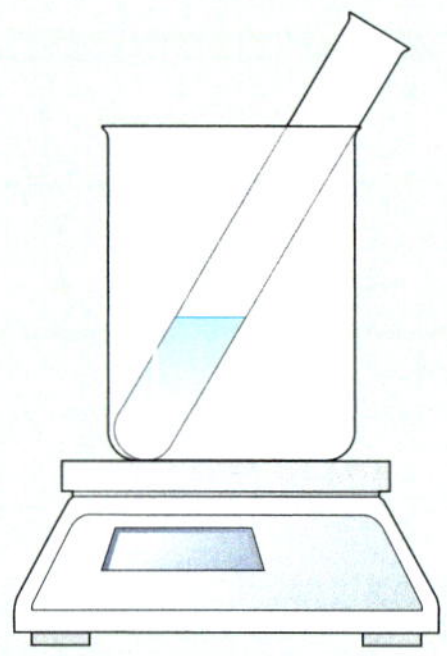

2 Wiegen

c) Gib eine kleine Portion Kochsalz ins Wasser. Verschließe das Reagenzglas mit dem Stopfen und schüttle es kräftig, bis sich das Kochsalz gelöst hat.

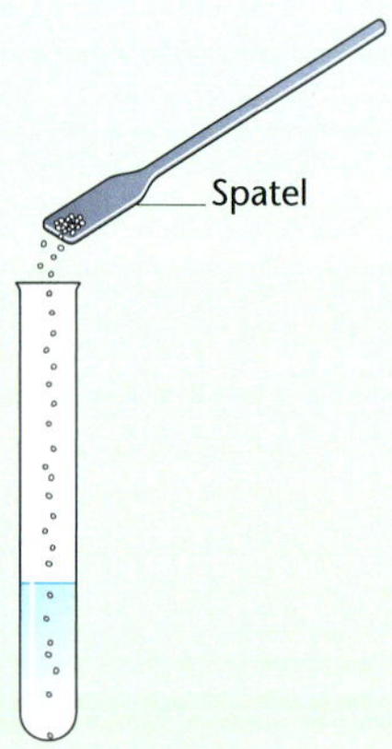

3 Lösen von Kochsalz

d) Gib jetzt eine weitere (kleine) Portion Kochsalz hinzu und schüttle das Reagenzglas wieder. Wiederhole den Vorgang so lange, bis sich – trotz kräftigen Schüttelns – kein Kochsalz mehr löst und am Boden des Reagenzglases nur wenige Kochsalzkristalle zurückbleiben.

e) Wiege jetzt das Reagenzglas erneut und notiere den gemessenen Wert.

Aufgaben

1. Subtrahiere die beiden Messwerte voneinander. Du weißt nun, wie viel Gramm Kochsalz sich in 10 ml Wasser gelöst haben.

2. Wenn du den Wert mit 10 multiplizierst, weißt du, wie viel Gramm Kochsalz sich in 100 ml Wasser lösen.

3 Die Löslichkeit von Würfelzucker in Wasser

Material

4 Bechergläser (150 ml, hohe Form), Messzylinder (50 ml), Glasstab, 4 Stück Würfelzucker, kaltes und warmes Wasser

Versuchsanleitung

a) Fülle das erste und zweite Becherglas mit jeweils 20 ml kaltem Wasser, das dritte und vierte Becherglas mit jeweils 20 ml warmem Wasser.
b) Gib in jedes Becherglas ein Stück Würfelzucker.
c) Rühre nur im zweiten und vierten Becherglas um.

Aufgaben

1. Ordne die Bechergläser nach abnehmender Löslichkeit. Gib zuerst das Becherglas an, in dem der Würfelzucker zuerst „verschwunden" ist.

2. Die Löslichkeit eines Stoffes hängt von unterschiedlichen Faktoren ab. Nenne solche Faktoren.

3. In Versuch 3 hast du Würfelzucker eingesetzt. Spielt es eine Rolle, ob man Kristallzucker, Würfelzucker oder Kandiszucker benutzt?

4. Spielt die Temperatur des Wassers auch beim Lösen von Kochsalz eine Rolle? Plane einen Versuch.

5. Die Menge an Zucker, die sich in 100 ml Wasser löst, kann in einem Versuch ermittelt werden. Plane einen solchen Versuch.

1 Tee wird durch Zucker süß.

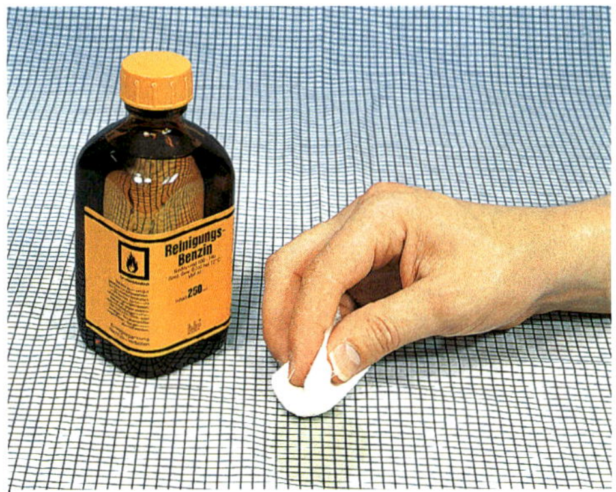

2 Fleckentfernung durch Lösungsmittel

Löslichkeit in Wasser

Gibt man Kandis, Würfel- oder Kristallzucker in Wasser, so ist er nach kurzer Zeit scheinbar „verschwunden". Dass er nicht wirklich verschwunden ist, verrät der süße Geschmack des Wassers. Aus dem Wasser ist Zuckerwasser geworden, der Zucker hat sich im Wasser fein verteilt, gelöst (▷ B 1). In Wasser können sich viele Stoffe lösen, deshalb bezeichnet man Wasser auch als **Lösungsmittel**.

Flüssigkeiten, die Stoffe lösen können, heißen Lösungsmittel.

Die Löslichkeit – eine messbare Eigenschaft

Stoffe besitzen unterschiedliche Löslichkeiten. Um die **Löslichkeit** verschiedener Stoffe in Wasser vergleichen zu können, gibt man an, wie viel Gramm des Stoffes sich in 100 ml Wasser lösen.
So werden in 100 ml Wasser bei 20 °C etwa 36 g Kochsalz, jedoch nur 0,2 g Gips gelöst.

Die Löslichkeit vieler Stoffe in Wasser ist von der Temperatur abhängig. Die meisten Feststoffe sind in warmem Wasser besser löslich als in kaltem. Zur Angabe der Löslichkeit eines Stoffes gehört deshalb auch eine Temperaturangabe (▷ B 4).

Die Löslichkeit ist eine messbare Stoffeigenschaft. Sie gibt an, wie viel Gramm eines Stoffes sich bei einer bestimmten Temperatur in 100 ml Wasser lösen.

Nicht alles ist in Wasser löslich

Während sich Kochsalz und Kaliumpermanganat gut in Wasser lösen, sind Asche und Öl nicht in Wasser löslich (▷ B 5). Neben Wasser dienen auch andere Flüssigkeiten als Lösungsmittel. Ein Fettfleck lässt sich z. B. leicht mit Benzin entfernen (▷ B 2), weil Öle und Fette gut in Benzin löslich sind.

Aufgaben

1 Berechne die Mengen an Zucker, Kochsalz, Gips und Kalk, die sich in einem Liter Wasser lösen lassen.

2 Beschreibe, worin sich Trinkwasser und Meerwasser voneinander unterscheiden.

3 Im heißen Wasser löst sich Zucker besser.

Stoff	Löslichkeit in g/100 g Wasser
Zucker	204
Kochsalz	36
Soda	22
Gips	0,2
Kalk	0,1

4 Löslichkeit einiger Stoffe in Wasser bei 20 °C

5 Nicht alles löst sich in Wasser.

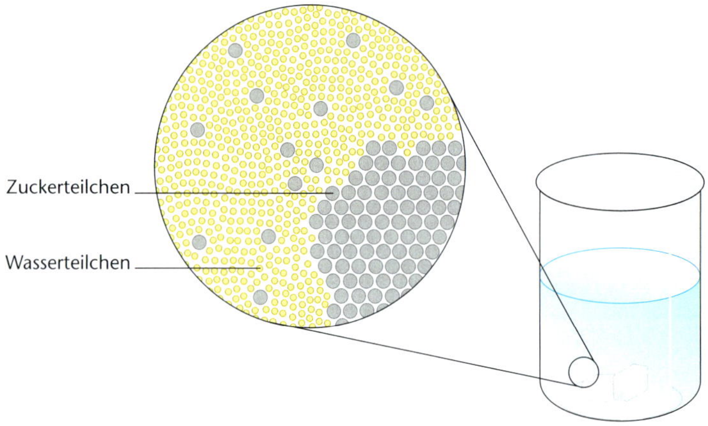

1 Der Lösungsvorgang im Teilchenmodell

2 Ein Duft breitet sich aus

Der Lösungsvorgang im Teilchenmodell
Das Lösen eines Stoffes in einem Lösungsmittel kann man erklären, wenn man das Teilchenmodell zu Hilfe nimmt.
Wenn man z. B. Zucker in Wasser gibt, drängen sich die Wasserteilchen zwischen die Zuckerteilchen (▷ B 1). Geht man davon aus, dass sich die Wasserteilchen bewegen, dann verteilen sich die Zuckerteilchen durch diese Bewegung nach einiger Zeit gleichmäßig in der Lösung.

Da sich die Wasserteilchen mit zunehmender Temperatur schneller bewegen, löst sich der Zucker in warmem Wasser besser als in kaltem Wasser.

Ein Duft breitet sich aus
Der Duft eines stark riechenden Parfüms, das in einem offenen Gefäß auf dem Tisch steht, ist nach kurzer Zeit im ganzen Raum wahrnehmbar (▷ B 2). Man könnte vermuten, dass der Geruchsstoff durch Luftströmungen im Raum verteilt wird. Allerdings breitet sich der Geruchsstoff auch in einem geschlossenen Raum ohne Luftströmungen aus. Diese Tatsache lässt sich dadurch erklären, dass die kleinsten Teilchen in ständiger Bewegung sind.

▶ Die kleinsten Teilchen eines Stoffes sind in ständiger Bewegung.

Die kleinsten Teilchen des Geruchsstoffs wandern in die Lücken zwischen den Teilchen der Luft. Ebenso wandern die Teilchen der Luft in die Lücken zwischen den Teilchen des Geruchsstoffs.

Diffusion
Eine selbstständige Durchmischung, wie sie beim Lösen von Zucker in Wasser oder bei der Ausbreitung eines Duftes stattfindet, nennt man Diffusion.
Die Diffusion beruht auf der Eigenbeweglichkeit der kleinsten Teilchen. Die Bewegung der Teilchen ist dabei völlig regellos und ungeordnet. Nicht nur die kleinsten Teilchen von Gasen und Flüssigkeiten sondern auch die eines Feststoffes führen eine Eigenbewegung aus.

Schnittpunkt

Die Entdeckung von Robert Brown

1 Robert Brown

Der englische Botaniker Robert Brown untersuchte Blütenpollen von Pflanzen. Im Jahr 1827 betrachtete er kleine Pollenkörnchen in einem Tropfen Wasser unter dem Mikroskop. Dabei entdeckte er eine unregelmäßige Zitterbewegung, die Pollen bewegten sich wie von selbst. Zuerst glaubte er, kleine Lebewesen entdeckt zu haben.

Die Zitterbewegung wird von den unsichtbaren kleinsten Wasserteilchen hervorgerufen, die sich ständig bewegen und die Blütenpollen in unregelmäßigen Abständen anstoßen. Durch zahlreiche Stöße bewegen sich die Pollen auf einer Zickzackbahn (▷ B 2). Diese unregelmäßige Zitterbewegung wird nach ihrem Entdecker **Brown'sche Bewegung** genannt.

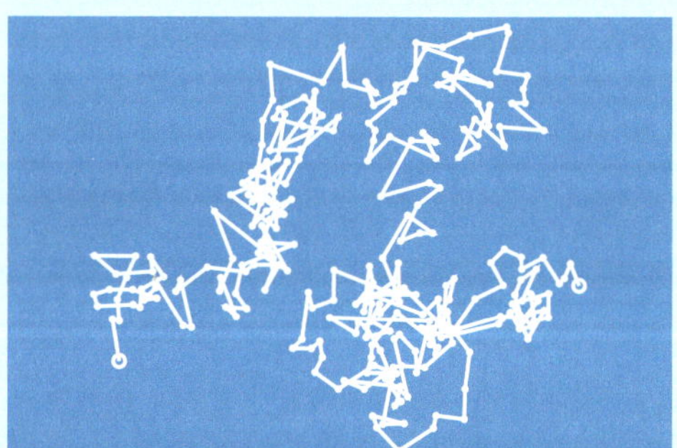

2 Brown'sche Bewegung eines Teilchens

Strategie

Lebendige Teilchenmodelle

Simulation durch darstellendes Spiel
Man kann sich spielerisch klar machen, was bei einer Änderung des Aggregatzustands oder beim Lösen eines Stoffes geschieht. Dazu stellt ihr die Teilchen der Stoffe dar und simuliert die Vorgänge in spielerischer Weise.

Darstellbare Vorgänge
Verdampfen, Kondensieren, Erstarren, Schmelzen, Diffusion, Lösen …

Regisseure und Darsteller
- Drei Schüler überlegen als Regisseure, welche Teilchen bei der Darstellung vorkommen.
- Die Regisseure suchen Mitschüler aus, mit denen sie die Aufführung machen wollen.
- Die Darsteller bekommen von den Regisseuren Anweisungen, wie sie sich aufstellen und bewegen sollen.
- Die Abläufe werden in einer Probe mit den Darstellern eingeübt.

Aufführung
- Die Teilchenanordnung oder der Vorgang wird 30 Sekunden lang von den Schülern in den Rollen der Teilchen dargestellt. Dabei wird nicht gesprochen.
- Die Aufführung kann auch stattfinden, ohne dass die Zuschauer wissen, um welchen Stoff oder Vorgang es sich handelt. Die Zuschauer sollen dann erraten, was vorgeführt wurde.

Rückmeldung
Nach der Vorführung wird die Arbeit der Regisseure und der Darsteller besprochen.
- Mit positiver Kritik wird begonnen: Was war gut, was hat euch gefallen?
- Kritik konstruktiv üben: Was hätte besser dargestellt werden können?
- Kritik nur als Ich-Botschaft: „Ich fand …", „Meiner Meinung nach …"
- Sachliche Kritik üben: Es wird die Darstellung kritisiert, nicht die Personen.
- Es wird nur konkrete Kritik geäußert, nicht verallgemeinert.

1 Teelicht

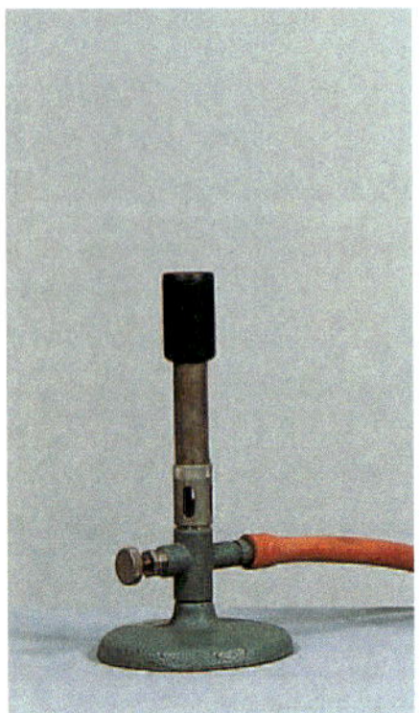

2 Bunsenbrenner

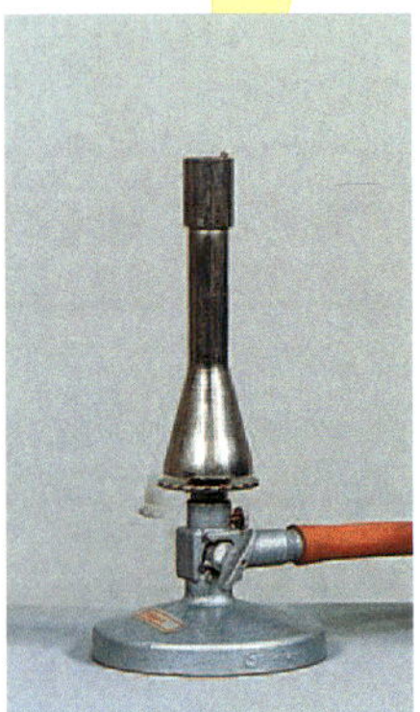

3 Teclubrenner

Ein brennendes Teelicht (▷ B 1) reicht aus, um den Tee in der Kanne warm zu halten. Im Labor arbeitest du mit Gasbrennern (▷ B 2, ▷ B 3).

Den Gasbrenner kennen lernen
Den Aufbau eines Teclubrenners zeigt die Schnittzeichnung in Bild 4. Seitlich am Gasbrenner befindet sich eine Schraube, sie dient zur Regulierung der Gaszufuhr. Drehst du die Schraube auf, strömt Gas durch eine feine Düse in das Brennerrohr. Unten am Brennerrohr befindet sich ein Rädchen, das sich nach unten und wieder nach oben drehen lässt. Drehst du es nach unten, strömt durch eine Öffnung Luft ein und vermischt sich mit dem Gas. Drehst du das Rädchen ganz nach oben, ist die Luftzufuhr geschlossen.

Flammen, Hitze und Ruß
Ist die Luftzufuhr am Gasbrenner geschlossen, entsteht eine **leuchtende Gasflamme**, die wie eine große Kerzenflamme aussieht. Sie leuchtet gelb (▷ B 5, links) und rußt stark, wenn man einen Gegenstand hineinhält.
Drehst du das Rädchen am Brennerrohr nach unten, verschwindet das Leuchten. Es entsteht eine **nicht leuchtende Flamme**, mit der in den meisten Fällen gearbeitet wird (▷ B 5, rechts).
Ist die Luftzufuhr ganz geöffnet, hörst du ein Rauschen. Es entsteht eine **rauschende Flamme** mit einem hellblauen Innenkegel.
Diese Flamme ist über der Spitze des Innenkegels besonders heiß (▷ B 6).

▶ Abhängig von der Luftzufuhr kann man am Gasbrenner eine leuchtende, eine nicht leuchtende oder eine rauschende Flamme einstellen.

Beim Entzünden des Gases am Brenner musst du immer eine bestimmte Reihenfolge einhalten.

Schritt für Schritt wird das Brennergas entzündet
- Setze zuerst eine Schutzbrille auf.
- Stelle den Gasbrenner in die Tischmitte und achte darauf, dass er stabil und sicher steht.
- Lege Streichhölzer oder Gasanzünder bereit.
- Kontrolliere das Rädchen für die Luftzufuhr und die Schraube für die Gaszufuhr am Brenner. Beide müssen geschlossen sein.
- Verbinde den Schlauch fest mit der Gasleitung am Tisch.
- Öffne den Gashahn am Tisch.
- Öffne die Gaszufuhr am Brenner und entzünde das ausströmende Gas **sofort**.

Sicher ist sicher
Achte immer darauf, dass nicht unbemerkt Gas ausströmen kann. Das Gas bildet mit Luft ein explosives Gemisch. Geht die Brennerflamme aus, muss der Gashahn **sofort** geschlossen werden.

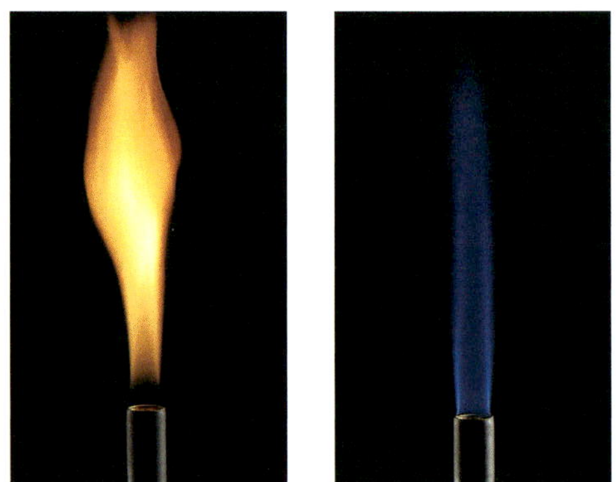

5 Leuchtende und nicht leuchtende Flamme

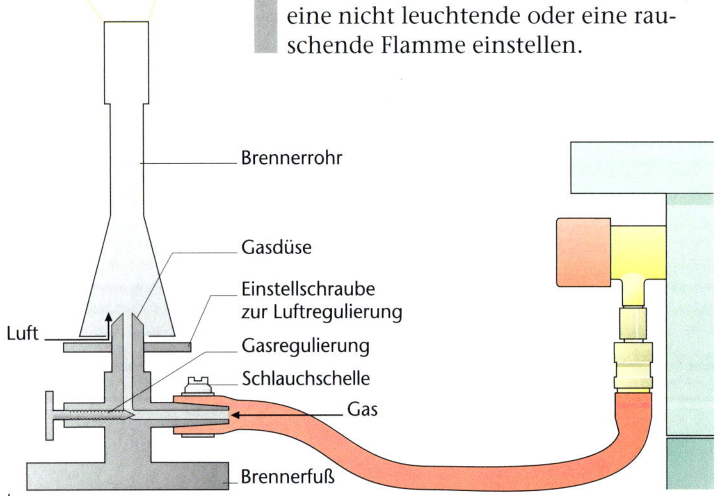

4 Aufbau eines Teclubrenners

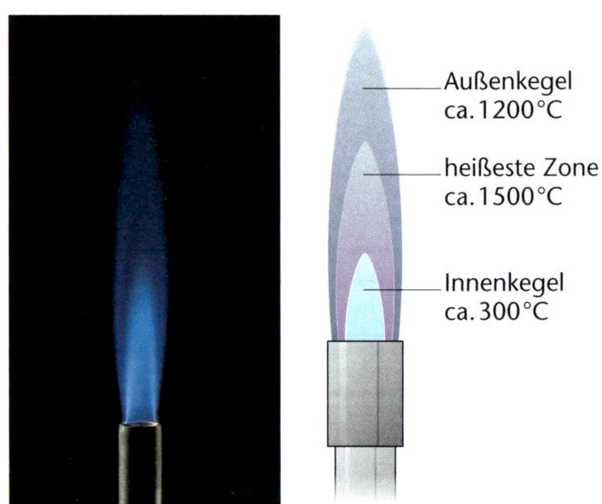

6 Rauschende Flamme und Temperaturzonen

Umgang mit dem Gasbrenner

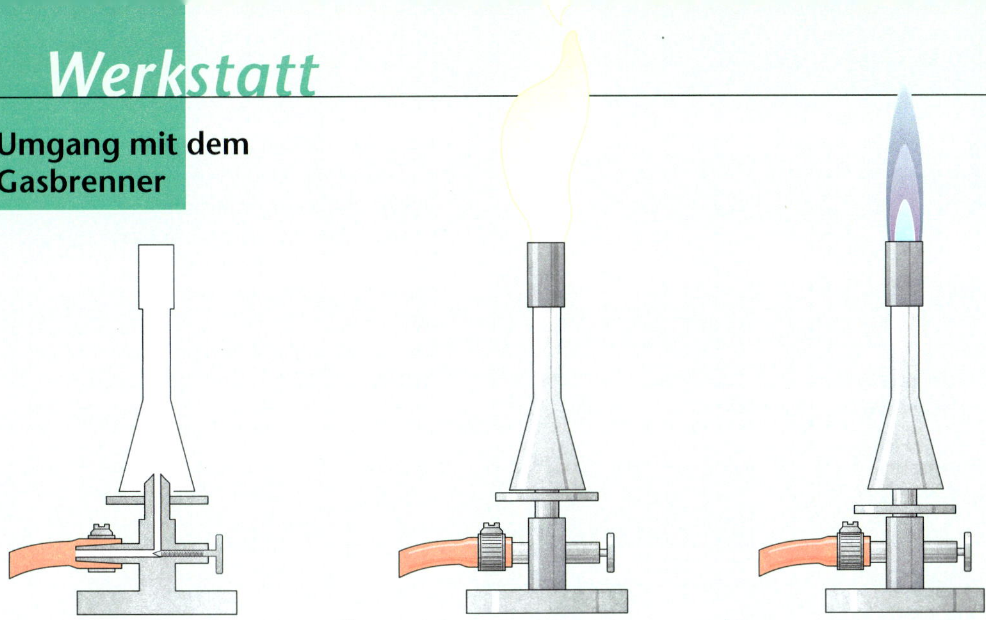

1 Ein Teclubrenner im Schnitt

2 Bei geschlossener Luftzufuhr entsteht eine leuchtende Flamme.

3 Ist die Luftzufuhr geöffnet, entsteht eine rauschende Flamme.

1 Bedienungsanleitung für einen Gasbrenner

Material

Schutzbrille, Haarband, Gasbrenner, Anzünder

Hinweis: Führe alle Versuche im Stehen durch!

Versuchsanleitung

a) Setze die Schutzbrille auf. Binde lange Haare zusammen!

b) Stelle den Brenner standsicher auf den Tisch.

c) Schließe die Schrauben zur Gasregulierung und Luftzufuhr.

d) Verbinde die Kupplung des Gasschlauches mit der zentralen Gasversorgung am Tisch und öffne den Gashahn am Tisch.

e) Öffne die Schraube zur Gasregulierung und entzünde das ausströmende Gas sofort.

f) Öffne die Luftzufuhr und schließe sie wieder.

g) Schließe die Gaszufuhr am Brenner und den Gashahn am Tisch. Erst dann kopple den Gasschlauch von der Gasversorgung am Tisch ab.

Aufgaben

1. Beschrifte die verschiedenen Teile des Brenners (▷B1).
2. Übertrage die wichtigsten Schritte zur Bedienung eines Gasbrenners in dein Heft. Achte auf die richtige Reihenfolge.

2 Flammenzonen

Material

Schutzbrille, Haarband, Gasbrenner, Anzünder, Magnesiastäbchen, Holzstäbchen

Versuchsanleitung

a) Halte ein Magnesiastäbchen in verschiedenen Höhen in die rauschende Flamme (▷B4).

b) Führe einen Holzspan durch den unteren Bereich der rauschenden Flamme.
Arbeite rasch und achte darauf, dass der Holzspan kein Feuer fängt.

Aufgabe

Gib die Stelle der Flamme an, die am heißesten ist.

3 Gelb leuchtend – schwarz rußend

Material

Schutzbrille, Haarband, Teelicht, Gasbrenner, Anzünder, Reagenzglas, Reagenzglashalter

Versuchsanleitung

a) Bewege über der Flamme eines Teelichtes ein Reagenzglas, bis es am Boden verrußt ist (▷B5).

b) Halte das verrußte Reagenzglas in die rauschende Flamme eines Gasbrenners und warte, bis der Rußbelag wieder verschwunden ist.

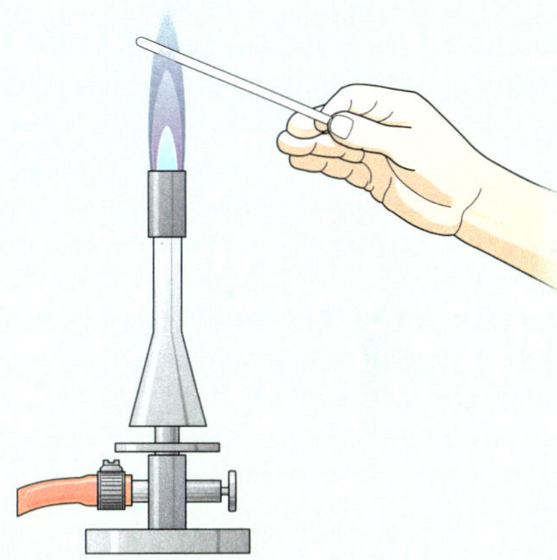

4 Zu Versuch 2a

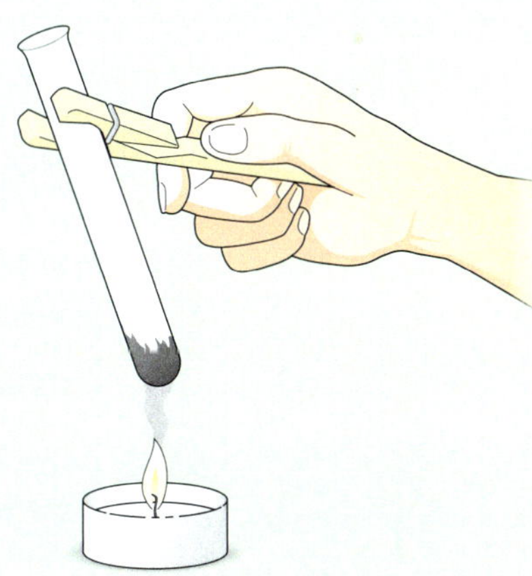

5 Zu Versuch 3

Schmelz- und Siedetemperatur

1 Schmelzen von Eis

Material

Schutzbrille, Gasbrenner, Anzünder, Stativ, 2 Doppelmuffen, 2 Universalklemmen, großes Reagenzglas, Thermometer, Stoppuhr, Handtuch, Hammer, Millimeterpapier, Eiswürfel, Bindfaden

Versuchsanleitung

a) Befestige das Reagenzglas mit Klemme und Doppelmuffe am Stativ wie in Bild 1 gezeigt. Hänge das Thermometer an der oberen Klemme auf (▷ B 1).

b) Wickle 2 bis 3 Eiswürfel in ein Handtuch und zerkleinere sie vorsichtig mit dem Hammer. Gib die Bruchstücke anschließend in das Reagenzglas. Befestige die obere Muffe so am Stativ, dass das untere Ende des Thermometers von Eisstücken umgeben ist (▷ B 1).

c) Erwärme das Reagenzglas von unten gleichmäßig mit der nicht leuchtenden Flamme. Lies mit Beginn des Erwärmens alle 20 Sekunden die Temperatur ab und notiere die Messwerte (▷ B 2). Der Versuch ist beendet, wenn das Eis vollständig geschmolzen ist.

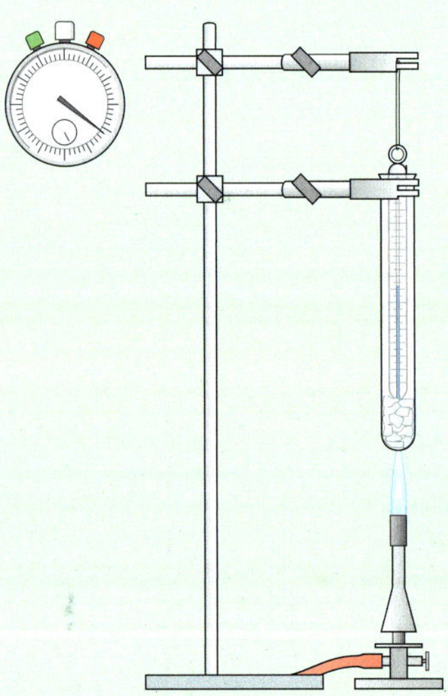

1 Bestimmung der Schmelztemperatur von Eis

Zeit t	Temperatur
20 s	
40 s	
60 s	
80 s	
100 s	
120 s	

2 Tabelle für Messzeiten und Temperaturen

d) Zeichne ein Diagramm. Benutze dazu Millimeterpapier. Trage auf der waagerechten Achse die Zeit und auf der senkrechten Achse die Temperatur auf (▷ B 4).

e) Übertrage die Messwerte mit der dazugehörigen Zeit (Wertepaare) in das Diagramm. Verbinde die Punkte im Diagramm zu einer Kurve. Markiere den Schmelzbereich durch zwei kleine senkrechte Striche. Setze in der Mitte des Schmelzbereiches eine weitere Markierung. Zeichne durch diesen Punkt eine Gerade parallel zur Zeitachse. Lies dort, wo diese Gerade die Temperaturachse schneidet, die Schmelztemperatur ab.

2 Sieden von Wasser

Material

Schutzbrille, Gasbrenner, Anzünder, Stativ, Doppelmuffe, Universalklemme, Dreifuß, Keramikdrahtnetz, Becherglas (400 ml, breite Form), Thermometer, Siedesteinchen, Stoppuhr, Millimeterpapier, destilliertes Wasser, Bindfaden

Versuchsanleitung

a) Baue die Versuchsapparatur nach Bild 3 auf. Befestige das Thermometer an der Klemme mithilfe eines Fadens. Gib etwa 200 ml destilliertes Wasser in das Becherglas und hänge das Thermometer so in die Flüssigkeit, dass das untere Ende etwa 1 cm tief ins Wasser eintaucht (▷ B 3).

b) Gib einige Siedesteinchen in das Becherglas und erwärme das Wasser mit der rauschenden Flamme des Gasbrenners. Sobald die Flüssigkeit erhitzt wird, lies alle 20 Sekunden die Temperatur ab.
Notiere auch diese Werte in einer Tabelle (▷ B 2).

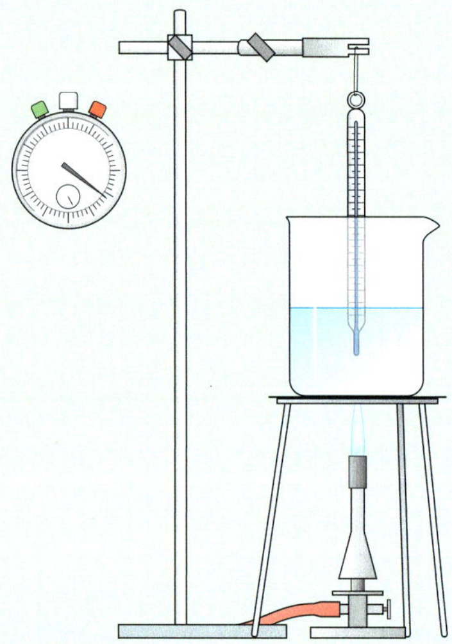

3 Bestimmung der Siedetemperatur von Wasser

Der Versuch ist beendet, wenn die Temperatur über einen Zeitraum von 3 Minuten nicht mehr ansteigt.

c) Übertrage auch diese Wertepaare in ein geeignetes Temperatur-Zeit-Diagramm. Verfahre zur Bestimmung der Siedetemperatur wie in 1 e) beschrieben.

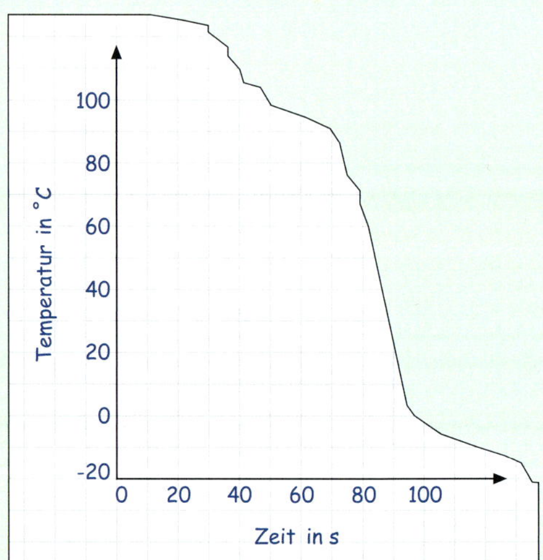

4 Temperatur-Zeit-Diagramm

1 Wolken, Wasser, Schnee und Eis

Aggregatzustände ändern sich
Am Südpol in der Antarktis gibt es nur Schnee und Eis. Die Forscher, die dort leben, müssen ihr Trinkwasser selbst herstellen. Sie brechen Blöcke aus dem Eis und erwärmen sie in großen Kesseln. Das Eis schmilzt zu Wasser. Den Übergang von fest zu flüssig nennt man **Schmelzen**. Die Temperatur, bei der ein Feststoff schmilzt, wird **Schmelztemperatur** genannt. Erwärmt man den Kessel weiter, verdampft das Wasser, die Flüssigkeit geht in den gasförmigen Zustand über. Diesen Vorgang nennt man **Verdampfen**. Die Temperatur, bei der ein Stoff verdampft, heißt **Siedetemperatur**. Bei einem Stoff ist die Schmelztemperatur bei jeder Messung gleich. Dasselbe gilt für die Siedetemperatur. Schmelz- und Siedetemperaturen sind wichtige messbare Stoffeigenschaften.

Die Schmelztemperatur ist die Temperatur, bei der ein Stoff schmilzt. Die Siedetemperatur ist die Temperatur, bei der ein Stoff siedet.
Schmelz- und Siedetemperaturen sind messbare Stoffeigenschaften.

Kühlt sich gasförmiger Wasserdampf ab, dann wird er wieder flüssig, er **kondensiert**. Dieser Vorgang ist z. B. zu beobachten, wenn beim Kochen in der Küche die Fensterscheiben beschlagen. Wird Wasser im Gefrierfach abgekühlt, dann **erstarrt** es zu Eis.

Schmelzen, Erstarren, Verdampfen und Kondensieren bezeichnen Übergänge zwischen den Aggregatzuständen.

Änderung der Aggregatzustände im Teilchenmodell
Auch im festen Zustand bewegen sich die kleinsten Teilchen eines Stoffes, sie können jedoch dabei ihre Plätze nicht verlassen. Der Feststoff verändert deshalb seine Form nicht.
Erwärmt man einen Feststoff, werden die Bewegungen der Teilchen immer heftiger, sie können schließlich ihre Plätze verlassen, der Stoff schmilzt. Da die Teilchen der Flüssigkeit gegeneinander beweglich sind, passt sich die Flüssigkeit jeder Form an. Die Teilchen sind jedoch noch immer dicht beieinander. Erst bei noch stärkerem Erwärmen nimmt ihre Bewegung so stark zu, dass sie sich ganz voneinander trennen. Im Gas können sich die Teilchen dann frei bewegen (▷ B 3).

2 Eisläufer

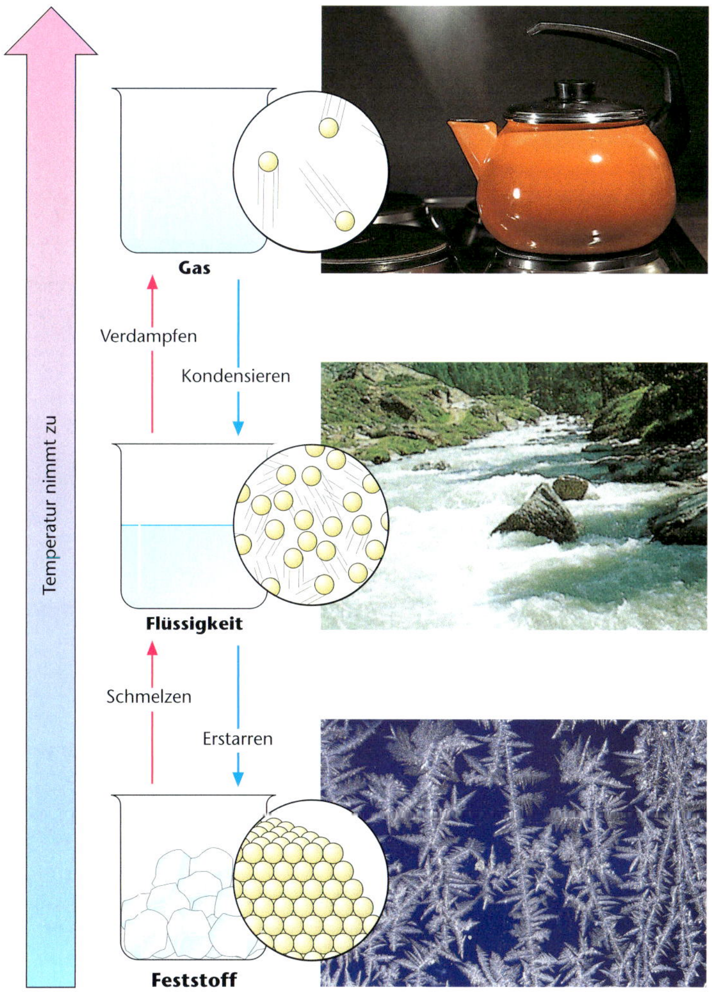

3 Die Übergänge zwischen den Aggregatzuständen

Weißen Stoffen auf der Spur

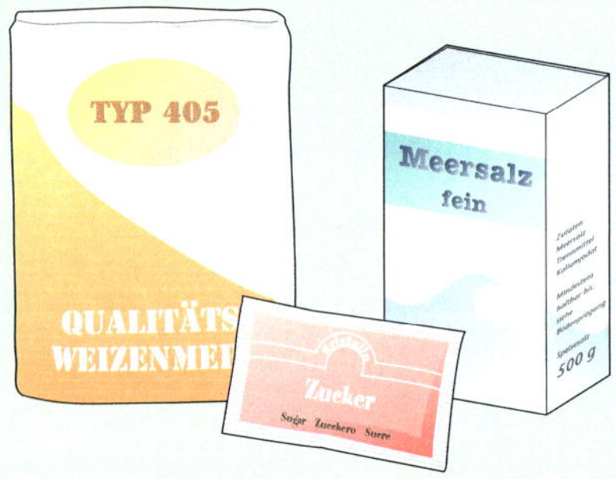

Im Haushalt findest du viele weiße Stoffe, die sich in ihren Eigenschaften voneinander unterscheiden.
In vielen Fällen helfen Steckbriefe bei der Unterscheidung.

1 Untersuchung mit den Sinnen

Material
3 Uhrgläser, Spatellöffel, Lupe, Mehl, Haushaltszucker, Kochsalz

1 Mit der Lupe untersuchen

Versuchsanleitung
a) Gib mit einem Spatellöffel etwas Kochsalz auf ein Uhrglas. Prüfe Farbe und äußere Form mit einer Lupe und teste den Geruch.

b) Wiederhole den Versuchsteil a) mit Haushaltszucker und anschließend mit Mehl.

2 Untersuchung der Löslichkeit

Material
3 Bechergläser (100 ml), Messzylinder (100 ml), Glasstab, 3 Objektträger, Spatellöffel, Lupe oder Binokular, Mehl, Haushaltszucker, Kochsalz, Wasser

Versuchsanleitung
a) Gib jeweils einen Spatellöffel der genannten Stoffe in ein Becherglas mit 50 ml Wasser. Rühre um und beobachte genau. Welche Stoffe lösen sich in Wasser? Notiere das Ergebnis.

b) Gib einen Tropfen jeder Lösung auf je einen Objektträger und lass die Lösung eintrocknen. Untersuche, welcher Stoff Kristalle bildet und notiere das Ergebnis.

Kochsalz

Farbe:	weiße Kristalle
Geruch:	---------
Härte:	---------
Verformbarkeit:	---------
Schmelztemperatur:	---------
Siedetemperatur:	---------
Löslichkeit in Wasser:	löslich
elektrische Leitfähigkeit:	---------
Wärmeleitfähigkeit:	---------

2 Stoffsteckbrief von Kochsalz

3 Verhalten bei Erwärmen

Material
Schutzbrille, Gasbrenner, Anzünder, 3 Reagenzgläser, Aktivkohlestopfen, Reagenzglashalter, Reagenzglasgestell, Spatellöffel, Mehl, Haushaltszucker, Kochsalz

Versuchsanleitung
a) Fülle eine Spatelspitze Kochsalz in ein Reagenzglas. Verfahre mit Haushaltszucker und Mehl genauso. Verschließe die Reagenzgläser, die Mehl und Haushaltszucker enthalten, mit einem Aktivkohlestopfen.

b) Erhitze nacheinander die Proben für höchstens 1 Minute in der nicht leuchtenden Brennerflamme. Notiere deine Beobachtungen.

Aufgaben
1. Reichen die überprüften Eigenschaften aus, um die Stoffe voneinander zu unterschieden?
Trage die Stoffeigenschaften, die du bestimmt hast, in einen Stoffsteckbrief für jeden Stoff ein (▷ B 2).

2. Schlage weitere Eigenschaften in einem Chemiebuch oder einem Lexikon nach und ergänze diese in dem Stoffsteckbrief.

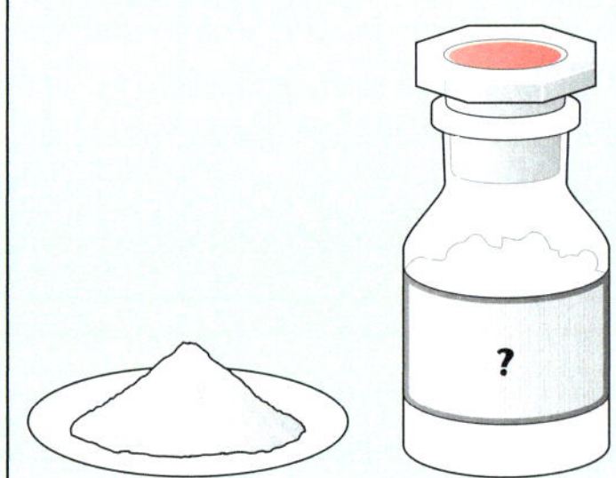

3 Welcher Stoff ist es?

Zusätzliche Aufgabe
Du bekommst 3 unbekannte, weiße Stoffe (keine Gefahrstoffe) ausgeteilt. Deine Aufgabe ist es, diese Substanzen zu bestimmen.
- Plane dein Vorgehen und besprich diesen Plan mit deinen Mitschülern und deiner Lehrerin oder deinem Lehrer.
- Welche Materialien benötigst du? Stelle sie vor dem Beginn deiner Arbeiten zusammen.
- Wenn du die Experimente durchgeführt und ausgewertet hast: Bist du mit dem gewählten Vorgehen zufrieden?
- Gibt es noch weiteren Stoffeigenschaften, die man bei den vorliegenden Stoffen untersuchen könnte?

Strategie

Wir erstellen einen Stoffsteckbrief

A. Stoffeigenschaften kennen lernen und untersuchen

Jeder Stoff hat bestimmte Eigenschaften. Diese Eigenschaften lassen sich auf unterschiedliche Weise bestimmen.

Prüfe den Stoff zunächst mit deinen Sinnesorganen:
- Farbe und Glanz
- Form und Oberflächenbeschaffenheit
- Geruch
- Aggregatzustand
- …

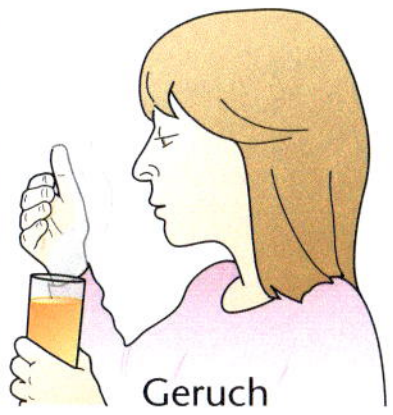
Geruch

Verformbarkeit

Farbe

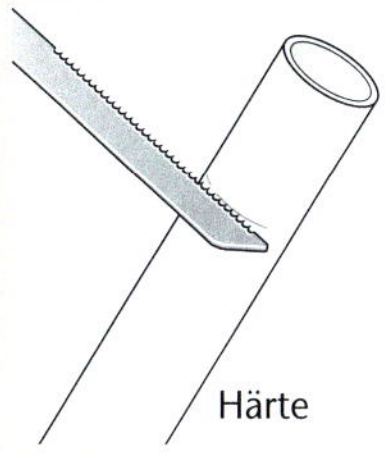
Härte

> **Vorsicht!**
> **Unbekannte Stoffe können giftig sein oder die Schleimhaut reizen.**
> **Geschmacks- und Geruchsproben von unbekannten Stoffen sind deshalb verboten.**

Wärmeleitfähigkeit

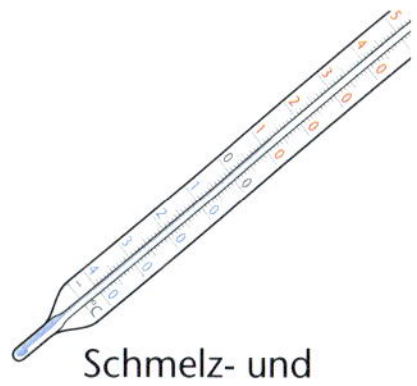
Schmelz- und Siedetemperatur

Führe mit dem Stoff Experimente durch, um weitere Eigenschaften herauszufinden:
- Härte
- Verformbarkeit
- Leitfähigkeit für Strom
- Wärmeleitfähigkeit
- Löslichkeit in Wasser
- magnetische Eigenschaft
- Verhalten beim Erwärmen
- …

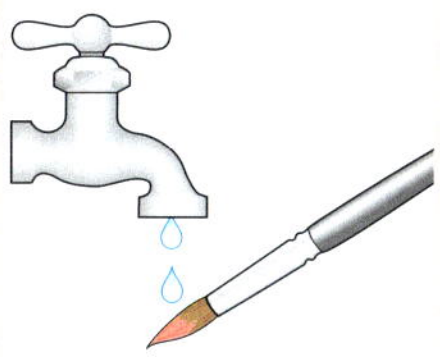
Löslichkeit

Brennbarkeit

Magnetisierbarkeit

Eisen

Farbe:	--------
Geruch:	--------
Härte:	---------
Verformbarkeit:	verformbar
Schmelztemperatur:	----------
Siedetemperatur:	-----------
Löslichkeit in Wasser:	nicht löslich
elektrische Leitfähigkeit:	leitfähig
Wärmeleitfähigkeit:	gut
Magnetismus:	----------

B. Stoffeigenschaften unbekannter Stoffe mit bekannten Stoffen vergleichen

Die gefundenen Eigenschaften des unbekannten Stoffes kannst du mit den Eigenschaften bekannter Stoffe vergleichen. Stimmen alle Eigenschaften überein, dann handelt es sich um den gleichen Stoff. Durch diesen Vergleich kannst du den Namen des unbekannten Stoffs finden.

C. Stoffe in einem Steckbrief beschreiben

Im Steckbrief wird zuerst der Name des Stoffs angegeben. Dann werden untereinander die untersuchten Eigenschaften notiert. Bei jeder Eigenschaft wird das Ergebnis der Experimente eingetragen. Mit dem Steckbrief kannst du den Stoff jederzeit wiedererkennen. Ergänze den Steckbrief mit Angaben aus dem Chemiebuch oder einem Lexikon.

1 Brücken bestehen oft aus Metallen.

Metalle sind alltägliche Stoffe

Metalle begegnen uns im Alltag als ideale Werk-, Bau- und Gebrauchsstoffe. Büroklammern, Radfelgen, Dosen, Dachrinnen, Schienen und sogar ganze Bauwerke (▷ B 1) werden aus Metallen wie Eisen, Aluminium und Kupfer hergestellt.

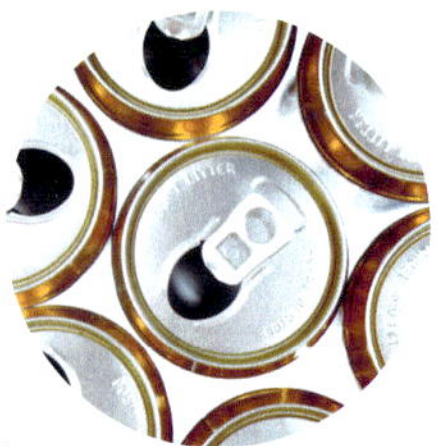

2 Getränkedosen bestehen aus Aluminium.

Die Stoffgruppe der Metalle

Stoffe einer Stoffgruppe haben ähnliche oder gemeinsame Eigenschaften. Metalle erkennt man an vier typischen Eigenschaften (▷ V 1): Metalle haben eine glänzende Oberfläche. Wegen ihres Aussehens werden sie oft zu Schmuckstücken oder Münzen verarbeitet. Aufgrund ihrer Verformbarkeit werden Metalle als Werkstoffe verwendet. Zudem leiten Metalle den elektrischen Strom und sind gute Wärmeleiter. Deshalb werden sie oft in elektrischen Geräten verwendet.

3 Münzmetalle sind meistens Legierungen.

▶ Metalle glänzen, sind gut verformbar, elektrisch leitfähig und gute Wärmeleiter.

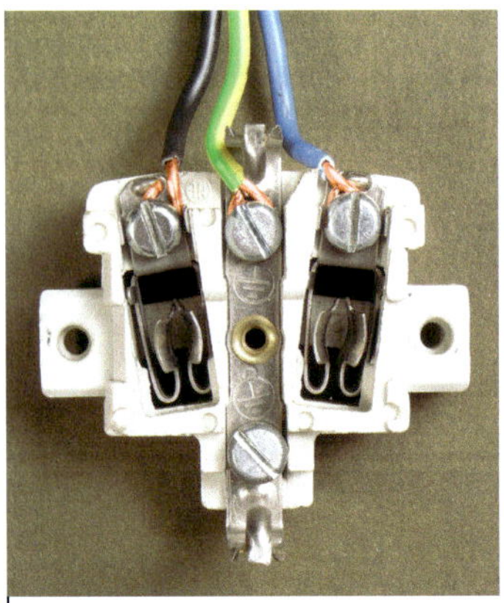

4 Metalle sind elektrisch leitfähig.

5 Metalle sind Wärmeleiter.

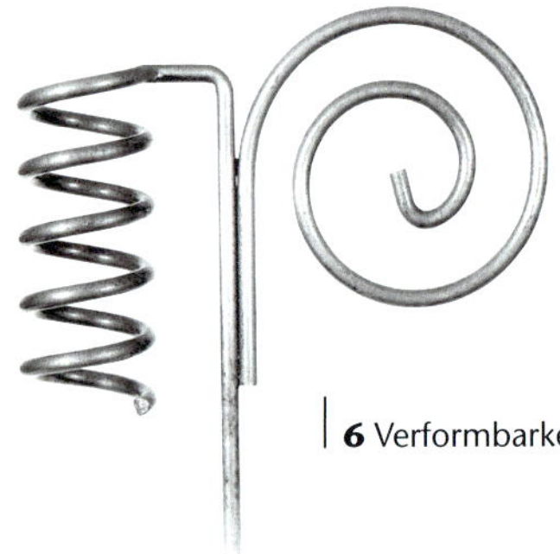

6 Verformbarkeit

Metalllegierungen

Die Eigenschaften von Metallen kann man verändern, indem man Schmelzen verschiedener Metalle zusammengießt. Auf diese Weise stellt man **Legierungen** her. Sie sehen wie reine Metalle aus. Aus Kupfer und Zink entsteht so das golden glänzende **Messing**. Aus Messing fertigt man vor allem Münzen und Schrauben. Die Euromünzen bestehen aus Metallen und Metalllegierungen. Im Flugzeugbau werden vor allem Aluminiumlegierungen verwendet.

Durch Zusammenschmelzen von Eisen, Chrom und Nickel kann man „Nirosta“, nichtrostende **Stähle**, herstellen. Aus Kupfer und Zinn wird **Bronze** gegossen. In der Bronzezeit hat man daraus Werkzeuge und Waffen gefertigt. Heute stellt man aus Bronze riesige Schiffspropeller her. Reines Gold ist als Gebrauchsmetall viel zu weich. Durch Legieren mit anderen Metallen kann man es härten. Mit Silber oder Kupfer wird es zu Weiß- bzw. Rotgold legiert.

Metalle aus Erzen

Nur Edelmetalle wie Gold oder Platin kommen in der Natur in reiner Form („gediegen“) vor. Die meisten Gebrauchsmetalle müssen aus ihren Erzen gewonnen werden. Erze sind Mineralien, die im Bergwerk abgebaut werden. Darauf deutet der Name hin: „metallon“ ist das griechische Wort für Grube oder Bergwerk. Erze bestehen aus Metallverbindungen und Gestein. Vor der Gewinnung der Metalle aus ihren Verbindungen muss das Gestein weitgehend entfernt werden.

Versuch

1 Prüfe die Farbe, den Glanz, die Wärmeleitfähigkeit und die Verformbarkeit von verschiedenen Metallen.

Wichtige Metalle

Aluminium (Schmelztemperatur 660 °C) ist ein silbrig glänzendes, sehr leichtes Metall. Deshalb wird Aluminium als Bau- und Konstruktionsmetall (z. B. für Bauverkleidungen, Reflektoren, Stromschienen) verwendet. Es dient auch als Verpackungsmaterial, z. B. für Dosen oder Folien. Aluminium ist gut elektrisch leitfähig und witterungsbeständig.

Blei (Schmelztemperatur 327 °C) ist ein dunkelblaugraues, weiches, schweres Metall. Frische Schnittflächen glänzen silbrig. Es ist ein wichtiges Gebrauchsmetall für Gewichte (im Bild: Senkblei), Dachabdeckungen und Autobatterien. Auch als Strahlenschutz (Bleischürze) wird es eingesetzt. Als Staub und Rauch ist Blei giftig.

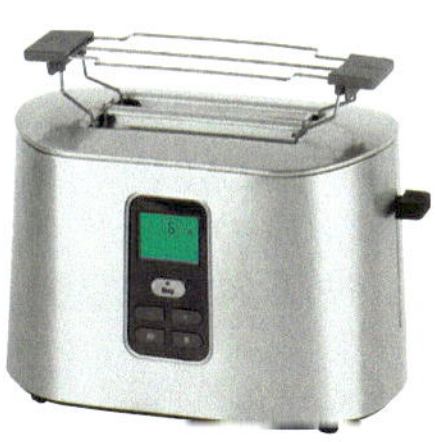

Chrom (Schmelztemperatur 1857 °C) ist ein silbrig glänzendes, zähes Metall. Wegen seines schönen, glänzenden Aussehens wird es häufig als Überzugsmetall, z. B. für Küchengeräte, verwendet.

Eisen (Schmelztemperatur 1535 °C) und seine Legierungen (Stähle) sind die häufigsten Gebrauchsmetalle unserer Zeit. Brücken, Eisenbahnschienen, Tore, Nägel, Zäune und vieles mehr werden aus Eisenlegierungen gefertigt. Gegenstände aus reinem Eisen rosten, wenn sie längere Zeit feuchter Luft ausgesetzt sind.

Gold (Schmelztemperatur 1064 °C) ist ein weiches, sehr dehnbares, gelb glänzendes Edel- und Schmuckmetall. In der Zahnmedizin verwendet man Zahngold, das mit Platin legiert ist. Als dünne Schicht wird es auch oft für Computerchips verwendet.

Kupfer (Schmelztemperatur 1083 °C) ist ein rot glänzendes Buntmetall. Wegen seiner hohen elektrischen Leitfähigkeit wird es für Stromkabel verwendet. Auch viele Dächer, Brauereikessel, Wasserleitungen und Kunstgegenstände sind aus Kupfer. Es bildet nach jahrelangen Witterungseinflüssen Patina, einen hellgrünen Belag. Große Bedeutung hat Kupfer auch in seinen Legierungen wie Rotgold, Messing, Neusilber, Zinn- und Aluminiumbronze.

Quecksilber (Schmelztemperatur –39 °C) ist silbrig glänzend und bei Raumtemperatur das einzige flüssige Metall. Verwendet wird Quecksilber als Füllung in vielen Flüssigkeitsthermometern und als Mini-Stromquelle in „Knopf-Zellen". Quecksilberdämpfe sind giftig.

Silber (Schmelztemperatur 962 °C) ist ein „silbrig" glänzendes Metall und wird z. B. für Münzen, Schmuckstücke oder Bestecke verwendet. An der Luft läuft Silber mit der Zeit schwarz an.

Titan (Schmelztemperatur 1660 °C) ist ein grau glänzendes, zähes Metall. Titan wird als Verkleidung im Flugzeug- und Raketenbau oder in der Medizin für künstliche Gelenke (siehe Bild) verwendet. Aber auch als Schmuckmetall (z. B. für Brillengestelle oder Uhrengehäuse) ist es in Mode gekommen.

Zink (Schmelztemperatur 419 °C) ist ein graues, glänzendes Metall. Zink wird oft für Dachabdeckungen und als Schutzschicht auf Eisenteilen („Verzinkung") verwendet.

2 Modernes Auto mit vielen Teilen aus Kunststoff

3 Drainagerohr und Dachrinne aus Kunststoff

1 Verpackungsmaterial aus Kunststoff

Künstlich hergestellte Stoffe
Natürlich vorkommende Stoffe haben vorgegebene Eigenschaften. **Kunststoffe** hingegen können „nach Bedarf" entwickelt werden: Es werden Stoffe mit den gewünschten Eigenschaften hergestellt.

Kunststoffe nach Bedarf
Kunststoffen begegnen wir täglich in Form unterschiedlicher Verpackungsmaterialien. Wurden früher Lebensmittel häufig in Papier eingewickelt oder in Gläser gefüllt, werden heute meistens Verpackungsmaterialien aus Kunststoffen verwendet (▷B 1). Plastiktüten und Folien weisen gegenüber Verpackungsmaterialen wie Glas, Pappe oder Papier viele Vorteile auf: sie sind z. B. leicht, hygienisch und lassen sich luftdicht verschweißen. Allerdings entsteht durch die vielen Kunststoffverpackungen auch ein gewaltiger Müllberg.

Kunststoffe werden auch im Automobilbereich immer verstärkter eingesetzt (▷B 2). Kunststoffteile sind leichter als viele Metallteile, senken dadurch das Gewicht und damit auch den Treibstoffverbrauch des Autos.

Viele Kunststoffe sind zudem wasser-, luft- und lichtbeständig. Sie können nahezu in jede Form gegossen, gespritzt und gepresst werden. So entstehen beispielsweise Kabel, Leitungen, Drainagerohre und Regenrinnen (▷B 3).

Selbst komplizierte Formen lassen sich schnell und kostengünstig herstellen. So werden ganze Armaturenbretter, Gehäuse für Computer, Fernseher und Elektrowerkzeuge oder komplette Fensterrahmen aus Kunststoff gepresst.
Kunststoffe sind zumeist elektrische Nichtleiter. Deshalb verwendet man sie auch zur Isolierung von Stromkabeln.

Kunstfasern nach Maß
Auch viele Textilfasern sind Kunststoffe. Durch ihre vielfältigen Eigenschaften können Fasern hergestellt werden, die für spezielle Anforderungen geeignet sind: Fallschirme, Zelte, Teppichböden, Kletterseile, Sicherheitsgurte, Schwimmwesten, Feuerschutzkleidung oder wasserdichte, atmungsaktive Sportkleidung (▷B 4; B 5).

4 Wasserdichte und atmungsaktive Sportkleidung mit Gewebe aus Kunstfasern …

5 … hält Wassertropfen zurück, Wasserdampf dringt nach außen.

Wir untersuchen Kunststoffe

1 Verschiedene Gegenstände aus Kunststoff

Gegenstände aus Kunststoff besitzen eine Prägung mit der Abkürzung oder der Kennziffer des betreffenden Kunststoffes z. B. „PS" oder „06" für Polystyrol.

Polyethen hoher Dichte	PE-HD	02
Polyethen niedriger Dichte	PE-LD	04
Polyethenterephthalat	PET	01
Polypropen	PP	05
Polystyrol	PS	06
Polyvinylchlorid	PVC	03

Untersucht unterschiedliche Gebrauchsgegenstände aus Kunststoff nach dieser Prägung. Notiert, aus welcher Kunststoffart diese gefertigt sind.

2 Materialien zu Versuch 1

Bildet Arbeitsgruppen. Jede Gruppe untersucht jeweils eine Kunststoffart.

1 Schwimmverhalten von Kunststoffen

Material

2 Bechergläser (250 ml, hohe Form), Wasser, Kochsalz, gleich große Proben verschiedener Kunststoffprodukte aus dem Alltag

Versuchsanleitung

a) Fülle 100 ml Wasser in ein Becherglas.

b) Stelle in einem anderen Becherglas eine gesättigte Kochsalzlösung mit 100 ml Wasser her, indem du so lange Salz in das Wasser einrührst, bis sich nichts mehr löst.

c) Zerschneide Behältnisse aus Kunststoff in gleich große Stücke und überprüfe das Schwimmverhalten in Wasser und in der Kochsalzlösung. Gibt es einen Unterschied?

2 Elektrische Leitfähigkeit von Kunststoffen

Material

Flachbatterie (4,5 V), Glühlämpchen (4 V; 0,04 A) mit Fassung, 3 Verbindungskabel, 4 Krokodilklemmen, gleich große Proben verschiedener Kunststoffprodukte aus dem Alltag, Kupferblech

Versuchsanleitung

Baue einen Stromkreis wie in Bild 3 beschrieben auf. Überprüfe mit dem Kupferblech die Funktionsfähigkeit des Prüfstromkreises. Untersuche dann die Kunststoffproben auf ihre elektrische Leitfähigkeit.

Aufgabe

Nenne aufgrund der Versuchsergebnisse Einsatzmöglichkeiten für Kunststoffe, bei denen die elektrischen Eigenschaften eine Rolle spielen.

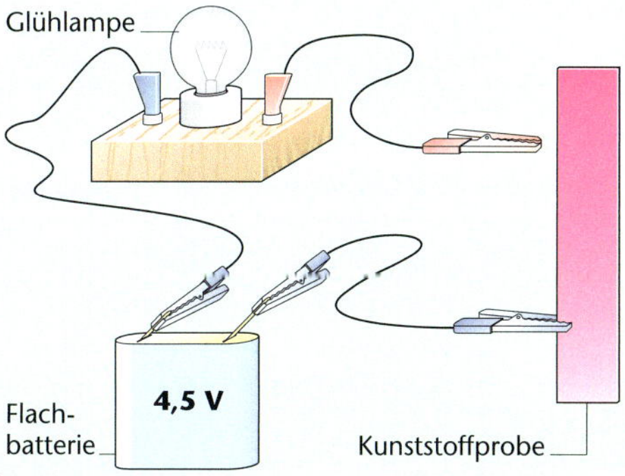

3 Leitet der Kunststoff den elektrischen Strom?

3 Festigkeit von Kunststoffen

Material

Schutzbrille, Gasbrenner, Anzünder, Dreifuß, Keramikdrahtnetz, Becherglas (250 ml), Thermometer, Tiegelzange, Schere, Holzbrettchen, Uhr, Wasser, Kunststoffproben

Versuchsanleitung

a) Schneide aus gekennzeichneten Kunststoffresten Probestücke von ca. 2 cm x 6 cm. Halte die Proben an einem Ende mit der Tiegelzange und drücke das andere Ende auf eine feste Unterlage. Notiere das Ergebnis des Biegeversuchs in einer Tabelle.

b) Halte die Kunststoffproben mit der Tiegelzange (▷ B 4) etwa eine Minute lang in heißes Wasser von ca. 80 °C und wiederhole den Biegeversuch von a). Trage die Ergebnisse in eine Tabelle ein. Vorsicht! Verbrühungs- und Spritzgefahr!

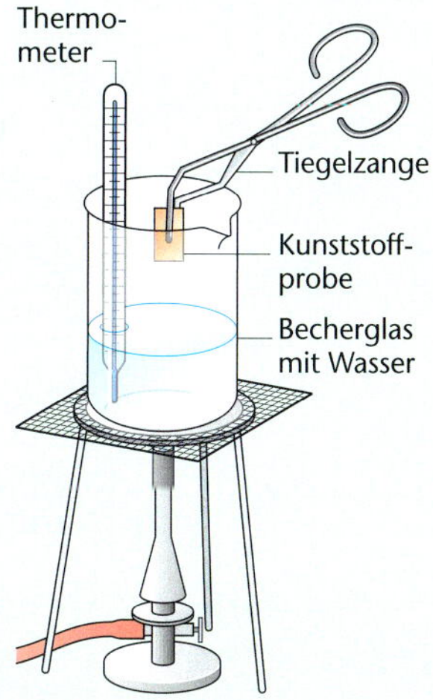

4 Verändern sich die Kunststoffeigenschaften in heißem Wasser?

Werkstatt

Die Wirkung gefährlicher Stoffe

Mit gefährlichen Stoffen müssen wir besonders vorsichtig und sorgfältig experimentieren. Der falsche Umgang damit kann zu Unfällen führen oder die Umwelt stark gefährden.
Hinweis: Benutze immer eine Schutzbrille und gegebenenfalls Schutzhandschuhe.

1 Benzindämpfe sind gefährlich

Material
Schutzbrille, Schutzhandschuhe, Waschbenzin, Abdampfschale, Pappe, Stift, Schere, Lineal, Holzspan, Metallplatte, Streichhölzer

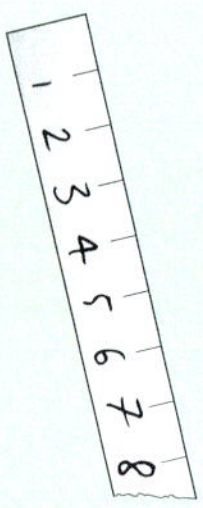

Versuchsanleitung
Fertige zunächst einen 14 cm langen Pappstreifen mit einer cm-Einteilung an.
Deine Lehrkraft gibt dir jetzt einige Tropfen Benzin in die Abdampfschale. Lege jetzt den Pappstreifen so in die Schale, dass die Flüssigkeitsoberfläche mit dem Anfang der Einteilung (bei 0 cm) übereinstimmt (▷ B 1).
Nähere dem Benzin nun langsam einen brennenden Holzspan entlang des Pappstreifens. Miss den Abstand, bei dem die Flamme auf das Benzin überspringt. Lösche das brennende Benzin sofort durch Auflegen der Metallplatte.

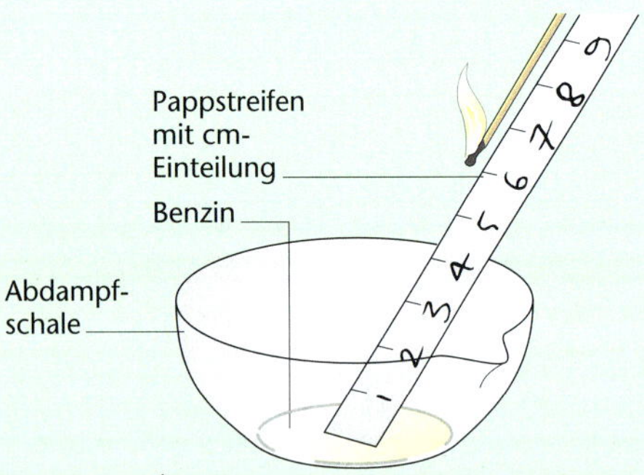

1 Messen der „Übersprungstrecke“

Aufgabe
Leite aus deinen Beobachtungen Folgerungen für den Umgang mit Benzin ab. Formuliere einen Warnhinweis.

2 Wirkung eines Rohrreinigers

Material
Schutzhandschuhe, Schutzbrille, Reagenzglasgestell, 3 Reagenzgläser, Wasser, Spatellöffel, Wollfäden, Haare, Speiseöl

Versuchsanleitung
Stelle die Reagenzgläser in das Reagenzglasgestell. Gib in das erste Reagenzglas eine kleine Probe Speiseöl, in das zweite Reagenzglas einige Haare und in das dritte Reagenzglas einige Wollfäden (▷ B 2). Fülle dann etwa 1 cm hoch mit Wasser auf und gib jeweils einen Spatellöffel Rohrreiniger hinzu. Überprüfe in der nächsten Unterrichtsstunde, welche Wirkung der Rohrreiniger hat.

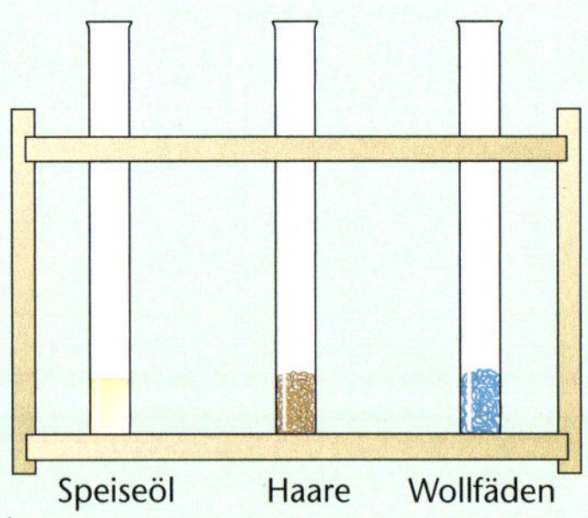

2 Reagenzgläser mit Proben

Aufgaben
1. Bei diesem Versuch müssen unbedingt Schutzhandschuhe getragen werden. Begründe.

2. Gelangt Rohrreiniger ins Auge, sind mehrere Schritte zu unternehmen. Zähle diese auf.

3 Umweltgefährliche Stoffe

Material
Schutzbrille, 2 Petrischalen, Watte, Pipette, Wasser, Kressesamen, verschiedene Haushaltschemikalien (z.B. Reinigungsbenzin, Terpentin, Universalverdünner)

Versuchsanleitung
Bedecke die Böden der beiden Petrischalen mit feuchter Watte.
Gib in eine Petrischale mithilfe der Pipette einige Tropfen einer Haushaltschemikalie.
Verteile jetzt in beide Petrischalen gleich viele Kressesamen (z.B. 20 Stück) und stelle die Petrischalen an einen hellen Ort.

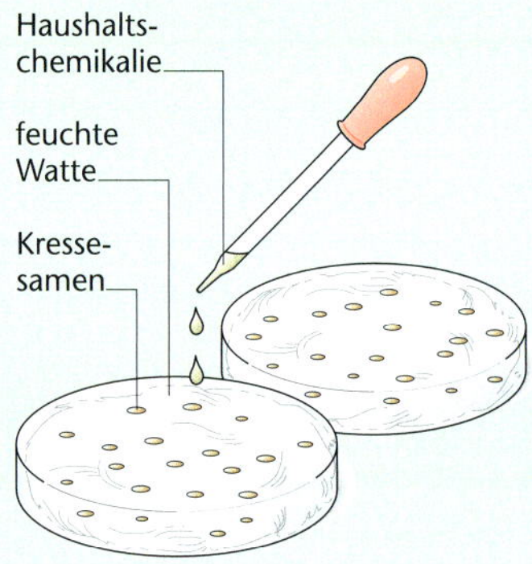

3 Vorbereitung der Petrischalen

Aufgaben
1. Beobachte die Entwicklung der Kressesamen über mehrere Tage hinweg. Eventuell musst du die Watte zwischendurch befeuchten, um ein Austrocknen zu verhindern.

2. Beschreibe die Wirkung von Haushaltschemikalien auf das Wachstum.

3. Nach Beendigung des Versuchs müssen die Haushaltschemikalien sachgerecht entsorgt werden. Gib den richtigen Entsorgungsweg an.

4. Erstelle ein Plakat, das auf die Gefährlichkeit einiger Stoffe aus dem Alltag aufmerksam macht. Gehe bei der Plakaterstellung sowohl auf den Gebrauch als auch auf die Entsorgung der Stoffe ein.

Das Etikett verrät die Gefahr

Viele Stoffe des täglichen Gebrauchs fallen durch ein besonderes Zeichen auf dem Etikett auf (▷ B 1). Solche Stoffe sind gefährlich, also z. B. leicht entzündlich, giftig, gesundheitsschädlich oder ätzend. Beim aufmerksamen Durchlesen des Etikettes wird man nicht nur auf die Gefahren beim Umgang mit diesen Stoffen hingewiesen, sondern erhält auch Sicherheitsratschläge, damit beim Einsatz dieser Stoffe keine Unfälle passieren.

Gefahrensymbol und Kennbuchstabe

Das quadratische Symbol auf orangefarbenem Hintergrund auf dem Etikett wird **Gefahrensymbol** genannt. Das Gefahrensymbol liefert eine schnelle Information über die Gefährlichkeit eines Stoffes. Anhand dieses Symbols lässt sich sofort erkennen, ob ein Stoff z. B. giftig, feuergefährlich oder explosionsgefährlich ist.

▶ Das Gefahrensymbol liefert schnell Informationen über die Gefährlichkeit eines Stoffes.

Einige Gefahrensymbole können jedoch auch mehrere Bedeutungen haben (▷ B 2). So steht z. B. das Totenkopfsymbol sowohl für giftige als auch für sehr giftige Stoffe, mit einem Kreuz werden sowohl gesundheitsschädliche als auch reizende Stoffe gekennzeichnet. Deshalb wird dem Symbol häufig noch ein Kennbuchstabe hinzugefügt. Der Buchstabe T steht für „giftig", T+ steht für „sehr giftig".

1 Etikett mit Gefahrenhinweisen

Umgang mit gefährlichen Stoffen

Damit beim Experimentieren mit gefährlichen Stoffen keine Unfälle geschehen, müssen die Sicherheitshinweise genau beachtet werden. Hierzu gehören die Verwendung von Schutzhandschuhen und Schutzbrillen sowie das Bereitstellen von Feuerlöschmitteln.

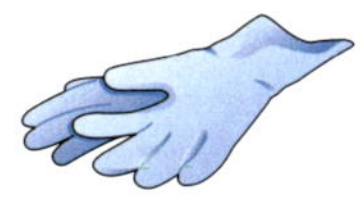

Aufgaben

1 Der Rohrreiniger gehört zu den gefährlichen Stoffen im Alltag. Auf der Rückseite einer Flasche mit Rohrreiniger findet man deshalb ein Gefahrensymbol. Nenne Schutzmaßnahmen, die sich aus dem Gefahrensymbol ableiten lassen.

2 Wenn Rohrreiniger ins Auge gelangt, sind besondere Maßnahmen notwendig. Begründe.

Symbol	Kennbuchstabe	Gefahrenbezeichnung	Gefährlichkeitsmerkmale	Symbol	Kennbuchstabe	Gefahrenbezeichnung	Gefährlichkeitsmerkmale
	T+	Sehr giftig	Sehr giftige Stoffe können schon in sehr geringen Mengen zu schweren Gesundheitsschäden führen.		E	Explosionsgefährlich	Dieser Stoff kann unter bestimmten Bedingungen explodieren.
	T	Giftig	Giftige Stoffe können in geringen Mengen zu schweren Gesundheitsschäden führen.		O	Brand fördernd	Dieser Stoff ist Brand fördernd, er reagiert mit brennbaren Stoffen.
	Xn	Gesundheitsschädlich	Gesundheitsschädliche Stoffe führen in größeren Mengen zu Gesundheitsschäden.		F+	Hochentzündlich	Dieser Stoff ist selbstentzündlich, er kann bereits bei Temperaturen unter 0 °C entflammen.
	Xi	Reizend	Dieser Stoff hat Reizwirkung auf Haut und Schleimhäute, er kann Entzündungen auslösen.		F	Leicht entzündlich	Dieser Stoff ist leicht entzündlich, er kann bei Temperaturen unter 21 °C entflammen, mit Luft explosionsfähige Gemische, mit Wasser brennbare Gase bilden.
	C	Ätzend	Dieser Stoff kann lebendes Gewebe zerstören.		N	Umweltgefährlich	Dieser Stoff kann längerfristig schädliche Wirkungen auf die Umwelt haben. Er ist schädlich in Gewässern, Boden oder Luft und (sehr) giftig für Organismen.

2 Bedeutung der Gefahrensymbole (vereinfacht)

Schnittpunkt

Hausbau – früher und heute

1 Holzgerüst eines Bauernhofes

2 Fertig gestellter Bauernhof

3 Lehm als Baustoff

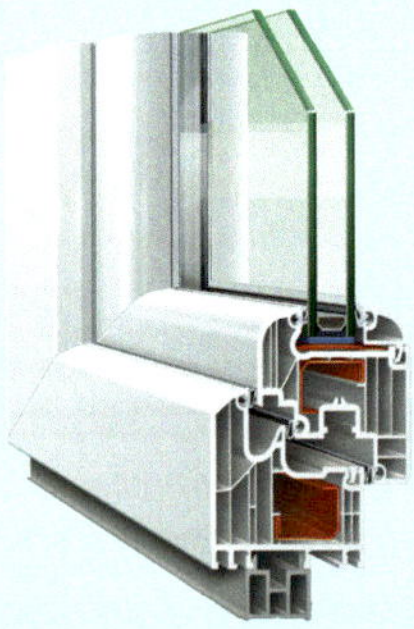

4 Modernes Fenster aus Doppelverglasung

Hausbau im Wandel der Zeit

Vergleicht man eine Baustelle vor einigen hundert Jahren mit einer heutigen Baustelle (▷ B 5), dann wird man kaum noch Gemeinsamkeiten entdecken.
Früher wurden Häuser häufig in Fachwerkbauweise errichtet (▷ B 1). Dazu errichtete man zunächst ein Holzgerüst und fügte in die entstehenden Zwischenräume biegsame Weiden- oder Haselnusszweige ein. Diese Flechtwerke wurden dann mit einer einfachen Baustoffmischung bestrichen (▷ B 3). Diese Baustoffmischung fertigte man in einer Baugrube an, in die man Lehm, Wasser und Stroh gab und so lange mit den Füßen darin herumlief, bis die Mischung fertig war.

Häuser wurden früher häufig mit Stroh gedeckt. Dabei wurden die Strohhalme so angeordnet, dass die Regentropfen an ihnen entlang an der Seite des Hauses zur Erde fielen. So gelangte keine Nässe ins Haus.
Ein großes Problem des frühen Hausbaus war die Heizung. Zentralheizungen wie heute üblich waren natürlich noch nicht bekannt. Ein offener Herd spendete zwar Wärme, dennoch war es im Haus früher nur etwa 4 bis 5 Grad wärmer als draußen.

Moderne Baustoffe schaffen Wohnqualität

Heute sind Häuser so gut isoliert, dass es auch bei tiefen Temperaturen im Winter im Haus behaglich warm ist. Hierzu dienen zahlreiche Wärmedämmstoffe oder auch der Einsatz von Doppelverglasung bei Fenstern (▷ B 4). In beiden Fällen wird die Eigenschaft von Luft als besonders schlechtem Wärmeleiter ausgenutzt.
Der Werkstoff Silizium hat es möglich gemacht, Häuser mit Solartechnik auszustatten (▷ B 6). Dadurch kann das Sonnenlicht in elektrische Energie umgewandelt werden. Diese wird dann zum Kochen, Heizen oder für andere Zwecke eingesetzt.

Aufgaben

1 Strohgedeckte Häuser findet man heute kaum noch. Finde Gründe dafür.

2 Luftgefüllte Materialien sind als Wärmedämmstoff besonders geeignet. Begründe.

3 Liste Baustoffe auf, die du in einem Heimwerkermarkt findest.

5 Eine Großbaustelle

6 Ein Haus mit Solartechnik

Wärmedämmung

1 Wärmedämmung beim Hausdach

2 Wärmedämmung im Innenbereich

3 Vogel im Winter

Luft als Wärmepolster
Aus der Natur kann man viel lernen. Beobachtet man Vögel im Winter, stellt man fest, dass sie sich aufplustern und ihr Gefieder spreizen (▷B 3). Dadurch bildet sich zwischen den Federn ein Luftpolster. Da Luft eine besonders schlechter Wärmeleiter und damit ein guter Wärmeisolator ist, frieren Vögel auch bei tieferen Temperaturen nicht.

Luft – ein schlechter Wärmeleiter
Vergleicht man die Wärmeleitfähigkeit von Luft mit anderen Stoffen, dann stellt man schnell fest, dass Luft oder luftgefüllte Materialien zur Wärmedämmung besonders geeignet sind. So leitet z. B. Beton die Wärme etwa 80-mal und Eisen sogar 3000-mal besser als Luft. Luftgefüllte Dämmstoffe, wie sie im Hausbau Verwendung finden (▷B 1, B 2), besitzen etwa die gleiche Wärmeleitfähigkeit wie Luft.

Luftgefüllte Materialien
Auch Menschen müssen sich an kalten Tagen davor schützen, dass der Körper zuviel Wärme an die Luft abgibt. Eine wirkungsvolle Winterkleidung ist z. B. eine Daunenjacke. Eine Dauenjacke wirkt wie aufgeblasen (▷B 4). Wenn man sie zusammendrückt, entweicht die Luft, die uns vor der Kälte schützt.

Da auch Kunststoffe die Wärme schlecht leiten und außerdem wasserabstoßend sind, schützen spezielle Kleidungsstücke aus Kunststoffen besonders gut vor Nässe und Kälte. So kann man mit einem Neoprenanzug (▷B 6) auch bei kälteren Außentemperaturen noch Wassersport betreiben, oder selbst bei klirrender Kälte bekommt man in einem guten Skischuh (▷B 5) keine kalten Füße.

Aufgaben

1 Durch welche baulichen Maßnahmen wird in deinem Wohnhaus erreicht, dass die Wärme auf dem Weg von der Heizungsanlage zu den Heizkörpern nicht „verloren" geht?

2 Ermittle die Wärmeleitfähigkeit unterschiedlicher Stoffe.

3 Suche Materialien, die besonders für Outdoor-Kleidung Verwendung finden.

4 Daunenjacken halten auch bei strenger Kälte warm

5 Skischuhe schützen auch bei tiefen Temperaturen

6 Mit einem Neopren-Anzug geschützt kann man auch bei kaltem Wetter surfen

Was steckt in der Cola?

Regelmäßig kannst du hören oder lesen, dass Forscher etwas herausgefunden haben. Manche bekommen sogar einen Preis dafür. Allerdings erfährt man meist nicht, wie die Wissenschaftler vorgegangen sind, um zu der Erkenntnis zu kommen.

Wie gehst du selbst vor, wenn du etwas herausfinden willst?

Was zischt denn da?

Lena hat schon oft beobachtet, dass es ganz laut zischt, wenn sie die Colaflasche aufmacht. Wenn sie die Flasche vorher geschüttelt hat, kann es sogar passieren, dass es stark schäumt und die Cola herausspritzt.
Außerdem schmeckt die Cola ganz schön sauer. Aber es soll doch so viel Zucker drin sein. Wie kann sie dann so sauer schmecken?

- Lies die Inhaltsangabe auf dem Getränkeetikett: Welcher Stoff ist deiner Meinung nach für das Zischen zuständig?

- Lass durch den Filter einer Kaffee-Maschine etwas Cola laufen. Beschreibe, was du beobachten kannst. Findest du erste Erklärungen für deine Beobachtungen?

Das geheimnisvolle Getränk

Lena fragt sich, warum ihre Mutter sagt: „Trink lieber Wasser oder Apfelschorle! Das ist gesund!" Lena mag aber lieber Cola! Auch ihr Trainer im Sportverein sagt, dass sie nach dem Sport lieber Wasser trinken soll.

Lena stellt sich daraufhin einige Fragen:
– Warum soll Cola eigentlich so ungesund sein?
– Warum ist die Cola eigentlich so schwarz?
...

- Liste in deinem Heft alle Fragen auf, die sich dir im Zusammenhang mit dem Getränk „Cola" stellen!

Was ist drin?

Wie kann man bloß herausfinden, was in der Cola drin ist?
Lena stößt bei ihren Nachforschungen auf einen Namen: Justus von Liebig. Er hat den „Liebig-Kühler" erfunden. Lena versteht nicht so genau, was das ist. Aber sie vermutet, dass es ihr helfen würde, ihre Frage zu klären.

- Findet heraus, was ein Liebig-Kühler ist. Lasst euch von eurem Lehrer alle Geräte geben, die notwendig sind, um eine Destillationsapparatur aufzubauen. Führt dann das Experiment durch und nennt danach mindestens 3 Bestandteile von Cola.

- Du kannst das Experiment ganz einfach zu Hause nachmachen, obwohl du keinen Liebig-Kühler besitzt. Zeichne einen Versuchsaufbau, der es ermöglicht, mit einem Topf mit Deckel, einer Kochplatte, Cola und einem Trinkglas das Experiment nachzumachen.

● Nun schalte die Wärmeplatte der Kaffeemaschine an. Beobachte!

● Lass die Cola noch einige Stunden abkühlen und probiere sie dann. Was stellst du fest?

● Gibt es andere Getränke, mit denen du diesen Versuch durchführen möchtest?

Kostprobe gefällig?
Ist es schwer ein Getränk zu erfinden, das schön aussieht, lecker ist und gesund dazu?

● Bildet Gruppen und erfindet ein Getränk, das gesund ist und schmeckt. Notiert euer Rezept so, dass die anderen das Getränk selbst herstellen können.

● Informiert euch in einem Supermarkt über das Angebot an Aromastoffen und probiert dann aus, ob ihr mit einem zusätzlichen Aromastoff euer Getränk im Geschmack verbessern könnt.

● Rechnet die Kosten der Zutaten zusammen und vergleicht mit den Getränkepreisen im Supermarkt.

Die Geschichte von Coca-Cola® begann am 8. Mai 1886 in Amerika, als der Apotheker Dr. John S. Pemberton versuchte eine medizinische Limonade zu entwickeln. Das Ergebnis seiner Versuche sollte gegen Kopfschmerzen und Magendrücken helfen.

Zur Herstellung verwendete er ....

Am 28. Juni 1887 wurde das Getränk dann zum Patent angemeldet. Der angenehme Geschmack und die berauschende Wirkung sorgten dafür, dass Dr. Pembertons Wundermedizin rasch in ganz Amerika bekannt wurde und sich immer besser verkaufte.

Die typische Cola-Flasche, die wir auch heute noch kennen, wurde eingeführt.......

Der Erfolg von Cola wurde erst 1940 durch „Fanta" ....

Das Rezept für Cola
Lena informiert sich im Internet. Es sei ein Geheimrezept, steht da. Dieses Rezept wird in einem dicken Panzerschrank gehütet.

● Informiere dich aus verschiedenen Quellen über Cola und vervollständige die Geschichte mit deinen eigenen Worten.

● Dr. Pemberton hat damals ein paar seltsame Zutaten in seine „Medizin" gemischt. Sind sie auch heute noch in der Cola enthalten? Begründe deine Überlegungen.

● Wie viele verschiedene Sorten Cola könnt ihr in einem Supermarkt finden?
Wie ist das möglich? Das Rezept ist doch streng geheim!?

Alles herausgefunden?
Ist Zucker in der Cola? Wodurch wird das Zischen beim Öffnen verursacht? Ist Cola süß oder sauer? Du hast verschiedene Methoden angewendet, um herauszufinden, was du wissen wolltest.

● Bringe die verschiedenen Schritte in eine sinnvolle Reihenfolge und begründe!

● Fallen dir weitere Untersuchungen ein, mit denen du etwas über Cola erfahren könntest?

Die Nährstoffe

Obwohl Frühstücke ganz verschieden sein können, enthalten sie doch meist die gleichen drei Nährstoffe: **Kohlenhydrate**, **Fette** und **Eiweiße** (▷ B 2). Allerdings kommen diese in unterschiedlichen Anteilen vor.
Brötchen mit Marmelade oder Müsli enthalten überwiegend Stärke und Zucker. Beide Stoffgruppen gehören zu den Kohlenhydraten. Sie liefern dem Körper die notwendige Energie.
Butter, Margarine, Wurst und Käse enthalten Fett. Fett ist ebenfalls ein Energielieferant, doch liefert 1 g Fett doppelt so viel Energie wie 1 g Kohlenhydrate.
Für den Aufbau des Körpers, die Erneuerung und den Erhalt der Körperzellen sind Eiweiße unentbehrlich. Sie sind in Milchprodukten, Eiern, Fleisch, Wurst und Käse vorhanden.
Diese Nährstoffe, die der Körper zur Energiegewinnung, zum Aufbau und Wachstum braucht, werden vom Körper aufgenommen und durch das Blut dorthin transportiert, wo sie gebraucht werden.

▶ Nährstoffe sind Kohlenhydrate, Fette und Eiweiße. Sie liefern dem Körper Energie und dienen als Baustoffe.

Andere wichtige Inhaltsstoffe

Nahrungsmittel enthalten aber noch weitere wichtige Stoffe:
Ballaststoffe sind die unverdaulichen Bestandteile in Obst und Gemüse und allen Vollkornprodukten. Sie füllen den Darm, regen die Darmtätigkeit an und verhindern Verstopfung.

Vitamine sind für die Gesundheit unentbehrlich. Der Körper kann Vitamine nicht selbst herstellen, deshalb müssen sie täglich mit der Nahrung aufgenommen werden. Es reichen dabei kleine Mengen, aber sie dürfen nicht fehlen. Die meisten Vitamine sind in frischem Obst und Gemüse enthalten, andere Vitamine kommen in Fleisch und Fisch vor.

Auch verschiedene **Mineralstoffe** benötigen wir in geringen Mengen. Sie sind lebenswichtig für uns. Calcium, das in der Milch enthalten ist, wird zum Beispiel für den Aufbau von Knochen und Zähnen benötigt.

Fast alle Nahrungsmittel und natürlich die Getränke enthalten **Wasser**. Regelmäßiges Trinken ist lebensnotwendig, denn unser Körper besteht zu zwei Dritteln aus Wasser. Der Wassergehalt in unserem Körper muss stets gleich hoch sein, damit er seine Leistungsfähigkeit behält.

▶ Vitamine, Mineralstoffe und Ballaststoffe sind unverzichtbar für die Gesunderhaltung des Körpers.

1 So unterschiedlich kann ein Frühstück aussehen.

Aufgabe

1 Schneide aus Werbeprospekten Bilder von Lebensmitteln aus.
Stelle damit eine Collage über die Nährstoffgruppen zusammen.

2 Die Nährstoffe

Schnittpunkt

Gemischtes, fix und fertig

Gemischtes – von morgens bis abends

Am Morgen Müsli und Früchtetee, zu Mittag Suppe, gemischter Salat, Spagetti mit Tomatensoße, gemischtes Eis und abends belegte Brote: All diese Speisen sind Gemische. Manche werden in der Küche frisch hergestellt, andere sind schon fertig gemischt in der Packung.

Frisch oder abgepackt

Nudeln mit Tomatensoße sind schnell zubereitet und ideal für den großen Hunger. Tomatensoße gibt es fertig gemischt in Tüten, Dosen oder Gläsern. Das Trockenpulver wird zuerst mit Wasser angerührt und dann erhitzt. In wenigen Minuten steht die fertige Soße auf dem Tisch.
Möchtest du die Tomatensoße frisch zubereiten, benötigst du verschiedene Zutaten und Küchengeräte sowie etwas Zeit.
Und so bereitest du die Soße zu: Schneide die Tomaten kreuzweise ein und lege sie einige Sekunden in kochendes Wasser. Nimm die Tomaten aus dem Wasser und lass sie kurz abkühlen. Jetzt kannst du sie schälen und in Würfel schneiden. Schneide eine Zwiebel und hacke eine Knoblauchzehe in feine Stücke. Dünste die Zwiebel und den Knoblauch in Olivenöl, bis sie glasig sind. Gib nun die Tomaten dazu und koche die Soße unter Rühren

auf. Würze sie zum Schluss mit Salz, Pfeffer und Kräutern.

Das Etikett verrät den Inhalt

Besteht ein Nahrungsmittel aus verschiedenen Bestandteilen, müssen diese auf der Verpackung angegeben werden. Bei Suppen und Soßen ist die Zutatenliste sehr lang. Andere Lebensmittel enthalten nur wenige Zutaten. Eiernudeln z. B. werden aus Hartweizengrieß, Eiern und Wasser hergestellt.
Neben der Zutatenliste stehen auf der Fertigpackung noch folgende Angaben: die Bezeichnung des Lebensmittels, die Mengenangabe, das Datum der Mindesthaltbarkeit sowie Name und Anschrift des Herstellers.

Aufgaben

1 Diskutiert in der Gruppe die Vor- und Nachteile von frisch zubereiteter Tomatensoße im Vergleich zur Fertigsoße.

2 Sind Tafelsalz (Speisesalz, Siedesalz) und Pfeffer Reinstoffe oder Stoffgemische?

Gemische selbst herstellen

1 Farbige Kreide für Farbpigmente

1 Malen wie in der Antike

Schon vor etwa 4000 Jahren wurden Farben mithilfe des Bindemittels Gummiarabikum hergestellt.

Material
Kleine Bechergläser, Tropfpipette, Reibschale mit Pistill, Spatellöffel, Filterpapier, farbige Kreide, Pinsel, Zeichenkarton, Gummiarabikum (Gummi arabisch), Wasser

Versuchsanleitung
a) Gib ein kleines Stück einer farbigen Kreide in eine Reibschale und zerreibe das Stück mit einem Pistill zu einem farbigen Pulver.

b) Füge jetzt einen Spatellöffel Gummiarabikum hinzu und vermische beide Stoffe sehr gründlich mit dem Pistill.

c) Gib das Gemisch in ein kleines Becherglas und füge unter ständigem Rühren aus einer Tropfpipette einige Tropfen Wasser hinzu, sodass eine Malfarbe entsteht.

d) Wiederhole diesen Vorgang mit weiteren Stücken andersfarbiger Kreiden.

e) Fertige mit den selbst hergestellten Malfarben ein kleines Bild an.

2 Baustoffe mischen

Aus Zement, Sand und Wasser lässt sich Zementmörtel mischen.

Material
Becherglas, Spatellöffel, Zement, kleine Steine, Sand, Wasser

Versuchsanleitung
a) Mische in einem Becherglas 1 Teil Zement mit 2 Teilen Sand. Rühre dann soviel Wasser unter, dass ein zäher Brei entsteht.

b) Verbinde mit dem hergestellten Zementmörtel einige kleine Steine und prüfe in der nächsten Chemiestunde die Festigkeit.

3 Einfache Limonaden – selbst gemischt

Material
Trinkgläser, Löffel, Zucker, Kochsalz, Mineralwasser, frisch gepresster Zitronensaft oder Himbeersirup

Versuchsanleitung
a) Fülle Mineralwasser in ein Trinkglas und löse zunächst etwas Zucker darin auf (Süße je nach Geschmack).

b) Füge dann eine kleine Prise Salz hinzu und gib Zitronensaft oder Himbeersirup dazu. Nach dem Umrühren erhältst du eine fertige Limonade.

Aufgaben
1. Zähle Vorteile auf, die eine selbst hergestellte Limonade gegenüber einer käuflichen hat.

2. Finde weitere Rezepte zur Herstellung einer Limonade.

2 Limonade – selbst gemischt

3 Stockbrot

4 Stockbrot backen

Ein Teig für ein schmackhaftes Stockbrot ist schnell hergestellt, wenn man das Rezept dafür kennt.

Material
Bunsenbrenner, Holzspan, Schüssel, saubere Unterlage (z. B. kleines Küchenbrett), Löffel , Mehl, Milch, Salz, Gewürze nach Wahl (z. B. Spekulatiusgewürz)

Versuchsanleitung
a) Stelle in einer Schlüssel aus Mehl, Milch, Salz und Gewürzen (je nach Geschmack) einen Stockbrot-Teig her.

b) Rolle auf einer sauberen Unterlage aus dem Teig kleine Würste aus und ziehe sie auf einen Holzspan.

c) Backe das Stockbrot an der Flamme des Bunsenbrenners aus. Statt des Bunsenbrenners kann zum Backen natürlich auch ein Backofen verwendet werden.

Aufgaben
1. Informiere dich über unterschiedliche Rezepte für Stockbrot-Mischungen.

2. Bei der Durchführung der Versuche 3 und 4 ist auf besondere Sauberkeit zu achten. Begründe.

3. Du erhälst den Auftrag, eine Brausepulver-Mischung selbst herzustellen. Überlege dir genau, wie du vorgehen musst und stelle die einzelnen Schritte in einem Ablaufdiagramm dar.

Einen Versuch planen

Ein Versuch kann nur dann gelingen, wenn er sorgfältig geplant wird. Bei der Planung eines Versuches sind viele einzelne Schritte zu beachten.

A. Frage formulieren
Ein Versuch wird häufig auch mit einer „Frage an die Natur" verglichen. Das Ergebnis des Versuches ist dann die entsprechende Antwort. Zu Beginn eines Versuches wird daher zunächst eine Frage formuliert, der man im Experiment nachgehen möchte. Diese Frage ist dann zugleich das Thema des Versuches.

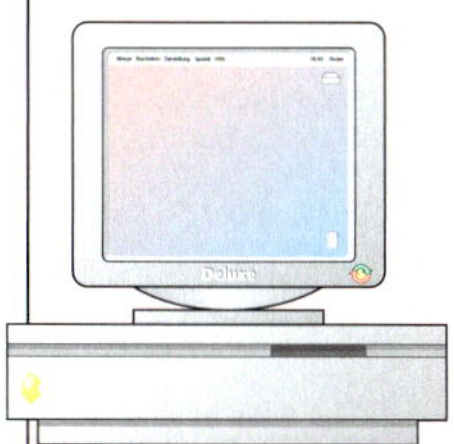

B. Informationen sammeln
Zur Vorbereitung eines Versuches werden viele Informationen benötigt. Dazu lassen sich unterschiedliche Informationsquellen ausnutzen, z. B.:
- Lexika
- Chemiebücher
- Broschüren und Informationshefte verschiedener Firmen
- Internetseiten
- Unterschiedliche Software auf CD oder DVD

C. Geeignete Experimente auswählen
Aus den dir bekannten Experimenten müssen solche ausgewählt werden, die geeignet sind, das in der Frage formulierte Problem zu lösen. Oft müssen mehrere Experimente hintereinander ausgeführt werden, um das gewünschte Ergebnis zu erzielen.

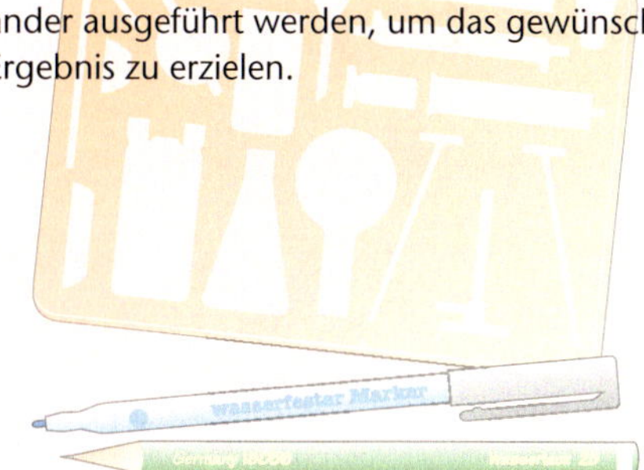

D. Liste mit benötigten Materialien erstellen
Damit bei der Durchführung eines Versuches alle benötigten Materialien zur Verfügung stehen, werden sie in einer Liste zusammengestellt. Die meisten Geräte und Chemikalien sind in der naturwissenschaftlichen Sammlung zu finden. Einige Materialien können auch von zu Hause mitgebracht werden.

E. Versuchsskizze anfertigen
Zur Planung eines Versuches gehört auch die Anfertigung einer Skizze. Nach dieser Skizze wird später der Versuch aufgebaut. Hilfreich für die Anfertigung einer Skizze ist eine Geräteschablone.

F. Gefährliche Stoffe und Schutzmaßnahmen
Werden bei dem Versuch gefährliche Stoffe eingesetzt, muss an entsprechende Sicherheitsmaßnahmen gedacht werden. Hierzu gehören Schutzhandschuhe und Schutzbrillen. Bleiben bei einem Versuch Abfälle übrig, muss auch an die richtige Entsorgung gedacht werden.

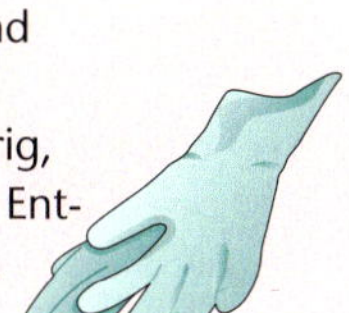

G. Versuchsprotokoll vorbereiten
Bereits vor der Durchführung des Versuches wird ein Versuchsprotokoll vorbereitet. Versuchsbeobachtungen und Auswertungen können natürlich noch nicht notiert werden. Thema des Versuches, die Materialien, die Skizze, die Versuchsanleitung, Sicherheitsmaßnahmen und die geplante Entsorgung können aber schon eingetragen werden.
Jetzt sind alle wichtigen Schritte sorgfältig geplant. Der Durchführung des Versuches steht nichts mehr im Wege. Bei der Durchführung darfst du aber nicht vergessen, alle Beobachtungen genau zu notieren. Nur so kann der Versuch später richtig ausgewertet werden.

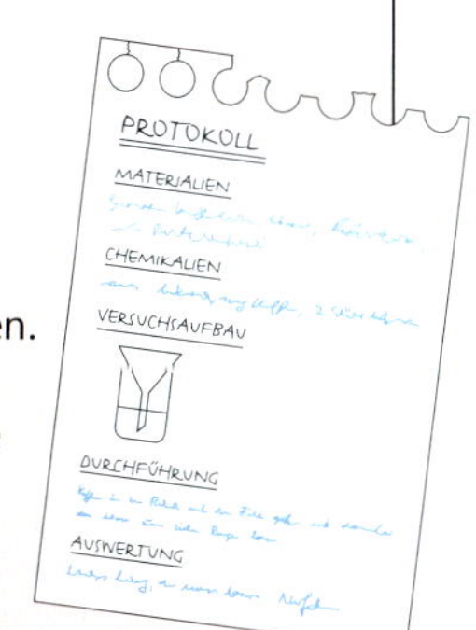

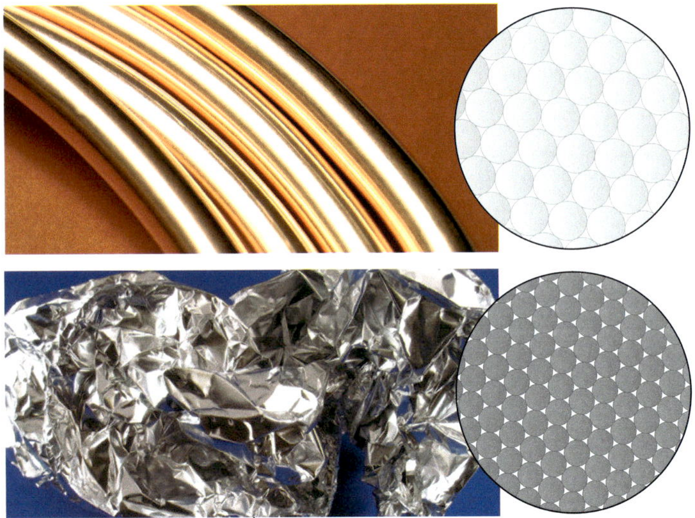

1 Reinstoffe bestehen aus gleichen Teilchen

2 Brausepulver – ein künstliches Stoffgemisch

3 Granit – ein natürliches Stoffgemisch

Reinstoffe – Stoffe aus nur einem Stoff

Stoffe wie Zucker, Kohlensäure oder Wasser sind z. B. in Colagetränken enthalten. Diese Stoffe werden als Reinstoffe bezeichnet, wenn sie nicht mit anderen Stoffen vermischt sind. **Reinstoffe** sind durch messbare Eigenschaften wie Siedetemperatur, Schmelztemperatur und Löslichkeit gekennzeichnet.

Reinstoffe – Stoffe nur aus einer Teilchenart

Ein Reinstoff wie Kupfer besteht aus untereinander gleichen Teilchen. Diese Teilchen unterscheiden sich jedoch von den Teilchen anderer Reinstoffe. So sind die Teilchen des Reinstoffes Kupfer größer als die Teilchen des Reinstoffes Aluminium (▷ B 1). Alle Aluminiumteilchen sind jedoch untereinander wieder gleich.

Stoffgemische enthalten mehrere Stoffe

Im Alltag begegnen uns neben Colagetränken viele weitere Produkte, die aus unterschiedlichen Stoffen zusammengemischt sind. Dazu gehören beispielsweise Brausepulver (▷ B 2), Kosmetika, Waschmittel, Medikamente, Farben oder Lebensmittel. Sind mehrere Stoffe miteinander vermischt, spricht man von einem **Stoffgemisch**.

Reinstoffe sind Stoffe, die nur aus einem Stoff bestehen.
Stoffgemische enthalten mindestens zwei Reinstoffe.

Viele Stoffgemische findet man auch in der Natur. Betrachtet man z. B. ein Stück Granit genauer, stellt man fest, dass er aus drei unterschiedlichen Bestandteilen besteht: aus rötlichem Feldspat, aus weißem Quarz und aus schwarzem Glimmer. Häufig wird erst bei Vergrößerung sichtbar, ob es sich um ein Stoffgemisch handelt (▷ B 3).

Aufgaben

1 Ordne nach Reinstoffen und Stoffgemischen: Meerwasser, Mineralwasser, Aluminiumfolie, Apfelsaft, Milch, Goldkette, Eisenschraube, Holzleim, Spülmittel, Kupferblech, Tee.

2 In Bild 4 sind eine Lösung, eine Emulsion und eine Suspension abgebildet. Ordne die Getränke richtig zu und begründe.

4 Orangensaft, Apfelsaft, Milch

5 Nebel

6 Rauch

Arten von Stoffgemischen

Bei einigen Stoffgemischen kann man die einzelnen Bestandteile deutlich erkennen. So erkennt man im Granit mit bloßem Auge die drei unterschiedlichen Bestandteile (▷ V 1). Manchmal kann man auch die einzelnen Bestandteile eines Stoffgemisches nur mit der Lupe oder unter dem Mikroskop unterscheiden. Solche Stoffgemische werden **heterogene Stoffgemische** genannt (griech.: heteros, verschieden).

Löst man jedoch etwas Kochsalz oder Zucker in Wasser, dann sieht die entstandene **Lösung** wie ein einheitlicher Stoff aus. Die gelösten Bestandteile sind auch unter dem Mikroskop nicht mehr zu erkennen (▷ V 2). Solche Stoffgemische werden als **homogene Stoffgemische** (griech.: homo, gleichartig) bezeichnet.

Bei heterogenen Stoffgemischen sind die unterschiedlichen Bestandteile zu erkennen. Bei homogenen Stoffgemischen sind sie nicht erkennbar.

Je nach Aggregatzustand der einzelnen Bestandteile vor der Mischung gibt es für Stoffgemische eigene Fachbegriffe (▷ B 7). Wird ein fester, wasserunlöslicher Stoff in Wasser fein verteilt, bildet sich eine **Suspension**. Verrührt man beispielsweise Kalk in Wasser (▷ V 3a), dann bildet sich zunächst eine milchig aussehende Suspension. Nach kurzer Zeit setzen sich die festen Kalkpartikel am Boden des Gefäßes ab.

Versucht man Öl und Wasser miteinander zu mischen, so erhält man eine **Emulsion** (▷ V 3b). Bei einer Emulsion ist eine Flüssigkeit in feinen Tropfen in einer anderen Flüssigkeit verteilt. Bei vielen Emulsionen wie Sonnenmilch oder Majonäse wird das Entmischen der Bestandteile durch Zugabe von Emulgatoren verzögert.
Verteilen sich feinste Flüssigkeitströpfchen in einem Gas, dann entsteht ein **Nebel** (▷ B 5).
Ein Gemisch feinster Feststoffpartikel in einem Gas nennt man **Rauch** (▷ B 6). Beim Zigaretten- oder Schornsteinrauch sind feinste Partikel mit Luft gemischt.

Versuche

1 Betrachte Gartenerde, Granitgestein, Brausepulver, Schwefelpulver und Eisenpulver unter der Lupe. Wie viele Bestandteile sind jeweils zu erkennen?

2 Löse im Reagenzglas eine Spatelspitze Kochsalz in destilliertem Wasser. Betrachte die Lösung unter einer Lupe oder einem Mikroskop.

3 Gib a) eine Spatelspitze Kalk, b) einige Tropfen Speiseöl in je ein mit Wasser gefülltes Reagenzglas. Schüttle kräftig und lass jedes Gemisch einige Minuten lang stehen.

Beispiel des Stoffgemisches	Aggregatzustand der Bestandteile vor der Mischung	Benennung
Granit, Steinsalz	fest – fest	Feststoffgemisch
Lehmwasser Kochsalzlösung	fest – flüssig	Suspension Lösung
Fetttropfen in Milch Weinbrand	flüssig – flüssig	Emulsion Lösung
Flüssigkeitströpfchen in der Luft	flüssig – gasförmig	Nebel
Mineralwasser	fest – flüssig – gasförmig	Lösung
Ruß- und Staubkörnchen in der Luft	fest – gasförmig	Rauch

7 Einteilung und Benennung von Stoffgemischen

Einfache Trennverfahren für Lebensmittel

1 Das Müsli gehört zum Frühstück.

1 Müslimischung

Material

1 Packung Müsli, Zahnstocher, flacher Teller

Versuchsanleitung

Gib etwas Müsli aus der Packung auf den Teller. Sortiere die Bestandteile nach ihrem Aussehen, ihrer Farbe und ihrem Geschmack (▷ B 2).

Aufgaben

1. Notiere die Bestandteile des Müslis, die du beim Sortieren findest. Vergleiche das Ergebnis mit den Angaben auf der Packung.

2. Zähle Bestandteile auf, aus denen du dein Lieblingsmüsli mischen würdest.

2 Was ist drin im Müsli?

2 Das muss wieder auseinander

Material

Gasbrenner, Anzünder, Dreifuß, Topf, Teller, Teeglas, Salz, Kies, Sand, Teeblätter, Nudeln, Wasser

Versuchsanleitung

a) Koche die Nudeln in Salzwasser.
b) Brühe einen Tee auf, indem du die Teeblätter in einem geeigneten Glas mit heißem Wasser übergießt.
c) Mische Kies und Sand.

3 Nudeln im Wasser

4 Tee mit Teeblättern

5 Kies und Sand

Aufgaben

1. Gib Vorschläge an, die geeignet sind, die Mischungen wieder auseinander zu bekommen.

2. Besorge geeignete Geräte und trenne die Mischungen.

3. Sind die verwendeten Geräte gleich gut zur Trennung der unterschiedlichen Mischungen geeignet oder gibt es Unterschiede?

3 Absetzen lassen und abgießen

Durch Absetzen lassen und Abgießen kann z. B. verschmutztes Wasser grob gereinigt werden. Das Abgießen wird auch als **Dekantieren** („über die Kante gießen") und das Absetzen lassen als **Sedimentieren** bezeichnet.

Material

Becherglas, Erlenmeyerkolben (250 ml, Weithals), Becherglas (150 ml, hohe Form), Glasstab, Löffel, Wasser, Sand, Erde

Versuchsanleitung

a) Fülle ein Becherglas zur Hälfte mit Wasser. Gib mit einem Löffel Sand und Erde in das Wasser.
b) Rühre mit einem Glasstab gut um. Lasse das Becherglas eine Zeit lang ruhig stehen.
c) Gieße das überstehende klare Wasser vorsichtig in einen Erlenmeyerkolben ab (▷ B 6). Achte darauf, dass weder Sand noch Erde mit abgegossen werden.
d) Stelle die abgegossene Flüssigkeit neben ein Becherglas mit reinem Wasser und vergleiche die Flüssigkeiten.

Aufgabe

1. Ist diese Trennmethode gut genug, um wieder reines Wasser zu erhalten?

2. Gibt es noch Möglichkeiten, um das Versuchsergebnis zu verbessern?

6 Trennen durch Abgießen

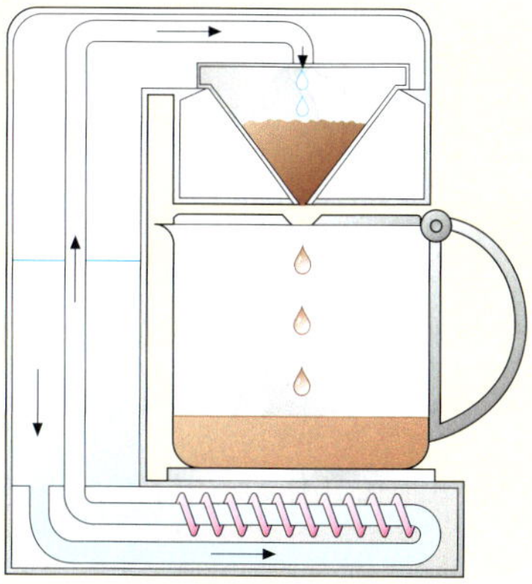

1 Kaffee – ein Filterprodukt

Filter im Alltag
Filter findet man heute in vielen Bereichen. In einer Kaffeemaschine (▷ B 1) tropft kochend heißes Wasser auf Kaffeepulver in einem Papierfilter. In der Kanne sammelt sich der heiße, dunkelbraune Filterkaffee. In Aquarien sind Filteranlagen (▷ B 2) eingebaut, um das Wasser von Verunreinigungen zu befreien. Filtrierte Flüssigkeiten werden als **Filtrat** bezeichnet.

Im Auto filtern Kraftstoff- und Ölfilter Verunreinigungen heraus und sorgen für eine lange Lebensdauer des Motors.

▶ Durch Filtrieren kann man ungelöste Feststoffe von einer Flüssigkeit trennen. Filtrierte Flüssigkeiten werden auch als Filtrat bezeichnet.

Eindampfen in der Küche
Kocht man Salzwasser für Reis oder Nudeln, setzt sich Salz am Topfrand ab, ein Teil des Wassers verdampft. Wird beim Marmeladekochen nicht ständig gerührt, brennt die eindickende Marmelade an.
In einem Dampfkochtopf muss zu Beginn eine bestimmte Menge Wasser eingefüllt werden, damit die Kartoffeln im Topf nicht anbrennen. Bratensoße wird beim Erwärmen dickflüssig (▷ B 3), sie schmeckt dann intensiv nach Salz und anderen Gewürzen.

▶ Durch Eindampfen werden gelöste Stoffe zurückgewonnen. Die Flüssigkeit verdampft, die Feststoffe bleiben zurück.

2 Filter im Aquarium

3 Eindampfen von Bratensoße

Werkstatt

Wir filtrieren und dampfen ein

1 Wir filtrieren Schmutzwasser

Material
Rundfilter, Trichter, Erlenmeyerkolben (250 ml, Enghals), Becherglas (250 ml), Erde, Wasser, Spatellöffel

Versuchsanleitung
Stelle zunächst durch Einrühren von etwas Erde in Wasser Schmutzwasser her. Falte dann ein Rundfilter wie in Abb. 1 und forme daraus einen kleinen Papiertrichter. Stecke diesen dann in den Trichter und gieße das Schmutzwasser aus dem Becherglas hinein. Fange das Filtrat im Erlenmeyerkolben auf.

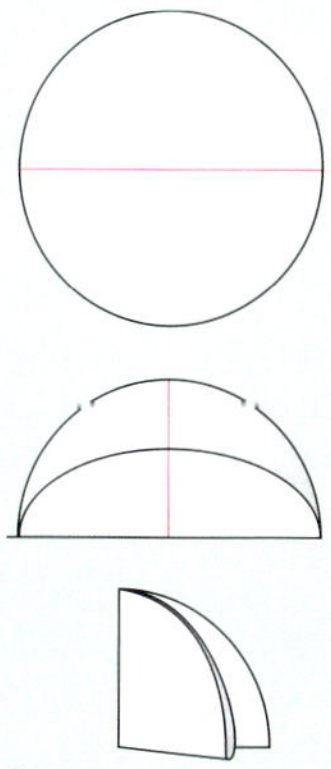

1 Filter falten

2 Eindampfen

Material
Schutzbrille, Becherglas, Dreifuß, Keramik-Drahtnetz, Gasbrenner, Anzünder, Abdampfschale, Pinzette, Lupe, Spatellöffel, Kochsalz, Wasser

Versuchsanleitung
Stelle zunächst durch Einrühren von Salz in Wasser Salzwasser her. Fülle dann etwas von dem Salzwasser in eine Abdampfschale und erhitze bis zum Sieden.

Bevor das letzte Wasser verdampft ist, stelle den Brenner aus (Vorsicht, Spritzgefahr beim Eintrocknen!).

Entnimm mit der Pinzette eine Probe des weißen Rückstands an verschiedenen Stellen und betrachte diesen mit der Lupe.

Aufgabe
Steinsalz ist beim Abbau oft noch verunreinigt, ebenso Meerwasser. Aus beidem wird Kochsalz hergestellt. Überlege dir Maßnahmen, mit denen man die Verunreinigungen beseitigen kann.

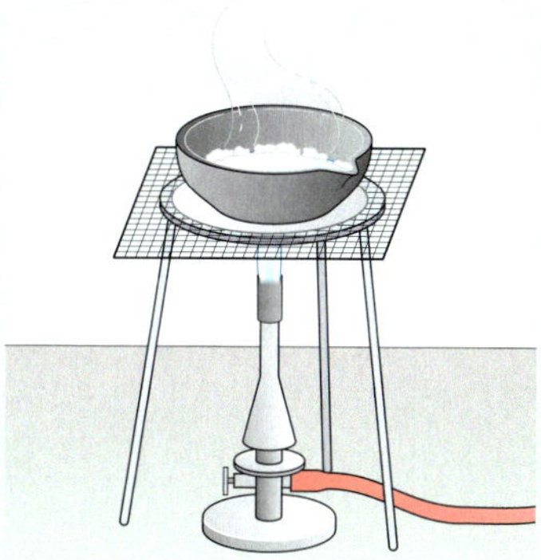

2 Eindampfen

Werkstatt

Wir entwickeln eine Destillationsapparatur

1 Wasser im Überfluss?

Auf vielen Inseln, die mitten im Meer liegen, herrscht im Sommer Trinkwassermangel. Woran liegt das, wenn doch Wasser im Überfluss vorhanden ist?

1 Meerwasser herstellen

Material

2 Bechergläser (250 ml), Glasstab, Messzylinder (100 ml), Waage, Spatellöffel, Kochsalz, Wasser

Versuchsanleitung

Löse in zwei Bechergläsern jeweils 3,5 g Kochsalz in 100 ml Wasser (gut rühren). Bewahre die Kochsalzlösungen („Meerwasser") auf.

2 Süßwasser aus Meerwasser

Material

Schutzbrille, Gasbrenner, Anzünder, Dreifuß, Keramikdrahtnetz, Becherglas (250 ml), Becherglas (100 ml), Glasplatte, Reagenzglashalter, 5 Siedesteine, „Meerwasser"

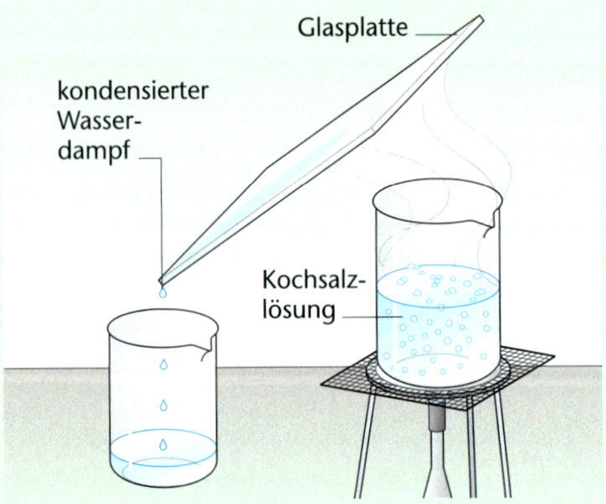

2 Süßwassergewinnung

Versuchsanleitung

Erhitze eine der Kochsalzlösungen aus Versuch 1 mit den Siedesteinen zum Sieden. Halte eine Glasplatte mit einem Reagenzglashalter schräg in den Dampf. Fange die kondensierte Flüssigkeit auf (▷ B 2).

3 Kühlung mit Kaltluft

Material

Schutzbrille, Gasbrenner, Anzünder, Stativ, Doppelmuffe, Universalklemme, Becherglas (250 ml), Reagenzglas, Stopfen (einfach durchbohrt), Glasrohr (ungleichschenklig gewinkelt), 2 Siedesteine, „Meerwasser"

Versuchsanleitung

a) Fülle das Reagenzglas zu einem Drittel mit „Meerwasser" und den Siedesteinen. Befestige das Reagenzglas mit einer Universalklemme schräg an einem Stativ. Verschließe das Reagenzglas mit dem Stopfen, durch dessen Bohrung das ungleichschenklig gewinkelte Glasrohr gesteckt wurde. (Vorsicht! Glas-Stopfen-Verbindung!) Lass das freie Glasrohrstück in das Becherglas münden (▷ B 3).

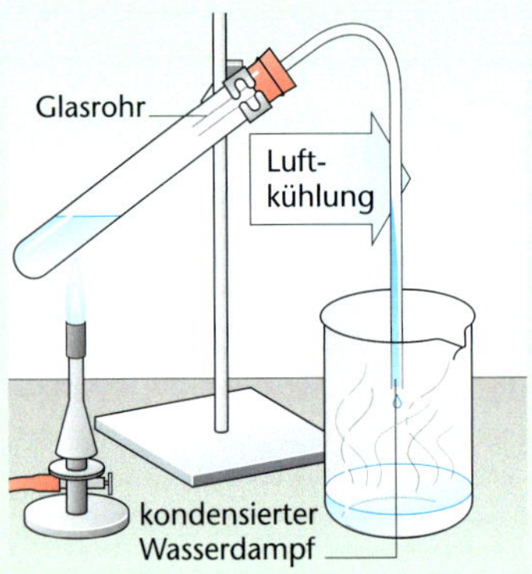

3 Kühlung mit Kaltluft

b) Erhitze das „Meerwasser" im Reagenzglas mit der schwach rauschenden Brennerflamme. Fange das Kondenswasser im Becherglas auf.

Aufgabe

Kochsalzlösung und Kondenswasser unterscheiden sich. Plane Versuche, die diese Aussage bestätigen.

4 Im Kühlbad

Material

Schutzbrille, Gasbrenner, Anzünder, Stativ, 2 Doppelmuffen, 2 Universalklemmen, Becherglas (400 ml, hohe Form), 2 Reagenzgläser (Durchmesser 30 mm), Stopfen (einfach durchbohrt), Glasrohr (ungleichschenklig gewinkelt), 2 Siedesteine, „Meerwasser", kaltes Wasser

Versuchsanleitung

a) Fülle ein großes Reagenzglas etwa zu einem Drittel mit „Meerwasser" und zwei Siedesteinen. Verschließe das Reagenzglas mit einem Stopfen, durch dessen Bohrung ein ungleichschenklig gewinkeltes Glasrohr gesteckt wurde. (Vorsicht! Glas-Stopfen-Verbindung!) Befestige das Reagenzglas schräg am Stativ mit der Universalklemme und der Doppelmuffe.

b) Fülle das Becherglas etwa zur Hälfte mit kaltem Wasser. Befestige das andere Reagenzglas so am Stativ, dass es möglichst weit ins Wasser des Becherglases eintaucht (▷ B 4).

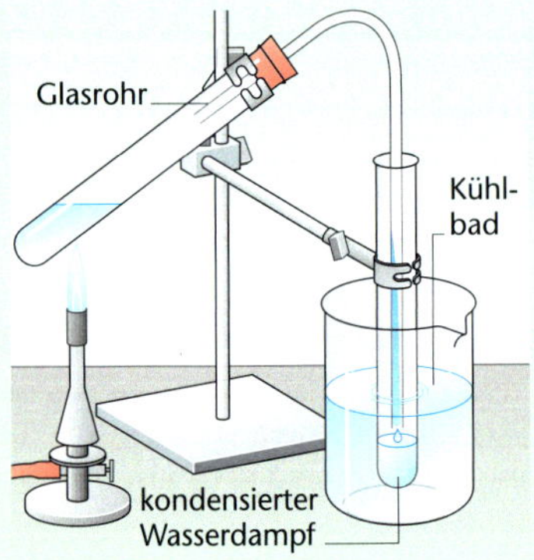

4 Kühlung im Wasserbad

c) Erhitze das „Meerwasser" im Reagenzglas mit der schwach rauschenden Brennerflamme, bis es zu sieden beginnt.
Beobachte das Reagenzglas im Kühlbad.

Aufgabe

Vergleiche die Ergebnisse der verschiedenen Experimente und bewerte die unterschiedlichen Kühlungsmethoden.

Trinkwasser durch Destillation

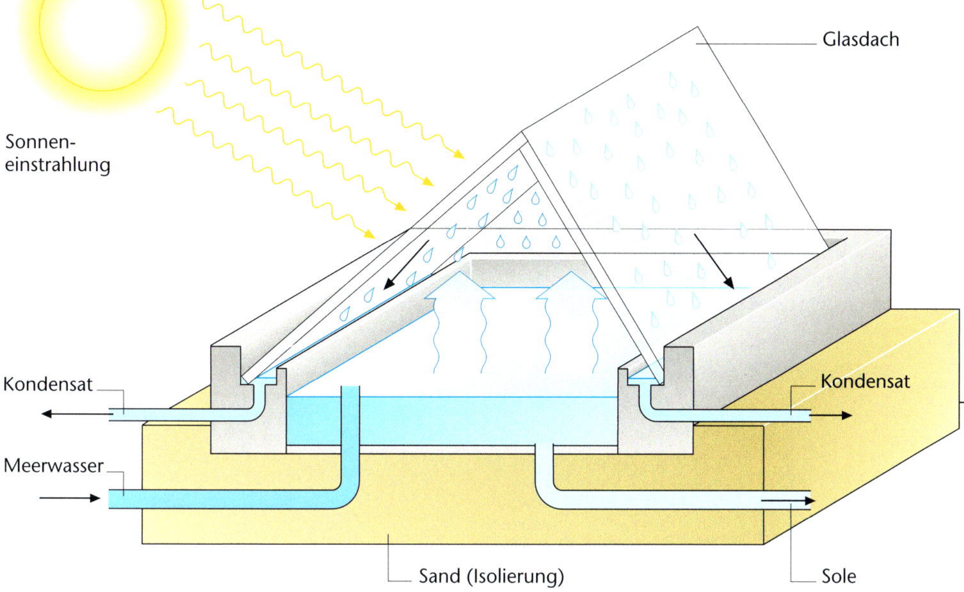

1 Schema einer Anlage zur Trinkwassergewinnung aus Meerwasser

Trinkwasser aus Meerwasser
In einigen Mittelmeerländern ist das Trinkwasser knapp und wird daher aus Meerwasser gewonnen. Dazu wird Meerwasser in großen Anlagen durch Sonneneinstrahlung erwärmt (▷ B 1). Das Wasser verdunstet und kondensiert an Glasflächen, von denen es dann in Sammelrinnen zusammenfließt. Das Salz bleibt aufgrund seiner hohen Siedetemperatur in der Sole (mittelhochdt.: sul, Salzbrühe) zurück. Das Verdampfen und anschließende Kondensieren wird als **Destillieren** (lat.: destillare, herabträufeln) bezeichnet.

Um das so gewonnene reine Wasser als Trinkwasser verwenden zu können, müssen ihm noch geringe Mengen an Mineralsalzen zugegeben werden.

Destillieren im Labor
In der Destillationsapparatur von Bild 2 wird ein Liebigkühler eingesetzt, der aus einem Kondensationsrohr und einem Kühlmantel besteht.
Im Kühlmantel wird von unten her ständig kaltes Wasser nachgeführt. Dadurch kommt der Dampf mit einer immer kühler werdenden Glaswand in Berührung und wird besonders gut abgekühlt.

▶ Die Trennung eines Stoffgemisches durch Verdampfen und anschließendes Kondensieren nennt man Destillieren.

Versuch

1 In einer Apparatur wie in Bild 2 wird Salzwasser zum Sieden erhitzt. Im Kühler kondensiert Wasserdampf. Das destillierte Wasser wird aufgefangen.

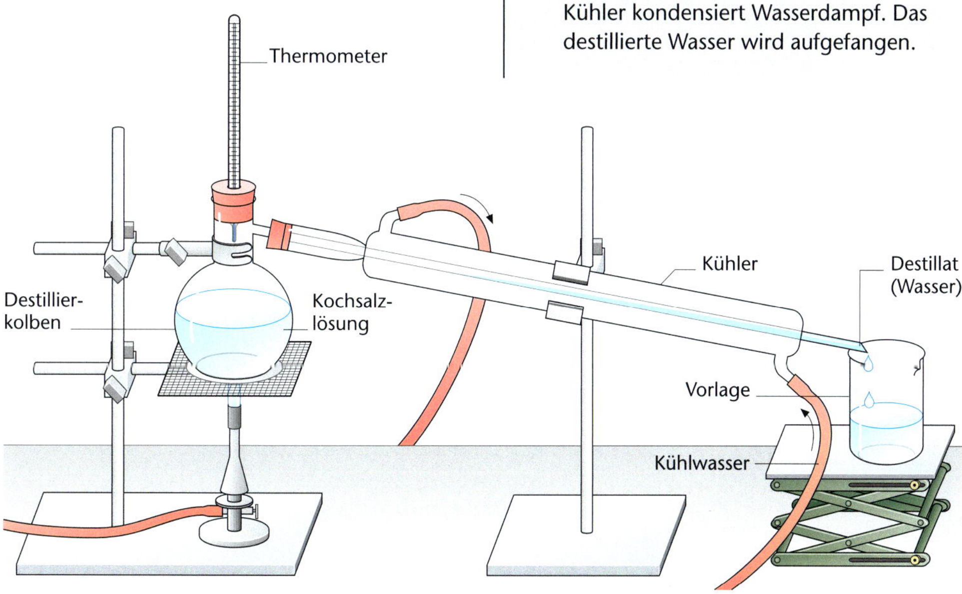

2 Destillationsapparatur im Labor

Ressource Wasser

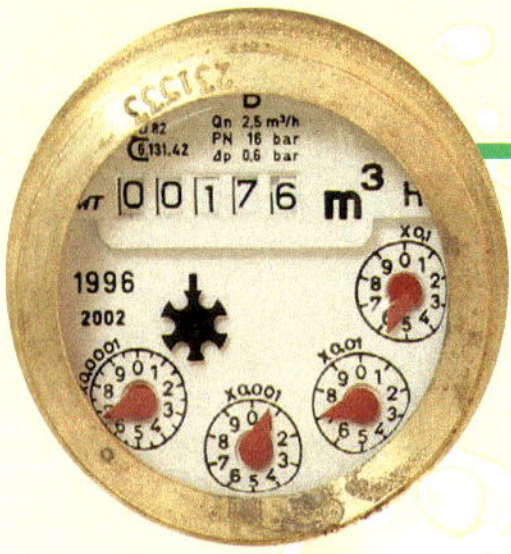

Wer Wasser spart, hilft der Natur

Der Beruf des Wasserträgers gehört der Vergangenheit an. Für die meisten von uns ist es selbstverständlich geworden, jederzeit den Wasserhahn aufzudrehen.

- Schätze, wie viele volle 10-Liter-Eimer du täglich für deine Familie herbeitragen müsstest!
- Verfolge einen Tag lang ganz bewusst deinen Wassergebrauch. Zähle die Tätigkeiten auf, bei denen du Wasser brauchst. Schau regelmäßig auf die Wasseruhr in deinem Haushalt. Rechne deinen persönlichen Wasserbedarf pro Tag aus!
- Jeder kann helfen, Gewässer zu schützen und Wasser zu sparen. Überlege, was du selbst tun kannst!

Wasser – eine gefährdete Ressource

Schlagzeilen in der Presse weisen häufig auf Probleme von Wassergefährdung und Trinkwasserversorgung hin.

- Sammle aus der Tageszeitung Berichte und Bilder, die sich mit den Themen Wasserverschmutzung und Trinkwasser beschäftigen.

- An unser Trinkwasser werden hohe Anforderungen gestellt. Häufig ist das Wasser aus Seen und Flüssen als Trinkwasser nicht geeignet. Informiere dich über Eigenschaften, die Trinkwasser haben muss.
- Gib jeweils einige Tropfen unterschiedlicher Wasserproben (Trinkwasser, Mineralwasser, destilliertes Wasser) auf einen Objektträger und dampfe über einer schwachen Brennerflamme vorsichtig ein. Halte dabei den Objektträger mit einem Reagenzglashalter.

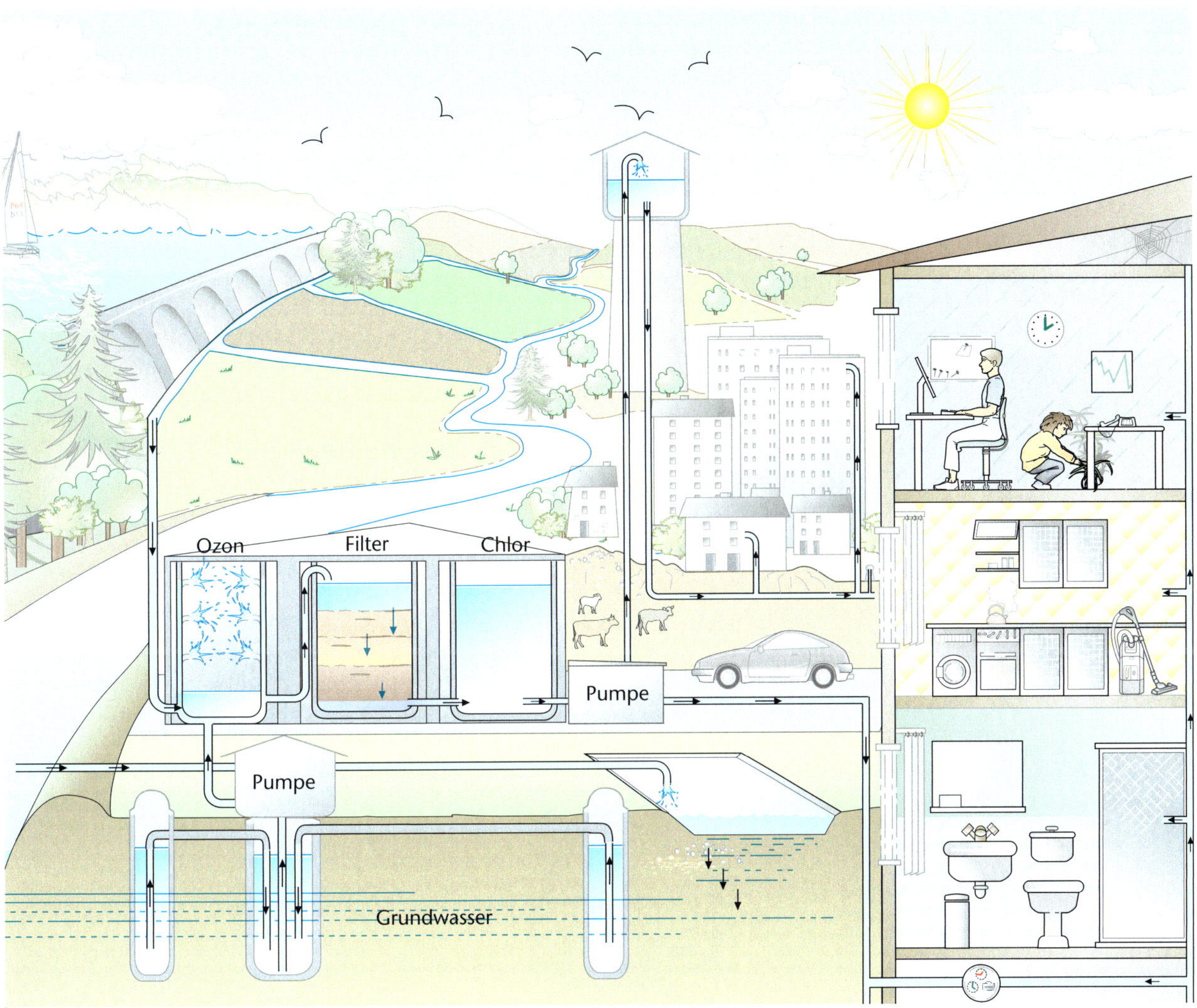

1 Versorgung mit Trinkwasser

Trinkwasser aus der Leitung
In vielen Ländern der Erde wird das Trinkwasser aus Brunnen oder Flüssen geschöpft und über weite Entfernungen zu den Häusern getragen. Bei uns kann man jederzeit den Wasserhahn aufdrehen und beliebig viel Wasser entnehmen. Die Wasserwerke versorgen die Haushalte mit Trinkwasser bester Qualität (▷B 1; B 2). Die Arbeit der Wasserwerke gliedert sich in vier große Bereiche: die Wassergewinnung, die Wasseraufbereitung, die Wasserspeicherung und die Wasserverteilung.

Wassergewinnung
In Deutschland wird der größte Teil des Trinkwassers aus Grund- und Quellwasser gewonnen. Meistens wird das Grundwasser aus Brunnen an die Oberfläche gepumpt. Legt man Brunnen in der Nähe von Flüssen an, gewinnt man außer Grundwasser auch noch das so genannte **Uferfiltrat.** Dabei versickert Wasser aus dem Fluss im Ufer, fließt auf dem Weg zum Brunnen durch Sand oder Kies und wird dabei wie in einem Filter gereinigt.

Wasseraufbereitung
Das so gewonnene Wasser enthält meist noch gelöste Stoffe und Schwebstoffe. Deshalb wird es aufbereitet. Das Wasser gelangt zunächst in eine Belüftungskammer mit ozonhaltiger Luft, in der es durch Düsen fein zerstäubt wird. Die gelösten Stoffe wandeln sich dabei in Feststoffe um. Diese flocken aus und werden in Sand- und Kiesschichten, die als Filter wirken, abgetrennt.
In speziellen Anlagen können sie auch mithilfe von Aktivkohlefiltern aus dem Wasser entfernt werden. Enthält das Wasser noch Krankheitskeime, wird es durch eine Behandlung mit UV-Licht, Ozon oder Chlor desinfiziert.

2 Trinkwasser

1 Rechen

2 Eine Fällungsreaktion

Wohin fließt unser Abwasser?
Hast du dich schon einmal gefragt, wo die Abwässer der Stadt oder der Gemeinde, in der du lebst, bleiben? Unter den Straßen führen oft riesige Kanäle unsere Abwässer zu einer Kläranlage, die in vielen Fällen weit außerhalb der Stadt liegt.
In der Kläranlage wird das Schmutzwasser in verschiedenen Stationen so behandelt, dass es gereinigt wieder an die Umwelt abgegeben werden kann.

Mechanische Reinigung
Die erste Stufe einer modernen Kläranlage besteht aus der mechanischen Reinigung. Zuerst einmal werden mit einem Rechen die gröbsten Verunreinigungen (z. B. Holz, Papier) entfernt. Im Sandfang fließt das Abwasser merklich langsamer, sodass kleine Kieselsteine und Sand nach unten sinken und dort von Pumpen abgesaugt werden. Im **Vorklärbecken** wird die Fließgeschwindigkeit so weit herabgesetzt, dass das Abwasser fast steht. Hier sinken nun feinste Schmutzstoffe zu Boden und bilden dort eine dicke Schlammschicht, die wiederum abgesaugt wird.

Biologische Reinigung
In der biologischen Reinigungsstufe, dem Herzstück der modernen Abwasserreinigung, wird das Abwasser mithilfe von Mikroorganismen, vor allem Bakterien, gereinigt. Diese Kleinstlebewesen „ernähren" sich von organischen Schmutzstoffen im Abwasser.
Zum Überleben brauchen sie viel Sauerstoff. Daher wird das **Belebtschlammbecken** auch belüftet. Ein Teil des Belebtschlammes setzt sich hier bereits ab, der andere Teil sinkt im **Nachklärbecken** zu Boden, wo er abgepumpt wird.

Chemische Reinigung
Einige Kläranlagen besitzen eine chemische Reinigungsstufe. In dieser wird dem Wasser ein Fällungsmittel zugegeben, das mit bestimmten Schmutzstoffen, beispielsweise mit Phosphaten, unlösliche Flocken bildet. Diese sinken zu Boden und können dann vom Wasser abgetrennt werden. In Bild 2 ist die Flockenbildung in einem Reagenzglas zu sehen. Dann wird das Wasser in einen Bach oder Fluss, den **Vorfluter**, geleitet.

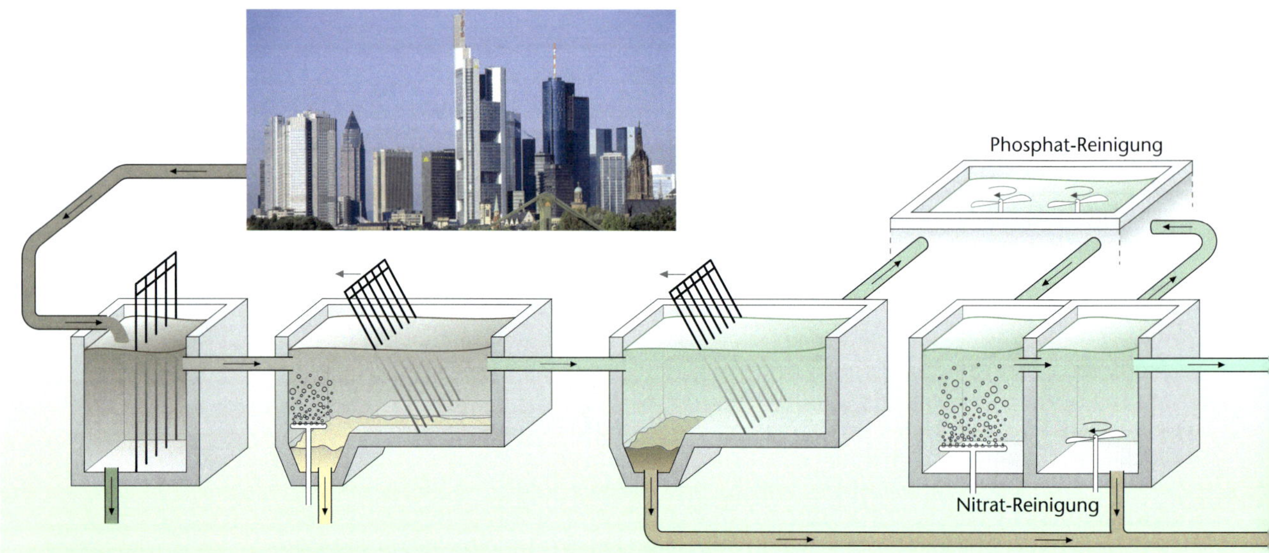

Rechen
Hier werden durch ein Gitter und Siebe grobe Stoffe aus dem ankommenden Wasser zurückgehalten.

Sandfang
In die Sandfangbecken wird Luft gepumpt, um das Abwasser aufzufrischen. Außerdem trennt sich der Sand so besser von den leichteren Schmutzstoffen. Er setzt sich ab und wird mithilfe von Pumpen entfernt.
Bevor das Wasser in das Vorklärbecken gelangt, werden wasserunlösliche Stoffe wie Fette und Öle zurückgehalten.

Vorklärbecken
Die Fließgeschwindigkeit wird herabgesetzt. Das Wasser fließt nun so langsam, dass sich die meisten im Wasser befindlichen Schwebstoffe als Schlamm absetzen können.
Dieser Rohschlamm wird abgepumpt und im Faulturm gelagert.

Belebtschlammbecken
Die Zufuhr von Sauerstoff bietet Bakterien und anderen Einzellern ideale Lebensbedingungen. Die Mikroorganismen ernähren sich u. a. von im Wasser gelösten Schmutzstoffen.
Dadurch werden diese Stoffe entfernt. Der überschüssige Belebtschlamm wird zum Faulturm geleitet.

mechanische Reinigung | biologische Reinigung

Eine schlammige Angelegenheit
In allen Klärungsstufen wird Schlamm erzeugt und in den **Faulturm** geleitet. Dort wird der Schlamm unter Abgabe von Methangas zersetzt. Das Gas wird in einem Turm gesammelt und für die Energiegewinnung verwendet. Reste des Faulschlammes werden entweder als Dünger verwendet oder gelangen auf die Deponie.

Eine Kläranlage reinigt Abwasser in verschiedenen Stufen so gründlich, dass es wieder an die Natur abgegeben werden kann. Die Hauptreinigungsstufe ist die biologische Reinigung.

Aufgaben

1 Die wichtigste Reinigungsstufe ist die „biologische" Reinigung. Erkläre diese Bezeichnung.

2 Würden die Gemeinden entlang der Flüsse alle Abwässer ungeklärt in die Gewässer leiten, hätte das negative Folgen. Beschreibe diese.

3 Luftbild einer Kläranlage

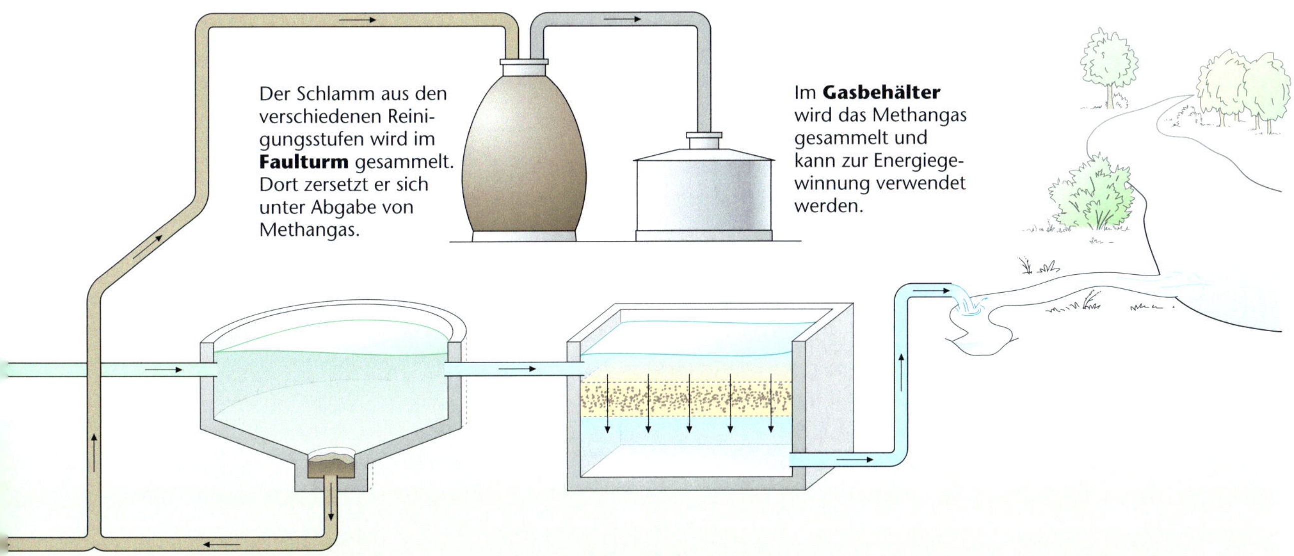

Nachklärbecken
Hier bleibt das Wasser einige Zeit stehen, damit sich die restlichen Flocken des Belebtschlamms absetzen können. Ein Teil des abgesetzten Belebtschlamms wird in den Faulturm gepumpt, der andere Teil wird nochmal in das Belebtschlammbecken zurückgepumpt.

Flockungsfiltration
Zum Schluss wird das Wasser noch von krank machenden Keimen und evtl. noch vorhandenen Phosphaten befreit. Dies geschieht mithilfe der Flockungsfiltration. Das Wasser hat nun fast Trinkwasserqualität.

Vorfluter
Über den Vorfluter, meist ein Fließgewässer, gelangt das gereinigte Wasser wieder in den natürlichen Wasserkreislauf.

(chemische Reinigung nur nach Bedarf)

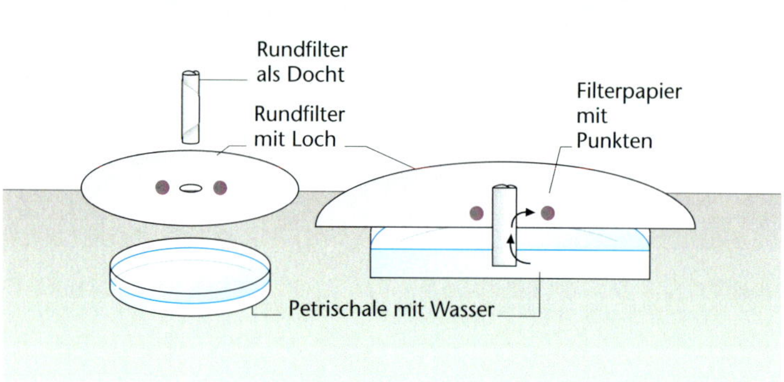

1 Papierchromatografie in der Petrischale

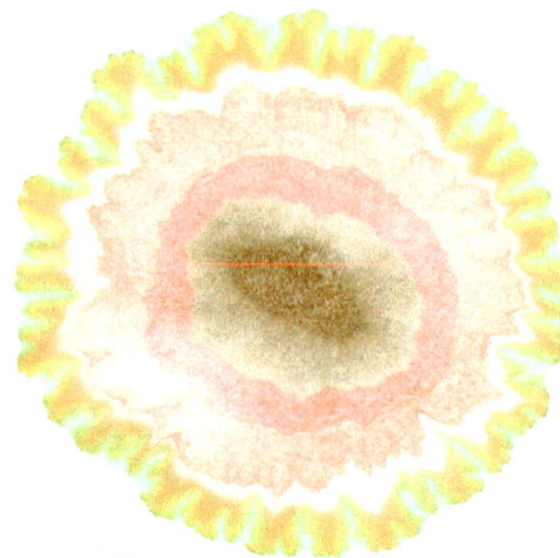

3 Runge-Bild

Der Chemiker F. RUNGE entdeckte 1850, dass sich beim Auftropfen von Farblösungen auf Papier unterschiedliche Farbringe bildeten (▷ B 3). Diese Bilder werden auch heute noch „Runge-Bilder" genannt. RUNGE war begeistert von der Schönheit der Bilder, ohne sich bewusst zu sein, dass er damit die Grundlage für ein wichtiges Trennverfahren – die Papierchromatografie – geschaffen hatte.

Die Papierchromatografie

Die Chromatografie (griech.: chroma, Farbe und graphein, schreiben) nutzt die Eigenschaft von Stoffen aus, an Oberflächen unterschiedlich stark zu haften. Bei der Papierchromatografie wird ein Stoffgemisch zunächst durch ein geeignetes Lösungsmittel, das **Fließmittel**, transportiert. Bei seinem Weg über das Papier nimmt das Fließmittel die Stoffe unterschiedlich weit mit. Stoffe, die auf Papier gut haften, wandern langsam und bleiben rasch hängen.
Das Haften an einer Oberfläche wird auch als **Adsorption** bezeichnet; deshalb sagt man, dass ein Stoff an einer Oberfläche adsorbiert wird.

2 Chromatografie im Modell

▶ Das Haften eines Stoffes an einer Oberfläche bezeichnet man als Adsorption.

Da gleiche Stoffe auch gleich gut haften, bilden sich bei Farbstoffgemischen Zonen gleicher Farbe. Diese Zonen sind bei den Runge-Bildern (▷ B 3) gut sichtbar ausgebildet.
Besonders leicht durchzuführen ist die Papierchromatografie mit Filterpapier (▷ V 1; V 2). Bessere Ergebnisse erzielt man jedoch, wenn man für die unterschiedlichen Stoffgemische spezielle Chromatografiepapiere verwendet.

Versuche

1 Male mit mehreren schwarzen, wasserlöslichen Filzschreibern verschiedener Hersteller ca. 5 mm große Punkte rund um den Mittelpunkt eines Rundfilters. Bohre mithilfe eines spitzen Bleistifts in der Mitte des Rundfilters ein Loch. Stecke in dieses Loch einen „Docht" aus einem gerollten Filterpapierstreifen (▷ B 1). Fülle jetzt eine Petrischale etwa zur Hälfte mit Wasser und lege den Rundfilter so darauf, dass der Docht in das Wasser taucht.

2 Wiederhole die Papierchromatografie aus Versuch 1 mit verschiedenfarbigen Punkten.

Aufgabe

1 Erläutere die Modelldarstellung zur Chromatografie (▷ B 2). Farbstoffteilchen, Fließmittel und unterschiedliche Adsorption sind im Bild jeweils dargestellt. Erkläre.

Naturfarben und Lebensmittelfarben

1 Brennnessel und Taubnessel

1 Blätter entfärben

Material

Becherglas (100 ml), Mörser mit Pistill, Schere, grüne Blätter (Brennnessel, Taubnessel oder Spinat), Sand, Brennspiritus

Sicherheitshinweis

Brennspiritus ist leicht entzündlich. Er gehört zu den Gefahrstoffen. Arbeite nie in der Nähe einer offenen Flamme mit Spiritus.

Versuchsanleitung

Zerschneide einige Blätter in kleine Stücke und gib sie in den Mörser. Füge etwas Sand und einige Milliliter Brennspiritus zu.
Zerreibe das Gemisch intensiv mit dem Pistill. Gieße die grüne Flüssigkeit, die Blattgrünlösung, vorsichtig in ein Becherglas ab und bewahre sie für den Versuch 2 auf.

2 Zerreiben der Blätter im Mörser

2 Naturfarben laufen lassen

Material

Petrischale, Rundfilter, Pipette, Papierhandtuch, Blattgrünlösung

Versuchsanleitung

Lege ein rundes Filterpapier auf die Petrischale. Tropfe mithilfe der Pipette drei Tropfen Blattgrünlösung in die Mitte des Rundfilters (▷ B 3). Warte, bis das Filterpapier die Flüssigkeit vollständig aufgesaugt hat. Fahre so fort, bis die Flüssigkeit den Rand des Filterpapiers erreicht hat. Lass das Papier trocknen.

3 Auftropfen der Blattgrünlösung

Aufgaben

1. Notiere die Beobachtungen, die du beim Auftropfen der Flüssigkeit auf das Filterpapier machen kannst.

2. Blattgrün ist ein Stoffgemisch. Begründe mithilfe der Versuchsbeobachtung.

3. Das Verfahren, mit dem man ein Farbstoffgemisch in seine einzelnen Bestandteile trennen kann, heißt Chromatografie. Leite diesen Namen ab.

4. a) Nenne die Jahreszeit, in der sich zeigt, dass Blätter nicht nur einen grünen Farbstoff enthalten.
b) Beschreibe die Farben, die Laubblätter in dieser Zeit haben.

3 Lebensmittelfarben laufen lassen

Material

2 Reagenzgläser, Stopfen, Reagenzglasgestell, Petrischale, Pipette, Rundfilter, Papierhandtuch, 1 Packung Mini-Schokolinsen

Versuchsanleitung

a) Wähle vier Schokolinsen einer Farbe aus und gib sie in ein Reagenzglas. Tropfe mit der Pipette so viel Wasser dazu, dass die Schokolinsen bedeckt sind.
Verschließe das Reagenzglas mit einem Stopfen und schüttle kurz (▷ B 4). Fülle die farbige Lösung in das zweite Reagenzglas.

b) Lege ein rundes Filterpapier auf die Petrischale und tropfe wie in Versuch 2 die farbige Lösung in die Mitte des Rundfilters.

Aufgaben

1. Beschreibe deine Beobachtungen beim Auftropfen der Flüssigkeit auf das Filterpapier.

2. Handelt es sich bei der Farbe um einen Reinstoff oder ein Stoffgemisch. Erkläre mithilfe deiner Beobachtungen.

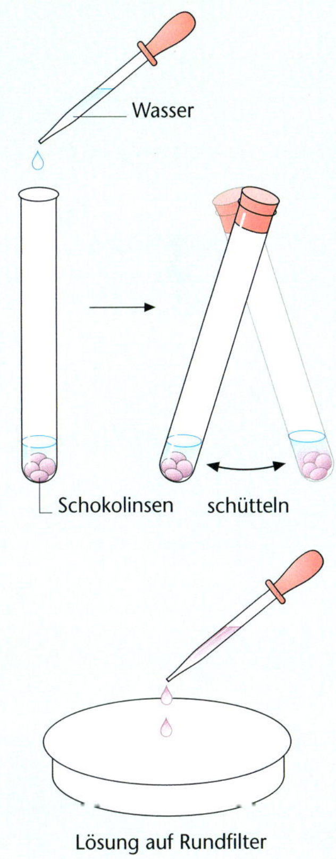

4 Zu Versuch 3

Trennverfahren von A bis Z

Absetzenlassen
Beim Goldwaschen werden Schlamm, Steine und Sand von den winzigen Goldkörnchen getrennt. Durch geschicktes Schwenken der Schale bleiben die winzigen Goldkörnchen am Boden der Schale zurück, sie setzen sich ab. Dies nennt man Sedimentieren. Schlamm, Sand und Steine werden über den Pfannenrand gespült.

Auspressen
Mit Handpressen werden halbierte Früchte ausgepresst. Dabei fließt der Saft durch ein Sieb, in dem das Fruchtfleisch hängen bleibt.

Chromatografieren
Hierbei nutzt man die Eigenschaft von Stoffen, an Oberflächen unterschiedlich stark zu haften. Bei der Papierchromatografie lösen sich auf Papier aufgebrachte Farbstoffe in Wasser (Fließmittel). Das Wasser transportiert die Farbstoffe, die unterschiedlich gut auf dem Papier haften bleiben.

Entsaften
Der Saft von Karotten und Tomaten wird meist nicht ausgepresst, sondern durch Entsaften gewonnen. Im Entsafter wird das Gemüse zuerst zerkleinert. Die Masse wird dann in ein siebartiges Gitter gegeben, das sich sehr schnell dreht. Die festen Bestandteile des Gemüses werden dadurch nach außen gepresst, der Saft fließt durch das Gitter in eine Rinne und läuft über eine Austrittsöffnung ins Glas.

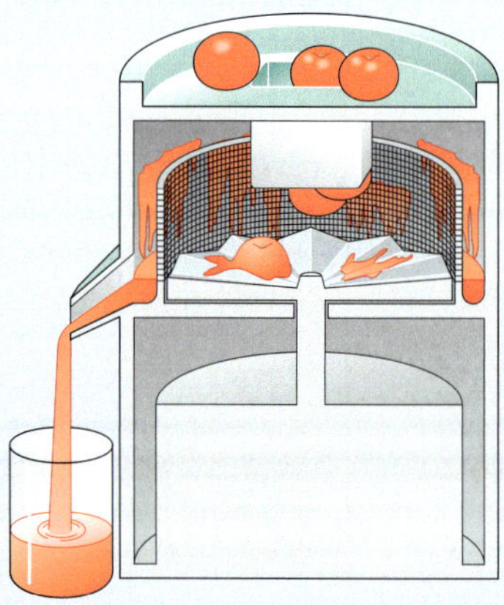

Filtrieren
Kaffeepulver wird mit heißem Wasser aufgebrüht. Die festen Bestandteile werden von einem Filter zurückgehalten. Die gelösten Farb- und Geschmacksstoffe können dagegen den Filter passieren.

Magnettrennung
Bei der Mülltrennung und der Verwertung von Schrott nutzt man die magnetischen Eigenschaften von Eisen aus. Mithilfe eines Elektromagneten werden Eisenteile aus dem zerkleinerten Müll auf dem Förderband aussortiert. Auch bei der Schrottverwertung wird Eisen auf diese Weise von anderen Metallen getrennt. Das wichtige Metall Eisen kann so zurückgewonnen und weiterverwertet werden.

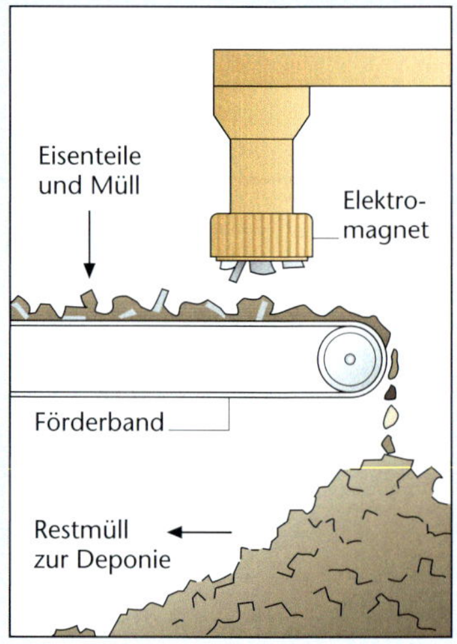

Zentrifugieren
Eine Zentrifuge arbeitet ähnlich wie eine Schleuder. Das flüssige Stoffgemisch wird in eine Trommel gegeben, die sich sehr schnell dreht. Die schweren Bestandteile werden nach außen geschleudert und so von den leichteren getrennt. Das Verfahren wird z. B. bei der Milch angewendet, um die Molke vom Fett zu trennen.

Ist Müll Abfall oder Rohstoff?

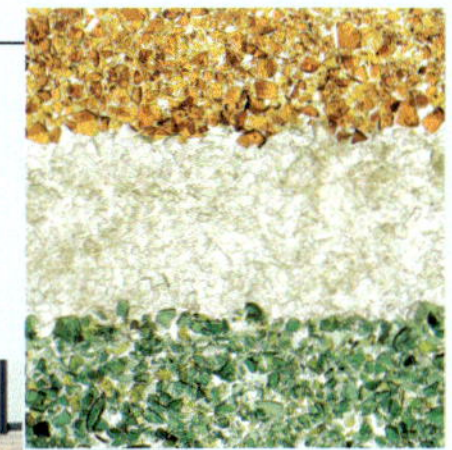

3 Glasgranulat aus Grün-, Weiß- und Braunglas

1 Auf der Mülldeponie

2 Glas getrennt sammeln

Müll – wohin damit?

Früher wurden viele Nahrungsmittel unverpackt gekauft, Papier- und Pappabfälle als Brennmaterial im Ofen verheizt und Küchenabfälle kompostiert oder verfüttert. Leider wandern heute Abfälle und Verpackungsmaterialien noch oft in die Mülltonne und lassen die Müllberge anwachsen (▷ B 1).

Im Jahr fallen durchschnittlich pro Kopf etwa 400 kg Hausabfall und 50 kg Sperrmüll an. Dieser Abfall allein könnte jährlich einen Güterzug von 2 000 km Länge füllen. Damit die Müllberge nicht noch weiter anwachsen, müssen wir mit dem Müll vernünftig umgehen und zwar in der Reihenfolge:

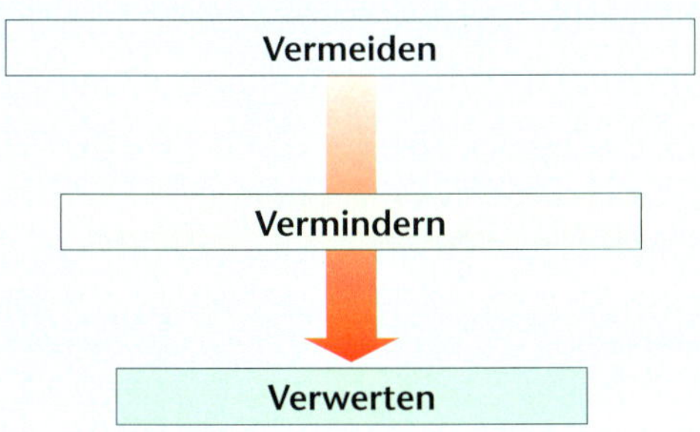

Müll vermeiden

Dienen Verpackungen nur der Verschönerung, kann man ganz auf sie verzichten. Viele Lebensmittel wie Bananen, Äpfel, Gurken oder Zitronen sind schon von Natur aus gut eingepackt. Plastiktüten, die häufig nur einmal benutzt werden, können durch Tragetaschen, Körbe oder Netze ersetzt werden.

Müll verwerten

Im Müll stecken wertvolle Stoffe. Papier, Glas, Metalle, Kunststoffe und Bioabfälle sind **Wertstoffe**. Werden wiederverwertbare Stoffe aus dem Müll in einen Stoffkreislauf zurückgeführt, spricht man von **Recycling**. Dazu müssen die Wertstoffe aber getrennt vom Restmüll gesammelt werden. Dafür gibt es Sammelbehälter oder Wertstoffsäcke aus recyceltem Kunststoff (▷ B 4). Altglas lässt sich beliebig oft einschmelzen; es muss dafür aber nach Farben getrennt gesammelt werden (▷ B 2; B 3).

Auch das aus Altpapier (▷ B 5) gewonnene Recyclingpapier kann wiederverwendet werden, z. B. für Schulhefte. Küchen- und Gartenabfälle (Biomüll) lassen sich durch Kompostieren in Dünger umwandeln.

Wohin mit dem Restmüll?

Die restlichen Abfälle müssen beseitigt werden. Die beiden wichtigsten Verfahren der Müllbeseitigung sind die **Müllverbrennung** und die **Deponierung**.

Aufgaben

1 Beschreibe die Probleme, die mit der Deponierung und der Verbrennung von Müll verbunden sind. Erkundige dich bei deiner Heimatgemeinde oder hole Informationen aus dem Internet ein.

2 Informiere dich, ob in deiner Schule eine Mülltrennung erfolgt.

4 Wertstoffsack

5 Altpapier sammeln

Papier schöpfen

Altpapier ist ein wertvoller Rohstoff, aus dem sich wieder Papiererzeugnisse herstellen lassen.
Aus Papierfetzen kannst du selbst Recyclingpapier herstellen.

Material
Schüssel oder Eimer, größere Wanne, Rührer, Zeitung, Tücher oder Küchenkrepp, 2 Holzbretter (ca. 20 cm x 30 cm), Nudelholz, 4 Holzleisten (Länge 25 cm, Breite 2 cm, Höhe ca. 1 cm), 4 Holzleisten (Länge 15 cm, Breite 2 cm, Höhe ca. 1 cm), Tacker, Nägel, Schrauben, Fliegendraht, Wäscheseil, Wäscheklammern

Versuchsanleitung
a) Herstellung des Schöpfrahmens
Der Schöpfrahmen besteht aus zwei gleich großen Rahmen, dem Sieb- und dem Formrahmen. Fertige zunächst aus je zwei Holzleisten von 25 cm und 15 cm Länge einen Formenrahmen (▷ B 1). Dieser Rahmen hat eine Innengröße von 21 cm x 15 cm (DIN-A5-Format).

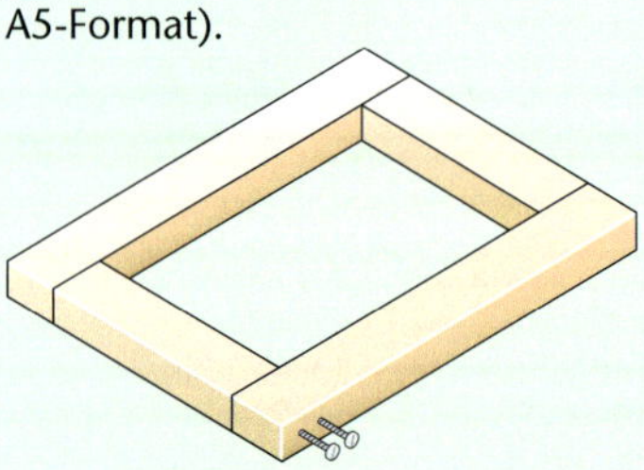

1 Ein Formenrahmen

Aus einem weiteren Formenrahmen erhältst du einen Siebrahmen mithilfe eines engmaschigen Drahtnetzes (Fliegendraht).

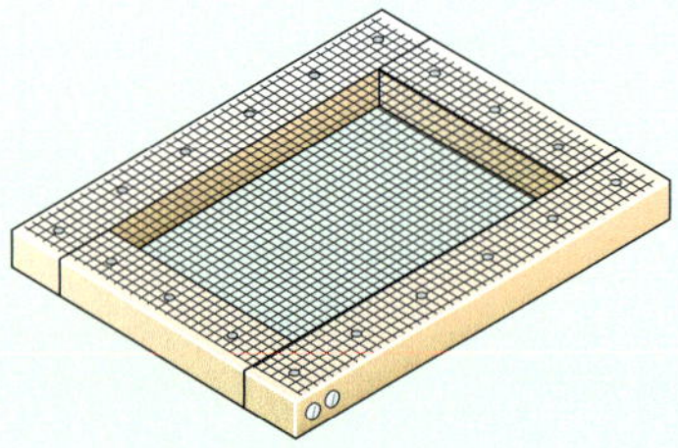

2 Ein Siebrahmen

Dieses wird mit einem Tacker (bzw. Schrauben oder Nägeln) auf dem Rahmen befestigt.

b) Herstellung des Papierbreis
Zerschneide oder zerreiße alte Zeitungen in möglichst kleine Stücke. Weiche sie in einem Eimer oder einer Schüssel über Nacht ein. Verarbeite mithilfe eines Rührers das eingeweichte Papier zu einem Brei.
Gib den Brei in eine größere Wanne und füge so viel Wasser hinzu, dass der Brei dünnflüssig wird und sich die Fasern gleichmäßig im Wasser verteilen.

c) Papierschöpfen
Lege den Formenrahmen auf den Siebrahmen und halte die übereinander liegenden Rahmen gut mit beiden Händen fest. Tauche den Schöpfrahmen, nachdem du den Papierbrei noch einmal aufgerührt hast, schräg abwärts bis auf den Boden der Wanne ein (▷ B 3). Hebe den Schöpfrahmen nun langsam nach oben. Achte darauf, dass du den Rahmen waagerecht hältst, damit sich die Fasern gleichmäßig auf dem Sieb absetzen können. Es muss eine dünne, aber geschlossene Faserschicht entstehen.

3 Papier schöpfen

d) Herstellung von Rohpapier
Nimm den Formenrahmen ab und lege den Siebrahmen mit dem Papier nach unten auf ein Tuch oder auf Küchenkrepp (▷ B 4). Löse die Papiermasse vorsichtig von dem Siebrahmen ab, indem du mit der Hand leicht von oben dagegen drückst.

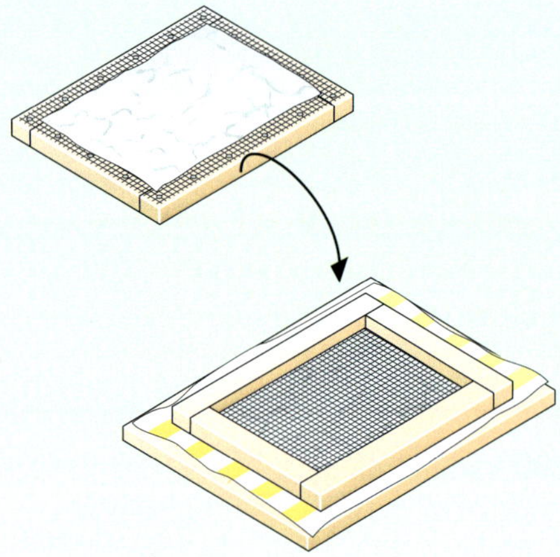

4 Rohpapier herstellen

e) Pressen und Trocknen
Bedecke das Blatt mit einem Tuch (oder Küchenkrepp) und presse mit einem Nudelholz das Wasser aus dem Blatt. Nimm das Blatt jetzt vorsichtig heraus und lege es zwischen trockene Tücher und diese zwischen zwei Bretter. Mehrere geschöpfte Papiere lassen sich auch übereinander stapeln (▷ B 5). Mithilfe von Schraubzwingen werden die Bretter jetzt fest zusammengepresst.
Hänge die gepressten Papierbögen zum Trocknen an einem Wäscheseil auf. Sollte das Papier nach dem Trocknen noch wellig sein, kannst du es mit einem Bügeleisen glattbügeln.

5 Pressen und Trocknen

Brennbare und nicht brennbare Stoffe

Brennbare Stoffe
Um Papier, trockenes Laub oder Gras zu entzünden, reicht schon ein brennendes Streichholz oder eine achtlos weggeworfene Glasflasche. Die Flasche kann als Brennglas wirken und die Strahlen bündeln. Schon oft wurden so verheerende Waldbrände ausgelöst.

Aber auch überhitztes Fett in einer Pfanne kann Feuer fangen und zu Bränden führen.

Brennstoffe
Nicht alle brennbaren Stoffe sind gleichzeitig auch Brennstoffe. Unter Brennstoffen versteht man Stoffe, die im Haushalt oder in der Industrie verbrannt werden, um daraus Energie zu gewinnen. Niemand käme auf die Idee, Wärme und Licht mithilfe brennender Fettpfannen zu erzeugen.

Feste Brennstoffe
Der erste von den Menschen genutzte Brennstoff war Holz. Bei der Verbrennung wird die im Holz gespeicherte Energie der Sonne freigesetzt. Der steigende Holzbedarf in einigen Regionen hat jedoch dazu geführt, dass ganze Waldgebiete abgeholzt wurden.
Kohle ist ein weiterer fester Brennstoff. Sie hat einen höheren Brennwert als Holz. Das bedeutet, dass die gleiche Menge Kohle mehr Licht und Wärme erzeugt als diese Menge Holz.

Flüssige und gasförmige Brennstoffe
Die meisten flüssigen Brennstoffe sind Produkte des selbst nur sehr schwer entflammbaren Erdöls. Der Großteil des europäischen Erdöls wird mit Bohrinseln gefördert.

In Raffinerien wird daraus zum Beispiel Benzin erzeugt, das schon bei Zimmertemperatur verdunstet.
Je leichter ein Brennstoff Dämpfe bildet, desto feuergefährlicher ist er. Petroleum, Diesel oder Heizöl sind ebenfalls Erdölprodukte. Sie verdunsten aber nicht so leicht wie Benzin und lassen sich daher nicht so leicht entzünden. Wenn diese Brennstoffe erwärmt werden, sind sie leichter entflammbar.
Zu den gasförmigen Brennstoffen zählt das Erdgas. Es wird, ähnlich wie das Erdöl, aus unterirdischen Lagerstätten gefördert.

Nicht brennbare Stoffe
Um Feuerstellen, Kamine oder Kachelöfen abzusichern, kann man natürlich keine brennbaren Stoffe einsetzen. Pfadfinder lernen da-

her, ihre Feuerstellen mit Steinen einzugrenzen, um so eine ungewollte Ausbreitung des Feuers zu verhindern. Besonders feuerfest sind Schamottesteine. Damit kleidet man das Innere von Öfen und Schornsteinen aus.

Auch Beton ist ein feuerfester Werkstoff. Ziegel, die aus Lehm oder Ton gepresst, getrocknet und bei 1100 °C gebrannt werden, halten Temperaturen bis zu diesem Wert stand.
Feuerschutzkleidung, z. B. für Feuerwehrleute und Rennfahrer, wird aus feuerfesten Textilfasern hergestellt. Sie kann lebensrettend wirken.

Feuer und Flamme

Techniken des Feuermachens

Seit der Erfindung der Streichhölzer im Jahre 1833 ist das Feuermachen zu einer schnellen und einfachen Angelegenheit geworden.

- Nenne alle Dinge, die man braucht, um ein Feuer zu machen.
- Wie würdest du vorgehen, wenn du ein Lagerfeuer aufbauen und entzünden solltest?
- Unter welchen Bedingungen brennt ein Feuer ganz schlecht oder gar nicht?

Feuer – schön, nützlich und gefährlich

Die meisten Menschen empfinden den Anblick eines Lagerfeuers mit seinen flackernden Flammen als schön und anziehend. Wenn es dunkler und vielleicht auch kühler wird, rückt man näher ans Feuer. Aber auch nicht zu nahe, denn man weiß ja, dass Feuer auch gefährlich sein kann.

- Schildere, was du beim Anblick eines Lagerfeuers mit seinen flackernden Flammen empfindest.
- Zähle auf, wozu man Feuer nutzen kann.
- Berichte über die Gefährlichkeit von Feuer.

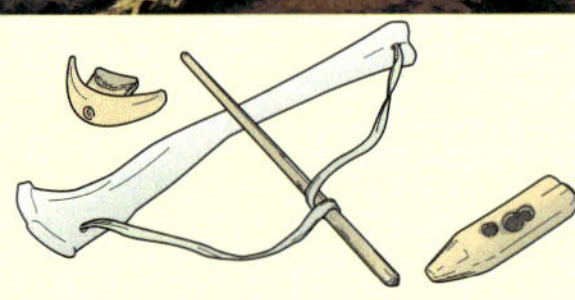

Mensch und Feuer

Die Geschichte der Menschheit ist eng mit der Beherrschung des Feuers verknüpft. Funde belegen, dass es bereits vor ca. 1,4 Mio. Jahren Lagerfeuer gab. Vor etwa 400 000 Jahren beherrschte der Mensch wahrscheinlich die Kunst des Feuermachens.

- Stelle Vermutungen an, wie die frühgeschichtlichen Menschen an ihr erstes Feuer gelangten.
- Später lernten sie, Feuer selbst zu entzünden. Erkundige dich, welche Methoden sie dazu verwendeten.
- Der frühgeschichtliche Mensch hat das Feuer in vielerlei Weise genutzt. Zähle die verschiedenen Nutzungsmöglichkeiten auf.

Schnittpunkt

Brandschutz

Brandschutzeinrichtungen
Feuermelder (▷ B 4) sind an einem roten Kästchen mit schwarzem Knopf zu erkennen. Im Notfall schlägt man die Scheibe z. B. mit einem Schuh ein und drückt kurz den schwarzen Knopf. Die Nummer des Feuermelders wird direkt an die Feuerwehr weitergeleitet. Ist kein Feuermelder vorhanden, kann man von jedem Handy und fast jedem öffentlichen Telefon kostenlos die Notrufnummern 110 (Polizei) oder 112 (Feuerwehr) anrufen.
In öffentlichen Gebäuden befinden sich auch oft **Wandhydranten**, die mit einem eigenen Symbol gekennzeichnet sind. In einem Metallkasten ist ein flacher oder formbeständiger Druckschlauch aufgerollt, der über Steigleitungen an das Wassernetz angeschlossen ist.

Sprinkleranlagen
Vor allem Kaufhäuser, Theater, Tiefgaragen und Lagerhallen sind mit so genannten **Sprinkleranlagen** ausgerüstet. Sie sind zugleich Feuermelder und Feuerlöscher. Über Rohrleitungen gelangt Wasser zu Sprinklerdüsen, die an der Decke befestigt sind. **Sprinkler** (engl.: to sprinkle, sprühen) sind kleine Brausen (▷ B 2). Ihre Öffnungen sind mit zugeschmolzenen Glasröhren verschlossen, die eine gefärbte Flüssigkeit enthalten. Bricht ein Feuer aus, erwärmt sich die Flüssigkeit im Glas und dehnt sich aus. Dadurch zerspringt das Glas und Wasser strömt aus der Leitung, verteilt sich auf dem Sprühteller des Sprinklers und besprüht das Feuer. Gleichzeitig wird Feueralarm ausgelöst. Anstelle von Wasser können Sprinkler auch andere Löschmittel enthalten.

1 Hinweise zur Bedienung eines Feuerlöschers

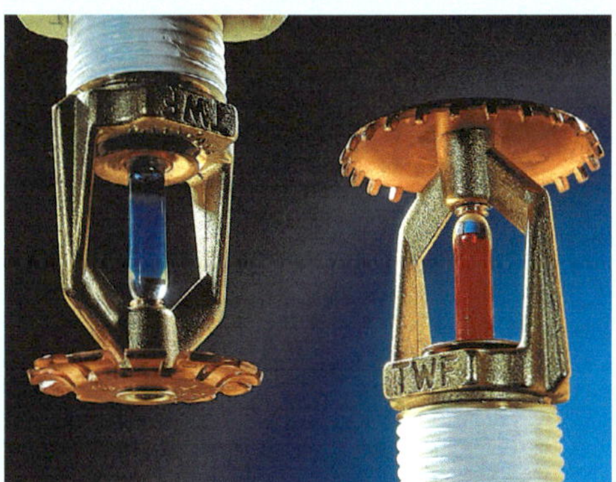

2 Sprinkler

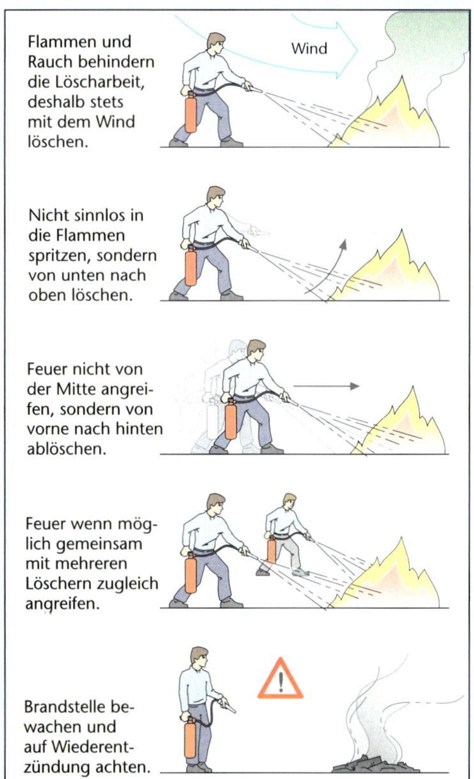

3 Feuerlöschen mit einem Handfeuerlöscher

4 Feuermelder

1 Ein erloschenes Lagerfeuer

2 Energie zum Kochen

3 Energie zum Heizen

Verbrennungen verändern Stoffe
Von einem Lagerfeuer bleibt am Ende nicht viel übrig (▷ B 1). Das Holz hat sich beim Verbrennen in Asche und Rauch verwandelt. Rauch ist ein Gemisch aus Verbrennungsgasen, Luft und feinen Ruß- und Staubkörnchen.
Bei der Verbrennung sind offensichtlich neue Stoffe mit neuen Eigenschaften entstanden. Es hat eine Stoffumwandlung stattgefunden.
Einen Vorgang, bei dem Stoffe mit neuen Eigenschaften entstehen, nennt man eine **chemische Reaktion**.

Bei einer chemischen Reaktion entstehen neue Stoffe mit neuen Eigenschaften.

Magnesium verbrennt
Wenn man ein Stück Magnesium anzündet, verbrennt das graue, glänzende Metall zu einem festen weißen Stoff (▷ B 4).
Auch bei dieser Verbrennung findet also eine chemische Reaktion statt.

Verbrennungen setzen Energie frei
Ein Lagerfeuer wärmt. Bei der Verbrennung von Magnesium kannst du eine grell leuchtende Flamme beobachten (▷ B 4).
Bei der Verbrennung entstehen nicht nur neue Stoffe, sondern es wird auch immer Energie frei. Diese Energie ist in Form von chemischer Energie in den Brennstoffen enthalten. Brennstoffe sind daher Energiespeicher. Beim Verbrennungsvorgang wird diese chemische Energie in Form von Wärme und Licht abgegeben.

Bei Verbrennungen wird chemische Energie in Wärme und Licht umgewandelt.

Brennstoffe im Alltag
Im Haushalt werden große Mengen an Brennstoffen wie Kohle, Heizöl oder Erdgas verbrannt, um Energie zum Kochen oder zum Heizen zu gewinnen (▷ B 2, B 3).
In Kraftwerken wird mit der durch Verbrennung gewonnenen Wärme Wasserdampf erzeugt. Dieser treibt über eine Turbine einen Generator an, der elektrischen Strom erzeugt (▷ B 5).

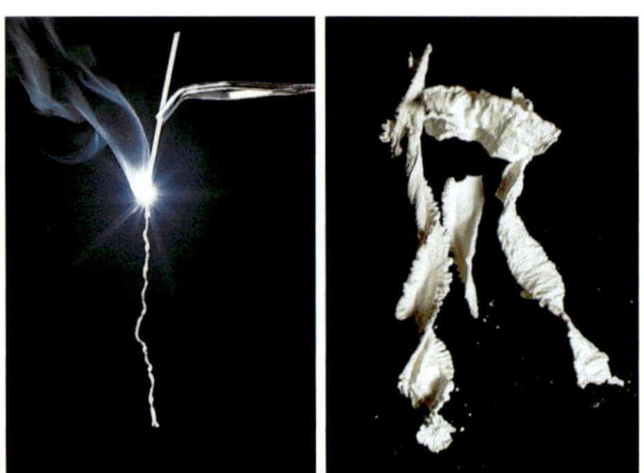
4 Magnesium verbrennt zu einem neuen Stoff.

5 Erzeugung von Strom in Heizkraftwerken

1 Das Kupferdach überzieht sich mit Patina.

2 Eisen rostet an feuchter Luft

4 Ein Kuchen entsteht aus Teig.

Stoffumwandlungen im Alltag

In unserer Umwelt spielen sich viele Vorgänge ab, bei denen sich Stoffe dauerhaft verändern. Ein Kupferdach überzieht sich mit grüner Patina (▷ B 1). Gegenstände aus Eisen überziehen sich an feuchter Luft mit einer rotbraunen Schicht. Das Eisen rostet (▷ B 2). Silber oder versilberte Bestecke „laufen" an der Luft an oder werden schwarz, wenn sie mit Eigelb in Berührung kommen.

Ein Tauchsieder oder Teile der Waschmaschine verkalken. Wunderkerzen sehen anders aus, wenn sie abgebrannt sind (▷ B 3). Auch beim Kochen, Braten und Backen verändern sich die Stoffe. Aus Teig wird ein Kuchen (▷ B 4). Ebenso ist das Verderben von Speisen eine stoffliche Veränderung.

Auch bei einem Lagerfeuer findet eine Stoffumwandlung statt. Aus Holz wird Asche, Rauch entweicht. Zudem wird Energie frei, als Wärme und Licht. Es gibt auch Stoffumwandlungen, bei denen Energie zugeführt werden muss. Einige Veränderungen laufen sehr rasch ab, andere dauern sehr lange.

3 Feuerzauber mit einer Wunderkerze

Stoffumwandlungen in der Natur

In der Natur werden ständig neue Stoffe gebildet und wieder abgebaut. Im Laufe des Jahres entstehen Blüten, Blätter und Früchte. Sie welken und verblühen, sinken zu Boden und verrotten. Aus Früchten entstehen neue Pflanzen. Die natürlichen Abfälle werden von Würmern und Bakterien zersetzt, dabei entsteht Kompost (▷ B 5). In der Natur gibt es deshalb keine Müllberge. Mit einem Komposthaufen im Garten können auf natürliche Weise alle verrottbaren Abfälle beseitigt und in wertvollen Dünger verwandelt werden.

5 Pflanzenabfälle verrotten zu wertvollem Kompost.

Werkstatt

Wie schnell rostet Eisen?

1 Wie schnell rostet Eisen?

Material

Zwei Reagenzgläser, 2 Bechergläser (250 ml), Spatel, ungefettete Eisenwolle, Wasser

Versuchsanleitung

Schiebe jeweils einen fingerdicken Ballen Eisenwolle mit dem Spatel bis an den Boden des Reagenzglases. Stelle ein Reagenzglas mit der Öffnung nach unten in ein Becherglas, das zu zwei Dritteln mit Wasser gefüllt ist (▷ B 1). Gieße im zweiten Reagenzglas etwas Wasser auf die Eisenwolle und lass das Wasser wieder ablaufen. Stelle nun das Reagenz ebenfalls mit der Öffnung nach unten in ein Becherglas mit Wasser. Vergleiche die Versuchsergebnisse nach ein, zwei und drei Tagen.

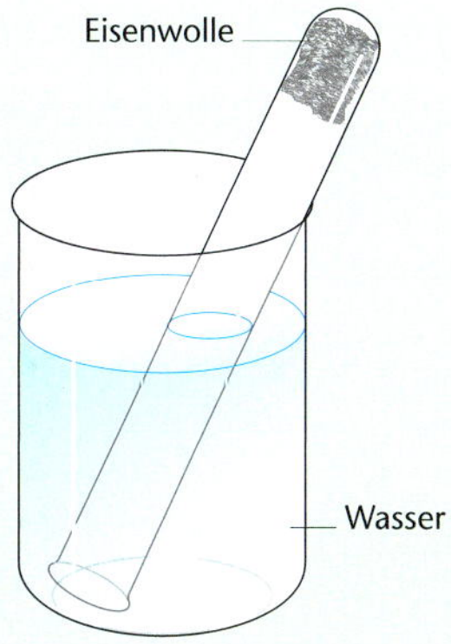

1 Eisenwolle unter Wasser

Werkstatt

Kartoffelpuffer und Apfelmus

1 Kartoffeln reiben, würzen, mischen

Geräte/Zutaten

Kartoffelschäler, Messer, Reibe, Schüssel, Rührlöffel, 1 kg rohe Kartoffeln, 2 große Zwiebeln, 2 Eier, Salz. Der Tisch, auf dem du arbeitest, und alle Geräte müssen sehr sauber sein.

Rezept

a) Schäle 1 kg rohe Kartoffeln und 2 Zwiebeln und reibe sie auf der feinen Seite einer Reibe in eine Schüssel (▷ B 1).

b) Schlage 2 Eier auf und mische diese mit der Kartoffelmasse. Salze nach Geschmack.

1 Kartoffeln reiben

2 Kartoffelpuffer braten

Geräte/Zutaten

Pfanne, Holzbrett, Kochplatte, Heber zum Wenden, Teller, Löffel, Öl oder Bratfett

Zubereitung

a) Forme mit einem Löffel aus der Kartoffelmasse kleine Kuchen und lege sie auf ein Holzbrett.

b) Erhitze Öl oder Bratfett in einer Pfanne. Gib die kleinen Kuchen vom Holzbrett in das erhitzte Öl oder Fett. Drücke die Masse etwas flach. Brate sie auf beiden Seiten, bis die Kartoffelpuffer knusprig sind (▷ B 2).

c) Lege die gebackenen Kartoffelpuffer auf einen Teller.

2 Braten der Kartoffelpuffer

3 Leckeres Apfelmus

Geräte/Zutaten

Messer, Schäler, Schüssel, Löffel, Kochplatte, Sieb, Rührlöffel, Kochtopf, Wasser, 10 Äpfel, Zucker

Rezept

a) Schäle die Äpfel, entferne das Kerngehäuse und schneide kleine Apfelstücke (▷ B 3). Gib diese in einen Topf mit etwas Wasser.

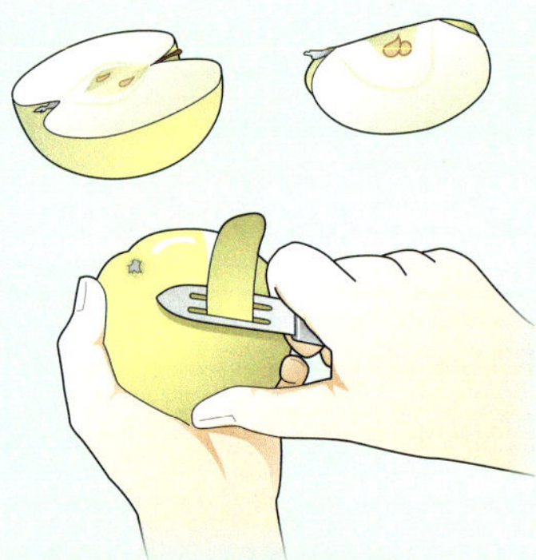

3 Äpfel schälen und schneiden

b) Koche die Apfelstücke, bis sie weich sind. Rühre zwischendurch um.

c) Drücke die weich gekochten Äpfel durch ein Sieb in eine Schüssel (▷ B 4). Süße nach Geschmack.

d) Gib eine Portion Apfelmus auf einen Teller und dazu einen Kartoffelpuffer. Guten Appetit!

4 Äpfel passieren

Aufgaben

1. Vergleiche alle Veränderungen der Kartoffeln vor, während und nach dem Braten.

2. Beschreibe die Veränderungen der Äpfel bei der Zubereitung von Apfelmus.

3. Beschreibe die Veränderungen, die man bei den Kartoffeln und den Äpfeln beobachten kann, aus Sicht des Chemikers.

5 Kartoffelpuffer mit Apfelmus

Die Stoffe um uns herum

Stoffe und Stoffeigenschaften
Gegenstände bestehen aus Stoffen (▷ B 2). Verschiedene Stoffe besitzen unterschiedliche Eigenschaften. Aussehen, Oberflächenbeschaffenheit und Geruch sind Eigenschaften, die mit den Sinnesorganen geprüft werden. Weitere Stoffeigenschaften sind: Härte, Wärmeleitfähigkeit, elektrische Leitfähigkeit, Löslichkeit sowie Schmelz- und Siedetemperatur.

Der Gasbrenner
Je nach Luftzufuhr kann man mit dem Gasbrenner (▷ B 3) eine leuchtende, nicht leuchtende oder rauschende Flamme erzeugen.

Gefahrensymbole
Gefahrensymbole informieren in Kürze über die Gefährlichkeit eines Stoffes.

Stoffklasse der Metalle
Metalle sind gut verformbar, sie glänzen, sind elektrisch leitfähig und gute Wärmeleiter.

Teilchenvorstellung
Alle Stoffe bestehen aus kleinsten Teilchen. Die kleinsten Teilchen sind in ständiger Bewegung. Die Teilchen eines Reinstoffes (z. B. Eisen) sind alle gleich. Die Teilchen verschiedener Stoffe (z. B. von Kupfer und Eisen) unterscheiden sich dagegen voneinander.

Aggregatzustände
Schmelzen und Erstarren, Verdampfen und Kondensieren beschreiben die Übergänge zwischen den Aggregatzuständen. Das Teilchenmodell liefert eine Erklärungshilfe.

Stoffgemische
Stoffgemische sind Gemische aus unterschiedlichen Reinstoffen. Bei heterogenen Stoffgemischen sind die unterschiedlichen Bestandteile erkennbar; bei homogenen Stoffgemischen sind die Bestandteile nicht mehr erkennbar.

Trennung von Stoffgemischen
Zur Trennung von Stoffgemischen gibt es unterschiedliche Verfahren (▷ B 1). Gängige Trennverfahren sind Sedimentieren, Dekantieren, Filtrieren, Eindampfen, Destillieren und Chromtografieren.

Chemische Reaktion
Die chemische Reaktion ist eine Stoffumwandlung, bei der neue Stoffe mit neuen Eigenschaften entstehen.

Chemische Reaktionen im Alltag
Zu den chemischen Reaktionen im Alltag gehören z. B. die Verbrennung, das Rosten, das Backen und das Braten.

2 Rohre aus Kupfer

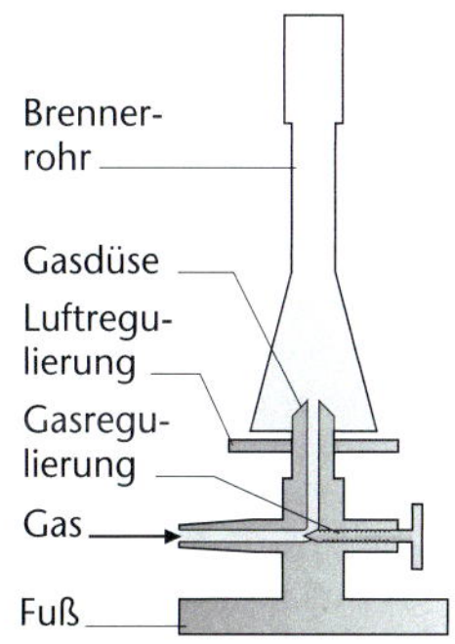

3 Aufbau des Teclubrenners

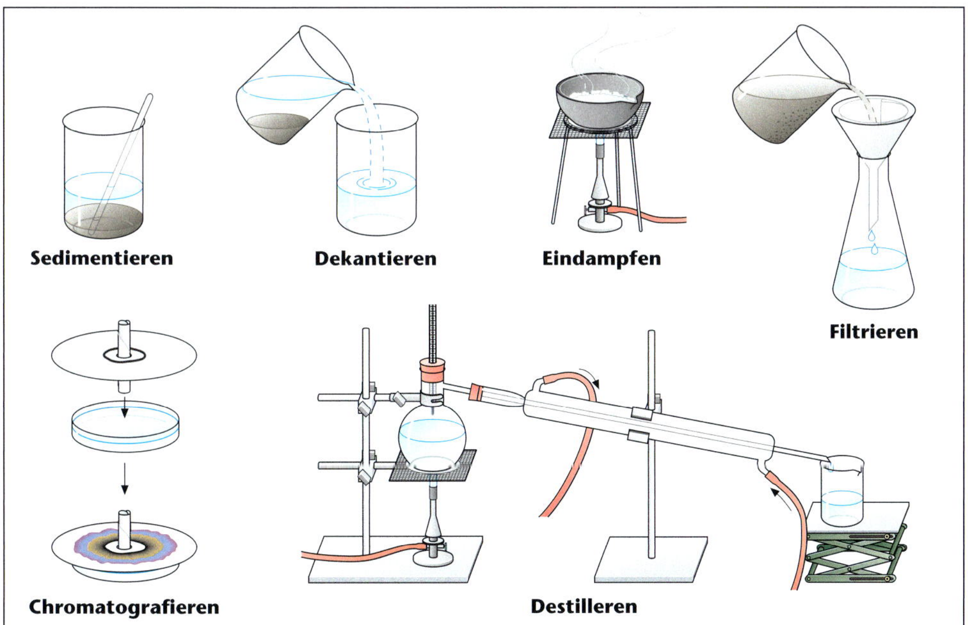

1 Trennverfahren

Aufgaben

1 a) Nenne je drei Stoffeigenschaften der folgenden Stoffe: destilliertes Wasser, Kupfer, Eisen, Iod.
b) Erstelle zu einem dieser Stoffe einen Stoffsteckbrief (▷ B 1).

Gold

Aussehen:	gelb, glänzend
Geruch:	---------
Härte:	fest
Verformbarkeit:	verformbar
Schmelztemperatur:	1064 °C
Siedetemperatur:	3080 °C
Löslichkeit in Wasser:	nicht löslich
elektrische Leitfähigkeit:	leitfähig
Wärmeleitfähigkeit:	gut

1 Zu Aufgabe 1

2 Aus welchen Stoffen kann man elektrische Leitungen herstellen: Glasfaden, Blumendraht, Holzstäbchen, Silberdraht, Baumwollfaden, Paketschnur, Nylonfaden, Golddraht? Begründe.

3 Bestimmte Kunststoffe lassen sich sehr gut zur Wärmedämmung und als Verpackungsmaterial verwenden (▷ B 2). Erkläre.

3 Zu Aufgabe 4

4 Gegenstände in der Küche bestehen aus unterschiedlichen Stoffen (▷ B 3).
a) Stelle eine Liste der Gegenstände zusammen. Schreibe Vor- und Nachteile der verschiedenen Stoffe auf.
b) Töpfe und Bratpfannen bestehen aus Metall. Begründe.

5 Entscheide bei den folgenden Stoffgemischen, ob es sich um ein homogenes oder heterogenes Gemisch handelt: Milch, Rotwein, Salzwasser, Zigarettenrauch, Lehmwasser, Schmutzwasser, Colagetränk.

6 Stoffgemisch oder Reinstoff? Erstelle eine Tabelle und ordne folgende Stoffe zu: Limonade, Vanillepudding, Kakaopulver, Mehl, Sahne, Mineralwasser, Schokolade, Alufolie, Inhalt einer Tütensuppe.

7 Viele Lebensmittel sind Gemische.
a) Nenne Bestandteile, die im Studentenfutter (▷ B 4) enthalten sind.
b) Auch ein Obstsalat ist ein Gemisch unterschiedlicher Bestandteile. Zähle einige Zutaten auf, die in einem Obstsalat enthalten sein können.

8 Wenn man Milch unter dem Mikroskop betrachtet, sieht man viele kleine Tröpfchen, die in einer Flüssigkeit schweben (▷ B 5).
a) Um welchen Stoff handelt es sich bei den fein verteilten Tröpfchen in der Milch?
b) Zu welcher Art von Stoffgemischen gehört Milch?

9 Reiner Zucker wird aus Zuckerrüben hergestellt. Kocht man Rübenschnitzel in Wasser, löst sich der Zucker.
Beschreibe ein Trennverfahren, mit dem man Zucker aus dem Zuckerwasser gewinnen kann.

2 Zu Aufgabe 3

4 Zu Aufgabe 7

5 Zu Aufgabe 8

6 Zu Aufgabe 10

10 Gipsputz wird auf Wände und Decken aufgebracht (▷ B 6). Er wird aus Gips und Wasser hergestellt. Lässt man das Gemisch einige Zeit stehen, setzt sich der Gips ab. Rührt man kräftig um, verteilen sich die festen Teilchen im Wasser. Wie nennt man ein solches Stoffgemisch?

11 a) Kannst du durch Filtrieren aus einer Kochsalzlösung Kochsalz und Wasser zurückgewinnen? Beantworte die Frage mithilfe des Teilchenmodells.
b) Schlage eine andere Trennmethode vor.

12 Die Destillation ist ein wichtiges Trennverfahren. Beschreibe mit dem Teilchenmodell am Beispiel einer Kochsalzlösung die Trennung von Wasser und Kochsalz durch Destillieren.

13 In den meisten Fällen entstehen Brände durch die Unachtsamkeit von Menschen.
a) Zähle einige Tätigkeiten auf, bei denen eine erhöhte Brandgefahr besteht.
b) Gibt es Jahreszeiten, in denen vermehrt Brände entstehen (▷ B 7)?
c) Gib Gegenstände oder Geräte im Haushalt an, die Ursache einer Brandentstehung sein können.

7 Zu Aufgabe 13

14 Lässt man Toastbrot zu lange rösten, verkohlt es (▷ B 8). Beschreibe an diesem Beispiel, an welchen Merkmalen man eine chemische Reaktion erkennen kann.

8 Zu Aufgabe 14

15 Aus rohen Kartoffeln kann man in heißem Öl in der Fritteuse Pommes frites zubereiten (▷ B 9). In Imbissbuden werden dazu meistens gefrorene Pommes frites verwendet. Überlege, bei welchem der Vorgänge eine chemische Reaktion stattgefunden hat: Einfrieren oder Frittieren? Begründe.

9 Zu Aufgabe 15

16 Die Großmutter hat fünf weiße Stoffe (Zucker, Kochsalz, Citronensäure, Kartoffelmehl, Natron), die in der Küche zum Kochen und Backen verwendet werden, in neue Glasgefäße abgefüllt. Leider hat sie, wie sie behauptet, vergessen, die Gefäße zu beschriften.
Tom und Tina sollen nun ihre erworbenen Chemiekenntnisse anwenden und herausfinden, welcher Stoff sich in welchem Glas befindet. Eine Geschmacksprobe erlaubt die listige Großmutter nicht.
a) Überlege, welche Möglichkeiten Tom und Tina haben, damit sie die fünf Stoffe – ohne Geschmacksprobe – erkennen und die Gläser richtig beschriften können.

b) Diskutiere mit deinen Mitschülern verschiedene Lösungsvorschläge.

17 In der Küche, im Labor, in der Kläranlage oder beim Recycling werden Stoffgemische getrennt.
a) Welche Trennverfahren werden in folgenden Beispielen eingesetzt:
- bei der Kaffeezubereitung in einer Kaffeemaschine?
- bei der Zubereitung von Tee aus einem Teebeutel?
- bei der Gewinnung von Trinkwasser aus Meerwasser?
- bei der Herstellung von Butter aus Frischmilch?

b) Welche Eigenschaften der Stoffe sind jeweils dafür verantwortlich, dass die Stoffgemische getrennt werden können?

c) Beschreibe die Vorgänge, die bei der Trennung stattfinden.

d) Nenne andere Stoffgemische, die mit diesen Verfahren getrennt werden können.

Körper und Gesundheit

Tanzen, Ball spielen, Fahrrad fahren oder Schwimmen gehen: alles macht unheimlich viel Spaß! Und nebenher hältst du damit deinen Körper in Schwung und gesund.

Wenn du gerannt bist, kannst du spüren, wie dein Herz schneller schlägt und du tiefer atmen musst.
Auf den nächsten Seiten erfährst du, wie dein Körper funktioniert und warum du ihn regelmäßig bewegen musst.

Auch mit der richtigen Nahrung hältst du deinen Körper fit. Wer sich bewusst ernährt, lebt gesund. Dabei macht es besonders Spaß, gemeinsam zu essen und zu trinken. Wie ernährt man sich, sodass der Körper gut versorgt wird?

Im Laufe deines Lebens verändert sich nicht nur dein Körper, auch Gefühle, Einstellungen und Interessen werden anders. Du wirst erwachsen. Der neue Lebensabschnitt, der nun beginnt, heißt Pubertät. Mädchen werden zu jungen Frauen, Jungen zu Männern. Du durchlebst eine spannende Zeit mit vielen unterschiedlichen Empfindungen.

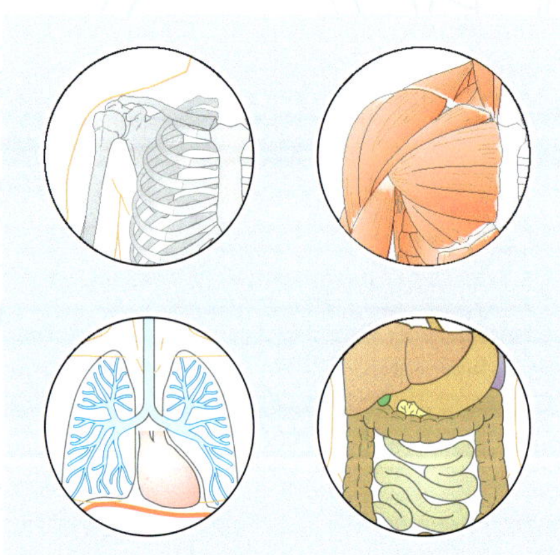

Aufgaben

1 Jeder von euch hat sicherlich schon etwas zum Thema „Essen" erlebt, das ihm besonders in Erinnerung geblieben ist. Erzählt euch in der Gruppe eure „Essgeschichten".

2 Nicht nur die Speisen, die auf den Tisch kommen, sind wichtig. Essen in Ruhe, in Gesellschaft, ein hübsch gedeckter Tisch,… . Was ist dir beim Essen wichtig?

3 Bewegung hält den Körper fit. Starte eine Umfrage, wer in deiner Klasse welche Sportart ausübt. Werte die Ergebnisse mit einem Computerprogramm aus.

4 Zeichne einen Comic zum Thema: „Mädchen sind anders – Jungen auch!"

Ernährung

Nie mehr dick mit der Kartoffel-Diät

Gesund abnehmen mit der Atkins Diät

Jetzt schlank werden ohne zu hungern – mit der Vier-Jahreszeiten-Diät

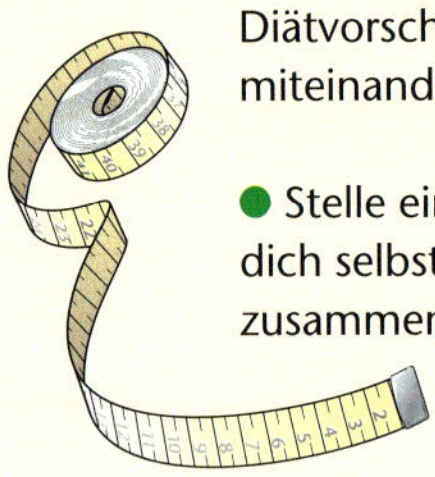

● Vergleiche die zwei Diätvorschläge rechts miteinander.

● Stelle einmal für dich selbst eine Diät zusammen.

Diäten

In Zeitschriften und Büchern findet man eine Fülle von Ernährungsvorschlägen zum Schlankwerden.

Kartoffeldiät

Montag	Dienstag

Mittwoch	**Donnerstag**

Freitag	**Samstag u. Sonntag**

Donnerstag

ZUTATEN
(ca. 1000 Kalorien)

125 g Beefhacksteak, 50 g Magerquark 1 EL Parmesankäse, 3 TL Öl, 1 Scheibe Vollkornbrot, 170 g gekochter Rundkorn-Naturreis (60 g Rohgewicht), 1 TL Sesamsamen, 1 TL Kürbiskerne, Gemüsebrühe (Instant), 1 kleine Banane, 125 g Weintrauben, 150 g grüne Bohnen, 5 kleine Tomaten, 1 kleine Zwiebel, Koriander, glatte Petersilie, Schnittlauch, Thymian, Pfeffer, Piment, Rosenpaprika, Salz, Zitrone

500 Kalorien zusätzlich: 3 Scheiben Rindfleischsülze (60 g) 2 TL Öl, 30 g Rundkorn-Naturreis, 1 Birne 175 g Weintrauben

FRÜHSTÜCK
Kräuterquark mit Parmesan
Eine Scheibe Vollkornbrot mit dem restlichen Quark (etwa 50 g) bestreichen. Eine Tomate aufschneiden, auf das Brot legen und mit einem Esslöffel Parmesankäse, frischen Kräutern und Pfeffer bestreuen.

EXTRA
Sesambanane
Bananenscheiben mit Zitronensaft beträufeln und einen Teelöffel Sesamsamen darüberstreuen.

WARME MAHLZEIT
Hackfleischröllchen mit Reis
125 g Beefhacksteak mit je einer Messerspitze Piment, Rosenpaprika, Salz, einem Teelöffel Zitronensaft, gehackter Petersilie und einer halben geriebenen Zwiebel verkneten. Kleine längliche Röllchen formen und in der Grill- oder Eisenpfanne ohne Fett braten. 300 g geputzte Bohnen in Salzwasser 10 Minuten garen und abgießen – die Hälfte ist für morgen. Die restliche Zwiebel würfeln, eine Tomate vierteln. Zwiebelwürfel in drei Esslöffel Gemüsebrühe aufkochen, die Hälfte vom vorgekochten Reis (von gestern, etwa 30 g Rohgewicht), dann die Tomatenwürfel und zum Schluss die gekochten Bohnen dazu rühren. Zwei Teelöffel Öl hinzu fügen. Über alles frischen Thymian streuen.

EXTRA
125 Gramm Weintrauben

IMBISS
Tomaten-Reis-Salat
3 Tomaten kleinschneiden und zusammen mit dem restlichen gekochten Reis (30 g Rohgewicht), einem Teelöffel Öl, Zitronensaft, Salz, Pfeffer, Schnittlauch und frischem Koriander mischen und ziehen lassen. Einen Teelöffel Kürbiskerne darüber streuen.

Tip für 1500 Kalorien:
Mittags gibt es die doppelte Portion Reis (zwei Esslöffel Reis zusätzlich aufsetzen). Den Tomatensalat mit drei Scheiben gewürfelter Sülze mischen, das zusätzliche Öl darüber träufeln. Zwischendurch können Sie das Obst essen.

Fragen Sie Dr. Hilfreich

Du kennst aus Zeitschriften die Ratgeber, die zu allen Problemen des Lebens eine Antwort wissen.

Lieber Dr. Hilfreich,

ich will das schlankeste und schönste Mädchen unserer Schule werden. Seit Wochen mache ich eine Diät und bin auch schon ganz dünn. Leider wackeln seit letzter Woche alle meine Zähne. Können Sie mir helfen? Was soll ich tun?

Mit freundlichen Grüßen

Martina

Liebe Martina,

vielen Dank für Deinen Brief.

. . .

Mit freundlichen Grüßen
Dr. Hilfreich

● Teilt die Klasse in zwei Gruppen auf. Die erste Gruppe denkt sich Fragen an Dr. Hilfreich aus. Die zweite Gruppe versucht dann als Dr. Hilfreich diese Fragen zu beantworten.

● Krankenkassen, Apotheken oder euer Hausarzt informieren über Wege zu einer gesunden Ernährung. Auch dein Schulbuch kann dir weiterhelfen. Was ist in Deinen Augen eine gesunde Ernährung?

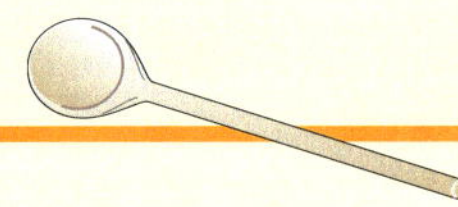

Rezepte

Habt ihr bei euren Aktionen Durst oder Hunger bekommen? Hier sind zwei Rezeptvorschläge für gesunde Fitness-Drinks und Müsli-Riegel. In Zeitschriften und Kochbüchern findet ihr bestimmt noch mehr.

● Solche Getränke, Müsli-Riegel oder andere gesunde Nahrungsmittel kann man auch prima für ein gemeinsames Klassenfrühstück, Schulfeste oder für einen Pausenverkauf einplanen.

Fitness-Drink (für zwei Personen)

Saft von zwei Orangen
1 kleine Banane
4 Esslöffel ungesüßter Sanddornsaft
300 g Buttermilch
2 Teelöffel Honig

Den Saft, die grob zerdrückte Banane und die anderen Zutaten werden im Mixer oder mit dem Pürierstab verquirlt.
Fertig ist der Drink!

Wasser ist lebenswichtig

Wasser ist der Hauptbestandteil deines Körpers. Bei warmem Wetter und wenn du Sport treibst, kannst du über 2 l Wasser verlieren. Deshalb ist Trinken lebensnotwendig. Täglich solltest du 1,5 bis 2 l Flüssigkeit zu dir nehmen. Ohne Nahrung kannst du bis zu 10 Tagen auskommen, ohne Wasser höchstens zwei Tage.

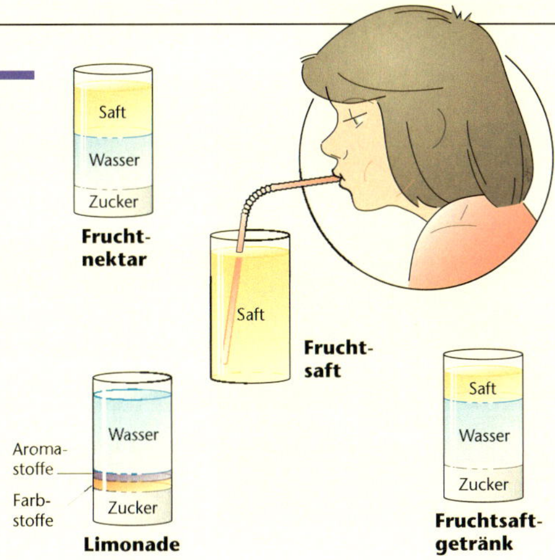

- Vergleicht die Zusammensetzung der abgebildeten Durstlöscher. Diskutiert, welches Getränk am gesündesten ist.
- Schreibe eine Woche lang auf, was und wie viel du täglich trinkst.
- Überlege, welche Organe darunter leiden, wenn du zu wenig trinkst.
- Entwerft ein Werbeplakat für den „besten Durstlöscher".

Fremde Länder – fremdes Essen

Italien

Russland

Türkei

Frankreich

- Vergleicht die verschiedenen Gerichte und ermittelt die Zutaten!

Griechenland

Thailand

- Bestimmt kannst du von deinen Mitschülern viel über die Küche in fremden Ländern erfahren.
- Aus den Küchen fremder Länder kennen wir die verschiedensten Nahrungsmittel, Zubereitungsweisen und Gewürze. Aber kennen wir die Küche wirklich? Oder sind die Speisen beim „Chinesen" oder „Griechen" an unsere Gewohnheiten angepasst?

Müsli-Riegel selbst gemacht

(Rezept für ca. 20 Riegel)

50 g Haselnüsse, 50 g Kürbiskerne,
100 g getrocknete Feigen, 50 g Trockenpflaumen,
2 Äpfel, 50 g Sonnenblumenkerne,
150 g Weizenvollkornmehl, 150 g Haferflocken,
250 ml Wasser, 5 Esslöffel Sonnenblumenöl,
100 g Rosinen, $\frac{1}{2}$ Teelöffel Salz,
2 Esslöffel Honig, 1 Teelöffel Zimt.

Trockenpflaumen, Feigen, Kürbiskerne und Haselnüsse grob hacken. Die Äpfel raspeln.

Mehl und Haferflocken in eine Schüssel geben. Wasser, Öl und die anderen grob gehackten Zutaten untermischen. Mit Salz, Honig und Zimt schmeckt ihr das Gemisch ab und verknetet es zu einem Teig. Legt ein Backblech mit Backpapier aus und streicht den Teig gleichmäßig darauf aus. Im vorgeheizten Backofen wird der Teig bei 180 °C 30 Minuten gebacken. Den warmen Teig schneidet ihr in Portionen und lasst ihn auskühlen.

1 Mittagessen

Freude am Essen

Die meisten Menschen essen gern, aber Geschmäcker sind bekanntlich verschieden: Anne findet Tomaten einfach unerträglich, schwört aber auf Schafskäse, den wiederum ihr Bruder Malte verweigert.
Es kommt aber nicht nur auf die Speisen selbst an. Wir essen mit Appetit, wenn es gut riecht und schön aussieht. Wir essen mit Genuss, wenn wir uns rundum gut versorgt fühlen.

Gesunde Ernährung und Freude am Essen müssen sich nicht ausschließen. Eine Tüte Kartoffelchips ruiniert nicht gleich die Gesundheit. Du musst nicht auf alle Dinge verzichten, die dir besonders gut schmecken. Um gesund zu bleiben, brauchst du eine vielseitige und ausgewogene Ernährung.

2 Ernährungspyramide

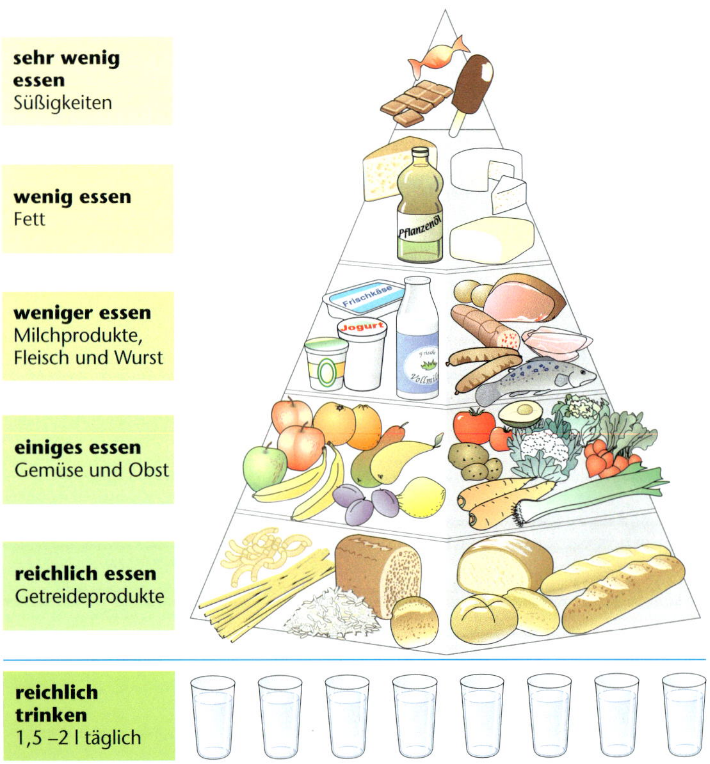

Die Nährstoffe

Obwohl Speisen ganz verschieden zusammengesetzt sein können, enthalten sie doch immer die gleichen drei Nährstoffe: **Kohlenhydrate**, **Fette** und **Eiweiße** (▷ B 2). Allerdings kommen diese in unterschiedlichen Anteilen vor.
Brötchen mit Marmelade oder Müsli enthalten überwiegend Stärke und Zucker. Beide Stoffgruppen gehören zu den Kohlenhydraten. Sie liefern dem Körper die notwendige Energie.
Butter, Margarine, Wurst und Käse enthalten Fett. Fett ist ebenfalls ein Energielieferant, doch liefert 1 g Fett doppelt so viel Energie wie 1 g Kohlenhydrate.
Für den Aufbau des Körpers, die Erneuerung und den Erhalt der Körperzellen sind Eiweiße unentbehrlich. Sie sind in Milchprodukten, Eiern, Fleisch, Wurst und Käse vorhanden.
Diese Nährstoffe, die der Körper zur Energiegewinnung, zum Aufbau und Wachstum braucht, werden vom Körper aufgenommen und durch das Blut dorthin transportiert, wo sie gebraucht werden.

▶ Nährstoffe sind Kohlenhydrate, Fette und Eiweiße. Sie liefern dem Körper Energie und dienen als Baustoffe.

Auf die Zusammensetzung kommt es an

Entscheidend ist die Auswahl von Nahrungsmitteln, die alle für den Körper wichtigen Nährstoffe in einem ausgewogenen Verhältnis enthalten. Die **Ernährungspyramide** (▷ B 2) gibt dir wichtige Hinweise über die Zusammensetzung der Mahlzeiten.
Kein Leben ohne Wasser, 1,5 l – 2 l täglich solltest du trinken, am besten zuckerarme Getränke.

Die Grundlage der Ernährung sollten Kartoffeln, Reis, Nudeln und Brot sein. Sie sind die Hauptlieferanten für Stärke. Vollkornprodukte enthalten mehr Vitamine und Mineralstoffe als Weißmehlprodukte.

Gemüse und Obst solltest du reichlich essen. Fünf Portionen, über den Tag verteilt, werden von allen Ernährungswissenschaftlern empfohlen.

Fleisch, Fisch und Eier sind eiweißreich. Der Körper braucht für Wachstum und Aufbau nur wenig davon, deshalb sollte man sie nur in kleinen Portionen essen. Außerdem sind diese Nahrungsmittel sehr fetthaltig. Eine Kombination aus tierischem und pflanzlichem Eiweiß ist ideal.

Verwende Fette und Öle sparsam, denn zu viel Fett macht nicht nur dick, es kann dich auch krank machen. Ganz verzichten dürfen wir allerdings auf Fett nicht, denn viele Vitamine sind erst durch die Anwesenheit von Fetten für den Körper verwertbar, außerdem sorgt Fett für den guten Geschmack der Speisen.
Kuchen, Kekse und Süßigkeiten solltest du nur gelegentlich genießen.

Um gesund zu bleiben, braucht der Körper ausreichend Nährstoffe, Vitamine, Mineralstoffe und Flüssigkeit. Wichtig ist, dass alle diese Stoffe im richtigen Verhältnis täglich in der Nahrung enthalten sind.
Obst und Gemüse sollte man regelmäßig essen. Sie versorgen uns mit Vitaminen, Mineral- und Ballaststoffen.

	Eiweiß (in g)	**Fett** (in g)	**Kohlenhydrate** (in g)	**Mineralstoffe** (in mg)
Schinken, gekocht	19	20	–	507
Hühnereier	11	10	1	372
Vollmilch	3,5	3,5	5	368
Vollmilch-Joghurt	5	4	5	475
Hartkäse, vollfett	25	28	3	1436
Butter	1	83	–	48
Roggenvollkornbrot	7	1	46	558
Mischbrot	7	1	52	577
Weizenvollkornbrot	8	1	47	362
Brötchen	7	1	58	251
Kartoffeln	2	–	19	519
Pommes Frites	4	15	41	96
Linsen	24	1	56	1302
grüne Bohnen	2	–	5	321
Tomaten	1	–	3	324
Haselnüsse	14	62	13	1194
Äpfel	0,3	–	12	147
Bananen	0,8	–	16	286
Marmelade	–	–	66	40
Vollmilchschokolade	9	33	55	878

4 Nährstoffgehalt verschiedener Lebensmittel bezogen auf 100 g

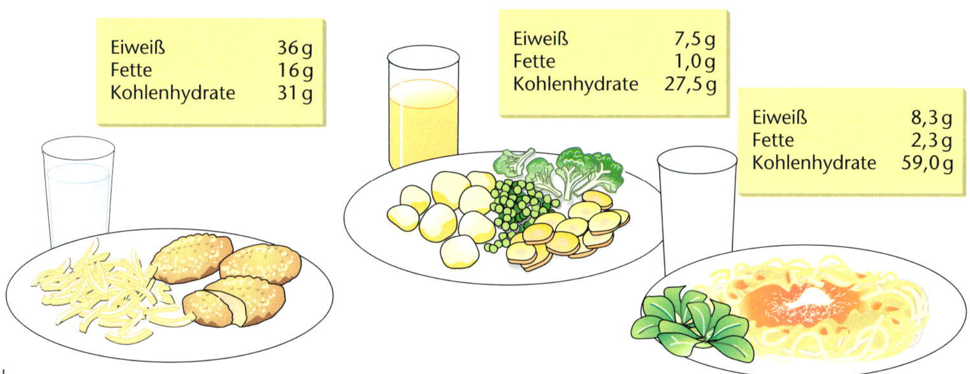

3 Nährstoffgehalt von drei unterschiedlichen Mittagessen

Täglicher Nährstoffbedarf eines 10–12 Jährigen:

Eiweiß	85 g
Fette	65 g
Kohlenhydrate	320 g

Aufgaben

1 Entwerft ein Plakat mit Ernährungstipps.

2 Schreibe auf, was du an einem Tag isst. Ordne die Nahrungsmittel der Ernährungspyramide zu. Entscheide selbst: Hast du dich an die Empfehlung mit dem Umgang der Ernährungspyramide gehalten?

3 Begründe, warum ein Möbelpacker mehr Nahrung zu sich nehmen muss als ein Büroangestellter.

4 Gemüse und Obst sind unverzichtbare Bestandteile unserer Nahrung. Entwerft ein Plakat, auf dem ihr für Obst und Gemüse werbt.

5 Organisiert in Tischgruppen ein gemeinsames Frühstück. Typische Spezialitäten aus eurer Heimat sind erwünscht. Denkt an passende Getränke. Ein schön gedeckter Tisch gehört dazu. Macht Fotos von jedem Tisch. Guten Appetit!

6 Gibt es auch beim Essen Modetrends? Diskutiert gemeinsam über diese Frage.

1 Der Körper braucht Energie.

Woher nimmt dein Körper seine Energie?

Damit dein Körper genügend Energie zur Verfügung hat, musst du dich ausgewogen ernähren. Die Nahrungsmittel, die du isst, werden im Körper verarbeitet und liefern dann – je nach Art und Menge – unterschiedlich viel Energie. Mithilfe dieser Energie funktionieren deine Organe und Sinne und du kannst körperliche und geistige Arbeit leisten. Deinen täglichen Energiebedarf kannst du mithilfe einer Energiebedarfsberechnung im Internet erfahren. Er beträgt bei Jugendlichen im Schnitt ungefähr 10 000 kJ pro Tag.

Energie im Essen

Wie viel Energie ein Nahrungsmittel enthält (▷ B 2), ist häufig auf den Verpackungen angegeben. In Kochbüchern findet man Energiewerttabellen. Man nennt sie auch „Brennwerttabellen“ Sie beziehen sich meist auf die Menge 100 g. So kannst du die Lebensmittel leicht miteinander vergleichen. Wenn du aber in verschiedenen Tabellen nachschlägst, musst du darauf achten, ob tatsächlich die gleiche Menge verwendet wird.

Die richtige Menge an Energie – richtig verteilt

Um deine Körpertemperatur auf 37 °C zu halten, braucht dein Körper Energie. Das bedeutet, dass die Zellen der verschiedenen Organe zum Leben ständig Nahrungsstoffe brauchen, die sie verwerten und in Energie umwandeln. Diese Energie wird in der Einheit **Joule** (J) gemessen. Meist findest du die Angabe **kJ** für Kilojoule (1 kJ = 1 000 J). Der tägliche Energiebedarf eines Menschen hängt von seinem Alter, von seiner Lebensweise und Tätigkeit ab.

	Energiewert in kJ
250 ml Milch	670
1 Vollmilchjogurt (150 g)	505
1 Sahnejogurt mit Frucht	941
1 Scheibe Emmentaler (30 g)	481
15 g Butter	460
1 Ei	356
1 Schnitzel (125 g) vom Kalb	544
1 Bockwurst (120 g)	481
1 Portion Salami (30 g)	670
1 Portion Broccoli (200 g)	188
1 Portion Kartoffeln (200 g)	586
1 Portion Pommes frites (50 g)	1 130
1 Portion Ketchup (20 g)	84
10 Haselnüsse	418
1 Apfel	293
1 Banane	502
Cornflakes (30 g)	628
1 Knäckebrot (Scheibe)	125
1 Toastbrot (Scheibe)	335
1 Portion Marmelade	188
1 Hamburger	1 088
Chips (125 g)	2 825
0,33 l Cola	607
0,33 l Tee	28

2 Energiegehalt von Nahrungsmitteln

Aufgaben

1 Beim Joggen verbrauchst du ca. 2 200 kJ pro Stunde. Wie lange musst du joggen, um einen Hamburger zu „verbrennen“?

2 Stelle eine Mahlzeit zusammen, die abwechslungsreich ist, aber nicht mehr als 2 000 kJ enthält.

Den Nährstoffen auf der Spur

Wenn du isst und trinkst, nimmst du ein Gemisch aus Nährstoffen in deinen Körper auf. Willst du wissen, welche Nährstoffe in den Nahrungsmitteln enthalten sind, kannst du sie mit einfachen Methoden nachweisen.

1 Nachweis von Traubenzucker

Material

Reagenzglas, Reagenzglasständer, Stopfen, Wasser, Teelöffel, Traubenzucker, Glucose-Teststreifen

Versuchsanleitung

Fülle ein Reagenzglas mit Wasser. Gib einen halben Teelöffel Traubenzucker hinzu. Verschließe die Öffnung mit einem Stopfen und schüttle das Reagenzglas. Tauche einen Glucose-Teststreifen in die Lösung. Vergleiche die Verfärbung mit den Angaben auf der Packung.

2 Nachweis von Eiweiß

Material

Eiklar, Reagenzglas, Reagenzglasständer, Wasser, Stopfen, Eiweiß-Teststreifen

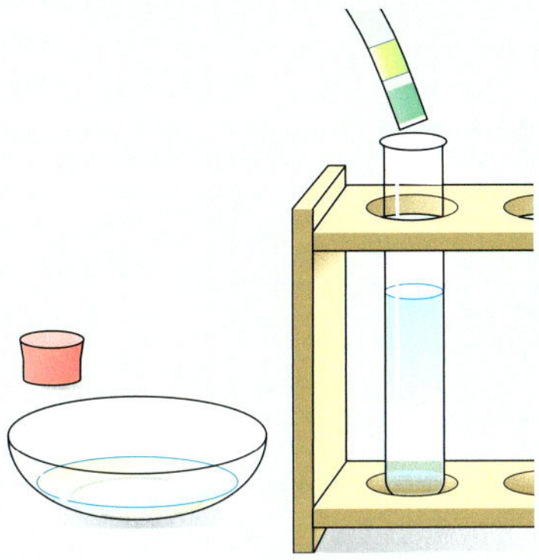

Versuchsanleitung

Gib in ein Reagenzglas Eiklar. Fülle etwas Wasser hinzu, setze den Stopfen auf und schüttle gut durch. Nimm den Stopfen ab und halte in die Mischung einen Eiweiß-Teststreifen. Vergleiche das Ergebnis mit den Angaben auf der Packung.

3 Nachweis von Stärke

Material

Speisestärke, Spatel, Reagenzglas, Reagenzglasständer, Stopfen, Wasser, Pipette, Iod-Kaliumiodid-Lösung

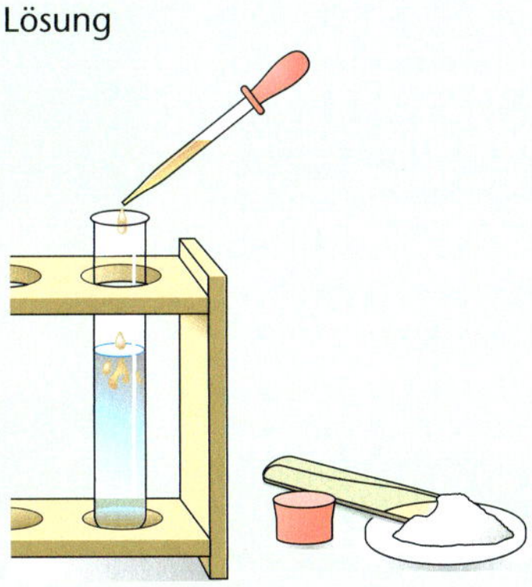

Versuchsanleitung

Gib eine Spatelspitze Speisestärke in ein Reagenzglas. Fülle das Reagenzglas zu einem Viertel mit warmem Wasser. Setze einen Stopfen auf das Reagenzglas und schüttle. Nimm den Stopfen ab und gib 2 bis 3 Tropfen Iod-Kaliumiodid-Lösung hinzu. Beschreibe die Farbänderung.

4 Nachweis von Fett

Material

Öl, Wasser, 2 Pipetten, weißes Filterpapier

Versuchsanleitung

Gib mit einer Pipette Öl auf das Filterpapier und setze einen Tropfen Wasser daneben. Lass das Filterpapier trocknen und halte es dann gegen das Licht. Was kannst du beobachten?

Aufgaben

1. Führe die Nachweisversuche an verschiedenen Nahrungsmitteln durch. Feste Nahrungsmittel musst du vorher zerkleinern und mit etwas Wasser vermengen.

2. Halte deine Ergebnisse für jedes untersuchte Nahrungsmittel in Form einer Tabelle fest. Übertrage dazu die Tabelle unten in dein Heft.

	Zucker	Stärke	Eiweiß	Fett
Marmelade				
Milch				
Kartoffel				
Weintraube				

fettlösliche Vitamine	Bedarf (in mg)	Funktion
A	0,90	– dient dem Aufbau des Sehpurpurs – Vorsorge gegen Bindehautschäden
D	0,05	– sorgt für die Kalkablagerung in den Knochen und beugt der Rachitis vor
E	12,00	– beugt der Arterienverkalkung vor
K	0,50	– unentbehrlich für den Vorgang der Blutgerinnung
wasserlösliche Vitamine	**Bedarf** (in mg)	**Funktion**
B_1	1,1 – 1,6	– wachstumsfördernd – hilft beim Kohlenhydrat-Stoffwechsel
B_2	1,5 – 1,8	– fördert das Wachstum von Haaren, Haut und Fingernägeln – fördert die Entwicklung der Keimzellen
B_6	1,6 – 2,1	– wichtig für die Eiweiß- und Fettaufnahme – beugt Haut- und Nervenstörungen vor
B_{12}	0,003	– steigert das Wachstum und den Appetit – Verbesserung von Konzentration und Gedächtnisleistung
C	75	– unterstützt die Wundheilung – beugt Infektionen vor

1 Übersicht über die wichtigsten Vitamine und ihre Bedeutung

Kleine Dosis mit großer Wirkung
Vitamine sind Stoffe, die bereits in kleinsten Mengen wirken. Du benötigst sie für fast alle lebenswichtigen Funktionen. Vitamine helfen, Krankheiten vorzubeugen, indem sie das Immunsystem stärken. Da dein Körper Vitamine jedoch gar nicht oder nur in kleinen Mengen herstellen kann, musst du sie mit der Nahrung aufnehmen. Alle Vitamine sind licht- und hitzeempfindlich. Je schonender deine Nahrung behandelt wird, umso mehr Vitamine bleiben erhalten. Da die meisten Vitamine in und direkt unter der Schale sitzen, lohnt es sich, diese mit zu essen oder nur ganz dünn abzuschälen.

Wasserlösliche Vitamine können im Körper kaum gespeichert werden. Dadurch kann es leicht zu einer Unterversorgung kommen, die zu Mangelerscheinungen führt.

Fettlösliche Vitamine können vom Körper nur aufgenommen werden, wenn gleichzeitig Fett zugeführt wird. Diese Vitamine werden im Fettgewebe des Körpers gespeichert und bei Bedarf genützt (▷ B 1).

▶ Man unterscheidet zwischen wasserlöslichen und fettlöslichen Vitaminen.

Vitamine aus der „Dose"?
Viele Menschen nehmen Vitamine zu sich, weil sie meinen, in ihrer Nahrung sei nicht genug davon enthalten. In einigen Fällen kann das sinnvoll sein, aber wenn du auf eine ausgewogene Ernährung achtest, benötigst du die zusätzlichen Vitamine aus der Dose nicht.

▶ Vitamine sind lebenswichtige Wirkstoffe, die dem Körper durch die Nahrung zugeführt werden müssen und bereits in geringen Mengen wirken.

Skorbut – eine Vitaminmangelkrankheit
Im 17. und 18. Jahrhundert fürchteten Seeleute keine Piraten und keine raue See. Die größte Angst hatten sie vor einer geheimnisvollen Krankheit, die ihre Zähne faulen und ausfallen ließ, sie kraftlos und müde machte und schließlich zum Tod führte. Sie nannten die Krankheit „Skorbut". Kapitän JAMES COOK erkannte als Erster, dass Sauerkraut und Zitronen ein Gegenmittel sein können. Sobald die Besatzung diese Lebensmittel an Bord hatte und regelmäßig zu sich nahm, trat Skorbut nicht mehr auf. Heute weiß man, dass Sauerkraut und Zitronen reich an Vitamin C sind.

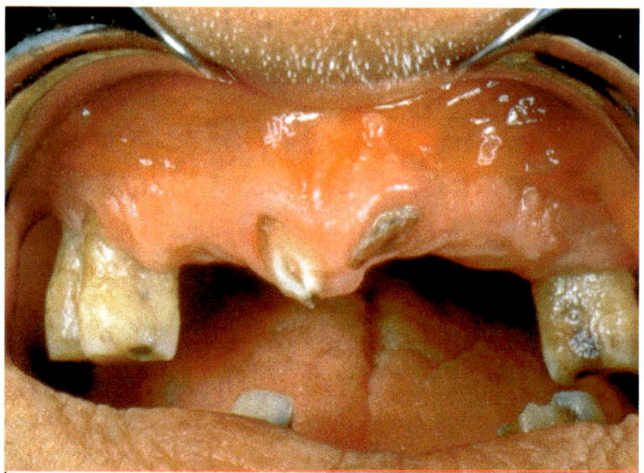

2 Zahnfäule bei Skorbut

Aufgaben

1 a) Welche Nahrungsmittel sind besonders vitaminreich?
b) Gib an, welche Vitamine hauptsächlich darin enthalten sind.

2 Informiere dich über ein Vitamin deiner Wahl und bereite ein Referat dazu vor.

Mineralstoffe und Spurenelemente

Die Salze von **Calcium**, **Kalium** und **Natrium** nennt man **Mineralstoffe**. Du brauchst sie jeden Tag. Aber auch **Eisen-**, **Jod-** und **Phosphorsalze** benötigt dein Körper in kleinsten Mengen. Deshalb werden die drei zuletzt genannten Stoffe auch **Spurenelemente** genannt.

Damit der Knochenaufbau reibungslos ablaufen kann, musst du genügend Calciumsalze zu dir nehmen. Fast 95 % der Calciummenge werden in den Knochen und Zähnen gebunden. Aber auch die Muskeln brauchen Calciumsalze, sie könnten sich ohne Calcium nicht zusammenziehen, dein Herz würde aufhören zu schlagen.

Selbst wenn du diese Stoffe nur in kleinen oder kleinsten Mengen brauchst, könnten viele Körperfunktionen ohne sie nicht ablaufen.

▶ Mineralstoffe und Spurenelemente sind für viele Abläufe im Körper dringend notwendig.

Zu einer ausgewogenen Ernährung gehören Ballaststoffe

Ballaststoffe kommen fast nur in pflanzlichen Lebensmitteln vor, zum Beispiel in Vollkornprodukten, Gemüse und Obst. Da sie dein Körper nicht verwerten kann, passieren sie den Darm schnell. Ballaststoffe können gut Wasser binden und quellen dabei stark auf. Dadurch wird die Darmwand gedehnt und die Darmtätigkeit angeregt. Außerdem bilden die Darmzellen mehr Schleim, der den Transport des Nahrungsbreis beschleunigt. So entleert sich der Darm regelmäßig.

▶ Ballaststoffe helfen, Stuhlverstopfung zu vermeiden.

Aufgabe

1 Führt eine Expertenbefragung zum Thema gesunde Ernährung durch und erstellt dann einen Ernährungsplan.

Spurenelemente

	Wichtig für:	Vor allem in:	Mangelerscheinung:
Eisen	das Blut	Vollkornprodukten Fleisch (Leber, Niere) Gemüse Pilzen (Pfifferlinge) Sojamehl Brennnesseln	Erschöpfung Anämie (Blutarmut)
Iod	die Schilddrüse	Seefischen (Schellfisch, Seelachs) Krustentieren	gestörte Schilddrüsenfunktion Kropfbildung
Phosphor	das Skelett	Käse Sojabohnen Getreide Leber	Muskelschwäche Knochenleiden
Fluor	das Skelett die Zähne	Trinkwasser und Mineralwasser Seefischen	Karies
Zink	die Widerstandskraft	Rindfleisch, Leber Fisch Milchprodukten Gemüse	Appetitlosigkeit erhöhte Infektionsgefahr verzögerte Wundheilung

1 Bedeutung einiger Spurenelemente

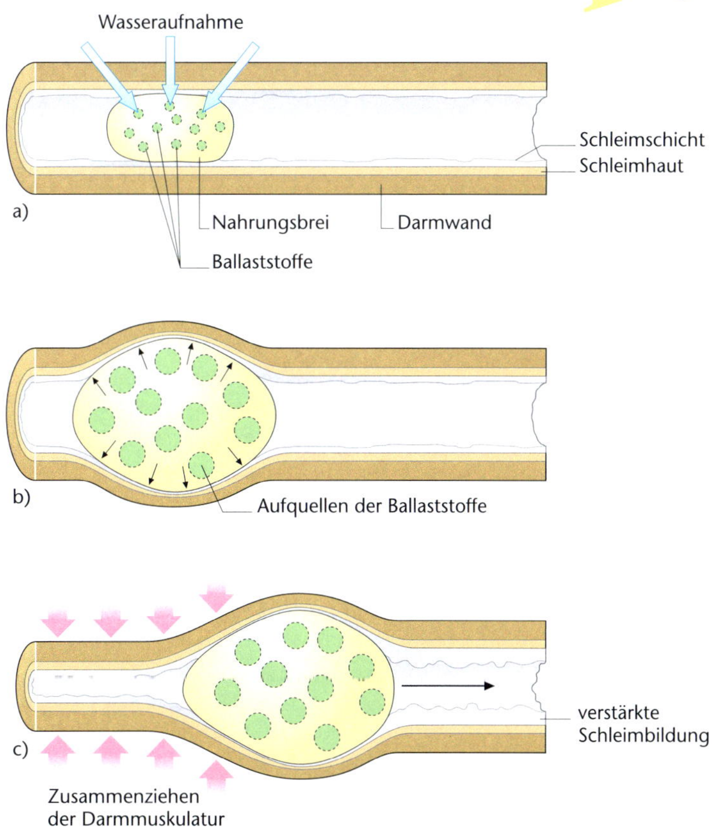

2 So wirken Ballaststoffe

1 Guten Appetit

Zuerst das Frühstück
Paulina steht morgens nicht gern auf. Wenn ihre Mutter sie geweckt hat, dreht sie sich im Bett noch einmal um und döst vor sich hin. Doch sobald ihr der Duft von Kakao und frischen Brötchen in die Nase steigt, fällt ihr das Aufstehen nicht mehr schwer.

Auch während du schläfst, muss dein Herz schlagen, die Atmung weitergehen und die Körpertemperatur auf 37 °C gehalten werden. Das alles braucht Energie, die der Körper über die Nahrung erhält.

Nachts wird also Energie verbraucht und das Frühstück ist dein erster Energielieferant am Tag. Es soll nicht nur sättigen, sondern dir schmecken und dich mit allen notwendigen Stoffen versorgen. Vollkornbrot mit magerer Wurst und Käse, Müslis mit frischem Obst machen satt, ermöglichen Ausdauer und Konzentration.

Ein schön gedeckter Tisch, genügend Zeit, eine angenehme Atmosphäre – so macht das Frühstücken Spaß!

Pause! Und was hast du dabei?
Es klingelt! Endlich! Du kannst dich auf dem Schulhof bewegen. Die Pause musst du aber auch nutzen, um dich wieder mit Energie zu versorgen, damit du in den letzten Unterrichtsstunden noch fit bleibst.

2 Was ein Pausenbrot bewirken kann

Gehörst du zu den Frühstücksmuffeln, sollte dein Pausenimbiss entsprechend größer ausfallen. Nach 2 – 3 Stunden braucht jeder ein Pausenbrot. Das hält fit für den langen Schultag.
Süßigkeiten sind zwar beliebt, machen aber nur kurzfristig satt und wecken den Appetit auf mehr.

Zu fettes Essen macht müde: du brauchst deine Energie aber nicht zum Verdauen, sondern zum Denken!

Ein belegtes Brot, dazu ein Stück Obst bringen dich schnell wieder auf Touren.

Das Frühstück ist der Energielieferant für den Start in den Tag. Pausenbrote sollen den Körper nicht belasten, sondern zwischendurch für Energie sorgen.

3 Pausenfrühstück

Aufgaben

1 a) Sammelt Vorschläge für leckere und gesunde Pausenbrote.
b) Bestimmt den Energiegehalt der verschiedenen Vorschläge.

2 Ein Pausenimbiss – von daheim mitgebracht oder gekauft? Nennt Vor- und Nachteile.

3 Wie könnt ihr euer Pausenbrot praktisch und umweltfreundlich verpacken?

Lebensmittel selbst herstellen

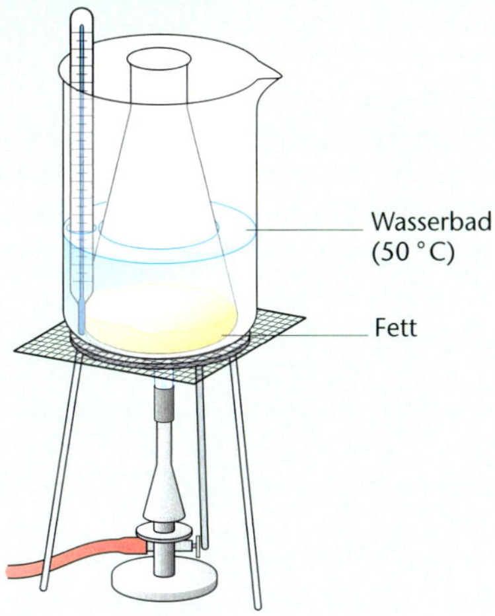

1 Im Wasserbad erhitzen

2 Öl anrühren

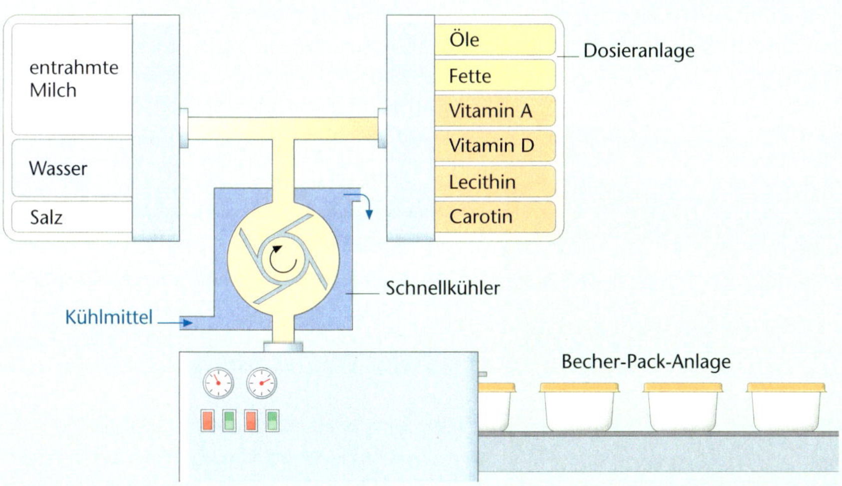

3 Schema der technischen Herstellung von Margarine
Das Produkt ist keimfrei und lange haltbar.

3 Margarine

Margarine ist ein Nahrungsmittel, das der Butter ähnelt. Sie besteht aus pflanzlichen Ölen und Fetten, vermischt mit Milch und Wasser sowie weiteren Zutaten.
In der Fabrik werden alle Bestandteile gemischt, gerührt, geknetet und gekühlt. In wenigen Minuten entsteht dabei die streichfähige Margarine.

Achtung: Die Herstellung von Margarine muss in absolut sauberen Gefäßen erfolgen. Die nachfolgende Anleitung beschreibt die einzelnen Schritte.

Material
Schutzbrille, Erlenmeyerkolben (250 ml) mit passendem Gummistopfen, Becherglas (400 ml, weite Form), Thermometer, Gasbrenner, Dreifuß, Keramikdrahtnetz, Glasstab, Becherglas (150 ml, hohe Form), Magermilch, Ei, festes Fett, Messzylinder

Versuchsanleitung
Gib in den Erlenmeyerkolben etwa 5 cm hoch festes Fett. Erwärme im Becherglas 150 ml Wasser auf ca. 50 °C. Stelle den Erlenmeyerkolben in das Wasserbad und schmilz das Fett (▷ B 1).
Fülle nun ca. 1 cm hoch ein Gemisch aus Magermilch und einem Eigelb dazu. Verschließe den Erlenmeyerkolben mit einem Stopfen und schüttle ihn so lange, bis eine einheitliche Mischung entstanden ist (▷ B 2).
Kühle den Kolbeninhalt unter fließendem kalten Wasser ab. Rühre das Gemisch dabei mit einem Glasstab um. Achte darauf, dass beim Abkühlen kein Wasser in den Erlenmeyerkolben gelangt.

Der Versuch ist beendet, wenn eine streichfähige Masse entstanden ist. Streiche deine selbst hergestellte Margarine auf frisch gebackenes Brot.
Guten Appetit!

Je nach Geschmack kannst du dir auch eine Gewürzmargarine herstellen. Als Gewürze kommen beispielsweise Koriander, Majoran oder Knoblauch in Frage.

2 Deftiges Essen

1 Fertiggericht

Früher deftig – heute leicht

Die Natur liefert alles, was wir zum Leben brauchen. Zuerst wurden Tiere und Pflanzen fast unverändert gegessen. Im Laufe der Jahrtausende lernte der Mensch, seine Lebensmittel immer besser zu verarbeiten und zuzubereiten.

Alle Rohstoffe für Lebensmittel kamen früher aus natürlichem Anbau und wurden ohne irgendwelche Zusätze zubereitet. Auch gab es fast ausschließlich das zu essen, was in der jeweiligen Region angebaut wurde.

Aber so gesund war die „gute alte Zeit" auch nicht: in Hungersnöten fehlte es an Nahrung oder die Lebensmittel waren, weil man sie nicht frisch halten und konservieren konnte, verdorben.

Im Winter bestand die Hauptnahrung aus Kohl, Rüben und Kartoffeln – eine sehr einseitige Ernährung. Häufig gab es deftige Eintöpfe oder fettes Fleisch, weil man körperlich stark arbeiten musste (▷ B 2).

▶ Auf dem Speiseplan unserer Großeltern und deren Vorfahren standen wenig vielseitige Lebensmittel, die aus der Region stammten.

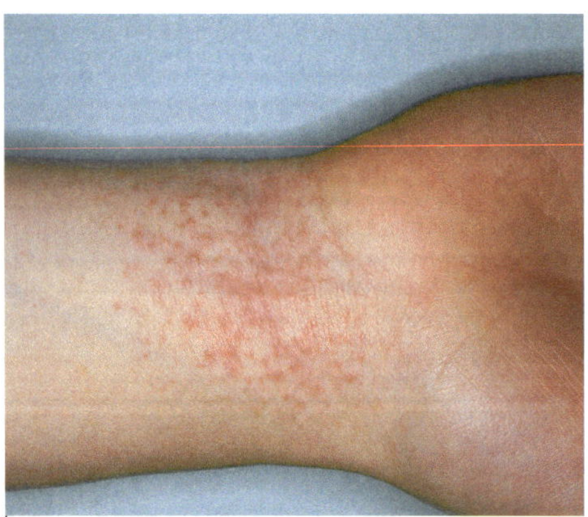

3 Allergische Reaktion

Industriell hergestellte Lebensmittel

Heute bedeutet Essen mehr als nur satt zu werden. Überall und jederzeit sind gesunde, sichere und schmackhafte Lebensmittel in breiter Vielfalt und zu erschwinglichen Preisen erhältlich.

Die Produkte kommen aus der ganzen Welt, auch exotische Nahrungsmittel wie zum Beispiel asiatische Nudeln oder tropische Früchte.

Industriell hergestellte Fertigmahlzeiten wie Pizza oder Spaghetti mit Sauce sparen die Zeit, die man früher für das Haltbarmachen und Zubereiten im Haushalt aufwenden musste. Fertiggerichte enthalten oft aber auch viel Fett und Zusatzstoffe. Ein Blick auf die Zutatenliste und Nährwertangaben lohnt sich in jedem Fall. Deshalb solltest du Fertiggerichte mit Salat, Gemüse, Obst oder fettarmen Milchprodukten kombinieren.

Eine selbst gekochte Mahlzeit aus frischen Zutaten schmeckt immer besser als ein Fertiggericht.

▶ Fertiggerichte sparen Zeit bei der Zubereitung, sind aber nicht immer gesund.

Essen – immer ein Genuss?

Beim Aufstehen stellt Nina einen heftigen Hautausschlag im Gesicht und an den Armen fest. Sie musste sich überall kratzen, nachdem sie gestern Abend einen Pfirsichquark gegessen hatte. Ihre Mutter vermutet, dass sie gegen Pfirsichquark allergisch ist.

Das Auftreten von Lebensmittelallergien könnte mit der Verwendung von verarbeiteten Lebensmitteln zusammenhängen. Immer häufiger bestehen Fertigprodukte aus einem Gemisch vieler verschiedener Lebensmittel. Von denen kann jedes eine Lebensmittelallergie hervorrufen. Um den Grund für eine Allergie heraus zu finden, macht der Arzt einen Allergietest.

Aufgaben

1 Suche auf den Packungen von Fertiggerichten wie Saucen, Suppen oder Pizza nach der Zutatenliste. Finde heraus, was die Abkürzungen bedeuten.

2 Frag nach, ob in deiner Klasse/deiner Schule Jugendliche von einer Lebensmittelallergie betroffen sind. Führe mit ihnen ein Interview über ihr Leben als Allergiepatient. Wie sieht ihr Alltag aus?

Der süße Saft
Mit der Nahrung nehmen wir Traubenzucker, auch Glucose genannt, auf. Über das Blut gelangt er schnell zu den Muskeln und Organen. Dort wird er zur Energiegewinnung benötigt. Überschüssige Glucose wird hauptsächlich in der Leber gelagert.

Essen wir längere Zeit nichts, ist im Blut nicht mehr ausreichend Glucose enthalten. Wir werden hungrig und wollen wieder etwas essen. Gleichzeitig greift der Körper auf seine Glucosereserven in der Leber zurück. So steigt der Glucosegehalt des Blutes wieder an.

Wenn der Harn honigsüß wird
Der Zucker gehört also ins Blut. Wieso kann dann jemand zuckerkrank sein? Menschen, die an **Diabetes mellitus** erkrankt sind, haben zu viel Zucker im Blut. Die Muskeln, das Gehirn und alle Organe werden aber gleichzeitig mit zu wenig Glucose versorgt.
Zuckerkranke, die nicht behandelt werden, fühlen sich daher oft hungrig, schwach und müde. Sie können sogar bewusstlos werden, weil die Nervenzellen im Gehirn keinen anderen Nährstoff als Glucose verarbeiten können. Ein Teil des vielen Zuckers aus dem Blut wird mit dem Harn ausgeschieden. Diabetes mellitus heißt so viel wie „honigsüßer Harndurchfluss".

Die krankhaft erhöhte Konzentration von Glucose im Blut nennt man Diabetes mellitus.

Gestörte Regulation
Mit einem Blutzuckermessgerät kann man den Zuckergehalt des Blutes messen. Der Blutzuckerspiegel jedes Menschen wird durch ein Hormon, das **Insulin**, reguliert.

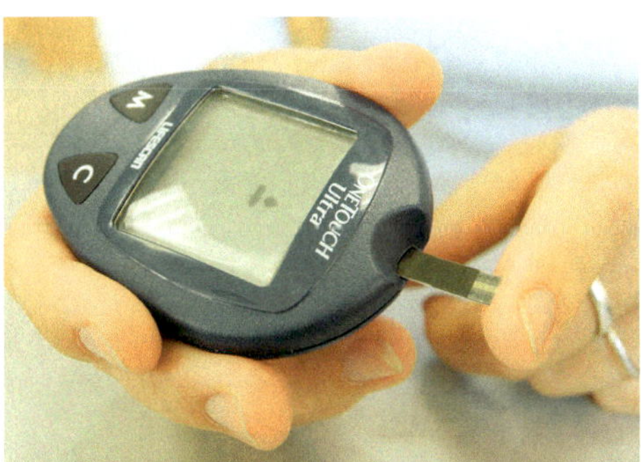

1 Blutzucker-Messgerät

Ein bitterer Anfang

Eigentlich fing alles ganz harmlos an. Torben hatte andauernd großen Durst und trank entsprechend viel. Deswegen musste er sehr oft zur Toilette. Außerdem fühlte er sich oft müde und schlapp. Als er jedoch auch noch ständig hungrig war und abnahm, obwohl er immer mehr aß, ging seine Mutter mit ihm zum Arzt. Nach einer Blutuntersuchung stand die Diagnose fest: Diabetes mellitus. Torben ist zuckerkrank.
Seitdem muss Torben genau aufpassen, welche Nahrungsmittel er isst. Er muss auch darauf achten, seine Mahlzeiten sehr regelmäßig zu sich zu nehmen. Das Schlimmste war für ihn am Anfang aber, dass er sich mehrmals täglich einen Tropfen Blut abnehmen und Insulin spritzen muss.

Menschen, die zuckerkrank sind, bilden entweder zu wenig Insulin oder das Insulin wirkt bei ihnen nicht ausreichend.

Die Zuckerkrankheit kann erblich sein oder durch jahreslanges übermäßiges Essen entstehen. Übergewicht durch zu fetthaltige Nahrung und mangelnde Bewegung ist hier der Auslöser.

Neben erblicher Veranlagung sind oft auch falsche Ernährung und Bewegungsmangel die Ursache für Diabetes.

2 Harnzucker-Teststreifen

Aufgaben

1 Erkläre, warum sich Zuckerkranke trotz einer hohen Glucosekonzentration im Blut oft schlapp fühlen.

2 In Apotheken gibt es Teststreifen, die man in den Harn hält. Beschreibe, wie man damit eine Zuckerkrankheit nachweisen kann.

Schnittpunkt

Ess-Störungen

1 Werbebotschaft

2 Selbstbewusstsein ist wichtig!

Zu dick? Zu dünn?

Ilona ist eine intelligente, fleißige Schülerin. Im Unterricht beteiligt sie sich allerdings kaum, weil ihr Selbstbewusstsein nicht sehr gut entwickelt ist. Sie fürchtet sich davor, zu versagen oder ausgelacht zu werden. Ilonas Eltern fällt auf, dass sich das Mädchen nach jeder Mahlzeit sehr schnell vom Tisch entfernt, weil es angeblich dringend auf die Toilette muss. In den letzten Wochen hat Ilona sehr stark abgenommen. Ihre Mutter spricht sie darauf an, und Ilona gesteht, dass sie die Nahrung nach jedem Essen wieder von sich geben muss, weil ihr übel ist. Die Eltern überreden Ilona zu einem Arztbesuch. Die Hausärztin kennt diese Krankheit, die bei Jugendlichen gar nicht selten vorkommt; sie ist eine Form der Magersucht.
Für den magersüchtigen Patienten ist jede Nahrungsaufnahme mit schlechtem Gewissen verbunden; der gelungene Verzicht auf eine Mahlzeit oder das Erbrechen bzw. die Beseitigung durch die Einnahme von Abführmitteln werden als Sieg über den eigenen Körper angesehen. Die Behandlung ist nicht einfach, aber wenn Ilona erkennt, dass sie Hilfe braucht und gut mitarbeitet, kann sie geheilt werden. Magersucht muss behandelt werden, weil die Krankheit tödlich sein kann.

Bei Rita ist es vollkommen anders: sie stopft sich von morgens bis abends mit Nahrung voll. In ihrem Nachttisch liegen Schokoriegel und Bonbons, sogar in die Schule nimmt sie große Mengen von Schokolade mit. Nachts wacht sie manchmal auf und „plündert" den Kühlschrank. Um zu verstecken, dass sie immer dicker wird, trägt sie weite schlabberige Pullover und Hosen. Ihre Gedanken kreisen nur noch ums Essen. Auch Ritas Esslust ist den Ärzten als Krankheit bekannt.

Wenn Essen zum Problem wird

Es gibt zahlreiche krankhafte Ess-Störungen, die gerade bei Jugendlichen zum Ausbruch kommen. Die Ursachen sind oft schwer zu bestimmen und können sehr unterschiedlich sein. Häufig liegen sie aber im seelischen Bereich.
Wenn Jugendliche bei Freunden oder sogar bei sich selber solche Störungen feststellen, sollten sie sich unbedingt an ihre Eltern, einen Arzt oder eine Ärztin oder einen anderen Menschen wenden, der ihnen helfen kann. Gespräche, Verhaltenstraining und Ernährungsberatung können schon einiges ändern. Je früher diese Beratung einsetzt und je intensiver der Betroffene mitarbeitet, desto größer ist die Aussicht auf Heilung. Wichtig ist vor allem, das Selbstbewusstsein der Jugendlichen zu stärken und ihnen deutlich zu machen, dass das in der Werbung vorgestellte Model mit seiner „Idealfigur" nicht ihr Vorbild sein sollte.

Aufgaben

1 Diskutiert in der Klasse über das Thema „Ess-Störungen".
a) Bringt eigene Erfahrungen ein.
b) Ist jemand krank, wenn er gerne und viel isst?
c) Wie würdest du dich verhalten, wenn Ilona oder Rita deine Freundinnen wären?

2 Ladet Experten ein, die euch etwas über Ess-Störungen bei Kindern und Jugendlichen erzählen können.

3 Betrachte den Comic links und schreibe auf, was mit dem Bild gemeint ist.

Strategie

Tipps für erfolgreiches Lernen

A. Vor dem Lernen
Punkt 14 Uhr sitzt du am Schreibtisch und bist entschlossen, nun mit deinen Hausaufgaben zu beginnen. Wenn du früh am Nachmittag anfängst, hast du später mehr Zeit für Sport oder dein Hobby. Der Anfang fällt dir leichter, wenn du zuerst dein Gehirn in Schwung bringst: Wie wäre es zum Start mit etwas frischer Luft? Öffne das Fenster und atme tief durch. Jetzt kann es losgehen. Stimme dich aufs Lernen ein, indem du dich motivierst. Du hast es nämlich in der Hand, ob Lernen auch Spaß machen kann.

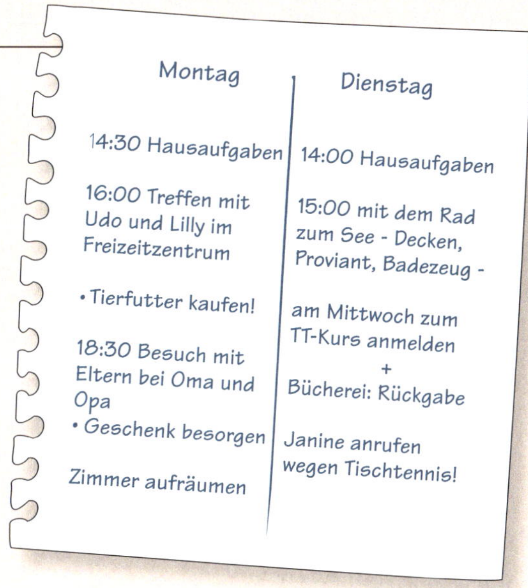

Schau zuerst auf deinen Stundenplan und überlege dir, in welcher Reihenfolge du lernen willst. Welche Aufgaben musst du schon bis zum nächsten Tag fertig haben?
Erledige zuerst Aufgaben, die dir Spaß machen oder leicht zu bewältigen sind, bis dein „Lernmotor" warm gelaufen ist, gehe erst dann an schwierigere Aufgaben.

B. Beim Lernen
Lasse dich beim Lernen nicht ablenken, weder von Musik noch von Anrufen oder Besuchern. Je konzentrierter du bei der Arbeit bleibst, umso schneller bist du fertig.
Versuche, Ordnung in deinem Gehirn zu schaffen. Gliedere einen langen Text in Abschnitte. Überlege dir Überschriften und Oberbegriffe. Schreibe dir Wörter, die nicht in deinen Kopf gehen wollen, auf. Stelle dir selber Fragen: „Wer? Was? Wann? Wo? Warum? Wieso?".
Setze dein „Kopfkino" in Gang.

Stelle dir den Lernstoff möglichst bildlich und anschaulich wie in einem Film vor. Manchmal hilft es beim Lernen, wenn du dabei laut sprichst, z. B. dir selbst etwas erklärst.
Jeder lernt anders. Du hast sicher schon gehört, dass es verschiedene „Lerntypen" gibt. Zu welchem Lerntyp du gehörst, musst du erst ausprobieren.
Wenn du mal länger lernen musst, plane Pausen ein. Die erste solltest du nach 20 Minuten machen. Verschaffe dir Bewegung, reck und streck dich oder tanze nach deiner Lieblingsmusik. Iss eine Banane und weiter geht's.

C. Nach dem Lernen
Schau dir den Lernstoff regelmäßig wieder an, am besten nach einem Tag, nach einer Woche und nach einem Monat. Drei bis vier Wiederholungen reichen, um einmal Gelerntes zu speichern und nicht mehr zu vergessen. Vielleicht hört dir jemand zu, während du den Lernstoff wiederholst und du kannst seine Fragen beantworten. Das hilft, damit sich das Gelernte im Gehirn „setzt".

Wo bleibt die Nahrung?

Damit dein Körper von einem Käsebrötchen einen Nutzen hat, muss es erst einmal verdaut werden. Auf dem Weg durch die **Verdauungsorgane** wird es in immer kleinere Teile zerlegt, die schließlich so klein sind, dass sie die Darmwand passieren und ins Blut gelangen können. Sie werden dann mit dem Blut zu den Zellen transportiert.

Verdauung beginnt im Mund
Im Mund wird die Nahrung durch die **Zähne** zerkleinert, mit Speichel vermischt und dadurch gleitfähig gemacht.

Die Verdauung beginnt schon im Mund, denn im Speichel befindet sich ein Stoff, der **Stärke** in Zuckerbausteine zerlegt.
Die Zunge drückt den Nahrungsbissen gegen den hinteren Gaumen, dann wird der Bissen geschluckt und gelangt in die **Speiseröhre**.
Die Nahrung fällt nicht etwa durch die Speiseröhre nach unten, sondern die Muskeln der Speiseröhre ziehen sich in regelmäßigen Abständen zusammen und entspannen sich wieder. Durch diese Wellenbewegung wird der Bissen zum Magen transportiert.

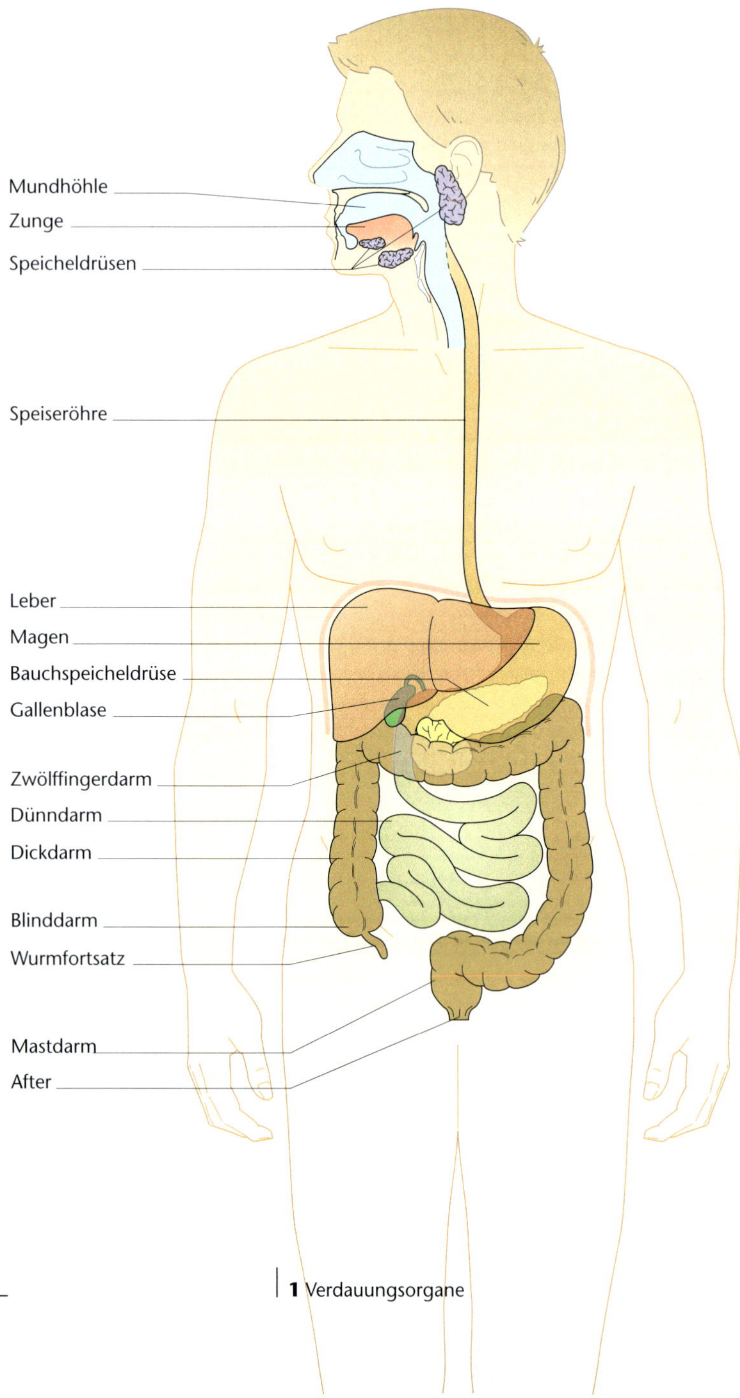

1 Verdauungsorgane

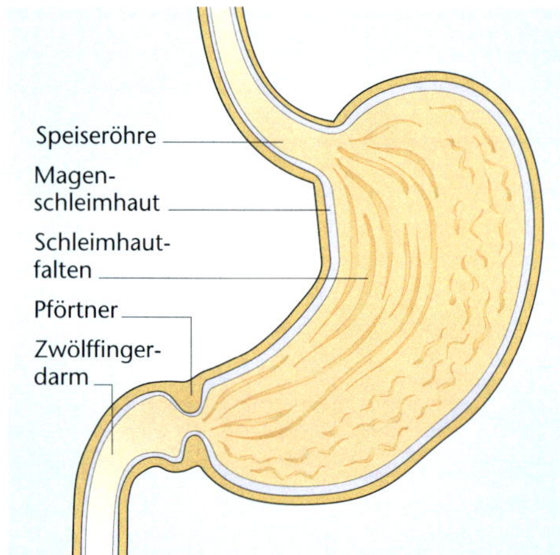

2 Magen

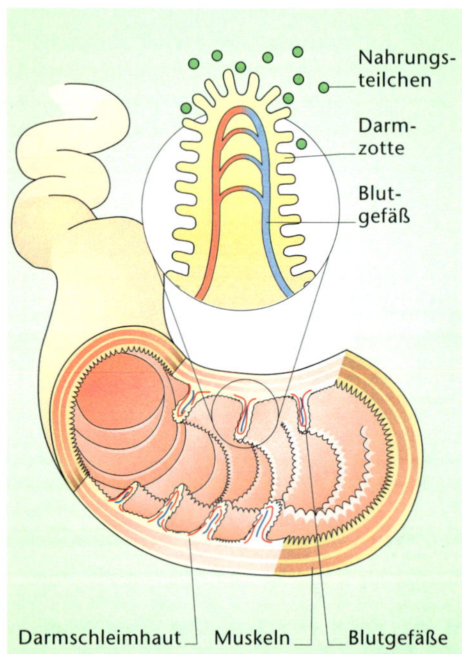

3 Dünndarm mit Darmzotten

Verdauungssäfte zerlegen die Nährstoffe

Im **Magen** (▷ B 2) wird der Nahrungsbrei gesammelt, ständig geknetet und mit Magensaft durchmischt. Der Magen besteht aus Muskelwänden, die sich kräftig zusammenziehen können. Innen ist die Magenwand mit der faltigen **Magenschleimhaut** ausgekleidet. Drüsen der Magenschleimhaut produzieren den Magensaft. Dieser enthält unter anderem verdünnte Salzsäure, die mit der Nahrung aufgenommene Bakterien abtötet. Der Magensaft bereitet die **Zerlegung der Eiweißstoffe** vor. Der Nahrungsbrei bleibt je nach Zusammensetzung der Speisen unterschiedlich lange im Magen.

Über den Magenausgang, den **Pförtner**, gelangt der Speisebrei in kleinen Portionen in den ersten Abschnitt des Dünndarms, den **Zwölffingerdarm**. Die **Bauchspeicheldrüse** und die **Gallenblase** geben hier ihre Verdauungssäfte ab. Die Gallenblase sondert Gallenflüssigkeit ab, die bei der **Fettverdauung** hilft. Drüsen in der Wand des Dünndarms geben Verdauungssäfte ab, die dafür sorgen, dass bisher noch nicht verdaute Nährstoffe in ihre Bausteine zerlegt werden.

Geschafft!

Der Nahrungsbrei wird durch wellenförmige Bewegungen durch den 3 – 5 m langen **Dünndarm** befördert. Die **Darmzotten** (▷ B 3), winzige fingerartige Ausstülpungen, vergrößern die Oberfläche des Dünndarms stark: aufgefaltet ergeben die Zotten eine Fläche von 300 m^2, so groß wie ein Tennisfeld. Durch diese können die verdauten Nährstoffe ins Blut gelangen.

Unverdauliche Reste und Wasser gelangen in den 1 – 2 m langen Dickdarm (▷ B 1). Ein Teil des Wassers wird aufgesogen, dadurch wird der Brei dickflüssiger. Dieser wird zum Mastdarm transportiert und als Stuhl, auch Kot genannt, durch den After ausgeschieden.

Aufgabe

1 Arbeitet zu zweit. Einer der Arbeitspartner legt sich auf einen Bogen Packpapier. Der Partner zeichnet den Körperumriss mit einem dicken Stift auf. Zeichnet danach in den Umriss die Verdauungsorgane ein. Schreibt Kärtchen mit dem Namen und der Aufgabe des entsprechenden Verdauungsorgans. Teilt euch die Arbeit auf. Klebt die Kärtchen in die Umrisszeichnung.

4 Gute Verdauung – schlechte Verdauung

▶ Bei der Verdauung wird die Nahrung in kleinste Teile zerlegt. Diese werden vor allem vom Dünndarm ins Blut aufgenommen und dann zu den Zellen transportiert.

Magenknurren

Wenn du längere Zeit nichts gegessen hast, bilden sich in deinem Magen Luftblasen. Sie bewegen sich und verursachen dabei Geräusche.

Erbrechen

Hast du verdorbene oder giftige Speisen zu dir genommen, reagiert dein Magen „sauer". Dir ist übel und du musst dich erbrechen. Diese Reaktion schützt den Körper vor Vergiftungen.

Durchfall

Eine der häufigsten Verdauungsbeschwerden ist der Durchfall. Der Darm entleert sich mehrfach täglich, der Stuhl ist wässrig. Neben Wasser verliert der Körper auch wichtige Mineralstoffe. Das kann vor allem für Säuglinge und alte Menschen gefährlich werden. Ursachen für Durchfall können Krankheit erregende Bakterien in verunreinigtem Trinkwasser oder in verdorbenen Speisen sein.

Verstopfung

Der Darm bewegt sich nur langsam, dadurch wird dem Darminhalt zu viel Wasser entzogen. Ursachen sind oft zu wenig Ballaststoffe in der Nahrung, zu wenig Zufuhr an Getränken und Bewegungsmangel.

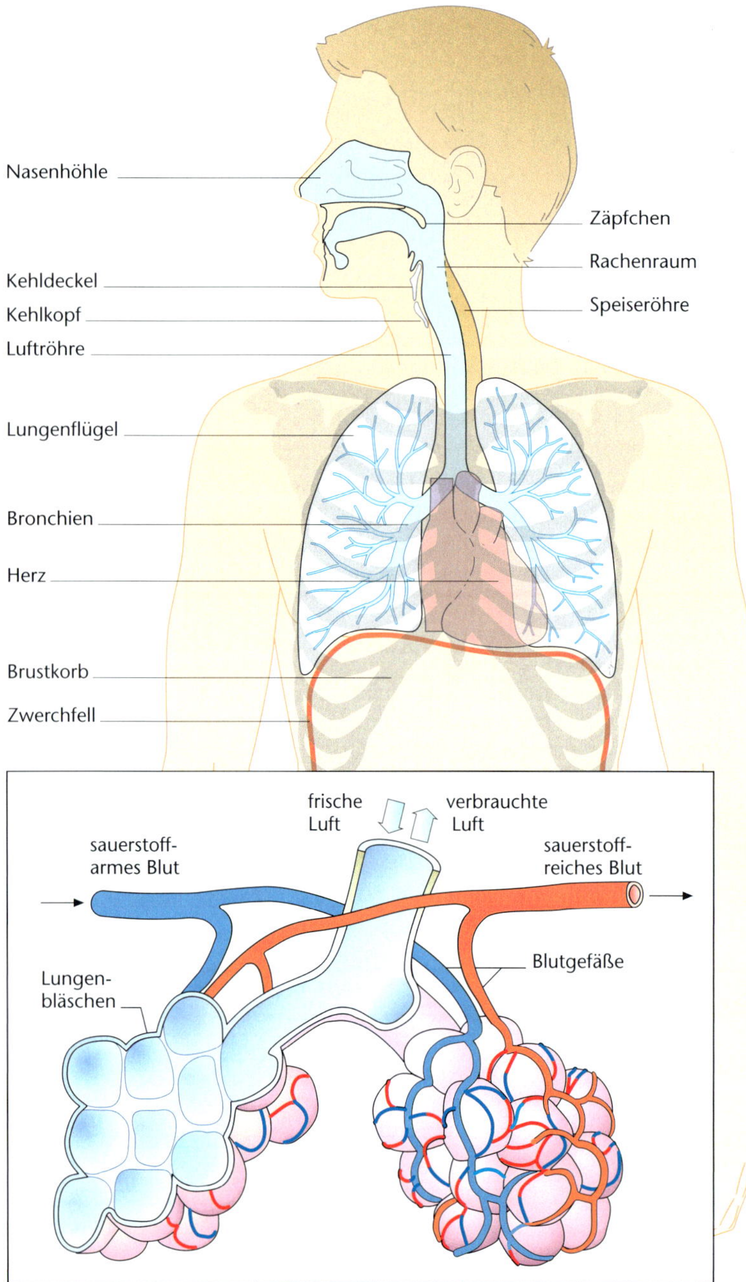

1 Atmungsorgane

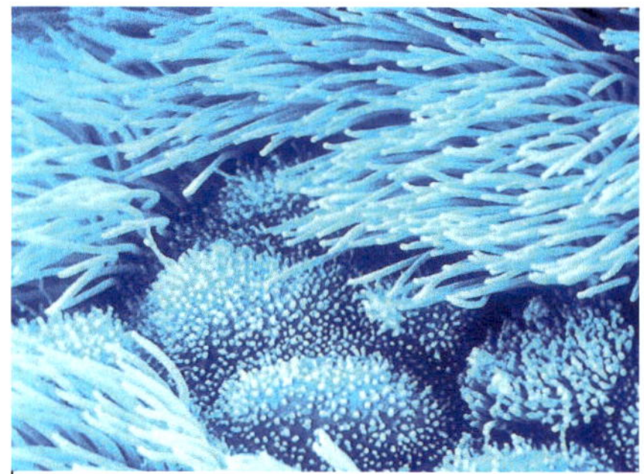

2 Flimmerhärchen

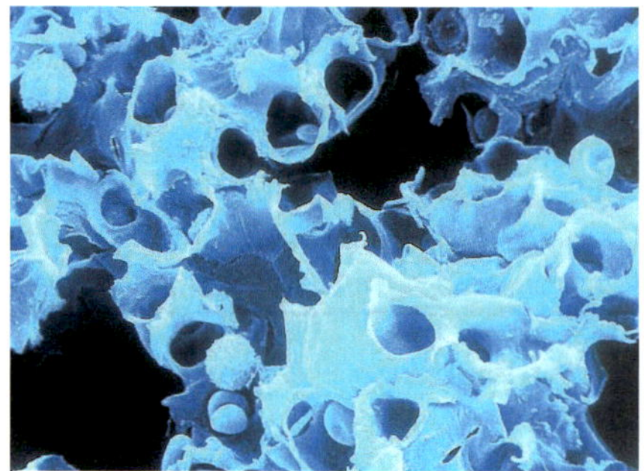

3 Lungenbläschen

Atmen geht von allein

Der Mensch atmet ständig ein und aus, am Tag und in der Nacht, ob er sitzt, läuft oder schläft. Das Atmen geht von allein, ohne dass du daran denken musst. Den Atem kannst du sehen als Hauch in der kalten Winterluft und auf einer Glasscheibe oder auch als Luftblasen, wenn du unter Wasser ausatmest. Den Atem kannst du hören als ruhiges Schnaufen oder als Keuchen, wenn du schnell gerannt bist. Den Atem kannst du spüren, wenn du durch Mund oder Nase auf deine Hand atmest.

Wohin geht dein Atem?

Alle Muskeln und Organe brauchen **Sauerstoff** zum Arbeiten. Der Sauerstoff ist in der Luft enthalten, die wir einatmen. Beim Einatmen strömt Luft durch die Nasenhöhle über den Rachen in die **Luftröhre**. Die Luftröhre gabelt sich an ihrem unteren Ende in zwei Äste, die **Bronchien**, die zu den beiden **Lungenflügeln** führen (▷B 1). Die Schleimhaut in der Nasenhöhle erwärmt und befeuchtet die Luft. Außerdem reinigt sie die Atemluft, indem kleine Staubteilchen an ihr haften bleiben. Auch die Luftröhre und die Bronchien sind von einer Schleimhaut ausgekleidet. Auf dieser sitzen viele kleine **Flimmerhärchen** (▷B 2), die durch ihre Bewegung Staubteilchen und Krankheitserreger mit dem Schleim nach oben in den Rachen abtransportieren.
Die Bronchien verzweigen sich wie die Äste eines Baumes in immer kleinere Zweige. Die feinsten dieser Verästelungen enden in den **Lungenbläschen** (▷B 1 und 3), von denen sich etwa 500 Millionen in der Lunge befinden. Die Wände der Lungenbläschen sind von feinen Blutgefäßen umgeben.

Der Sauerstoff aus der Luft dringt durch die hauchdünnen Wände der Lungenbläschen in diese Blutgefäße ein. Über das Blut wird der Sauerstoff dann zu allen Muskeln und Organen transportiert.

Die Atemluft wird auf dem Weg zur Lunge erwärmt, befeuchtet und gereinigt. In der Lunge gelangt der Sauerstoff aus der Luft ins Blut.

Außer Atem

Wenn du schnell gelaufen bist, ändert sich deine Atmung. Dein Atem geht schneller, du atmest also häufiger ein und aus. Und du atmest tiefer, was du am Heben und Senken des Brustkorbs beobachten kannst.

Bei Anstrengung atmen wir schneller

Beim Laufen brauchen deine Beinmuskeln mehr Sauerstoff als in Ruhe, weil sie dann mehr arbeiten müssen. Damit das Blut mehr Sauerstoff zu den Muskeln transportieren kann, muss es in der Lunge auch mehr davon aufnehmen. Durch die stärkere Atmung wird der Sauerstoff schneller nachgeliefert.
Bei der Arbeit der Muskeln und Organe wird nicht nur Sauerstoff verbraucht, sondern es entsteht auch **Kohlenstoffdioxid**. Dieses wird vom Blut zu den Lungen transportiert und gelangt über die Lungenbläschen in die Atemluft. Beim Ausatmen verlässt es dann den Körper. Es geht also genau den umgekehrten Weg wie der Sauerstoff. Je mehr die Muskeln arbeiten, desto mehr Kohlenstoffdioxid produzieren sie. Auch deshalb musst du beim Sport mehr atmen als in Ruhe.

Tief Luft holen

Bei körperlicher Anstrengung kannst du spüren, wie sich dein Brustkorb hebt und senkt. Dabei heben Zwischenrippenmuskeln den Brustkorb an und dehnen ihn aus. Dadurch strömt Luft in die Lungen. Beim Ausatmen senkt sich der Brustkorb, die Lunge verkleinert sich wieder und die Luft strömt aus ihr heraus. Diese Atmung nennt man **Brustatmung** (▷ B 4).

Ruhig durchatmen

In Ruhe bewegt sich der Brustkorb kaum beim Atmen. Nur der Bauch hebt und senkt sich. Das liegt an der Bewegung des **Zwerchfells** (▷ B 5), einer Muskelschicht, die Brust- und Bauchraum trennt. Bei dieser **Bauchatmung** zieht sich das Zwerchfell nach unten, wodurch sich der Bauch nach vorne wölbt. Außerdem wird dadurch auch die Lunge gedehnt, sodass Luft in sie hineinströmt. Zum Ausatmen hebt sich das Zwerchfell wieder und die Luft wird aus den Lungen herausgedrückt.

Die Atmung dient der Aufnahme von Sauerstoff und der Abgabe von Kohlenstoffdioxid. Man unterscheidet die Brustatmung und die Bauchatmung.

Versuche

1 a) Beschreibe den Weg der eingeatmeten Luft.
b) Überlege dir, an welchen Stellen die Giftstoffe des Zigarettenrauchs besonders wirken können.
c) Zähle die Folgen der Einwirkungen auf die jeweiligen Organe auf.
d) Beschreibe Möglichkeiten, diese Folgen so gering wie möglich zu halten.

2 Zähle, wie oft du in einer Minute ein- und ausatmest, wenn du ruhig sitzt. Notiere die Zahl deiner Atemzüge pro Minute. Laufe dann mindestens eine Minute lang. Zähle danach erneut deine Atemzüge pro Minute und notiere diese Zahl. Vergleiche die beiden Werte miteinander. Erkläre den Unterschied.

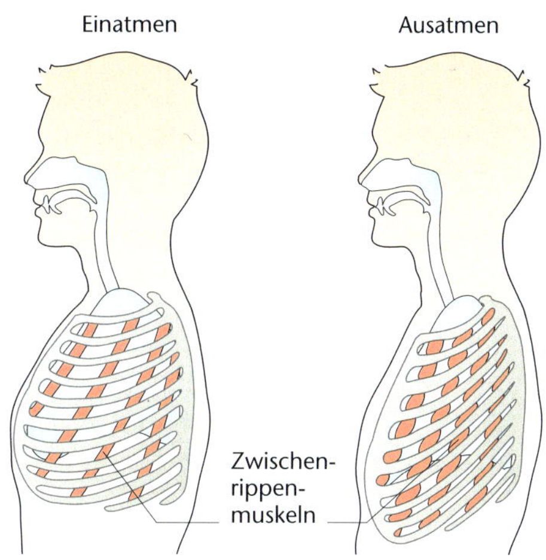

4 Brustatmung

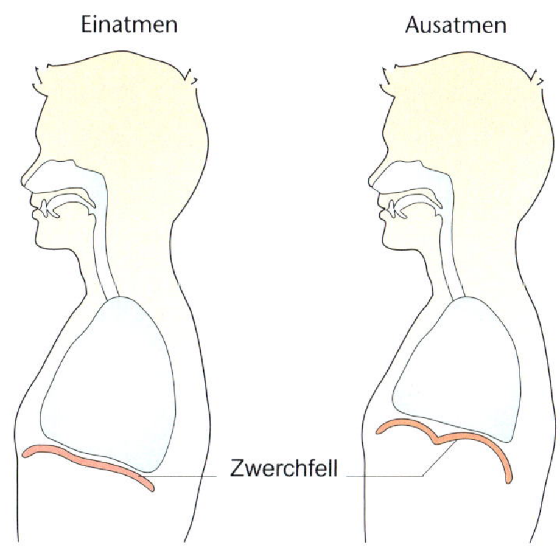

5 Bauchatmung

Wie ist unser Herz gebaut?

Das Herz liegt links in der Brust. Es ist ein faustgroßer **Hohlmuskel**, in dessen Inneren sich vier Hohlräume befinden: ein linker und ein rechter **Vorhof** sowie eine linke und eine rechte **Herzkammer** (▷B 1).

Mit jedem Schlag zieht sich das Herz zusammen. Dabei pumpt es das Blut aus den Vorhöfen in die Herzkammern und von dort über große Blutgefäße in die Lunge und den übrigen Körper. Die rechte Herzhälfte pumpt das Blut in die Lunge. Die linke Herzhälfte pumpt das Blut in den übrigen Körper.

Zwischen Vorhof und Herzkammer liegen **Herzklappen**. Sie verhindern, dass das Blut zurückfließt, wenn sich der Herzmuskel anspannt. Auch zwischen Herzkammern und Blutgefäßen liegen Herzklappen.

Kunstherz und Transplantation

Gelingt es dem Herzen nicht mehr, den Körper mit genügend Blut zu versorgen, können Tabletten oder Herzschrittmacher helfen. Als letzte Möglichkeit bleibt die Verpflanzung eines neuen Herzens übrig. Kunstherzen also Geräte welche die Arbeit des Herzens übernehmen, sind vorübergehend eine Lösung.
Menschliche Spenderherzen gibt es leider viel zu wenig. In Deutschland werden pro Jahr 400 Herztransplantationen durch geführt.

Dein Herz schlägt und schlägt

Wenn du beim Sport schnell gelaufen bist, musst du nicht nur schneller und tiefer atmen, auch dein Herz schlägt schneller und kräftiger.
Je mehr du dich anstrengst, desto kräftiger und schneller schlägt das Herz. In Ruhe schlägt das Herz eines Erwachsenen etwa 70-mal in der Minute.

Besonders gut kannst du deinen Herzschlag fühlen, wenn du die Fingerspitzen einer Hand auf die Unterseite des Handgelenks der anderen Hand legst (▷B 3). Suche dann die Stelle, an der du ein deutliches Pochen spüren kannst: das ist der **Puls**. Er entsteht, weil das Herz mit jedem Schlag das Blut durch die Blutgefäße drückt.

Warum schlägt dein Herz bei Anstrengung schneller?

Wenn du dich körperlich anstrengst, verbrauchen die arbeitenden Muskeln mehr Sauerstoff. Damit der in den Lungen aufgenommene Sauerstoff schneller zu den Muskeln transportiert werden kann, muss das Blut schneller fließen. Darum pumpt das Herz schneller und kräftiger. Das schneller fließende Blut transportiert auch das in den Muskeln entstandene Kohlenstoffdioxid rascher zur Lunge.

▶ Das Herz ist ein Hohlmuskel. Es pumpt Blut in die Lungen und in den Körper.

Aufgabe

1 Untersuche das Modell eines Herzens. Suche die Teile, die in Abbildung 1 beschriftet sind.

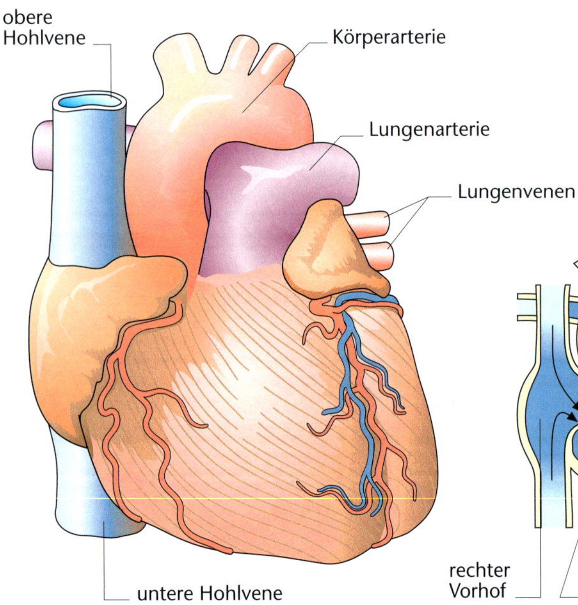

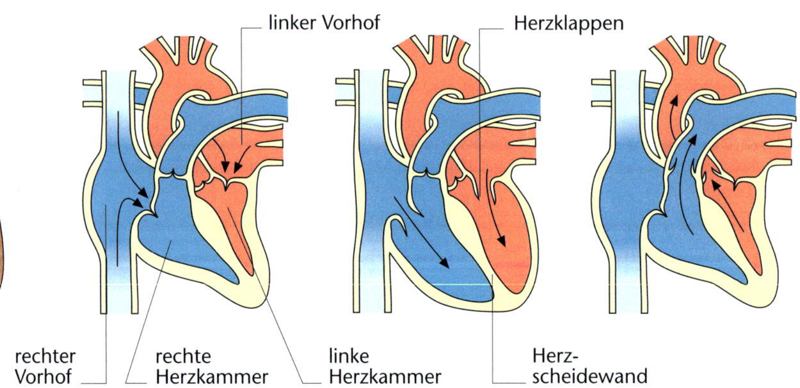

1 Aufbau des Herzens

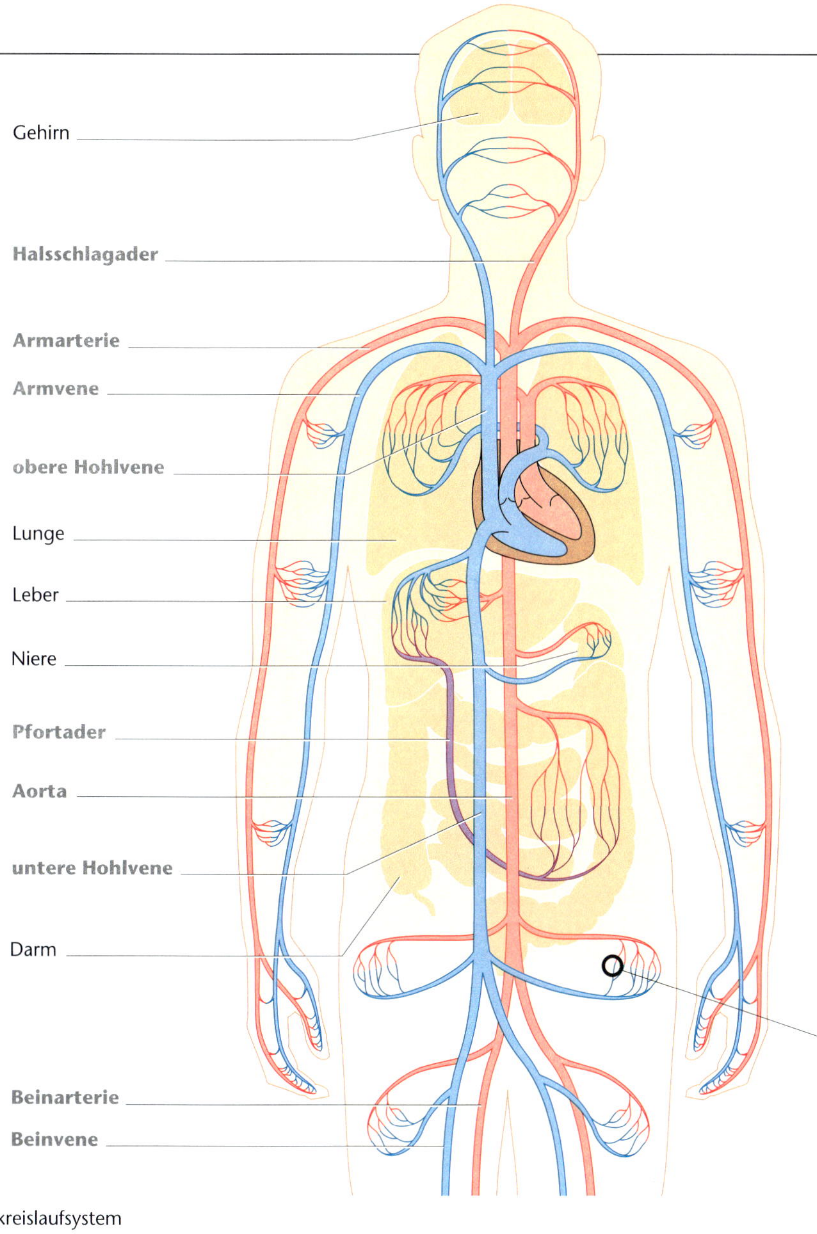
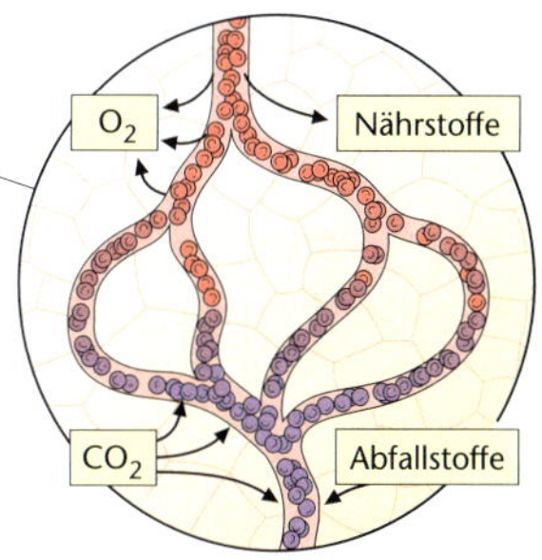

2 Blutkreislaufsystem

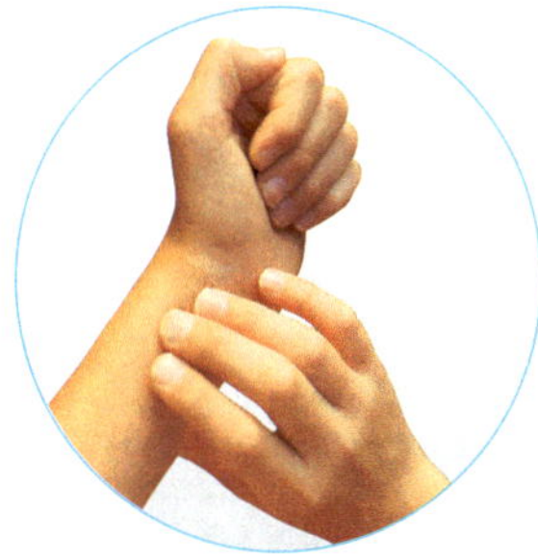

3 So fühlt man den Puls.

Ein endloser Kreislauf durch den Körper
Das Blut fließt in einem geschlossenen Blutgefäßsystem (▷B2). Dieses umfasst zwei Kreisläufe, den Lungen- und den Körperkreislauf.

Der Lungenkreislauf
Im **Lungenkreislauf** fließt das kohlenstoffdioxidreiche Blut aus der rechten Herzkammer zu den Lungen und gelangt über die Lungenarterien in die Lungenkapillaren. Dort geben die roten Blutzellen das Kohlenstoffdioxid in die Lungenbläschen ab und nehmen Sauerstoff auf. Das Blut fließt hier sehr langsam, sodass jede rote Blutzelle optimal mit Sauerstoff beladen werden kann. Von den Kapillaren fließt das Blut in die Lungenvenen, die in den linken Vorhof des Herzens münden.

Der Körperkreislauf
Aus dem linken Vorhof wird das sauerstoffreiche Blut über die linke Herzkammer in die Hauptschlagader, die Aorta, und in die Körperarterien gepumpt. Da das Blut auf diesem Weg in den gesamten Körper gelangt, wird dieser Kreislauf **Körperkreislauf** genannt.

Den Druck, mit dem das Herz das Blut in die Aorta und den Körperkreislauf pumpt, bezeichnet man als **Blutdruck**.

Das Blut fließt in einem geschlossenen Kreislauf durch den Körper. Man unterscheidet den Lungen- und den Körperkreislauf.

Werkstatt

Der Pulsschlag

1 Herzschlag – Puls

Den folgenden Versuch solltet ihr in Gruppen zu dritt durchführen.

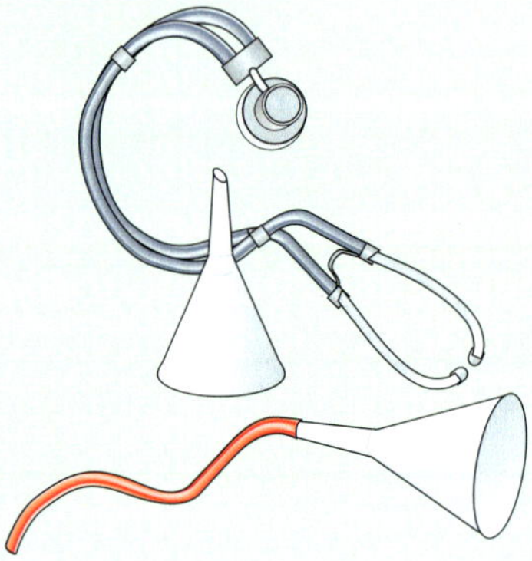

1 Material zu Versuch 1

Material

Gummi- oder Plastikschlauch, 2 Trichter (oder ein echtes Stethoskop)

Versuchsanleitung

a) Baut aus einem Schlauch und 2 Trichtern ein Stethoskop.
b) Der „Patient" setzt sich auf einen Stuhl und entspannt sich. Ein „Arzt" hört mit dem Stethoskop das Herz ab und klopft im Takt des Herzschlages auf den Tisch (▷ B 3). Der zweite „Arzt" fühlt den Pulsschlag am Arm und klopft im Takt des Pulsschlages.
c) Wechselt euch nun ab. Jeder sollte einmal der „Patient" sein. Erklärt das Ergebnis euren Mitschülern.

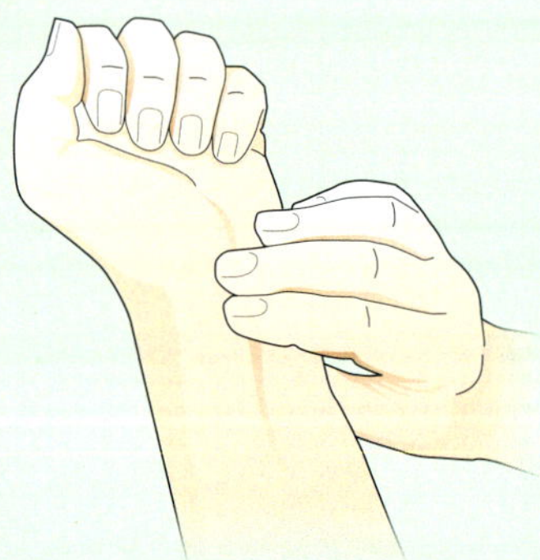

2 Pulsmessung am Handgelenk

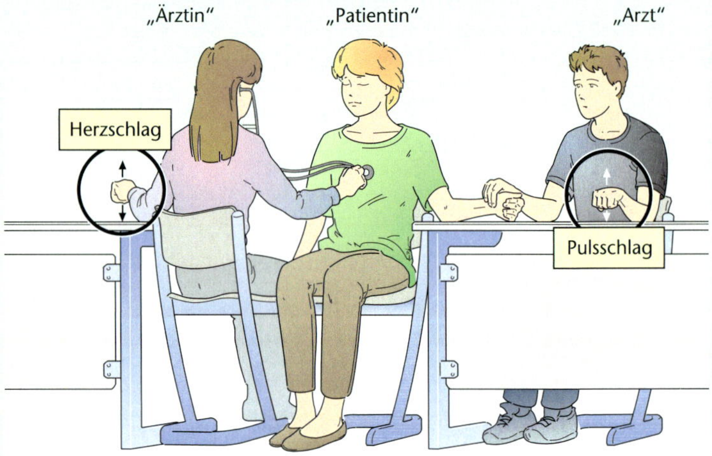

3 Herzschlag und Puls werden gleichzeitig gemessen.

Aufgabe

Der Pulsschlag kann an verschiedenen Stellen gemessen werden. Die Abbildungen 2 und 4 zeigen, an welchen Stellen du auch deinen Puls und damit den Schlag des Herzens fühlen kannst. Probiere aus, wo du den Puls am besten ertasten kannst.
Es genügt, den Finger leicht aufzulegen. Drücke nicht zu fest!

2 An der Faust beobachtet

Versuchsanleitung

a) Mache eine Faust. Beobachte die Blutgefäße auf dem Handrücken und am Handgelenk. Manchmal ist es möglich, den Pulsschlag zu sehen.
b) Auf dem Handrücken kannst du mehrere Blutgefäße sehen. Streiche mit dem Daumen der anderen Hand vom Handgelenk zu den Fingern hin über eines der sichtbaren Blutgefäße hinweg. Die Blutgefäße verschwinden dabei. Sie bleiben so lange verschwunden, wie du den Daumen aufdrückst (▷ B 5).

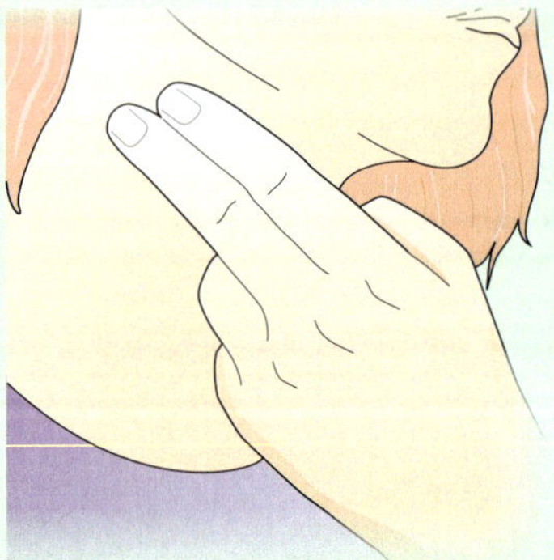

4 Pulsmessung am Hals

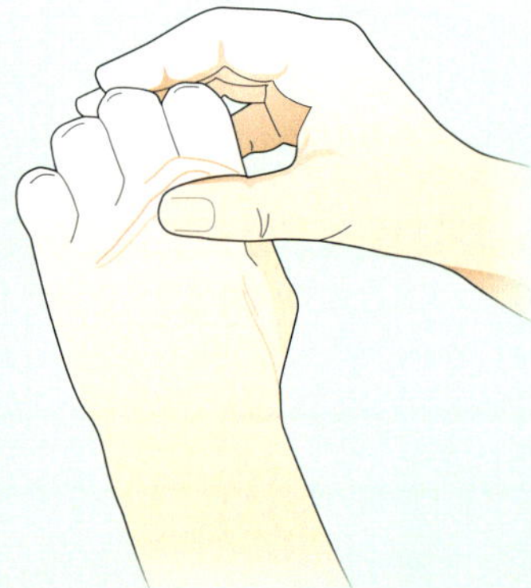

5 Das Blut fließt auch zurück.

Beobachte, aus welcher Richtung das Blut wieder in die Blutgefäße fließt, wenn du den Daumen wegnimmst.

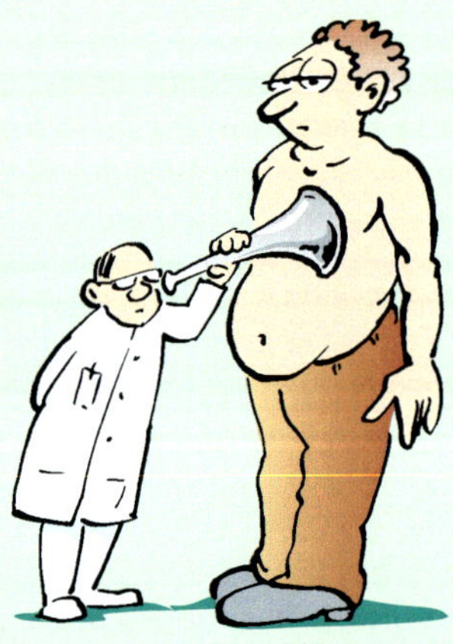

Rauchen – ich sag nein!

Ein paar aus der Klasse haben schon mal geraucht. Wer das nicht probiert, wird von ihnen lächerlich gemacht. Wenn sie dann rauchen, versuchen sie besonders interessant und cool auszusehen – wie die Leute in der Werbung. Selbst wenn es beim ersten Mal nicht schmeckt, gibt das keiner zu.

Ich probiere jetzt mal was anderes: Beim nächsten Mal, wenn die anderen rauchen, werde ich nicht mitmachen. Einfach „nein“ sagen. Dazu gehört wirklich Mut!

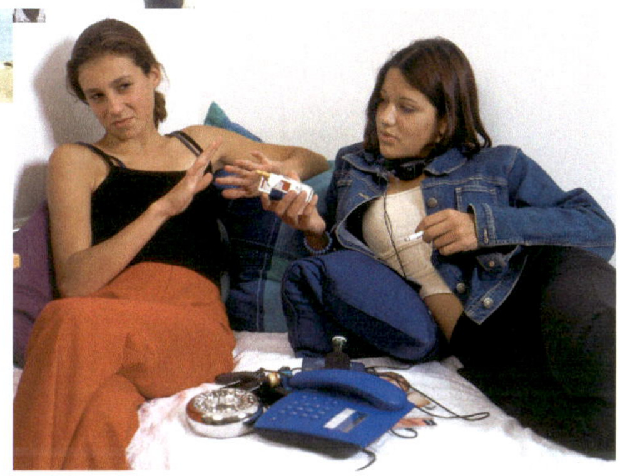

1 „Nein“ sagen

Warum rauchen manche Leute?

Rauchen schadet der Gesundheit – das steht auf jeder Zigarettenpackung. Trotzdem rauchen viele Erwachsene und Jugendliche. Sogar Kinder greifen schon zur Zigarette. Warum tun sie das?
Ein wichtiger Grund ist sicher die Werbung. Darin werden Raucher als jung, schön, lässig und interessant dargestellt. Wer raucht, ist erfolgreich und attraktiv, so lautet die Botschaft. Doch keine Werbung zeigt die Nachteile des Rauchens: süchtige und kranke Menschen.

Was ist so schädlich am Rauchen?

Zigarettenrauch enthält viele verschiedene Gifte, vor allem **Teer** und **Nikotin**. Der Teer im Rauch verklebt in den Bronchien die Flimmerhärchen, die normalerweise Schadstoffe abtransportieren. Er lagert sich in den Lungenbläschen ab und behindert so die Aufnahme von Sauerstoff. Wer raucht, ist daher körperlich weniger leistungsfähig. Teer und die nicht abtransportierten Schadstoffe verursachen bei Rauchern häufig **Bronchitis** und sogar **Lungenkrebs**.

Das Nikotin im Rauch verengt die Blutgefäße. Viele Organe, auch das Herz, werden dadurch schlechter durchblutet. Sie erhalten langfristig zu wenig Sauerstoff. Das Herz kann dadurch so geschädigt werden, dass ein **Herzinfarkt** entsteht. Dabei sterben Teile des Herzmuskels ab. Verengte Blutgefäße in den Beinen können auch zum Absterben der Beine führen: Sie müssen dann amputiert werden.

Auch wenn du nur den Zigarettenrauch anderer einatmest, ist das schädlich, weil du dadurch die gleichen giftigen Stoffe aufnimmst. Viele Schäden durch das Rauchen zeigen sich erst nach Jahren. Doch dann können viele nicht mehr damit aufhören, denn Rauchen macht **süchtig**.

Rauchen schadet der Gesundheit. Es macht süchtig.

Aufgaben

1 Lies in dem Text „Rauchen – ich sag nein“, was ein Schüler über das Rauchen sagt. Warum fängt jemand an zu rauchen?

2 Nenne Gründe, warum viele nicht mehr aufhören zu rauchen, obwohl sie wissen, dass es ungesund ist.

3 Denke dir eine Situation aus, in der du Mut bräuchtest, eine angebotene Zigarette abzulehnen. Spielt diese Situation in der Klasse.

4 Plant ein Aktionsplakat gegen das Rauchen. Durch welche Argumente könntet Mitschüler oder auch Erwachsene überzeugt werden? Wie könnte man damit Werbung gegen das Rauchen machen?

1 Fitness ist in

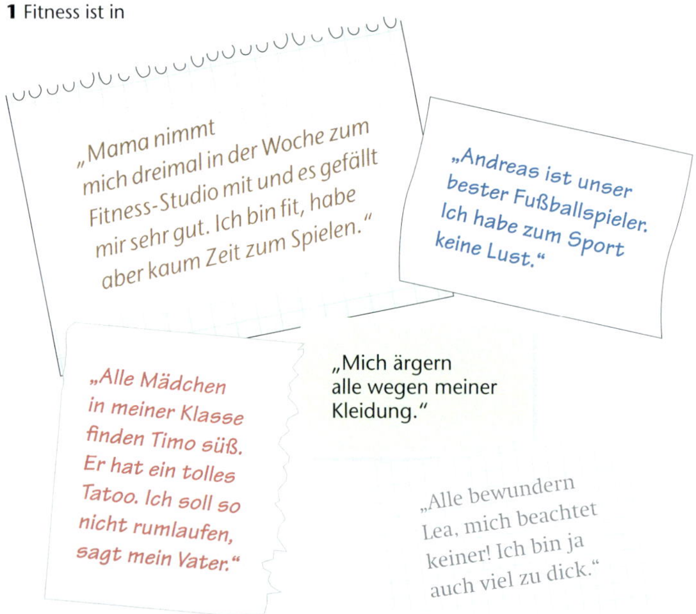

2 Briefe aus dem Kummerkasten

Moderne Menschen bewegen sich meistens zu wenig und essen zu viel und zu ungesund. Heute hat jedes vierte Schulkind Übergewicht! Schulen, Krankenkassen und Sportvereine bemühen sich, diese falsche Entwicklung durch Aufklärung und Fitness-Programme zu bekämpfen.

Fit sein ist kein Luxus
Es ist sehr wichtig, dass wir unseren Körper gesund und leistungsfähig erhalten. Diesen Zustand bezeichnet man heute mit dem englischen Ausdruck „fit“. Fitness – also Gesundheit und Leistungsfähigkeit – kommt aber nicht von selber. Unser Körper benötigt viel Bewegung, eine gesunde Ernährung und regelmäßige Pflege.

Fitness früher und heute
Kinder haben sich früher viel mehr bewegt: Sie mussten oft viele Kilometer zur Schule gehen, spielten an der frischen Luft und hatten bei der Arbeit und im Haus fleißig zu helfen. Die Nahrung wurde meistens aus frischen Lebensmitteln zubereitet, war einfach und bei weitem nicht so reich an Zucker und Fett wie heute. Gebadet oder geduscht wurde allerdings seltener.

Möglichst viel Bewegung
„Bewegung ist die beste Vorbeugung“, sagen Mediziner. Wer sich täglich mehr als eine halbe Stunde sportlich betätigt, verringert sein Erkrankungsrisiko um ein Drittel. Um dein Herz und deinen Kreislauf zu stärken, solltest du Ausdauersportarten betreiben. Dazu gehören Rad fahren, Schwimmen oder Joggen. Dadurch wird dein Herzmuskel kräftiger. Das Herz kann langsamer schlagen. Deine Lunge wird größer und nimmt dadurch mehr Luft auf. Deshalb atmest du tiefer und ruhiger.

Wie viel Fitness ist gesund?
Ärzte warnen vor Übertreibungen: Die Zahl der Jogger, die Rücken- und Gelenkprobleme haben, steigt an. Falsch betriebener Sport gefährdet das Kreislaufsystem. Hungerkuren und falsche Diäten können lebensgefährlich sein, Sonnenbäder sind für die Haut gefährlich. Auch der „Fitness-Wahn“ kann also – wie der Mangel an Fitness – die Gesundheit schädigen.

▶ Es ist sehr wichtig, seinen Körper gesund und leistungsfähig zu erhalten. Das kann durch sinnvolle Fitness-Programme erreicht werden. Übertreibungen können schädlich sein.

Aufgaben

1 Diskutiert in der Klasse über die Äußerungen im Kummerkasten (▷ B 2) und schreibt jedem einen kurzen Antwortbrief.

2 Schreibe ein Bewegungstagebuch. Notiere täglich, wann und wie du dich bewegst. Vergleiche deine Aufzeichnungen mit denen deiner Klassenkameradinnen und Kameraden.

3 a) Findet in Supermärkten Lebensmittel mit der Bezeichnung „Fitness“.
b) Notiert, welche verschiedenen Produkte unter diesem Etikett angeboten werden.
c) Fragt nach, worin der Unterschied zwischen „Fitness-“ und „Light-Produkten“ besteht.

Schnittpunkt

Leistungs- oder Breitensport

1 Im Freibad

2 Schwimmwettkampf

Lisa schwimmt sehr gern. Sie hat ein großes Ziel – sie will Deutsche Meisterin werden. Lisa schwimmt schon sehr schnell. Ihre Trainerin sagt, sie habe großes Talent und das müsse gefordert und gefördert werden. Die Trainerin kennt sich gut aus, sie ist Sportlehrerin und selbst schon einmal bei den Olympischen Spielen gestartet.
Im Verein ist Lisa ein Vorbild für die jüngeren Schwimmerinnen. Sie trainiert fünfmal in der Woche: viermal im Wasser und einmal an Land. Das Trockentraining mit Gewichten dient dem Kraftaufbau. Lisa betreibt **Leistungssport**.
Verantwortliche Trainer achten darauf, dass sie ihre Schützlinge mit Spaß und ohne Schmerzen zu sehr guten Leistungen führen.
Lisa will in drei Wochen bei den Landesmeisterschaften besonders schnell schwimmen. Doch sie hat Schmerzen in der Schulter und überlegt, ob sie ein Schmerzmittel einnehmen soll.
Ihre Eltern werden sie zum Wettkampf begleiten, um sie anzufeuern. Sie erwarten viel von Lisa, denn im letzten Jahr gewann sie eine Silbermedaille.

Martha treibt auch gern Sport. Sie ist im Sportverein angemeldet und geht zweimal pro Woche zum Schwimmtraining. Schwimmen ist Marthas Hobby, sie betreibt **Breitensport**.
Es macht Martha viel Spaß sich im Wasser zu bewegen. Sie erlernt die verschiedenen Schwimmstile und die Wasserspiele am Ende der Trainingseinheit sind immer ein schöner Abschluss.
Manchmal geht Martha nicht zum Training, wenn sie viele Hausaufgaben erledigen muss oder eine ihrer Freundinnen Geburtstag hat.
Am liebsten schwimmt Martha im Sommer. Dann findet das Training im Freibad statt und auf dem Rasen wird auch Volleyball gespielt.

Aufgaben

1 Nenne Gründe, warum Lisa und Martha Sport treiben.

2 Lisa hat Schmerzen vor einem Wettkampf. Würdest du an ihrer Stelle ein Schmerzmittel einnehmen? Begründe deine Meinung.

3 Erstellt in Gruppenarbeit eine Tabelle mit Argumenten für und gegen den Leistungssport.

3 Siegerehrung

Eine neue Zeit beginnt

Aufklärung vor über 50 Jahren

Ausschnitt aus einem Aufklärungsbuch von 1956:

„Wenn nun zwei Menschen geheiratet haben und ein Reich der Liebe entstanden ist, kann der Mann seinen Samen in den Kelch der Frau pflanzen."

● Diese Information würde dir heute nicht viel helfen. Bist du schon aufgeklärt worden? Wie war das? Sprich in der Gruppe darüber.

Erwachsenwerden in anderen Ländern

Die zwölfjährige Sabine hat eine türkische Brieffreundin. Sie schreibt an Hülya: „Meine Eltern sind seit einiger Zeit ganz komisch geworden. Nichts darf ich mehr tun, alles verbieten sie mir. Wie geht es dir in der Türkei?" Hülya schreibt zurück: „ Für uns türkische Mädchen ändert sich einiges in der Pubertät..."

● Erkundige dich nach Verhaltensregeln für junge Mädchen in der Türkei. Was ändert sich, wenn sie vom Mädchen zur Frau werden?

● Gibt es andere Länder, aus denen du berichten kannst?

Was bedeutet „Erwachsensein"?

● Stellt eine Liste auf, was für euch zum Erwachsenwerden gehört. Ergänzt und diskutiert in der Gruppe.

Erwachsenwerden
Was gehört für DICH dazu?

- abends länger aufbleiben
- Alkohol trinken
- Piercing
- auf Partys gehen
- Haare färben
- ...

„Wenn ich meine Lehrer seh'
wenn ich meine Eltern ständig streiten hör'
Sparvertrag und Sicherheit,
Abendessen, Fernsehzeit,
ich will nie erwachsen sein,
ich will nie erwachsen sein!"

(Teil des Liedtextes „Erwachsen sein", Die Schröders)

Fachsprache rund um die Pubertät

Der Arzt sagt zu Benny: „Die Behaarung am Scrotum ist normal. Es liegt eine leichte Phimose vor."
Ärzte haben, wie viele andere Berufsgruppen, eine spezielle Fachsprache entwickelt. Finde heraus, was sich hinter folgenden Begriffen versteckt.

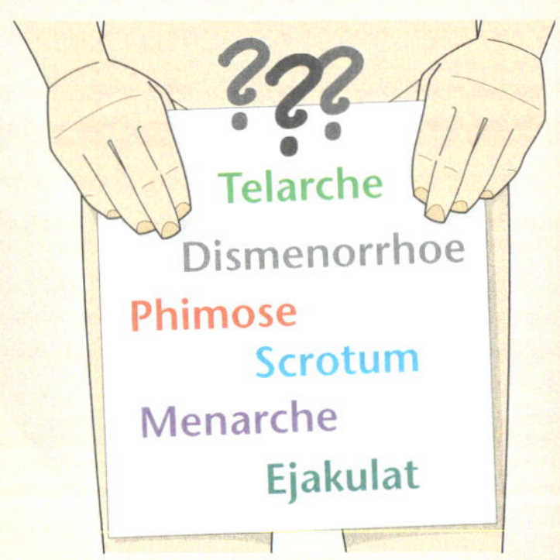

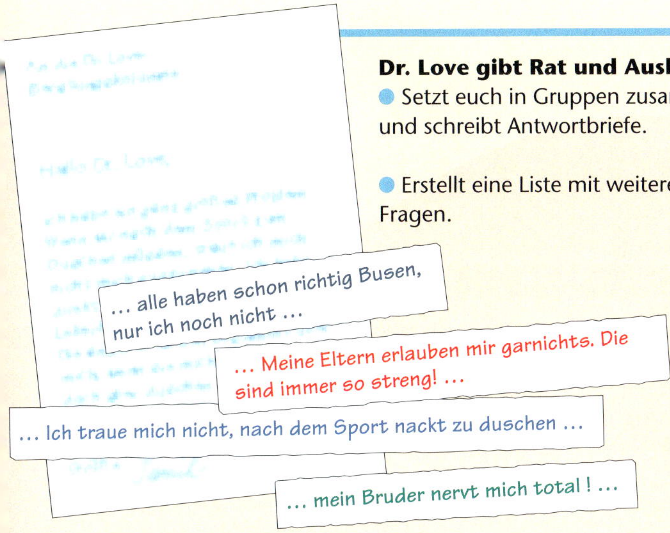

Dr. Love gibt Rat und Auskunft

- Setzt euch in Gruppen zusammen und schreibt Antwortbriefe.

- Erstellt eine Liste mit weiteren Fragen.

Verhütung – früher und heute

Begib dich auf eine Zeitreise in die Geschichte der Verhütung.

- Gab es früher schon Kondome?

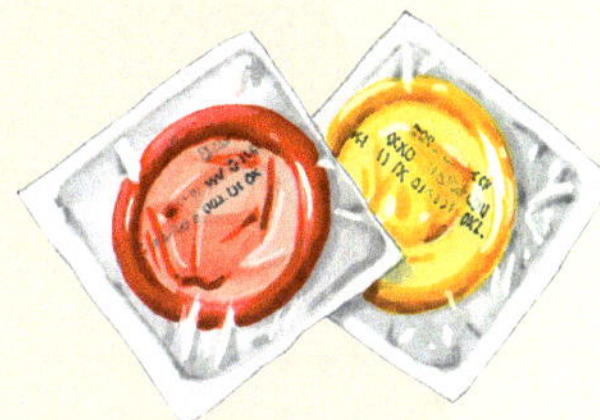

- Zeichne einen Zeitstrahl mit der Entwicklung dieses Verhütungsmittels.

Gefühle in der Kunst

Was sind das für Gefühle? Verliebtsein, Freundschaft, Liebe? Künstler drücken ihre Gefühle durch ihre Werke aus. Ein Maler zeichnet seine Geliebte, der Dichter schreibt ein Liebesgedicht und der Sänger komponiert einen Lovesong.

- Fragt im Deutsch-, Kunst- und Musikunterricht nach, welche bekannten Liebesbeweise es jeweils gibt.

- Was würdest du zeichnen, wenn du verliebt wärst? Vergleiche dein Bild mit denen deiner Klassenkameraden. Sprecht über die Gefühle, die ihr ausdrücken wollt.

Beratungsstellen

Es gibt in Deutschland verschiedene Beratungsstellen, die Antworten auf Fragen rund um die Themen Sexualität, Verhütung und Schwangerschaft geben. Die Mitarbeiterinnen und Mitarbeiter bieten einfühlsame Aufklärung und unterstützen Jugendliche beim verantwortlichen Umgang mit der Sexualität.

- Sucht im Internet nach verschiedenen Beratungsstellen.

- Gibt es auch eine Beratungsstelle in eurer Nähe?

- Erkundigt euch telefonisch, ob die Beraterinnen und Berater auch in den Unterricht kommen. Fragt eure Lehrerin oder euren Lehrer, ob ihr einen Termin vereinbaren dürft. Bereitet Fragen vor.

Gute Zeiten – schlechte Zeiten

Christina stürmt wutschnaubend auf ihre Freundinnen zu: „Meine Mutter nervt total! Ich hatte mich so auf den Einkaufsbummel gefreut, aber ich sollte mal wieder das schön finden, was sie ausgesucht hatte. Nie lässt sie mich selber entscheiden, ich bin doch kein Kleinkind mehr. Der ganze Nachmittag war kaputt und gekauft haben wir auch nichts. Das finde ich so gemein. Außerdem hat ihr heute morgen wieder nicht gefallen, wie ich aussehe."

Christinas schlechte Laune ist trotzdem schnell wieder verflogen, denn das Neueste von der heißgeliebten Musikgruppe macht die Runde. Die Mädchen haben noch viel zu reden. Oft geht es um meckernde Erwachsene, von denen sie sich nicht verstanden fühlen, Freundschaften und Cliquen, Mode und Musik.
Voller Freude und Ausgelassenheit kichern sie manchmal drauflos und können nicht mehr aufhören zu lachen. Nur in ihrer Gruppe fühlen sie sich wohl und verstanden. Wem sonst als den besten Freundinnen könnten sie sich anvertrauen?

1 Mädchen unter sich

2 Jungen unter sich

3 Verliebt

Auch Mark, Christinas Zwillingsbruder, versteht sich mit seinen Freunden meistens sehr gut. Die Jungen haben aber ganz andere Interessen als die Mädchen und bleiben auch unter sich. Bei ihnen geht es hauptsächlich darum, in der Gruppe eine bestimmte Rangfolge festzulegen. Sie denken sich „Mutproben" aus, mit denen sie sich gegenseitig imponieren wollen.
Mark ist als guter Sportler sehr beliebt. Manche seiner Freunde beneiden ihn deswegen. Beim letzten Schwimmwettkampf hat er gesiegt und fühlt sich seitdem besonders gut. Zu Hause und in der Schule zeigt er sich stark und will sich ständig durchsetzen.
Das Verhalten seiner Schwester kann er oft nicht mehr verstehen. Dann verschwindet er in sein Zimmer und setzt sich an den Computer oder hört Musik.

4 Typisch Jungen, typisch Mädchen!?

Warum bin ich plötzlich anders?
Früher haben Mark und Christina oft zusammen gespielt. Das hat sich geändert. Beide haben anscheinend keine Gemeinsamkeiten mehr und sind nur noch mit ihren Freunden oder Freundinnen zusammen. Zu Hause gehen sie sich möglichst aus dem Weg.
Die Veränderungen im Körper sind die Ursache für das Anders-Sein der beiden. Jungen und Mädchen entwickeln sich im gleichen Alter verschieden schnell. Deshalb verhalten sie sich auch so unterschiedlich.

Gefühle zeigen – oder nicht?
Angst, Eifersucht, Sehnsucht, Trauer, Glück und Liebe lassen sich nur schwer erklären. Diese Empfindungen sind einfach da, du fühlst sie.
Die angenehmen Gefühle möchtest du festhalten, die negativen bedrücken und verwirren dich schon mal. Lasse sie trotzdem zu und versuche, einem vertrauten Menschen davon zu erzählen. Sprich aus, was dir gefällt oder nicht gefällt und was dir gut tut. Jetzt werden beste Freunde oder Freundinnen vielleicht noch wichtiger, als sie früher schon waren. Manchmal ist es aber auch richtig, Gefühle für sich alleine zu haben.

Allmählich möchtest du selbstständig sein und deinen eigenen Weg gehen. Eltern und anderen Erwachsenen gegenüber wirst du immer kritischer und sträubst dich gegen alle möglichen Anordnungen und Regeln. Häufig kommt es deswegen zum Streit. Du fühlst dich unverstanden, allein gelassen und unglücklich. Das geliebte Plüschtier spendet dir Trost. In kurzen Zeitabständen erlebst du dich immer anders. Du brauchst also viel Geduld mit dir.

Aufgaben

1 Schreibe auf, wie sich die Mädchen und die Jungen im Text, auf den Fotos und in den Cartoons verhalten.

2 Versetze dich in die Rolle einer Mutter oder eines Vaters. Spielt Szenen vor, in denen sich Sohn oder Tochter nicht „typisch männlich“ oder „typisch weiblich“ verhalten.

3 Nenne Gründe, warum du gerne ein Junge oder ein Mädchen bist.

4 Schreibe ein Liebesgedicht für einen Menschen, den du magst.

5 Kennst du Liebesgeschichten? Erzählt euch den Inhalt und entwerft selber welche.

5 Keiner fragt danach, was ich eigentlich will.

6 Junge in der Küche

7 Mädchen repariert Fahrrad

1 In der Sauna

Dein Körper verändert sich

Bei kleinen Kindern, die du nackt von hinten siehst, kannst du Jungen und Mädchen nicht unterscheiden. Erst von vorne erkennst du sie an den Geschlechtsorganen, die schon von Geburt an vorhanden sind. Diese heißen **primäre Geschlechtsmerkmale**. Äußerlich sichtbar sind bei Jungen das Glied bzw. der Penis und der Hodensack, der die Hoden und Nebenhoden enthält. Die beiden Samenleiter, die Bläschendrüse und die Vorsteherdrüse liegen verborgen im Unterleib.
In der Pubertät entwickeln sich dann weitere Geschlechtsmerkmale, die den erwachsenen Mann vom Jungen unterscheiden. Sie heißen **sekundäre Geschlechtsmerkmale**.

Jungen bemerken den Beginn der Pubertät meistens daran, dass Körperhaare vor allem oberhalb des Gliedes im Schambereich und in den Achselhöhlen wachsen. Später erscheint ein leichter Bartflaum auf der Oberlippe. Bei manchen Jungen wachsen auch Haare auf Armen und Beinen, sowie Brust, Bauch, Po und Rücken.
Am Anfang der Pubertät streckt sich der Körper in die Länge. Die Schultern werden breiter, die Hüften bleiben schmal. Die Muskulatur wird nach und nach überall kräftiger, sodass die ganze Körperform männlicher wird.

Deutlich tritt der Kehlkopf als „Adamsapfel“ hervor und die Stimmbänder werden darin länger. Dadurch „bricht“ schon mal die hohe Kinderstimme in eine tiefere Männerstimme um. Die Stimmbänder sind noch nicht richtig auf die veränderte Länge eingestellt. Das ist der **Stimmbruch**.

Warum verändert sich der Körper mit Beginn der Pubertät? Der Körper bildet in Drüsen Botenstoffe oder **Hormone**, die auf die verschiedenen Organe einwirken. Auch die Hoden bilden Geschlechtshormone.
Es ist völlig normal, dass diese Veränderungen nicht bei allen Jungen zum gleichen Zeitpunkt beginnen und enden. Außerdem ist es normal, dass die Pubertät bei Jungen später beginnt als bei Mädchen.

Botenstoffe oder Hormone bewirken die Ausbildung der sekundären Geschlechtsmerkmale:
- die typisch männliche Körperform,
- die Körperbehaarung,
- den Bartwuchs,
- die tiefe Stimme.

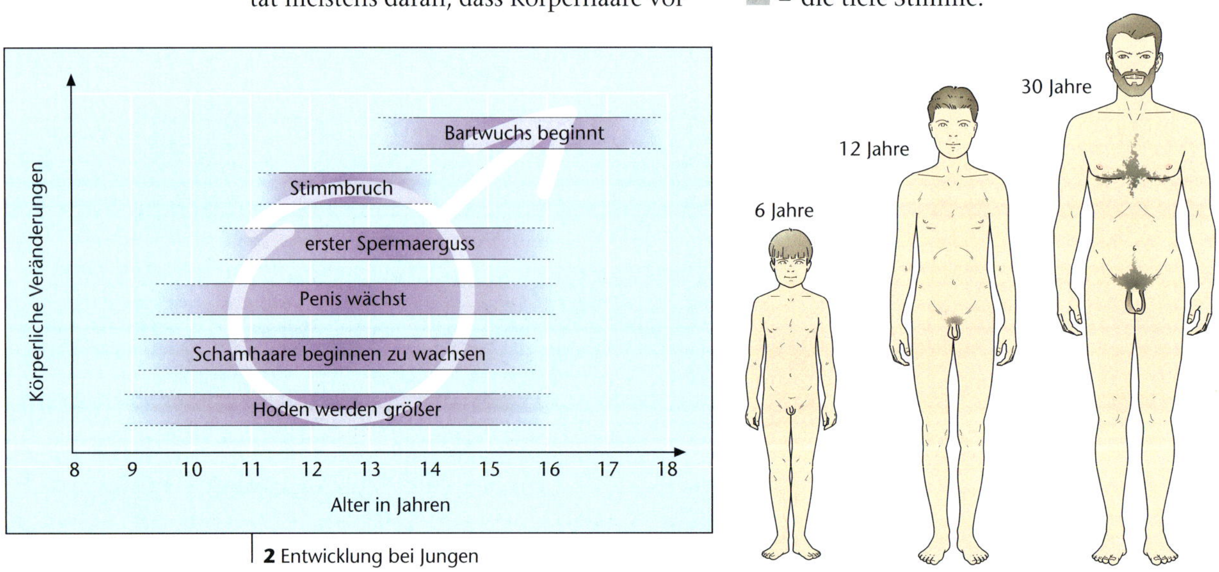

2 Entwicklung bei Jungen

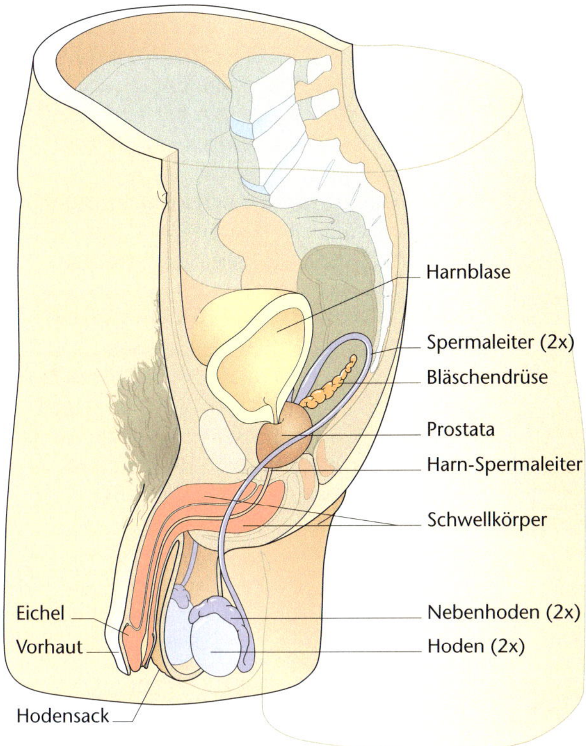

3 Männliche Geschlechtsorgane

4 Typisch Junge?

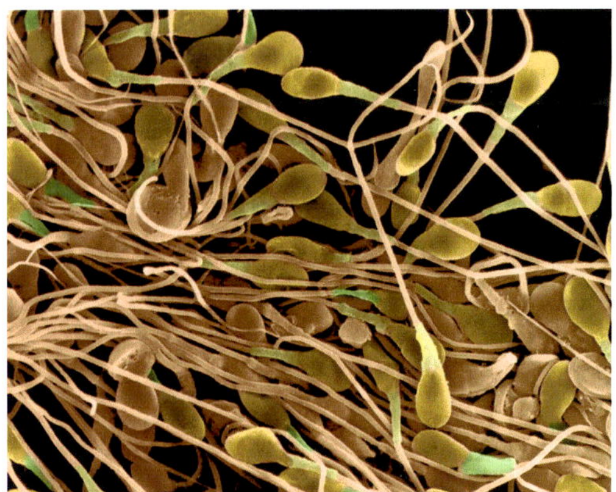

5 Menschliche Spermien (1 000fach vergrößert)

Männliche Geschlechtsorgane
In der Pubertät wachsen auch Penis, Hoden und Hodensack.
In den Hoden entstehen die männlichen Keimzellen oder **Spermien**, die ab jetzt ein Leben lang nachgebildet werden. Es sind täglich viele Millionen, die sich in den Nebenhoden sammeln.

Vorne am Penis befindet sich die Eichel. Sie ist sehr empfindlich und wird durch die Vorhaut bedeckt. Der Penis kann sich aufrichten und steif werden, weil sich die Blutgefäße in den Schwellkörpern prall mit Blut füllen. Eine solche Gliedversteifung heißt **Erektion**.

Anschließend können die Spermien durch die beiden Spermaleiter zusammen mit Flüssigkeiten aus Bläschendrüse und Vorsteherdrüse, der Prostata, durch die Harnröhre nach außen gelangen. Das weißliche Gemisch aus Spermien und Drüsenflüssigkeit heißt **Sperma**.

Was bedeutet eigentlich „geschlechtsreif" sein?
Der erste Spermaerguss, auch Pollution genannt, erfolgt meist unbewusst im Schlaf. Dies ist ein ganz natürlicher Vorgang.
Der Junge ist mit dem ersten Spermaerguss geschlechtsreif und könnte nun ein Kind zeugen.

Wenn sich die männlichen Geschlechtsorgane vergrößert haben, bilden die Hoden Spermien.
Ab dem ersten Spermaerguss ist der Junge geschlechtsreif und kann Kinder zeugen.

Aufgaben

1 Beschreibe mit eigenen Worten die Entwicklung vom Jungen zum Mann.

2 Erkläre, wie die Veränderungen während der Pubertät ausgelöst werden.

3 Gibt es Dinge, die für Jungs bzw. für Mädchen typisch sind? Diskutiert gemeinsam.

1 Am Strand

Dein Körper verändert sich
Während der Kindheit wachsen die Geschlechtsorgane, die du von Geburt an hast, einfach mit deinem Körper mit und verändern sich nur wenig.
Diese **primären Geschlechtsorgane** liegen beim Mädchen verborgen im Unterleib: Gebärmutter, Eierstöcke mit unreifen Eizellen und Eileiter. Äußerlich sind nur die großen Schamlippen sichtbar.

Mit Einsetzen der Pubertät bilden die Eierstöcke Botenstoffe oder **Hormone**, die über das Blut auf die verschiedenen Organe einwirken. Deshalb entwickeln sich nun auch die **sekundären Geschlechtsmerkmale**, die den Körper einer erwachsenen Frau vom kindlichen Mädchenkörper unterscheiden.

Zu Beginn der Pubertät verändert sich die Figur des Mädchens. Die Hüften werden breiter und die Taille bildet sich aus. Fetteinlagerungen in der Unterhaut machen den Körperumriss runder und weicher.
Wenn die Brüste zu wachsen beginnen, wachsen auch die Haare im Schambereich und etwas später in den Achselhöhlen.

Manche Mädchen warten sehnsüchtig darauf, dass sie Brüste bekommen und die Körperform weiblicher wird. Andere sind über die sichtbaren Veränderungen ihres Körpers noch nicht so glücklich. Mal empfinden sie sich als zu dick, mal als zu dünn, mal als zu früh fraulich oder noch zu kindlich.

Manchmal versuchen Mädchen sogar, mit ihren Essgewohnheiten die Körperveränderungen gewaltsam zu beeinflussen.

Botenstoffe oder Hormone bewirken die Ausbildung der sekundären Geschlechtsmerkmale:
- die typisch weibliche Körperform,
- Scham- und Achselhaare,
- Brüste.

Weibliche Geschlechtsorgane
Die äußerlich sichtbaren primären Geschlechtsorgane, die großen Schamlippen, sind weiche Hautfalten. Sie überdecken und schützen die kleinen Schamlippen, den Kitzler und den Eingang zur Scheide. Der Kitzler ist eine sehr empfindsame Stelle und etwa so groß wie eine Erbse.

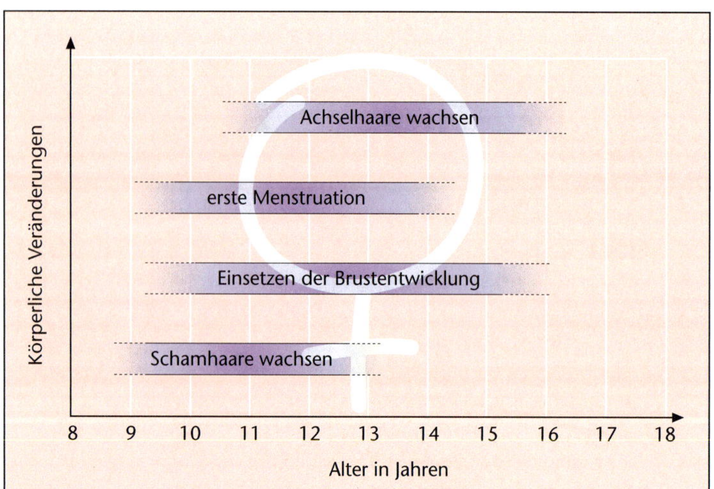

2 Entwicklung bei Mädchen

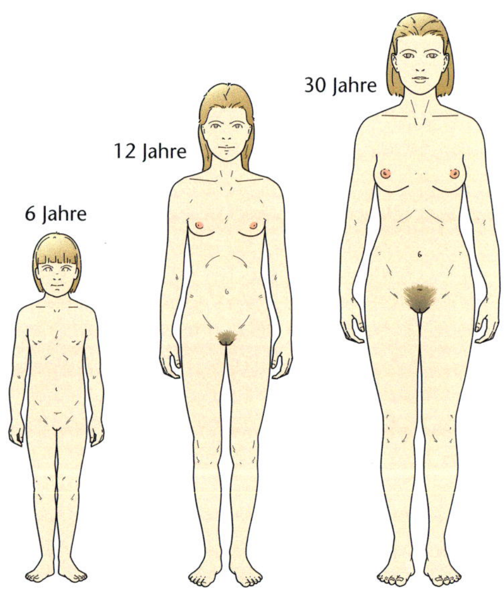

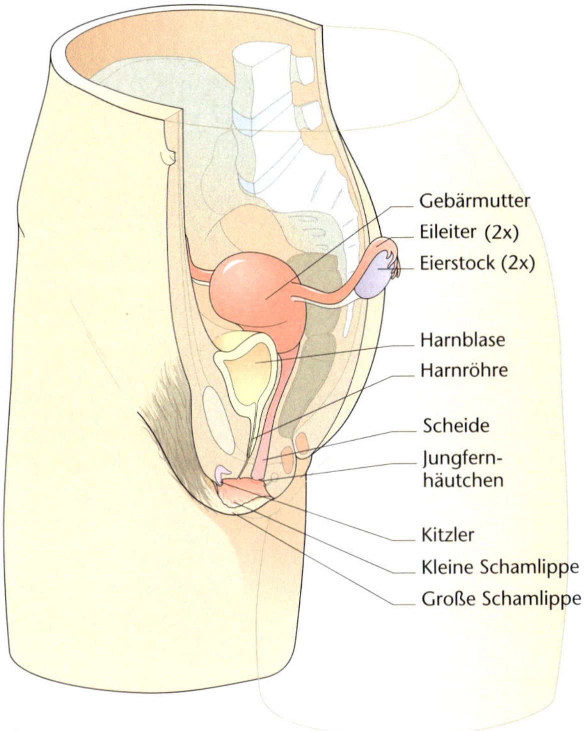

3 Weibliche Geschlechtsorgane

4 Typisch Mädchen?

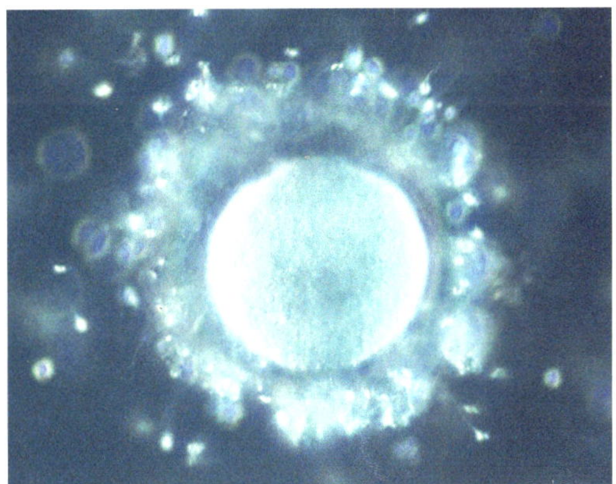

5 Menschliche Eizelle (vergrößert)

Die Verbindung von außen zur Gebärmutter ist die Scheide. Bei jungen Mädchen ist der Scheideneingang durch ein feines Häutchen, das Jungfernhäutchen, teilweise umrandet.

Das unverletzte Jungfernhäutchen wird oft als Beweis dafür verstanden, dass ein Mädchen noch Jungfrau ist. Eine Jungfrau ist eine Frau, die noch nie mit einem Mann geschlafen hat, egal ob das Häutchen gerissen ist oder nicht. Das kann auch schon vorher ohne Geschlechtsverkehr passieren, z. B. beim Sport.

Was heißt eigentlich „geschlechtsreif" sein?
Die Gebärmutter ist ein sehr dehnbares Organ. Sie hat die Form und Größe einer kleinen Birne. Während der Schwangerschaft kann sie sich so ausdehnen, dass in ihr ein Baby bis zur Geburt Platz findet. Rechts und links von der Gebärmutter führt je ein **Eileiter** zu einem **Eierstock**. Die beiden Eileiter verbreitern sich vor den Eierstöcken zu einem Eitrichter.

Ab der Pubertät reifen in den Eierstöcken die weiblichen Keimzellen, die **Eizellen**. Dann ist ein Mädchen geschlechtsreif und könnte ein Kind bekommen.

Von den primären weiblichen Geschlechtsorganen sind äußerlich nur die großen Schamlippen zu erkennen. Gebärmutter, Eierstöcke und Eileiter liegen geschützt im Becken. Mädchen sind geschlechtsreif, wenn reife Eizellen gebildet werden.

Aufgaben

1 Beschreibe die unterschiedlichen Geschlechtsmerkmale auf der Grafik in Abbildung 2 und 3.

2 Beschreibe mit eigenen Worten die Entwicklung vom Mädchen zur Frau.

3 Erkundige dich bei Mitschülerinnen anderer Kulturen über Verhaltensregeln, die sie ab dem Beginn der Pubertät einhalten müssen.
Berichte darüber.

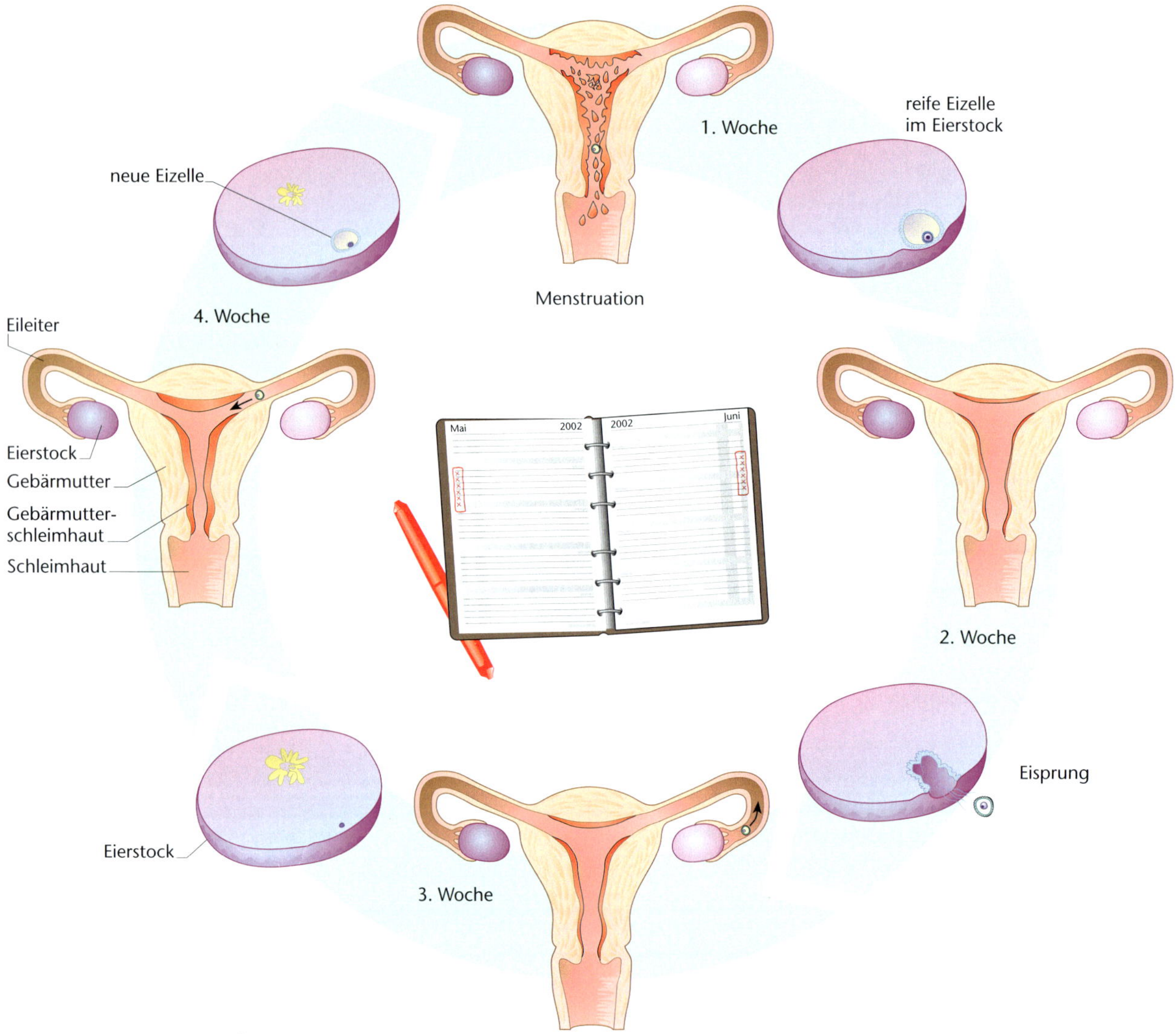

1 Menstruationszyklus und Menstruationskalender

Eine Eizelle reift heran

In den Eierstöcken liegen die weiblichen Keimzellen, die Eizellen. Schon von Geburt an hat jedes Mädchen etwa 400000 Eizellenanlagen in den Eierstöcken, aber nur 400–500 davon werden im Laufe eines Lebens heranreifen.

Zu Beginn der Pubertät bewirken bestimmte Hormone, dass sich alle 26–30 Tage abwechselnd im linken und rechten Eierstock eine Eizelle entwickelt. Sie wächst in einem mit Flüssigkeit gefüllten Bläschen heran, das nach etwa 14 Tagen aufplatzt und die reife Eizelle freisetzt. Das ist der **Eisprung**.

Der Trichter des Eileiters fängt die Eizelle auf. Da sich die Eizelle nicht selbst fortbewegen kann, tragen die Bewegungen feinster Härchen an den Innenwänden der Eileiter die Eizelle zur Gebärmutter.
Die Eizelle könnte jetzt von einem Spermium befruchtet werden.

Eine befruchtete Eizelle beginnt sich zu teilen und nistet sich nach einigen Tagen in der Gebärmutterschleimhaut ein. Die Frau ist dann schwanger.

Menstruation – die Regelblutung

Wird die Eizelle nach dem Eisprung nicht befruchtet, stirbt sie ab. Nach ungefähr 14 Tagen löst sich dann die Gebärmutterschleimhaut ab. Schleimhautfetzen und Blut werden durch die Scheide ausgeschieden. Die Blutung dauert einige Tage und tritt ab jetzt fast regelmäßig einmal im

Monat auf. Deshalb wird diese Blutung auch **Regelblutung**, Monatsblutung, Periode oder einfach „Tage“ genannt. Ärzte sprechen von **Menstruation**.
Die erste Blutung in der Pubertät zeigt an, dass das Mädchen **geschlechtsreif** ist.

Schon während der Regelblutung reift in dem anderen Eierstock eine neue Eizelle heran und der ganze Vorgang beginnt von Neuem. Da es sich um einen immer wiederkehrenden Kreislauf handelt, wird er mit dem Fremdwort **Zyklus** bezeichnet.

Was ist ein Menstruationskalender?
Am Anfang der Pubertät ist der Zyklus noch alles andere als regelmäßig. Auch die Dauer kann schwanken und damit verschiebt sich der Zeitpunkt der nächsten Regelblutung. Es ist deshalb wichtig, einen **Menstruationskalender** zu führen. Darin werden alle Tage der Blutung eingetragen. Etwa 26–30 Tage später ist dann mit der nächsten Blutung zu rechnen. Regelmäßige Eintragungen helfen, die persönlichen Abweichungen zu erkennen.

An manchen Tagen ...
Viele Mädchen fühlen sich kurz vor und zu Beginn der Regelblutung nicht wohl. Bauch- und Rückenschmerzen oder auch Kopfschmerzen können auftreten, verschwinden aber allmählich wieder. Bei sehr starken, krampfartigen Schmerzen sollte ein Arzt oder eine Ärztin befragt werden.
Die Regelblutung ist ein ganz natürlicher Vorgang und keine Krankheit. Leichter Sport ist gut und kann Krampfschmerzen entgegenwirken.
Mit etwa 50 Jahren hört die Regel wieder auf. Frauen können dann keine Kinder mehr bekommen.

Kommt es nicht zur Befruchtung, löst sich die Gebärmutterschleimhaut ab und wird mit Blut ausgeschieden. Dieser einmal pro Monat wiederkehrende Vorgang heißt Regelblutung oder Menstruation.

Hygiene während der „Tage“
Aus der Gebärmutter fließen während der Periode etwa 120 ml Blut – das entspricht ungefähr einer halben Tasse.
Hygiene ist in dieser Zeit besonders wichtig, denn Blut und Schleimhautreste lassen Krankheitserreger besonders gut wachsen. Diese könnten jetzt leicht bis in die Gebärmutter vordringen.

Saugfähige **Binden** fangen das ausfließende Blut außerhalb des Körpers auf. Sie werden in die Unterwäsche eingelegt und kleben dort rutschfest.

Tampons sind kleine Watteröllchen, die in die Scheide eingeführt werden und das Blut bereits im Körper aufnehmen. Mit einem speziellen Rückholfaden können sie wieder herausgezogen werden (▷B 2). Dünne Tampons passen durch die Öffnung des Jungfernhäutchens und beschädigen es normalerweise nicht.

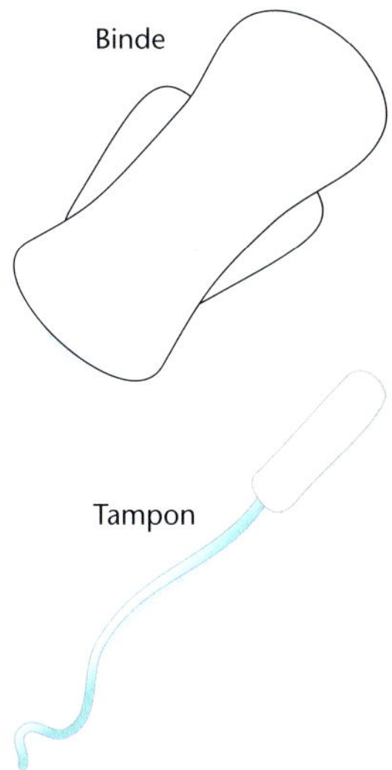

Blut selbst riecht nicht. An der Luft wird es aber durch Bakterien zersetzt. Dadurch entstehen unangenehme Gerüche. Binden und Tampons müssen deshalb alle paar Stunden gewechselt werden. Sie gehören niemals in die Toilette, sondern in den Mülleimer.

Die äußeren Geschlechtsorgane sollen während der Regelblutung sorgfältig gewaschen werden. Duschen ist erlaubt und schadet nicht.

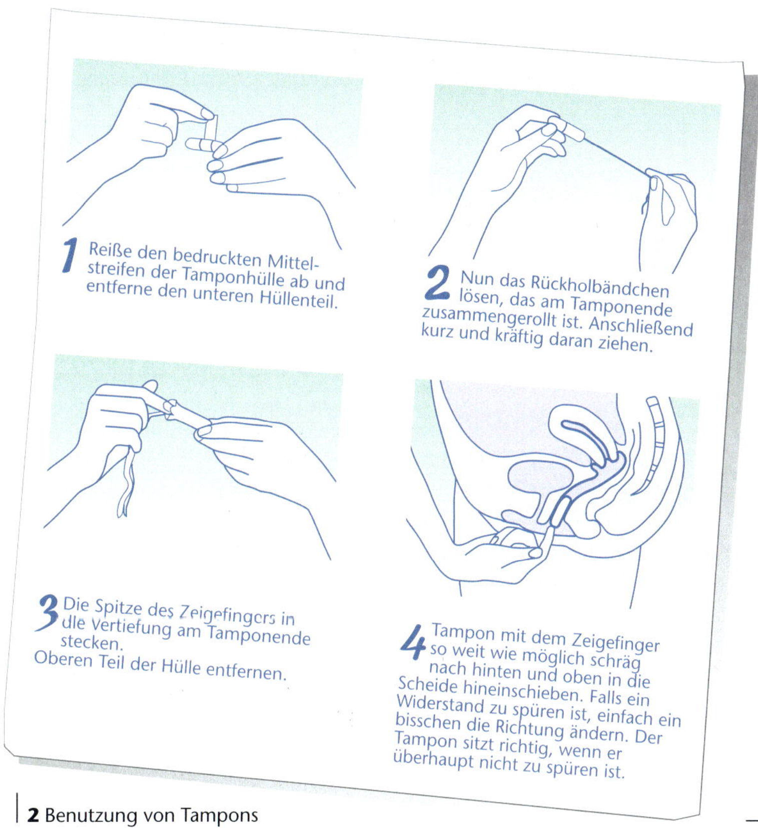

2 Benutzung von Tampons

1 Waschorgie

2 Sport

3 Gruppenarbeit

Waschen – wann und wie?
Während der Pubertät verändert sich auch die Haut und verlangt besondere Pflege. Der Körpergeruch nimmt zu, weil die Schweißdrüsen mehr Flüssigkeit abgeben. Schweiß ist eigentlich geruchlos. Der unangenehme Geruch entsteht erst, wenn Bakterien Schweiß, abgestorbene Hautzellen und Hautfett zersetzen. Diese Bakterien sind keine Krankheitserreger, sondern kommen immer auf einer gesunden Haut vor.

Wenn du stark geschwitzt hast, ist es besonders wichtig, dass du dich wäschst und die Wäsche wechselst. Dabei darfst du Strümpfe oder Socken nicht vergessen, denn auch die Fußsohlen sondern mehr Schweiß ab.
Deos verhindern zwar den Schweißgeruch, sollten aber keinesfalls zum Überdecken des Geruchs verwendet werden.
Dennoch ist auch zu häufiges Duschen ungesund und trocknet die Haut nur unnötig aus.

Bei der täglichen Körperpflege darfst du die Geschlechtsorgane, also den Intimbereich, nicht auslassen.

Die Jungen müssen beim Waschen die Vorhaut des Penis vorsichtig zurückschieben und die talgähnlichen Absonderungen entfernen. Neben unangenehmem Geruch können sonst auch Entzündungen entstehen. Mädchen müssen bei der Intimpflege und auf der Toilette besonders darauf achten, sich von vorne nach hinten zu reinigen. Sonst können Bakterien vom Darm in die Scheide gelangen.

Weil in der Pubertät die Schweißdrüsen verstärkt Schweiß absondern, ist regelmäßige Körperpflege besonders wichtig.

Keine Frage – eine Plage:
Pickel, Akne, Mitesser
Hast du im Gesicht, vor allem um die Nase herum, auch schon mal schwarze Pünktchen entdeckt?
Das sind **Mitesser.** So werden die dunklen Stellen genannt, die meist auf fettiger Haut zu sehen sind. Talgdrüsen produzieren unter dem Einfluss von Geschlechtshormonen besonders viel Talg, der die Drüsenausgänge verstopft. An der Hautoberfläche verfärbt er sich schwarz. Aus den Mitessern können leicht **Pickel** entstehen. Hautbakterien gelangen in die Talgdrüsen, es bildet sich Eiter. Wenn der Pickel „reif" ist, sind die äußeren Hautschichten ganz dünn geworden und können aufreißen. Aufkratzen oder ausdrücken darfst du sie auf keinen Fall, denn so werden die Bakterien unnötig verteilt. Außerdem entstehen vielleicht hässliche Narben.

Treten im Gesicht oder auf dem Rücken viele solcher Pickel auf, dann hast du **Akne.** Sie ist eine typische Erscheinung in der Pubertät und kein Zeichen von nachlässiger Hautpflege.
Oft hilft es schon, wenn du dich anders

4 In der Disko

ernährst. Zu viel Fett, Süßigkeiten oder stark gewürzte Speisen fördern die Aknebildung. Starke Akne solltest du immer vom Hautarzt behandeln lassen.

Mitesser, Pickel und Akne sind Hautunreinheiten, die besonders häufig in der Pubertät vorkommen.

Aufgaben

1 Erstelle einen Ratgeber für richtige Körperpflege von Kopf bis Fuß.

2 Erarbeitet in Gruppen Vorschläge, wie ihr eine Mitschülerin oder einen Mitschüler freundlich darauf aufmerksam machen könnt, dass sie/er die Körperpflege vernachlässigt.

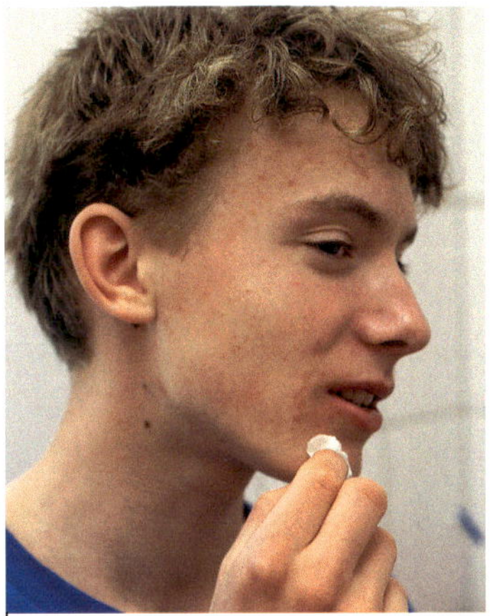

5 Hautpflege ist wichtig.

6 Hilfe, ein Pickel!

Schnittpunkt

Beschneidung

1 Beschneidungsfeier

Was bedeutet „Beschneidung"?
Bei einer Beschneidung wird die Vorhaut des Jungen oder Mannes gekürzt oder völlig entfernt. Die Eichel liegt dann frei und das Glied kann leichter sauber gehalten werden.

Gründe für die Beschneidung
Die Beschneidung hat eine lange Tradition. Die Ägypter ließen schon vor Jahrtausenden ihre Söhne beschneiden und im Alten Testament wurde sie für die Juden als sichtbares Zeichen des Bundes zwischen Gott und seinem Volk gefordert. Auch bei den Muslimen und vielen afrikanischen Völkern ist die Entfernung der Vorhaut aus religiösen Gründen üblich. In vielen Teilen der Welt wird die Beschneidung aus hygienischen Gründen durchgeführt. Eine Operation kann auch aus medizinischen Gründen notwendig sein, wenn z. B. eine Phimose besteht, die Vorhaut sich also nicht oder nur unter Schmerzen über die Eichel des Penis zurückschieben lässt.

Ein Festtag!?
In früheren Zeiten wurde die Beschneidung ohne Betäubung vollzogen und war oft zugleich eine Mutprobe für den Heranwachsenden. In den meisten Gegenden der Welt führen heute Mediziner diese Operation mit einer Narkose durch. Nach einer Beschneidung heilt die Wunde in der Regel innerhalb von zehn bis 14 Tagen ab und nach zwei bis drei Monaten bestehen keine Beschwerden mehr.

Die Beschneidung spielt im Leben eines muslimischen Jungen eine wichtige Rolle. Sie wird wie ein großes Familienfest gefeiert. Der Junge ist dann der Mittelpunkt der Feierlichkeiten, wird mit besonderer Kleidung versehen und erhält zahlreiche Geschenke.

2 Penis, beschnitten (oben) unbeschnitten (unten)

Gute Geheimnisse – schlechte Geheimnisse
Tom schwärmt Peter von einem Mädchen aus der Parallelklasse vor. Er findet sie ganz süß und würde gern mal mit ihr ins Kino gehen. Peter soll sein Ehrenwort geben, dass er es keinem weitererzählt. Natürlich hält Peter sich daran und freut sich, als er erfährt, dass beide schon miteinander telefoniert haben.

Mandy scheint still und zurückgezogen. Ihre Freundinnen finden sie verändert und fragen schon ein paar Mal nach, was denn los sei. Schließlich vertraut Mandy ihrer engsten Freundin Lydia ein Geheimnis an: Der Freund von Mandys Vater will Mandy immer wieder streicheln und küssen, wenn sie alleine sind. Er hat ihr gesagt, dass sie niemandem davon erzählen dürfe, weil es ihr gemeinsames Geheimnis wäre.

Wie soll es nun weitergehen?

Hier findest du Hilfe:

- Frauen- und Mädchenberatungsstellen
- pro familia
- Notruf für Frauen und Mädchen
- Kinderschutzbund
- Vertrauenslehrerin
- Jugendämter

1 „Nein" heißt „nein"

Aufgaben

1 Gib Lydia einige Tipps, wie sie mit dem Geheimnis ihrer Freundin umgehen soll.

2 Schreibe einen Brief an Mandy, in dem du Rat und Hilfe anbietest.

3 Beide Partner tragen gemeinsam die Verantwortung für ein Kind. Erkläre diesen Satz.

4 Kennt ihr außer der Pille und dem Kondom weitere Verhütungsmöglichkeiten? Entwerft Plakate oder haltet Kurzreferate darüber.

Lexikon

Verhütung – erst recht beim ersten Mal

Viele Paare wollen Sex haben, ohne ein Kind zu zeugen. Kinder und Jugendliche können die große Verantwortung für ein Kind noch nicht übernehmen. Schon vor dem ersten Mal müssen Mädchen und Jungen unbedingt an Verhütung denken.
Es gibt viele Möglichkeiten eine Schwangerschaft zu verhindern. Die bekanntesten sind die Antibabypille und das Kondom.

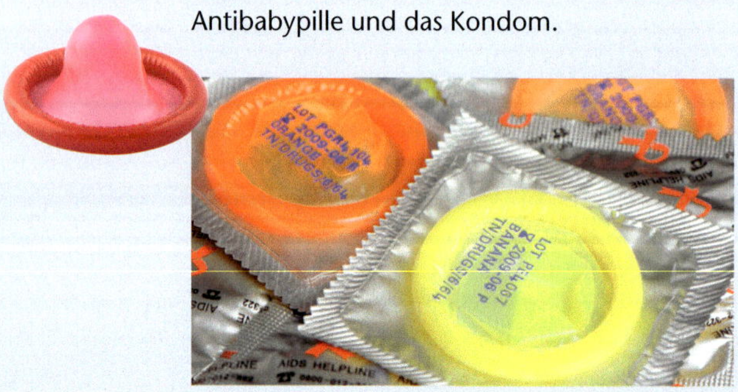

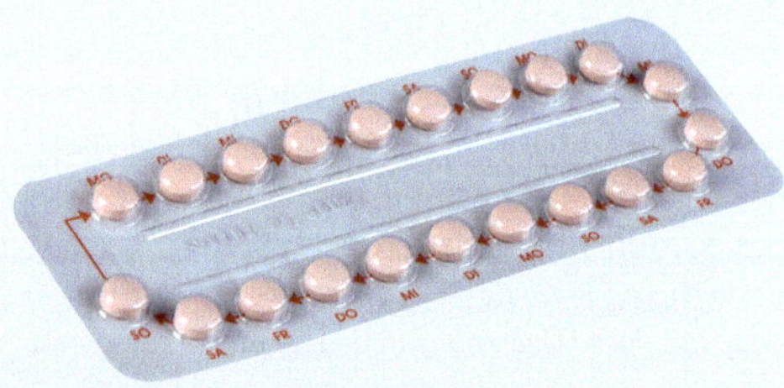

Das **Kondom** ist eine dünne Gummihülle. Vor dem Geschlechtsverkehr wird es über den steifen Penis gerollt. An der Spitze fängt ein kleiner Hohlraum das Sperma auf. Kondome verhindern eine Schwangerschaft, wenn sie richtig und nur einmal benutzt werden.
Sie schützen außerdem vor der Übertragung von ansteckenden Krankheiten.

Die **„Pille"** verhindert, dass eine Eizelle im Eierstock heranreift. Sie muss als rezeptpflichtiges Medikament von einem Arzt oder einer Ärztin verschrieben werden, da sie Hormone enthält. Nach Vorschrift eingenommen, ist sie ein sicheres und weit verbreitetes Verhütungsmittel.

Wie ich mich kleide, so wirke ich
In diesem Sommer findet Birgit ihr neues bauchfreies Top und die eng anliegende kurze Hose total schick. Sie hat sich vorm Spiegel hin und her bewegt und von allen Seiten begutachtet. Die Mädchen-Models in ihrer Lieblings-Zeitschrift sehen nicht besser aus. Ihre Figur zeigt schon deutlich mehr Frauliches als noch vor Monaten.

Mit ihren langen, schlanken Beinen in der ganz knapp sitzenden Hose, die hinten etwas von den Pobacken frei lässt, fühlt sie sich beneidenswert gut aussehend.
Zum ersten Mal hat sie sich Gesicht, Mund und Augen geschminkt. So bewundert sie sicher jeder, weil sie so hübsch ist.

Wer sich körperlich aufreizend gibt, zieht die Blicke mancher Leute auf sich. Ob Birgit bewusst ist, dass die Reaktionen auf ihre Reize auch lästig werden können?

Selbstbewusstsein ist wichtig
Trotzdem darf niemand ein Mädchen oder einen Jungen belästigen! Wir haben alle das Recht, uns schön anzuziehen.
Auch wenn dir jemand nachpfeift oder dich anmacht, sag bestimmt und selbstbewusst, dass du das nicht magst.

„Mein Körper gehört mir!"
Dein Körper bist du. Du hast das Recht, allein über ihn zu bestimmen. Nur deinen Gefühlen solltest du trauen.

Für jeden Menschen ist es schön, Zärtlichkeit, Liebe und Sexualität zu erleben. Aber leider gibt es Erwachsene, die ihre Macht benutzen, um ihre eigene Lust durch Kinder befriedigen zu lassen.

Die Täter sind häufig gar nicht fremde Menschen. Oft missbrauchen Personen aus der Nachbarschaft oder Bekanntschaft oder sogar aus der eigenen Familie das ehrlich aufgebaute Vertrauen von Kindern.

Immer wenn du ungute Gefühle hast und dir jemand aufdringlich vorkommt, solltest du mit einem Menschen, dem du traust, darüber reden.

Jedes Kind hat das Recht zu bestimmen, wer es wann, wo und wie anfassen darf.
Jedes Mädchen oder jeder Junge sollte über sexuelle Belästigungen oder den Missbrauch an sich oder anderen reden.

3 Wie ich mich kleide, so wirke ich.

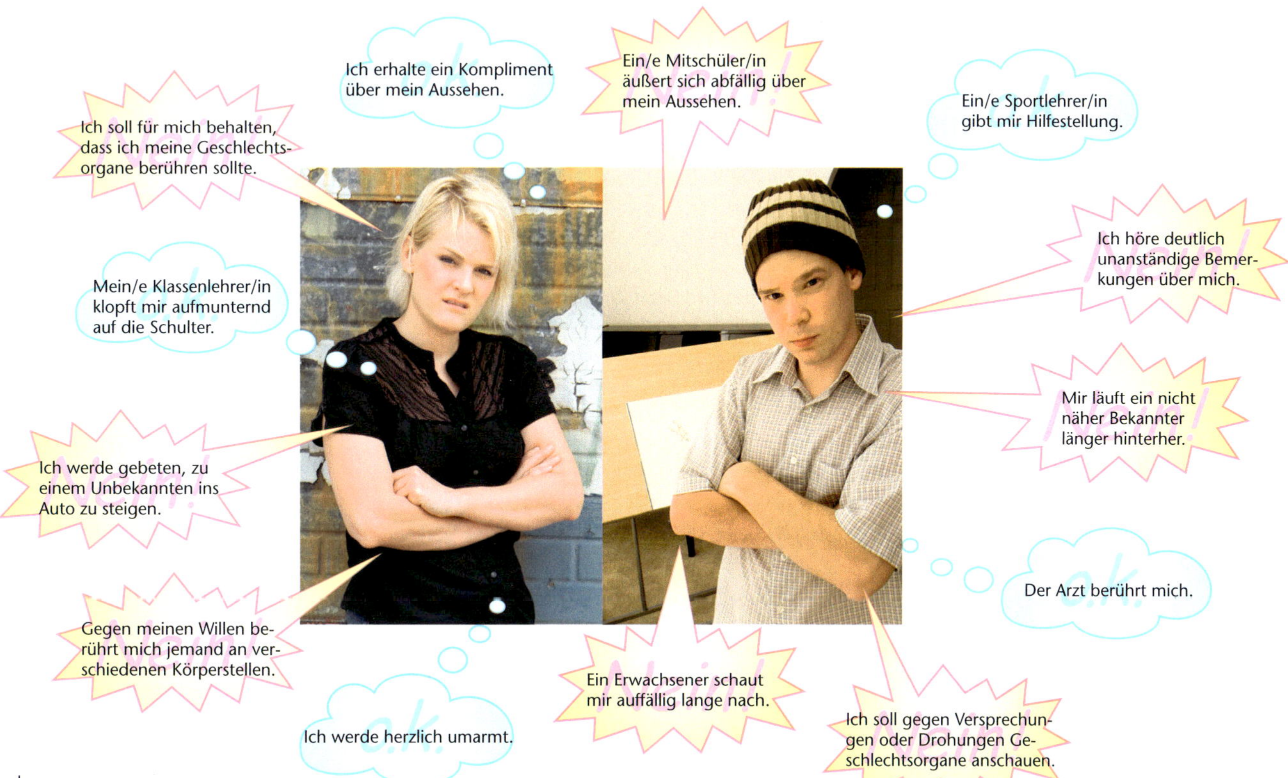

2 Mein Körper gehört mir!

1 „Selbstbefriedigung soll schädlich sein? Das ist doch Blödsinn!“

2 „Es ist doch angenehm und ganz normal, den eigenen Körper zu entdecken.“

3 Verliebt

4 Verliebt

5 Verliebt

Selbstbefriedigung – kein Thema

Für die Generationen vor dir, besonders für deine Großeltern, war das Thema Selbstbefriedigung ein absolutes Tabu. Über die Sprüche von damals: „Hände gehören über die Bettdecke.“ oder „Bei der Selbstbefriedigung läuft dein Gehirn aus.“ wirst du heute sicher nur lachen.

Sich selbst zu befriedigen, wird auch **onanieren** oder **masturbieren** genannt. Menschen streicheln sich dabei an den Körperstellen, an denen sie eine angenehme Erregung empfinden. Meist sind es die Geschlechtsorgane, die berührt werden.

Aber auch andere Regionen des Körpers, **erogene Zonen** genannt, können, wenn sie berührt werden, einem Mann oder einer Frau helfen, einen Orgasmus zu bekommen. Als erogene Zonen werden die Brustwarzen, die Ohrläppchen oder die Innenseite der Schenkel beschrieben. An diesen Stellen verlaufen viele Nerven an der Hautoberfläche, deshalb ist Berührung hier sehr angenehm.

Wenn Menschen sich selbst befriedigen, können sie später ihrem Partner oder ihrer Partnerin sagen, welche Berührungen für sie angenehm sind.

Sich selbst zu befriedigen, ist ein normales Erlebnis. Es hilft Frauen und Männern zu entdecken, welche Berührungen ihnen gefallen.

Hilfe, bin ich nicht normal?

Viele Jungen reden in ihrer Clique über Mädchen. Wie toll es ist, sie zu küssen. Niko hat erzählt, dass er seine Freundin sogar schon an der Brust gestreichelt und dabei eine Erektion bekommen hat. Jan hat bei diesen Erzählungen gemerkt, dass er Mädchen gar nicht ansprechend findet. Wenn er aber an seinen Klassenkameraden Tim denkt, bekommt Jan Herzklopfen – und Angst. Er kennt die ganzen Schwulenwitze, die in der Clique erzählt werden. Er hat auch schon gehört, dass Schwule kranke Typen sind. Jan weiß nicht mehr, was er machen soll. Mit wem soll er bloß reden?

Jan braucht keine Angst zu haben, „krank“ zu sein. Seine Neigung zu Männern ist eine normale Form der sexuellen Orientierung. Es ist eine der vielen Möglichkeiten, liebevoll miteinander umzugehen.

Haben zwei Männer miteinander sexuellen Verkehr, spricht man von **Homosexualität**. Derselbe Begriff wird auch für die gleichgeschlechtliche Beziehung unter Frauen verwendet.

Wenn ein Mann und eine Frau zusammen Geschlechtsverkehr haben, spricht man von **Heterosexualität**.

Aufgaben

1. Kennst du noch andere alte Vorurteile in der Sexualität, an die früher Menschen geglaubt haben?
2. Sammelt Informationen über Homosexualität und haltet ein Referat darüber. Achtet darauf, dass ihr sensibel und sachlich mit dem Thema umgeht.

Schüler fragen – Experten antworten

Vor Ort die richtigen Leute fragen!
Weder die Lehrer noch das Schulbuch oder das Internet können uns alle Fragen beantworten. Hier helfen uns Fachleute weiter. Wenn wir sie an ihrem Arbeitsplatz besuchen, bekommen wir gleichzeitig einen Einblick in ihr Arbeitsfeld.

Gerade zum Thema „Verhütung" können uns Fachleute eine Menge sagen. Wie wäre es, wenn ihr einen Besuch bei pro familia, beim Gesundheitsamt oder bei einem Facharzt plant?

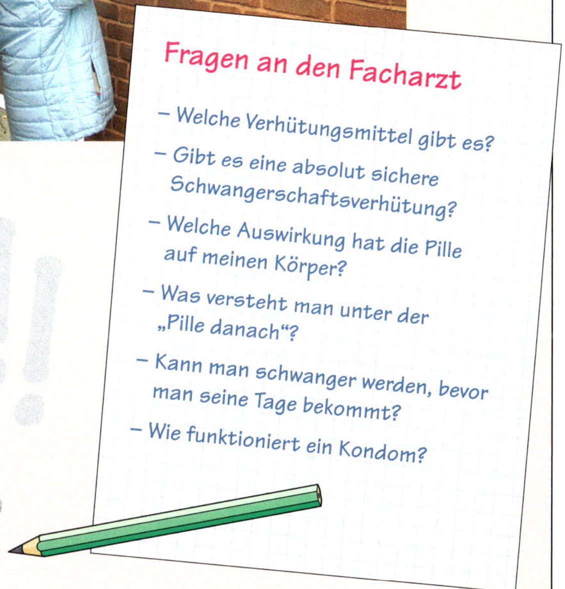

A. Die Klasse plant gemeinsam!
Die Idee für einen Besuch entsteht meistens im Unterricht und muss nicht immer von der Lehrerin oder dem Lehrer kommen. Auch an der Planung sollten sich alle beteiligen.

B. Wir nehmen Kontakt auf
Die richtigen Ansprechpartner müssen zunächst gefunden werden. Telefonbuch, „Gelbe Seiten" oder Internet können dabei nützlich sein. Es muss dann festgelegt werden, wer welchen Gesprächspartner anspricht. Wir vereinbaren den Termin und den Ablauf.

C. Fragen sammeln und ordnen
Die Fragen, die aus dem Unterricht entstanden sind, müssen festgehalten werden. Vor dem Besuch sollten wir noch einmal alles durchsprechen und dann ordnen.

D. Die Befragung wird vorbereitet
Ihr könnt vorher festlegen, wer welche Fragen stellt. Auf jeden Fall solltet ihr schon ein Vorwissen haben, bevor ihr mit der Befragung beginnt. Besprecht, in welcher Weise ihr die Ergebnisse festhalten wollt.

E. Der Ablauf des Besuchs
Nun kann euer Programm ablaufen. Fachleute vergessen leicht, dass nicht alle Menschen Experten sind. Sie haben eine Fachsprache entwickelt, die nicht alle verstehen können. Fragt ruhig nach, wenn euch etwas unklar ist und lasst es in die „Alltagssprache" übersetzen. Denkt daran, die Ergebnisse zu sichern und lasst euch Material mitgeben.

Übrigens: Gutes Benehmen ist selbstverständlich; ihr seid schließlich auch „Botschafter" eurer Schule! Schön wäre es, wenn einer von euch am Schluss ein paar Dankesworte sagen würde.

F. Die Nachbereitung
Nach der Expertenbefragung solltet ihr die Ergebnisse in der Klasse diskutieren und schriftlich festhalten.
Dabei könnt ihr auch besprechen, was man beim nächsten Mal noch besser machen könnte.

Geschlechtliche Vereinigung

Im Verlauf der Pubertät entwickelt sich zum ersten Mal der Wunsch, einem vertrauten und geliebten Partner auch körperlich ganz nah zu sein. Küssen und Streicheln des ganzen Körpers verstärken das Verlangen. Eine sexuelle Erregung entsteht und die Partner wollen „miteinander schlafen“. Das ist nur eine Umschreibung für Geschlechtsverkehr, Liebe machen oder Sex haben.

Bei der geschlechtlichen Vereinigung gleitet der steife Penis in die Scheide. Drüsen in der Scheide sondern Gleitflüssigkeit ab und machen die Scheide feucht. Beide Partner bewegen sich stürmisch oder sanft hin und her und können dabei einen **Orgasmus** erleben. Kommt es beim Mann zum Samenerguss, schwimmen Millionen Spermien in Richtung Eizelle.

Jede geschlechtliche Vereinigung kann zu einer Befruchtung und damit zu einer Schwangerschaft führen.

Eine Eizelle wird befruchtet

Nur das erste Spermium, das die Eizelle erreicht, kann mit seinem Kopf eindringen und dann mit der Eizelle verschmelzen. Das ist die **Befruchtung**. Danach bildet die Eizelle eine Schutzhülle, die verhindert, dass weitere Spermien eindringen. Die Eizelle kann nur in den ersten 12 Stunden nach dem Eisprung befruchtet werden.

Der Keim nistet sich ein

Die befruchtete Eizelle teilt sich auf dem Weg durch den Eileiter mehrmals. Nach fünf Tagen nistet sie sich als vielzellige Kugel in der verdickten Gebärmutterschleimhaut ein. Die Frau ist **schwanger**. Die Gebärmutterschleimhaut wird nicht abgestoßen und die Regelblutung bleibt aus. Ab der dritten Schwangerschaftswoche wird der Keim **Embryo** genannt.

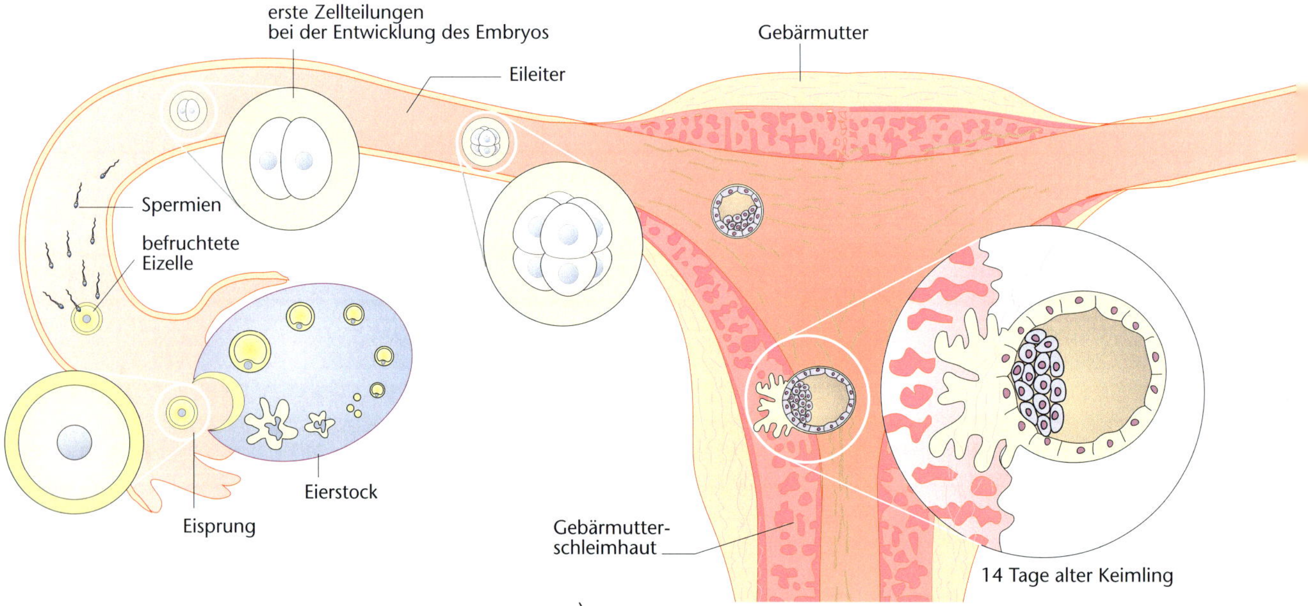

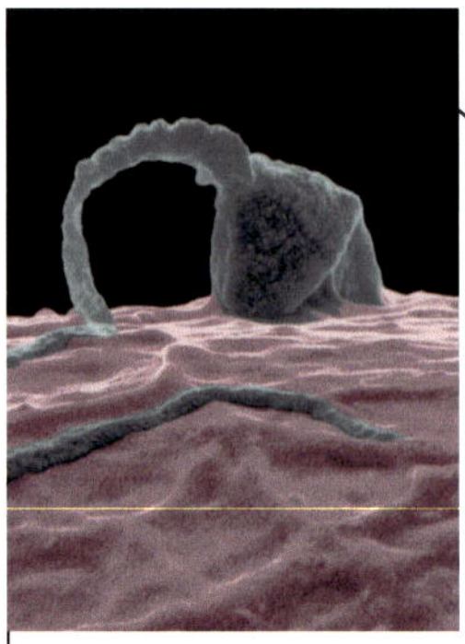

1 Befruchtung

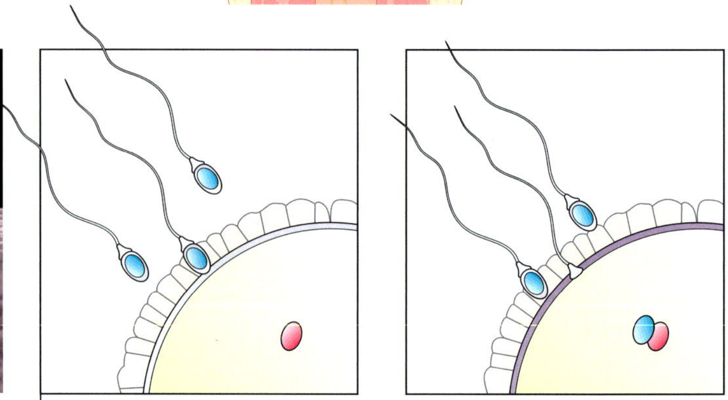

2 Vorgang der Befruchtung

3 Schwangere mit Kleinkind

Der Embryo bekommt menschliche Gestalt

Ein Teil des bläschenförmigen Keims bildet zusammen mit der Gebärmutterschleimhaut die **Plazenta**. Von dort erhält der Embryo durch eine Nabelschnur alle Nährstoffe aus dem mütterlichen Blut. Der wachsende Embryo sieht zunächst einem Baby noch gar nicht ähnlich. Er liegt geschützt in der Fruchtblase, die mit Fruchtwasser gefüllt ist.

In den ersten acht Wochen werden schon alle Organe angelegt, obwohl der Embryo am Ende des 2. Monats erst etwa 4 cm groß ist und 1 g wiegt. Inzwischen ähnelt er einem winzigen Baby. Im 3. Monat werden Augen, Ohren, Nase und Mund weiter ausgebildet.
Der Embryo heißt ab jetzt **Fetus**, er misst 12 cm und wiegt 30 g.
Ab dem 5. Monat bewegt sich der Fetus so heftig, dass die Mutter die Bewegungen spüren kann. Er nimmt Geräusche und Musik von außen wahr und hört die Stimme seiner Mutter. Außerdem können Ärzte auf dem Ultraschallbild erkennen, ob es ein Mädchen oder ein Junge ist.
Nach sieben Monaten könnte ein Fetus schon gut überleben, wenn er als Frühgeburt oder „Frühchen" auf die Welt kommt. Bis zur Geburt vergehen normalerweise 40 Wochen oder etwas mehr als neun Monate.

In den ersten drei Monaten der Entwicklung im Mutterleib werden alle Organe beim Embryo angelegt. Danach nimmt der Fetus hauptsächlich an Größe und Gewicht zu.
Ein werdendes Kind braucht ganz besonderen Schutz für seine gesunde Entwicklung.

Die Verantwortung für ein Kind fängt schon früh an

Schon bevor ein Baby auf die Welt kommt, kann es bei den Eltern für manche Aufregung sorgen. Der Körper der werdenden Mutter verändert sich und sie muss ihr Leben darauf einstellen. Neben der Freude stellt sich jede Mutter auch immer wieder die ängstliche Frage: Wird sich mein Baby normal entwickeln und gesund zur Welt kommen?

Sie selbst kann viel dazu beitragen, wenn sie sich richtig ernährt, nicht raucht, keinen Alkohol trinkt oder andere Drogen nimmt. Durch regelmäßige Vorsorgeuntersuchungen überwacht die Ärztin oder der Arzt die Gesundheit von Mutter und Kind.

Erkrankt die Mutter während der Schwangerschaft an **Röteln**, kann das schlimme Folgen für das Baby haben. Es wird durch Giftstoffe des Krankheitserregers körperlich und geistig schwer geschädigt. Deshalb sollten alle Mädchen schon vor der Pubertät gegen Röteln geimpft werden. Auch in deiner Schule werden sicher jedes Jahr Impfaktionen durchgeführt.

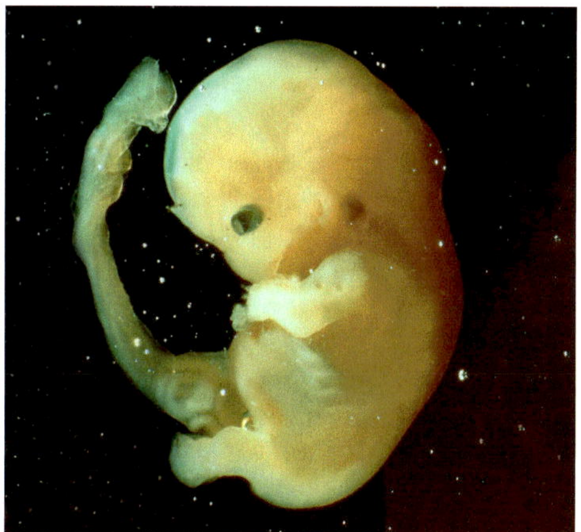

4 Fetus

5 Entwicklung vom Embryo zum Fetus

Aufgaben

1 Erkläre, was Befruchtung bedeutet.

2 Beschreibe die Vorgänge von der Befruchtung der Eizelle bis zur Einnistung.

3 Beschreibe den Fetus auf dem Foto und gib an, welche Körperteile du erkennen kannst.

4 Wie ansteckend sind Röteln? Informiert euch im Internet und berichtet.

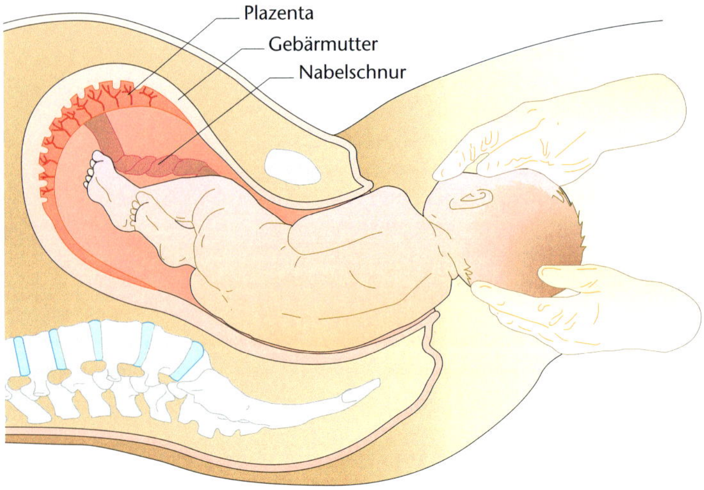

1 Austreibungsphase

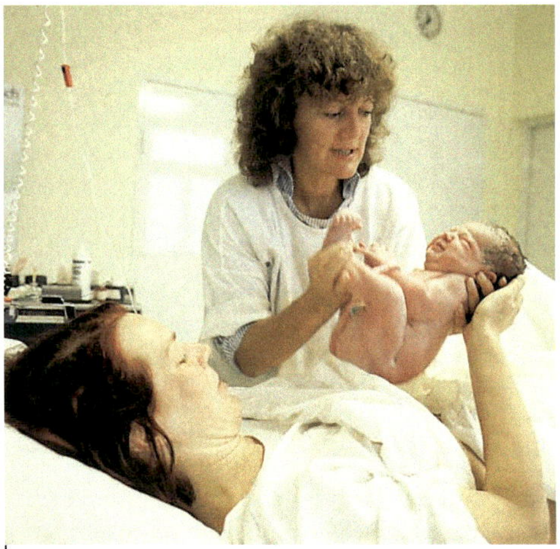

3 Die Hebamme hilft auch nach der Geburt.

Geburtstag
Gegen Ende der Schwangerschaft ist der Bauch der werdenden Mutter so dick, dass ihr auch leichte Tätigkeiten schwer fallen. Das wachsende Kind braucht immer mehr Platz und drückt die Organe seiner Mutter nach oben. Immerhin ist das Kind kurz vor der Geburt 50 bis 55 cm groß und wiegt manchmal bis zu 4000 g. Die Mutter spürt schon einige Tage vor der **Geburt**, dass die Schwangerschaft zu Ende geht.

Ziehende Schmerzen im Rücken und im Bauch, die **Wehen**, kündigen die Geburt an. Die Muskulatur der Gebärmutter zieht sich zusammen und drückt das Baby im Normalfall mit dem Kopf in Richtung Scheidenausgang.
Die Fruchtblase platzt und das Fruchtwasser läuft aus. Danach wird das Kind mit Presswehen durch die Gebärmutteröffnung, den Muttermund, aus der Scheide herausgepresst (▷ B 1). Die Mutter hilft mit, indem sie ihre Bauchmuskulatur fest anspannt. Hebamme, Arzt oder Ärztin unterstützen sie dabei. Sie führen und halten das Köpfchen des Kindes, bis es geboren ist. Häufig erlebt auch der Vater die Geburt seines Kindes mit. Viele Mütter finden es beruhigend und schön, ihren Partner während diesem besonderen Ereignis bei sich zu haben.
Direkt nach der Geburt wird die Nabelschnur ohne Schmerzen abgebunden und durchtrennt. Daher hat die **Entbindung** ihren Namen.

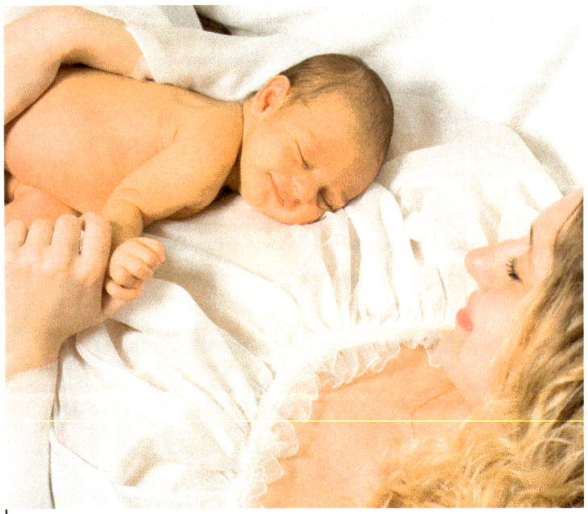

2 Neugeborenes auf dem Bauch der Mutter

Der erste Schrei
Mit dem ersten Schrei atmet das Neugeborene selbstständig. Die Plazenta wird mit einer Wehe als Nachgeburt ausgestoßen. Hebamme, Arzt oder Ärztin legen der Mutter ihren Säugling gleich nach der Geburt auf den Bauch. Die vertrauten Herztöne der Mutter und der Hautkontakt sind Erholung nach der anstrengenden Geburt.

▶ Die Geburt beginnt mit Wehen. Mit der Entbindung wird das Neugeborene von der versorgenden Plazenta der Mutter getrennt.

Aufgaben

1 Woran erkennt eine werdende Mutter, dass die Geburt unmittelbar bevorsteht?

2 Erkläre, was mit Entbindung gemeint ist.

3 Informiere dich über die Aufgaben einer Hebamme und berichte.

4 Lasse dir von deiner Mutter über Einzelheiten deiner Geburt berichten.

Körper und Gesundheit

Gesund ernährt
Eine ausgewogene Nahrung ist vielseitig und enthält wenig Fett und Zucker. Die Ernährungspyramide zeigt, wie die tägliche Nahrung zusammengesetzt werden sollte (▷B 1).

Essen und Bewegen mit Köpfchen
Die täglich notwendige Menge an Nahrungsmitteln ist abhängig vom Alter, der Lebensweise und der Tätigkeit. Energieaufnahme und Energieverbrauch müssen im Gleichgewicht bleiben, sonst drohen Übergewicht, Untergewicht oder Krankheiten wie Diabetes. Sport und Bewegung helfen, fit zu bleiben.

Das steckt in der Nahrung
Nährstoffe liefern dem Köper Energie und dienen als Baustoffe. Zu den Nährstoffen gehören Kohlenhydrate, Fette und Eiweiße. Außerdem benötigt der Körper Vitamine, Mineralstoffe, Ballaststoffe und Wasser.

Verdauung
Damit unser Körper die Nahrung nutzen kann, muss sie verdaut werden. Die Verdauungsorgane sorgen dafür, dass die Nahrung in kleine Teile zerlegt wird, die die Darmwand passieren können, um ins Blut aufgenommen zu werden.

Tief Luft holen
Der Körper muss mit lebensnotwendigem Sauerstoff versorgt werden. Kohlenstoffdioxid muss abgegeben werden. Der Austausch erfolgt in der Lunge in vielen kleinen Lungenbläschen.

Herz und Kreislaufsystem
Das Herz ist ein Hohlmuskel mit vier Hohlräumen: zwei Vorhöfen und zwei Herzkammern. Es pumpt das Blut durch den Körper. Man unterscheidet einen Lungenkreislauf und einen Körperkreislauf. Den Herzschlag kann man als Pulsschlag fühlen.

Pubertät – Zeit der Veränderungen
Der Entwicklungszeitraum vom Kind zum geschlechtsreifen Erwachsenen wird Pubertät genannt. Botenstoffe oder Hormone bewirken die Ausbildung der primären und sekundären Geschlechtsmerkmale bei Mann und Frau.

1 Ernährungspyramide

Auch Gefühle, Einstellungen und Interessen ändern sich
Oft lehnen Jugendliche die Regeln der Erwachsenen ab und wollen selbstständig sein. Nur durch gegenseitiges Verständnis können Konflikte gelöst werden.

Geschlechtsreife
Jungen sind geschlechtsreif, wenn ihre Hoden Spermien bilden. Mädchen sind geschlechtsreif, sobald in ihren Eierstöcken Eizellen heranreifen und sie ihre erste Menstruation bekommen.

Waschen – wann und wie?
In der Pubertät beginnen die Schweißdrüsen vermehrt Schweiß zu produzieren. Körperhygiene ist für Mädchen wie Jungen gleichermaßen wichtig.

Ein neuer Mensch entsteht
Beim Geschlechtsverkehr wird der steife Penis in die Scheide eingeführt. Trifft ein Spermium auf eine Eizelle, kommt es zur Befruchtung. Die Schwangerschaft beginnt mit dem Einnisten der befruchteten Eizelle in der Gebärmutter. Das Baby, erst Embryo, dann Fetus genannt, wächst neun Monate heran und wird dann geboren (▷B 2).

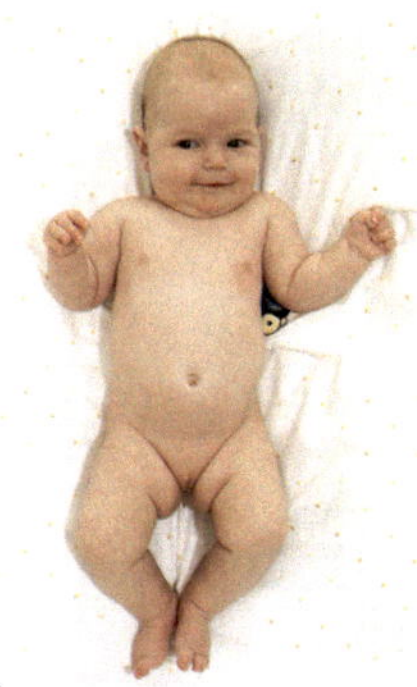
2 Säugling ♀

Selbstbestimmung
Wer die Verantwortung für ein Kind noch nicht übernehmen möchte, sollte verhüten. Ein deutliches „NEIN" muss jeder sagen, der sexuell belästigt wird.

Aufgaben

1 Erstelle ein Glossar mit den wichtigsten Begriffen aus den Kapiteln. Beginne mit den Begriffen Ernährungspyramide, Kalorien, Kilojoule …

2 Nenne die Nährstoffe und wichtigsten Inhaltsstoffe der Nahrung.

3 Ballaststoffe sind keine Nährstoffe, trotzdem sind sie für unsere Ernährung unentbehrlich. Warum?

4 Stelle einen kleinen Ratgeber für gesunde Ernährung zusammen. Benütze dazu auch die Ernährungspyramide.

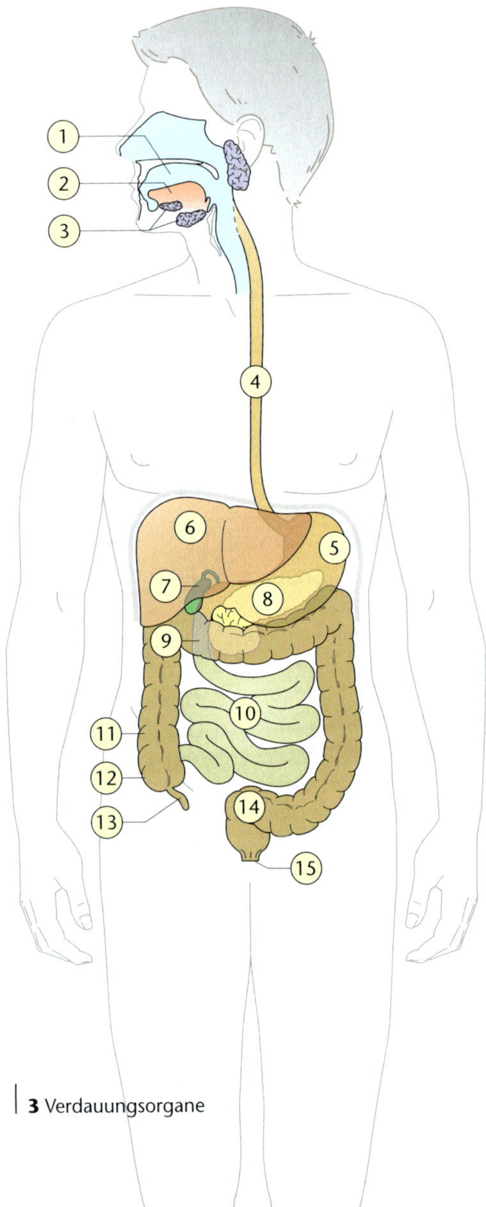

3 Verdauungsorgane

4 Frühstück 1

5 Das Frühstück einer Bauernfamilie im Jahr 1920 sah anders aus als dein Frühstück heute. Beschreibe den Unterschied.

6 Vergleiche Frühstück 1 und Frühstück 2 (▷B4, ▷B5).
a) Wie bewertest du sie?
b) Begründe deine Meinung.

7 Marathonläufern werden während ihres Laufs Getränke angeboten. Erkläre!

8 Sieh dir die Grafik mit den Verdauungsorganen des Menschen an (▷B3). Benenne die Organe der Reihe nach.

9 Begründe die „Tipps für erfolgreiches Lernen" mit dem Wissen, das du inzwischen über die Abläufe im menschlichen Körper hast.

10 Erstelle eine Tabelle, in der du die Verdauungsorgane und ihre Aufgaben übersichtlich gegenüber stellst.

11 Verfolge den Weg der Atemluft von der Nase bis in die Lungenbläschen. Zeichne Pfeile von einer Station zur anderen.

12 Das Einatmen fällt dir schwerer, wenn du viel gegessen hast. Begründe!

13 In großer Höhe enthält die Luft weniger Sauerstoff. Warum fahren Leistungssportler vor wichtigen Wettkämpfen in ein Höhentrainingslager?

5 Frühstück 2

14 a) Welche primären Geschlechtsorgane hat ein Junge schon bei der Geburt? Liste auf.
b) Erstelle eine entsprechende Liste für ein Mädchen.

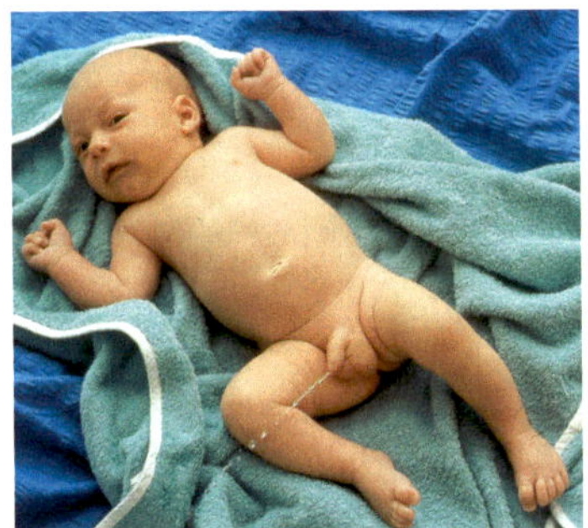
6 Säugling ♂

15 Zähle auf, welche sekundären Geschlechtsmerkmale sich entwickeln.
a) bei einem Jungen
b) bei einem Mädchen

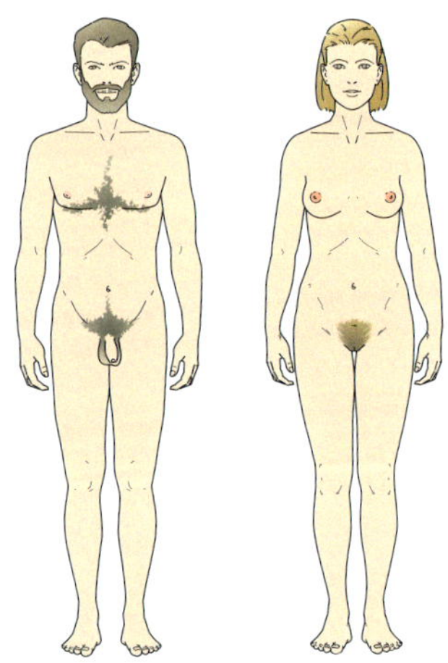
7 Sekundäre Geschlechtsmerkmale

16 Erstelle eine Tabelle, in der du Mitesser, Pickel und Akne unterscheidest.

17 Begründe, warum es wichtig ist, sich gründlich überall zu waschen, frische Kleidung zu tragen und gut zu riechen.

18 Beschreibe den Weg der Spermien von der Entstehung bis zum Samenerguss.

19 Erkläre, wo die weiblichen Keimzellen entstehen und wann sie befruchtungsfähig sind.

20 Beschreibe genau den Vorgang der Befruchtung (▷ B 8).

21 Eine normale Geburt bis hin zum ersten Schrei verläuft fast immer gleich. Zähle die einzelnen Phasen auf.

22 Beschreibe den Menstruationszyklus.

23 Warum ist Hygiene an den „Tagen" besonders wichtig? Schreibe die Gründe auf.

24 Plant einen Besuch eurer Klasse bei einer Frauenärztin oder einem Frauenarzt.

25 Notiere dir drei weitere Fragen zum Thema Pubertät in dein Heft.
Suche im Internet auf der Homepage der Bundeszentrale für gesundheitliche Aufklärung, BzgA, nach Antworten. Trage die Antworten in dein Heft ein.

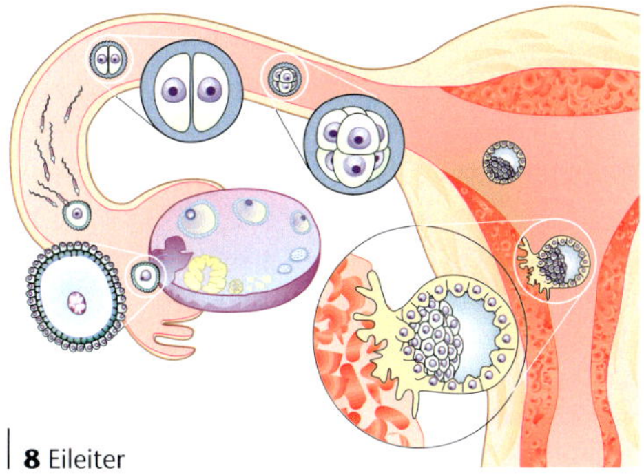

8 Eileiter

26 „Himmelhoch jauchzend – zu Tode betrübt", lautet eine Redewendung.
Finde eine Erklärung für dieses „Achterbahnfahren" deiner Stimmungen.

27 a) Ordne den Fotos der Mädchen und Jungen in Abbildung 7 ihre jeweiligen Gefühle zu. Versetze dich dazu in eine der Personen.

b) Schreibe eine kleine Geschichte in der Ich-Form, die zu der jeweiligen Stimmungslage geführt haben könnte.

c) Stelle dir vor, du bist mit einem der Mädchen oder Jungen auf den Fotos eng befreundet: Wie reagierst du? Schreibe dein Gespräch mit ihr oder ihm auf.

28 Das Herz (▷ B 10) pumpt das Blut durch deinen Körper.
a) Fertige eine Längsschnittzeichnung des Herzens an und beschrifte sie.

b) Beschreibe den Weg des Blutes, ausgehend von der oberen Hohlvene, durch das Herz.

c) Gib an, in welchen Bereichen des Herzens sauerstoffarmes und in welchen sauerstoffreiches Blut fließt.

d) Bei Fröschen, die zu den Amphibien gehören, besteht eine direkte Verbindung zwischen den beiden Herzhälften. Was bedeutet dies für die Tiere?

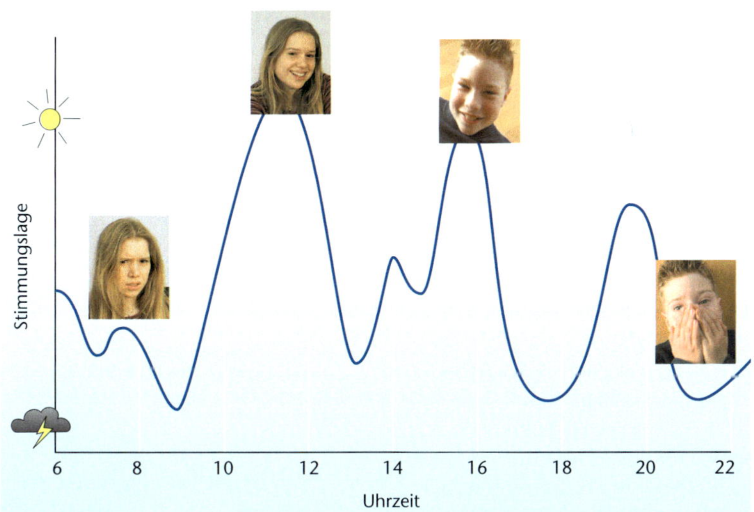

9 Zu Aufgabe 27

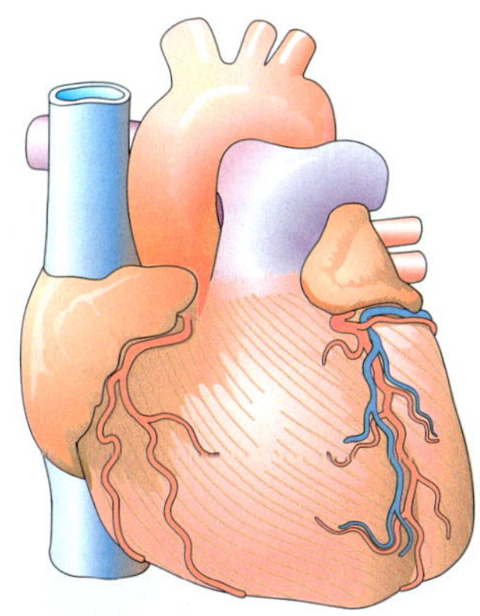

10 Das Herz

System

Im Fach Naturwissenschaften begegnest du sehr oft Systemen. Ein System erkennt man daran, dass es aus mehreren Einzelteilen besteht, welche sich gegenseitig beeinflussen. Dies gilt sowohl für Geräte und Maschinen als auch für Lebewesen. Jedes Bauteil oder Organ erfüllt dabei eine bestimmte Aufgabe und trägt so zum Funktionieren des Systems bei. In den Naturwissenschaften untersucht und beschreibt man den Aufbau und die Funktion der einzelnen Teile eines Systems. Wichtig ist dabei, wie die Teile eines Systems zusammen funktionieren und sich gegenseitig beeinflussen. Oft möchte man herauszufinden, oder vorhersagen, wie die Veränderung eines Teiles die Funktion des gesamten Systems beeinflusst.

Gangschaltung

Eine Gangschaltung besteht aus mehreren Zahnrädern, die neben den Pedalen angebracht sind, der Kette und mehreren Zahnrädern am Hinterrad. Wenn du in die Pedale trittst, setzt du die Zahnräder neben den Pedalen in Bewegung. Die Bewegung des Zahnrads wird über eine Kette und weitere Zahnräder auf das Hinterrad übertragen. Dadurch bewegt sich das Fahrrad vorwärts. Wenn du über die Schaltung z. B. in einen kleineren Gang wechselst, verbindet die Kette zwei andere Zahnräder. Diese Änderung bewirkt, dass du nun leichter bergauf fahren kannst. Um mit der gleichen Geschwindigkeit weiterzufahren, musst du nun aber schneller in die Pedale treten.

Gangschaltung

Fahrrad

Dein Fahrrad besteht aus vielen Teilen: dem Rahmen, den Rädern, dem Lenker, der Gangschaltung, der Fahrradbeleuchtung etc.
Jedes Teil erfüllt dabei eine bestimmte Aufgabe. Wenn du in die Pedale trittst, wird deine Muskelkraft über die Gangschaltung auf das Hinterrad übertragen. Das Hinterrad dreht sich und das Fahrrad bewegt sich vorwärts.
Damit man auch nachts mit dem Fahrrad fahren kann, hat ein Fahrrad eine Fahrradbeleuchtung.

Fahrrad

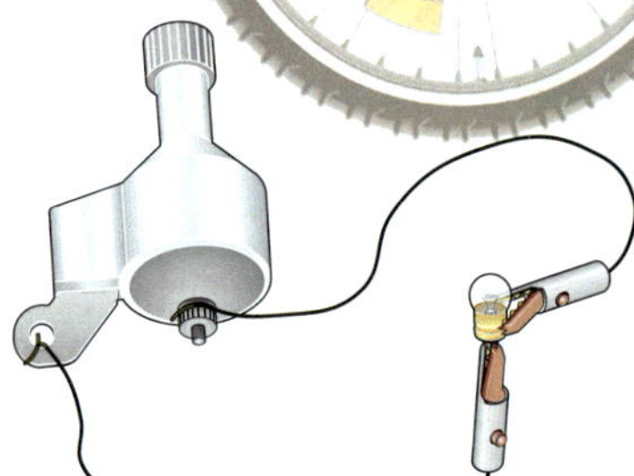

Fahrradbeleuchtung

Eine klassische Fahrradbeleuchtung besteht aus einer Lampe, einem Draht, dem Dynamo und dem Rahmen des Fahrrads. Der Dynamo wandelt einen Teil der Bewegungsenergie des Fahrrads in elektrische Energie um. Die Lampe ist über den Draht und den Rahmen so mit dem Dynamo verbunden, dass der Stromkreis geschlossen ist. Der Lampendraht erhitzt sich und leuchtet.

Fahrradbeleuchtung

Glühbirne

Glühbirne
Eine Glühbirne besteht aus einem Glaskörper, einer Glühwendel, einem Gewinde mit einem Seitenkontakt und weiteren Komponenten. Alle Teile der Glühbirne arbeiten so zusammen, dass der Glühdraht möglichst lange nicht kaputt geht und die Glühbirne sicher in einem Stromkreis betrieben werden kann.

Elektrogeräte

Elektrogeräte
Elektrogeräte können aus einer großen Anzahl von Einzelteilen bestehen wie zum Beispiel Lämpchen, Motoren und Drähten. Häufig gibt es in ihnen mehrere Stromkreise. Alle diese Einzelteile müssen gut aufeinander abgestimmt sein, damit das Gerät sicher seinen Zweck erfüllen kann.

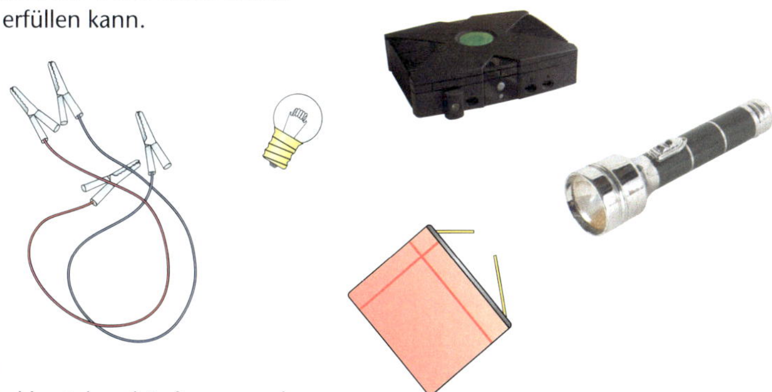

Kabel
Ein Kabel bestehen häufig aus mehreren stromführenden Leitungen. Damit es unter den einzelnen Leitungen nicht zu einem Kurzschluss kommen kann, sind sie untereinander isoliert. Alle Leitungen sind zum Schutz noch insgesamt von einer Isolation umgeben. Damit das Kabel korrekt funktioniert, dürfen keine Leitungen oder Isolationen beschädigt sein. Ist das nicht der Fall, muss das Kabel ausgewechselt werden.

Kabel

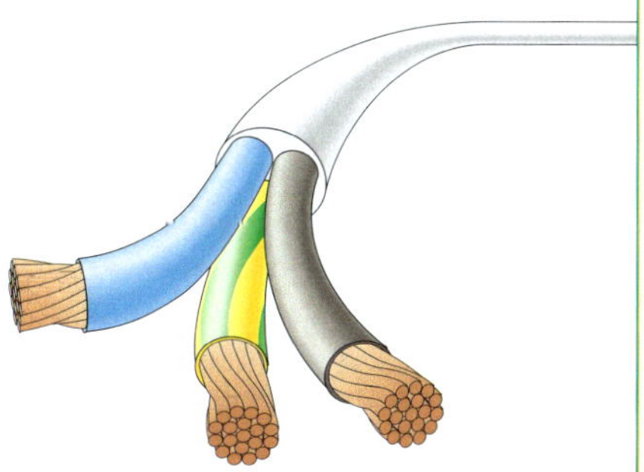

Aufgaben

1 Erkläre mit eigenen Worten, was ein System ist.

2 Erkläre ausführlich das System „Glühbirne".
a) Aus welchen Komponenten besteht es? Wie funktioniert das System?
b) Wie kann es dazu kommen, dass eine Glühbirne nicht mehr funktioniert?

3 Es gibt den Beruf „Systemanalytiker/-in". Erkundige dich, welche Aufgaben er umfasst.

4 a) Wie ist ein Dosentelefon aufgebaut? Beschreibe es mit einer Zeichnung.
b) Beschrifte deine Zeichnung mit folgenden Begriffen: Sender, Übermittler, Empfänger.

5 Aus welchen Komponenten besteht ein Bügeleisen?

Energie

Energie ist für Lebewesen sehr wichtig. Licht und Wärme entstehen immer unter Einsatz von Energie. Alle Vorgänge wie Bewegung, Atmung, Fortpflanzung, die zum Leben gehören, können nur ablaufen, wenn Energie in der richtigen Form zur Verfügung steht. Manche Lebewesen können direkt die Energie des Sonnenlichts nutzen, andere brauchen die chemische Energie, welche in ihrer Nahrung gespeichert ist, und wandeln diese um.
Geräte und Maschinen brauchen, damit sie funktionieren, ebenfalls Energie in für sie geeigneter Form. Manche Maschinen können wie manche Lebewesen die Energie des Sonnenlichts nutzen. Andere brauchen die chemische Energie, welche in Treibstoffen gespeichert ist. Energie steht in verschiedenen Formen zur Verfügung. Die Energieformen können mit Geräten in andere umgewandelt werden. Beim Umwandeln der Energieformen wird allerdings meist ein Teil der Energie in Form von Wärme, Schall oder Reibung an die Umgebung abgegeben.

Windenergie

Windenergie

Seit vielen hundert Jahren nutzt der Mensch Windenergie zum Antrieb von Windmühlen und Segelschiffen. Heute wird die Energie meist zum Antrieb großer Windkraftanlagen genutzt, in denen die Bewegungsenergie direkt in elektrische Energie umgewandelt wird. Diese Anlagen nutzen die Windenergie ohne Abgase zu erzeugen. Sie können jedoch das Landschaftsbild beeinträchtigen und mit ihrem Lärm Menschen und Tiere stören. Lebewesen nutzen die Windenergie zum Verbreiten von Samen. Vögel sparen Energie, wenn sie sich vom Wind tragen lassen. Gewässer würden ohne Wind nicht richtig umgewälzt

Fossile Energieträger

Fossile Energieträger

Öl, Gas und Kohle sind umgewandelte Reste von Tieren und Pflanzen, die vor vielen Millionen Jahren auf der Erde gelebt haben. Die Pflanzen haben Sonnenenergie in chemische Energie umgewandelt, welche noch immer in diesen Stoffen steckt. Diese Energieträger lassen sich zum Heizen von Häusern und Wohnungen oder zum Antrieb von Fahrzeugen nutzen. Dazu werden die Stoffe verbrannt. Ein Teil der Energie kann genutzt werden, ein Teil wird als Abwärme an die Umwelt abgegeben. Durch das Verbrennen dieser Treibstoffe wird Kohlenstoffdioxid freigesetzt, welches den Treibhauseffekt verstärkt.
Beim Anfahren von Fahrzeugen muss Reibung im Motor, in anderen beweglichen Teilen und an den Reifen überwunden werden. Beim Abbremsen wird Bewegungsenergie in Reibung an den Bremsen umgewandelt. Die Umwandlung der Energie kann in einer Umwandlungskette dargestellt werden.

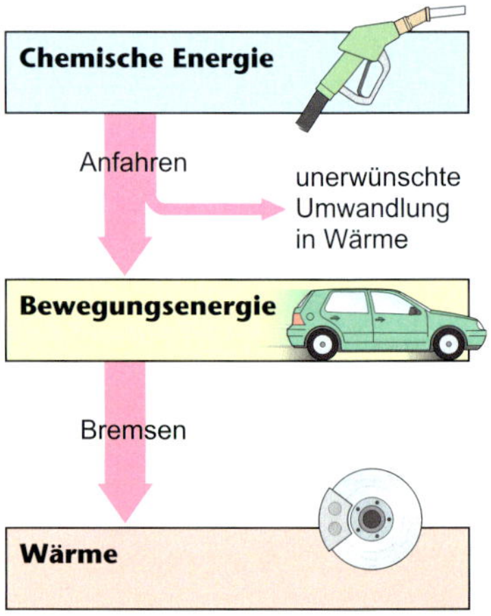

Energie aus dem Wasser

Die Bewegungsenergie des Wassers kann durch Wasserkraftwerke in elektrische Energie umgewandelt werden. Schon seit sehr langer Zeit wird sie in Mühlen direkt zum Antreiben der Mühlsteine oder in Werkstätten zum Betreiben von Werkzeugen wie Bohren, Sägen oder Hämmern benutzt. Lebewesen nutzen die Bewegungsenergie des Wassers zur Fortbewegung und Verbreitung. Manche halten sich an einem Ort fest und lassen die Nahrung auf sich zutreiben.

Energie aus dem Wasser

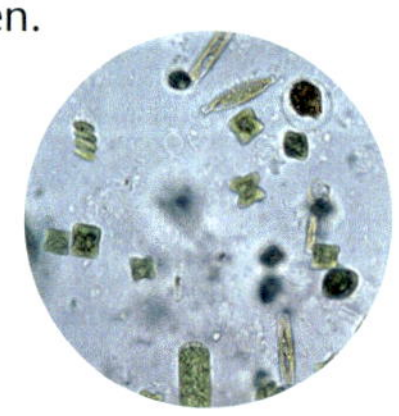

Chemische Energie

Chemische Energie

Lebewesen brauchen Energie um leben zu können. Viele Pflanzen können mithilfe der Photosynthese die Energie des Sonnenlichts in chemischen Verbindungen wie Zucker, Stärke und Ölen speichern. Sie brauchen diese Stoffe zum Überleben. Aus Zucker und Ölen kann man Kraftstoffe für Fahrzeuge herstellen. Tiere und Menschen brauchen die chemische Energie, welche in Nahrungsmitteln gespeichert ist. Manche Nahrungsmittel enthalten viel Energie, manche weniger. Wenn man mehr Energie zu sich nimmt, als der Körper braucht, wird der Überschuss als Fettreserve gespeichert.

Täglicher Nährstoff- und Energiebedarf eines 10- bis 12-Jährigen:

Fette	65 g
Eiweiß	85 g
Kohlenhydrate	320 g
Energiebedarf	10 000 kJ

Eiweiß	36 g
Fette	16 g
Kohlenhydrate	31 g
Energiegehalt	1 808 kJ

Eiweiß	7,5 g
Fette	1,0 g
Kohlenhydrate	27,5 g
Energiegehalt	613 kJ

Eiweiß	8,3 g
Fette	2,3 g
Kohlenhydrate	59,0 g
Energiegehalt	978 kJ

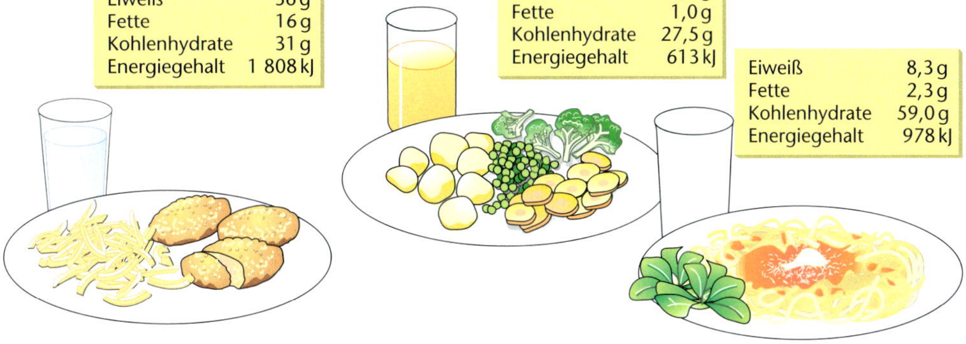

Elektrische Energie

Elektrische Energie

Die Menschen sind sehr stark auf elektrische Energie angewiesen. Sie treibt Geräte und Maschinen an, lässt sich in Licht, Wärme und Töne umwandeln. Man kann sie transportieren und in andere Energieformen umwandeln. Die Elektrische Energie wird aus den Kraftwerken über Leitungen in die Steckdosen im Haus transportiert. Batterien oder Akkus liefern die elektrische Energie um damit mobile Geräte zu betreiben. Solarzellen oder kleine Generatoren wie Dynamos versorgen Geräte und Maschinen an in weiter von Kraftwerken entfernten Orten.

Aufgaben

1 Stelle zusammen, wie viel Energie du am Tag brauchst. Überlege, wie du etwas davon einsparen könntest.

2 Autos können nicht nur mit Benzin und Dieselkraftstoff betrieben werden. Informiere dich, welche Möglichkeiten es noch gibt.

3 Sammle Ideen, für welche Anwendungen man Sonnenenergie nutzen könnte. Wo ist dies nicht sinnvoll?

4 Stelle verschiedene Energieumwandlungsketten aus deinem Alltag zusammen.

5 Überlege dir, wovon es abhängt, wie viel Energie ein Mensch pro Tag benötigt.

Sonnenenergie

Sonnenenergie

Die Sonnenstrahlen transportieren die Sonnenenergie zur Erde. Viele Pflanzen nutzen die Sonnenenergie über die Photosynthese direkt und erzeugen Zucker und Stärke. In diesen Verbindungen ist chemische Energie gespeichert. Die Sonnenenergie wird dabei in chemische Energie umgewandelt. Menschen und Tiere können diese Energie nutzen, wenn sie pflanzliche Nahrung zu sich nehmen.
Der Mensch nutzt die Sonnenenergie, indem er sie mit Solarzellen direkt in elektrische Energie umwandelt.
Die Wärmeenergie in den Sonnenstrahlen wird in Sonnenkollektoren aufgefangen und zur Erwärmung von Brauchwasser oder zur Heizungsunterstützung genutzt. Die Sonnenenergie hält unseren Wasserkreislauf aufrecht und ist der Motor für das Wetter auf der Erde.

Stoff und Teilchen

Die Chemie beschäftigt sich mit den Eigenschaften, dem Aufbau und den Umwandlungen von Stoffen. Der Begriff „Stoff" spielt in der Chemie also eine zentrale Rolle. In der Umgangssprache verwenden wir diesen Begriff anders als im Chemieunterricht. Wir müssen also zwischen Umgangssprache und Fachsprache unterscheiden. Viele Eigenschaften von Stoffen kann man nur erklären, wenn man weiß, wie die Stoffe aufgebaut sind. Da man den inneren Aufbau von Stoffen selbst mit den besten Mikroskopen nicht sichtbar machen kann, haben die Naturwissenschaftler Modelle dafür entworfen. Nach dem Teilchenmodell besteht jeder Stoff aus kleinsten Teilchen.

Stoffe

Zur genauen Beschreibung eines Gegenstandes gibt man das Material, aus dem er besteht, und seine Form an. Man spricht deshalb von einer Glaskugel oder einem Kupferrohr. Einen Gegenstand, der in einer bestimmten Form vorkommt, bezeichnet man als Körper. Dieser besteht aus einem bestimmten Material. Eine Glaskugel oder eine Holzkugel sind also Körper gleicher Form aus unterschiedlichem Material. Ein Kupferrohr und ein Kupfernagel sind Körper aus dem gleichen Material, aber von unterschiedlicher Form. Das Material, aus dem Gegenstände bestehen, wird in der Chemie als Stoff bezeichnet. Alle Gegenstände (Körper) bestehen also aus Stoffen.

Stoffe

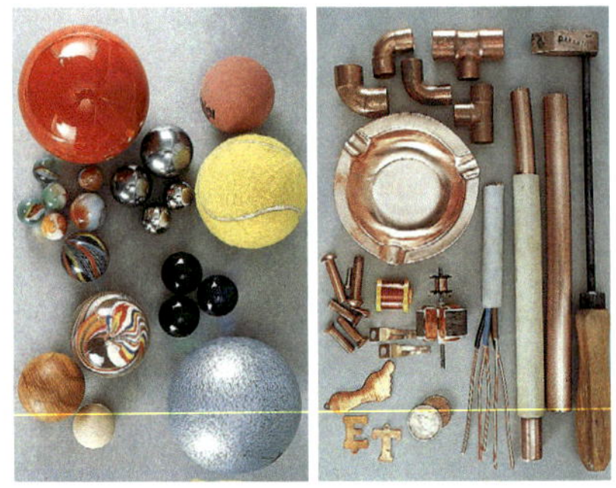

Stoffeigenschaften

Jeder Stoff besitzt für ihn ganz typische Eigenschaften. Mit diesen Eigenschaften lässt sich ein Stoff eindeutig beschreiben und auch von anderen Stoffen unterscheiden. Manche Eigenschaften sind mit den Sinnen oder einfachen Hilfsmitteln wahrnehmbar. Dazu gehören Farbe, Glanz, Oberflächenbeschaffenheit, Geschmack, Geruch, Brennbarkeit, Härte und Verformbarkeit. Einige Stoffeigenschaften sind messbar, wie beispielsweise die Schmelz- und Siedetemperatur, die Löslichkeit und die elektrische Leitfähigkeit.

Stoffeigenschaften

Löslichkeit

Brennbarkeit

Form

Teilchenmodell

Modelle gibt es in vielen Bereichen, z. B. ist ein Globus ein Modell der Erde. Modelle entsprechen der Wirklichkeit nicht hundertprozentig. Sie stellen die Wirklichkeit vergrößert, verkleinert oder vereinfacht dar. Modelle, die in der Chemie verwendet werden, sind Erklärungshilfen, mit denen man Beobachtungen verstehen kann.
Ein Beispiel eines chemischen Modells ist das Teilchenmodell. Dieses Modell sagt aus, dass alle Stoffe aus kleinsten, sich bewegenden Teilchen bestehen. Die Heftigkeit der Bewegung steigt mit der Temperatur. Die Teilchen eines Stoffes sind gleich groß.

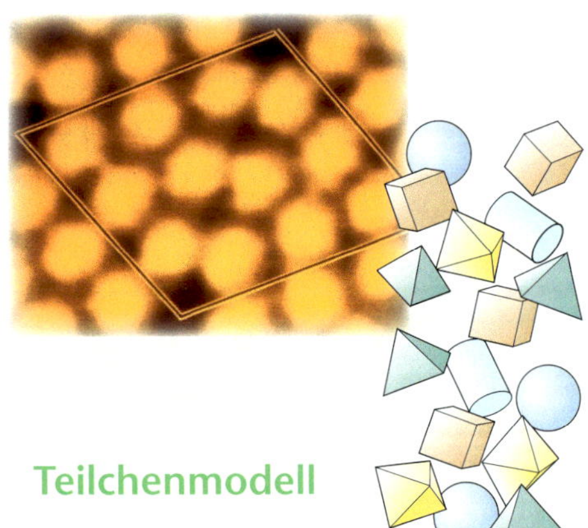

Teilchenmodell

Stoff- und Teilchenebene

Stoff (sichtbar)
- farblos
- flüssig
- durchsichtig
- geschmacklos

Teilchen
(nicht sichtbar)
- bewegen sich
- haben unregelmäßige Anordnung
- zwischen ihnen ist leerer Raum
- zwischen ihnen wirken Anziehungskräfte

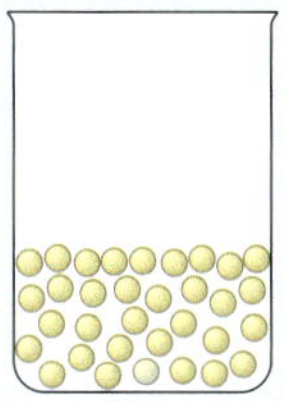

Stoff- und Teilchenebene

Die Eigenschaften eines Stoffes werden vor allem durch die Anordnung der kleinsten Teilchen bestimmt. Wasser ist bei Raumtemperatur flüssig. Diese Stoffeigenschaft kann man mit den Sinnen, z. B. durch Sehen oder Fühlen, wahrnehmen. Dies ist die Stoffebene. Mit der Modellvorstellung vom Aufbau der Stoffe aus kleinsten Teilchen kann diese Stoffeigenschaft auf der Teilchenebene erklärt werden. Im flüssigen Zustand sind die Abstände zwischen den Teilchen größer als im festen Zustand, sodass sich die Anziehungskräfte zwischen den Teilchen nicht mehr so stark auswirken. Die Teilchenebene liefert also eine Erklärung für die wahrgenommene Stoffeigenschaft: Wasser ist bei Zimmertemperatur flüssig.

Trennverfahren

Trennverfahren

Stoffgemische lassen sich durch geeignete Verfahren in ihre Bestandteile trennen. Beispielsweise trennt man Schmutzwasser durch Filtrieren. Dabei können die größeren Schmutzteilchen nicht durch die Poren des Filterpapiers gelangen, während die kleineren Wasserteilchen durch die Poren abfließen können und sich als Filtrat sammeln.

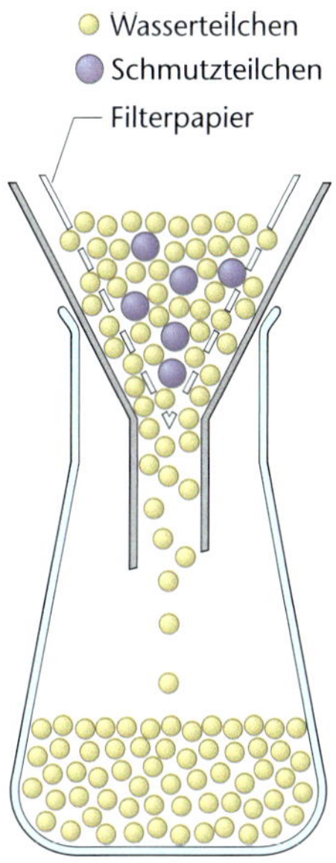

Filtrieren einer Schmutzwassersuspension

Aufgaben

1 Nenne möglichst viele umgangssprachliche Bedeutungen des Begriffs „Stoff".

2 Erläutere den Unterschied zwischen Gegenstand und Stoff.

3 Wähle einen Stoff und erstelle einen Steckbrief. Überlege, für welche Einsatzbereiche der Stoff gut bzw. schlecht geeignet ist. Begründe deine Aussage.

4 Erläutere den Lösungs- und Kristallisationsvorgang mit dem Teilchenmodell.

5 Überlege, welchen Grund es für die unterschiedlichen Siedetemperaturen der Stoffe gibt.

6 Zwei Stoffe werden gemischt, z. B. Wasser und ein Farbstoff.
a) Was beobachtest du dabei? Überlege dir verschiedene Möglichkeiten, wie du das Mischen beschleunigen könntest.

b) Wie stellst du dir den Vorgang im Teilchenmodell vor? Verdeutliche deine Überlegungen mit Murmeln oder Tischtennisbällen und erkläre sie deinen Mitschülern.

Stoffkreisläufe

Stoffkreisläufe

Beim Wasserkreislauf verdunstet Wasser im Sonnenschein, steigt auf, bildet Wolken und regnet wieder ab. Dies stellt einen Stoffkreislauf dar. In unserer Umgebung, in Natur und Technik, gibt es viele solcher Kreisläufe.
Um Rohstoffe zu sparen, wird zunehmend ein Recycling, also ein Kreislauf, durchgeführt, in dem benutzte Materialien wiederverwertet werden. Wir beteiligen uns an einem solchen Kreislauf, wenn wir Glas nicht in den Abfalleimer, sondern in einen Glascontainer werfen.

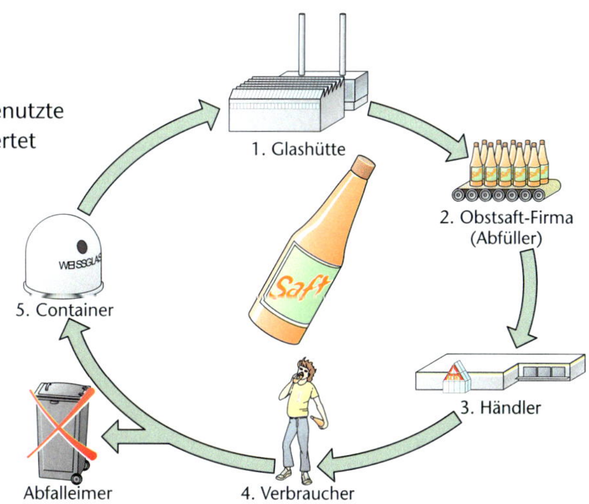

Entwicklung

Alles, was lebt, entwickelt sich, wächst, verändert sich und stirbt irgendwann. Aus jedem Baby wird einmal ein alter Mann oder eine alte Frau. Der Körper eines Menschen verändert sich im Laufe seines Lebens, ganz besonders in den ersten drei Lebensjahren. In der Pubertät kommt zur körperlichen auch die persönliche Entwicklung.

Geschlechtliche Fortpflanzung

Geschlechtliche Fortpflanzung
Geschlechtsreife Menschen entwickeln in ihren Geschlechtsorganen Samen- und Eizellen. Biologen nennen diese Zellen auch Keimzellen. Diese verschmelzen bei der Befruchtung und wachsen dann zu einem neuen Menschen heran. Da Mann und Frau mit unterschiedlichen Geschlechtszellen daran beteiligt sind, spricht man von geschlechtlicher Fortpflanzung.

Keimzellen

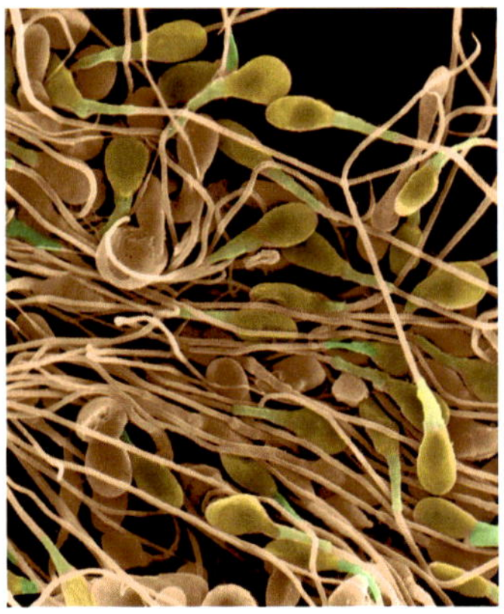

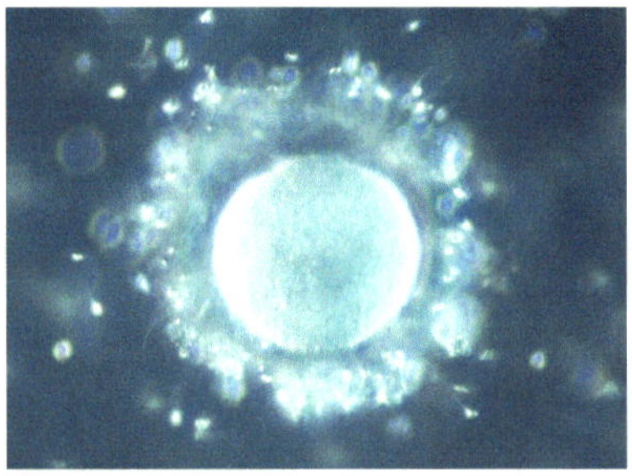

Keimzellen
Die Bildung der männlichen Samenzellen findet das ganze Leben statt. In hohem Alter hört die Spermienbildung auf. Die Entwicklung reifer Spermien dauert ungefähr 72 Tage, die Spermien werden im Nebenhoden gespeichert.

Die 400–500 Eizellen der Frau, die im Laufe ihres Lebens heranreifen, sind groß und nährstoffreich. Sie werden in deutlich geringerer Anzahl gebildet als Spermien. In den Eierstöcken der Frau reift alle vier Wochen eine Eizelle heran. In der Menopause hört die Reifung der Eizellen auf.

Unterschiedliche Geschlechter

Unterschiedliche Geschlechter
Mädchen und Jungen unterscheiden sich durch die Geschlechtsorgane, welche schon vor der Geburt vollständig ausgebildet sind. Beim Jungen sind das Hoden, Nebenhoden, Samenleiter und Geschlechtsdrüsen, beim Mädchen Gebärmutter, Eierstöcke und Eileiter. Man nennt diese bei der Geburt bereits vorhandenen Organe „primäre" Geschlechtsorgane.
In den meisten Fällen ist die Sexualität eindeutig festgelegt: Du bist entweder ein Mädchen oder ein Junge. Allerdings gibt es Ausnahmen, bei denen das Geschlecht sich nicht so klar entwickelt hat. Hier suchen die Wissenschaftler noch nach Ursachen.

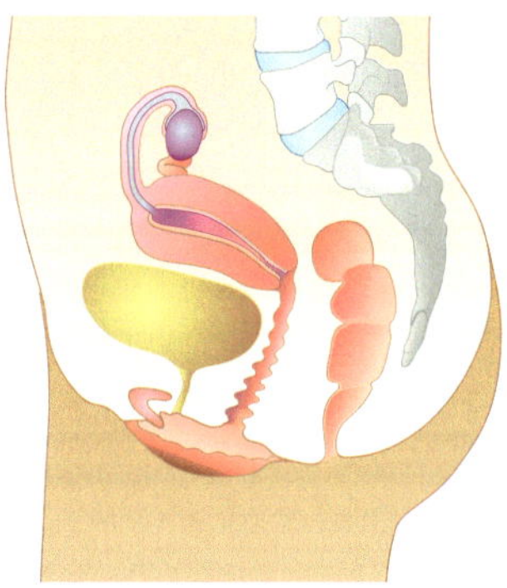

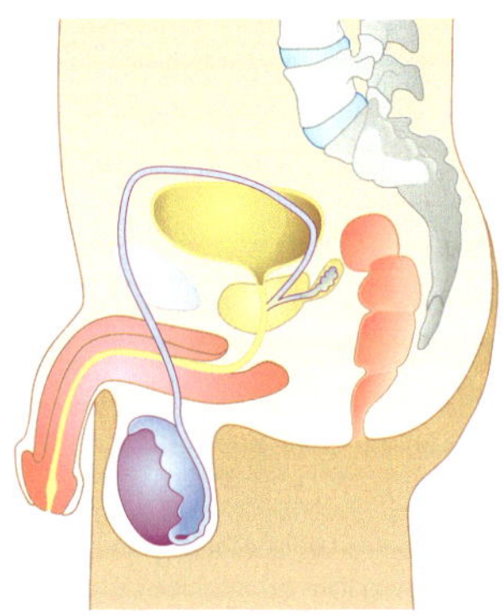

Veränderung der Sexualität

Veränderung der Sexualität

Schon ein Baby hat sexuelle Empfindungen und genießt es, wenn es beim Wickeln gestreichelt und geküsst wird. Für Jugendliche ist die Sexualität etwas ganz Besonderes: neu und aufregend.

Die Sexualität verändert sich im Laufe eines menschlichen Lebens immer wieder. Das hängt mit den verschiedenen Erfahrungen, die man macht, zusammen. Auch ältere Menschen haben noch sexuelle Gefühle und Zuneigung zu anderen Menschen. Liebe kann man immer im Leben empfinden: egal ob im Sandkasten, in der Schule oder im Altersheim.

Aufgaben

1 Die Befruchtung ist der Beginn einer Entwicklung im Mutterleib. Erkläre!

2 a) Gibt es Fotos von dir?

b) Welche körperlichen Entwicklungsschritte kannst du an dir erkennen?

Geschlechtsreife

Die Zeit, in der aus einem Kind ein Erwachsener wird, nennt man Pubertät. „Pubertas" ist Lateinisch und heißt eigentlich „Geschlechtsreifung". Jugendliche sind nach dieser Zeit, die zwischen dem 10. und 14. Lebensjahr beginnt, „geschlechtsreif" – sie können Kinder zeugen und bekommen. Bei Mädchen zeigt sich das in der ersten Menstruation, bei Jungen im ersten Samenerguss. Diese Entwicklung dauert Jahre und läuft nicht gleichmäßig, sondern in Entwicklungsschritten ab.

Geschlechtsreife

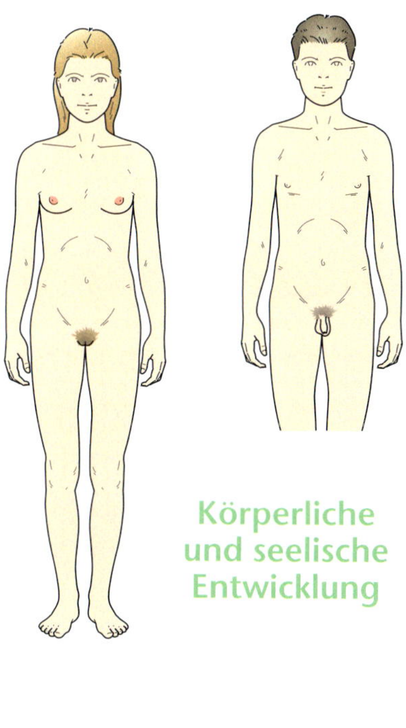

Körperliche und seelische Entwicklung

In der Pubertät verändert sich der Körper des Jugendlichen äußerlich. Die sekundären Geschlechtsmerkmale prägen sich aus. Beim Jungen verändert sich die Körperform: breitere Schultern und Muskelwachstum treten auf.

Bei den Mädchen werden die Körperumrisse durch Fetteinlagerungen weicher. Die Hüften werden breiter und die Brüste wachsen. Bei beiden Geschlechtern tritt die Scham- und Achselbehaarung auf.

Pubertät bedeutet aber nicht nur körperliche Entwicklung: die Interessen der Jugendlichen ändern sich, der Umgang mit dem anderen Geschlecht muss geübt werden. In der Clique oder unter Gleichaltrigen entwickelt man seine Vorstellungen vom Leben. Der Wunsch, anders zu sein als die Eltern, beeinflusst häufig auch Frisur oder Kleidung.

Körperliche und seelische Entwicklung

Sonne – Wetter – Jahreszeiten

4 Bei der Winterruhe schlafen die Tiere die meiste Zeit des Winters, fressen aber zwischendurch. Beim Winterschlaf wachen sie erst im Frühling auf.

Geräte und Maschinen im Alltag

2 Hier wird das Prinzip des zweiseitigen Hebels angewandt. Der linke Hebelarm hat eine bestimmte festgelegte Länge. Das Wägestück auf der anderen Seite hat eine bestimmte festgelegte Gewichtskraft. Der Händler muss die Waage durch Verschieben des Wagestückes ins Gleichgewicht bringen.
Je größer die Gewichtskraft der Ware ist, desto weiter schiebt er das Wägestück auf dem Kraftarm nach rechts.
Nun konnte er dort auf einer Skala die Masse und damit auch den Preis der Ware bestimmen.

18 a) S3 ⟶ ein: alle Lampen leuchten

b) S1 ⟶ aus, S3 ⟶ ein: A, D, E und F leuchten. A leuchtet heller als die anderen.

c) S2 ⟶ ein, S3 ⟶ ein und S4 ein: Die Sicherung unterbricht den Strom (Kurzschluss).

d) S3 ⟶ ein, S2 ⟶ aus, S1 ⟶ aus und S4 ⟶ ein

Die Stoffe um uns herum

5 Homogene Gemische:
Rotwein, Salzwasser, Colagetränk (einige Zeit nach dem Öffnen der Colaflasche)
Heterogene Gemische:
Milch, Zigarettenrauch, Lehmwasser, Schmutzwasser, Colagetränk (aus frisch geöffneter Colaflasche entweichen Gasbläschen)

8 a) Stoff: Fett (in Tropfenform)
b) Stoffgemisch: Emulsion

Körper und Gesundheit

8 (1) Mundhöhle, (2) Zunge, (3) Speicheldrüsen, (4) Speiseröhre, (5) Magen, (6) Leber, (7) Gallenblase, (8) Bauchspeicheldrüse, (9) Zwölffingerdarm, (10) Dünndarm, (11) Dickdarm, (12) Blinddarm mit (13) Wurmfortsatz,
(14) Mastdarm, (15) After

14 Primäre Geschlechtsorgane beim Jungen: Penis, Hodensack mit Hoden und Nebenhoden
primäre Geschlechtsorgane beim Mädchen: Scheide, Gebärmutter, Eierstöcke mit Eileiter, Schamlippen

15 Die sekundären Geschlechtsorgane beim Jungen sind: typisch männliche Körperform, Körperbehaarung, tiefe Stimme. Die sekundären Geschlechtsorgane beim Mädchen sind: weibliche Körperform, Brüste, Scham- und Achselbehaarung.

G

H

I

J

K

L

M

U1.1 Getty Images RF (RF/Dex Image/Megumi Takamura), München; **U1.2** VISUM Foto GmbH (Jan Braun/HNF), Hamburg; **U4.1** Getty Images RF (Stockbyte/Paul Tearle), München; **U4.2** plainpicture GmbH & Co. KG (Fritz), Hamburg; **U4.3** Getty Images RF (Digital Vision/Tom Le Goff), München; **U4.4** plainpicture GmbH & Co. KG (KNIEL SYNNATZSCHKE), Hamburg; **3.1** Fotolia LLC (cristina), New York; **4.2** Daimler AG Medienarchiv, Stuttgart; **5.3** Klett-Archiv (Rolf Strecker), Stuttgart; **6.4** Fotosearch Stock Photography (image 100), Waukesha, WI; **8.1** Avenue Images GmbH (Index Stock/Mark Langford), Hamburg; **8.2** shutterstock (Kurba-tova Vera), New York, NY; **9.3** MEV Verlag GmbH, Augsburg; **9.4** Fotolia LLC (cristina), New York; **9.5** Picture-Alliance (ZB/Wolfgang Kluge), Frankfurt; **10.4** Getty Images RF (Photo Disc), München; **10.1A** Fotolia LLC (Andreas Ryser), New York; **10.1B** Fotolia LLC (Travelfish), New York; **10.1C** Avenue Images GmbH RF (image 100), Hamburg; **10.1D** NASA, Washington, D.C.; **11.5** Ullstein Bild GmbH (Still Pictures/NIGEL DICKINSON), Berlin; **11.8** Avenue Images GmbH RF (Ingram Publishing), Hamburg; **12.2** iStockphoto (dirkr), Calgary, Alberta; **13.1** Bilderberg (Renate von Forster), Hamburg; **13.2** www.bilderbox.com (Wodicka), Thening; **13.3** Picture-Alliance (Roland Scheidemann), Frankfurt; **14.1** Dieter Schmidtke, Schorndorf; **14.2** shutterstock (hfuchs), New York, NY; **14.3** shutterstock (Ingrid Balabanova), New York, NY; **14.4** Klett-Archiv (Hartmut Fahrenhorst), Stuttgart; **14.5** PantherMedia GmbH (Monika Buch), München; **14.6** shutterstock (RF/Eric Limon), New York, NY; **14.7** creativ collection Verlag GmbH, Freiburg; **15.8** EnBW AG (TWS), Karlsruhe; **15.9** Mauritius RF (Corbis), Mittenwald; **15.10** AKG, Berlin; **16.1A** iStockphoto, Calgary, Alberta; **16.1B** shutterstock (Chris Green), New York, NY; **16.1C** Fotolia LLC (Christian Seifert), New York; **16.3A; 16.3B** Dr. Klaus Hell (Dr. Klaus Hell), Essen; **18.2; 18.4** MEV Verlag GmbH, Augsburg; **18.3** shutterstock (Fred Hendriks), New York, NY; **20.1** shutterstock (Kurbatova Vera), New York, NY; **23.3** Dr. Klaus Hell (Dr. Klaus Hell), Essen; **25.2** iStockphoto (Chieh Cheng), Calgary, Alberta; **26.1** Klett-Archiv (Studio Leupold), Stuttgart; **26.2** Imago Stock & People (Thomas Frey), Berlin; **26.3** shutterstock (Igor Stepovik), New York, NY; **26.4** MEV Verlag GmbH, Augsburg; **26.5** Fotolia LLC (Stas Perov), New York; **26.6** TFA Dostmann GmbH & Co. KG, Wertheim-Reicholzheim; **26.7** Fotolia LLC (makuba), New York; **26.8** shutterstock (mangojuicy), New York, NY; **26.9** Fotolia LLC (pzAxe), New York; **26.10** Wilh. Lambrecht GmbH, Göttingen; **27.11; 27.12** ZDF (ESS), Mainz; **27.13** NASA, Washington, D.C.; **27.14** shutterstock (Lisa F. Young), New York, NY; **27.15** Fotosearch Stock Photography (Digital Vision), Waukesha, WI; **27.16** Corel Corporation Deutschland, Unterschleissheim; **27.17** Fotolia LLC (Martina Topf), New York; **27.18** Picture-Alliance (dpa-Fotoreport), Frankfurt; **27.19** Yahoo! Deutschland GmbH (Shareski), München; **30.1; 30.2** MEV Verlag GmbH, Augsburg; **30.3** Fotolia LLC (Alexey Usachev), New York; **30.4** iStockphoto (Matt Kunz), Calgary, Alberta; **30.5** Okapia (Karl Gottfried Vock), Frankfurt; **32.1** Corbis (Roger Garwood & Trish Ainslie), Düsseldorf; **32.2** Deutscher Wetterdienst, Offenbach; **32.3** Picture-Alliance (ZB/Wolfgang Kluge), Frankfurt; **32.6** shutterstock (thumb), New York, NY; **32.3A** Klett-Archiv (Dr. Klaus Hell), Stuttgart; **33.5** Deutscher Wetterdienst, Offenbach; **35.1** shutterstock (Eric Limon), New York, NY; **35.2** shutterstock (Jacek Chabraszewski), New York, NY; **35.3** shutterstock (Kurhan), New York, NY; **35.4** shutterstock (Muellek Josef), New York, NY; **36.1; 36.3** MEV Verlag GmbH, Augsburg; **36.2** iStockphoto (Rhoberazzi), Calgary, Alberta; **36.4** Klett-Archiv, Stuttgart; **37.1** Dreamstime LLC (2circles), Brentwood, TN; **38.2** shutterstock (glen gaffney), New York, NY; **38.4** Fotolia LLC (Joanna Redesiuk), New York; **38.5** Tierbildarchiv Angermayer, Holzkirchen; **39.6** shutterstock (Silviu-Florin), New York, NY; **40.2A** Fotolia LLC (Alterfalter), New York; **40.2B** Fotolia LLC (Kelpfish), New York; **40.2C** Fotolia LLC (Petitonnerre), New York; **40.2D** Bayerwald Fenster Haustüren GmbH & Co. KG, Neukirchen vorm Wald; **41.4** Klett-Archiv, Stuttgart; **45.1** MEV Verlag GmbH, Augsburg; **45.2; 45.3; 45.4** Klett-Archiv (Zuckerfabrik digital), Stuttgart; **45.5** Corel Corporation Deutschland, Unterschleissheim; **46.1** Wikimedia Foundation Inc., St. Petersburg FL; **46.2** Fotolia LLC (delmo07), New York; **46.6** iStockphoto (Andrew Howe), Calgary, Alberta; **46.7** Klett-Archiv, Stuttgart; **47.1** iStockphoto, Calgary, Alberta; **48.1A** Fotolia LLC (Amaro), New York; **48.1B** shutterstock (daseaford), New York, NY; **49.L01** Fotolia LLC (Dariusz Kopestynski), New York; **49.L02** Fotolia LLC, New York; **49.L03** creativ collection Verlag GmbH, Freiburg; **49.L04** iStockphoto (BasieB), Calgary, Alberta; **49.L05** iStockphoto (selin yurdakul), Calgary, Alberta; **49.W01** Corel Corporation Kanada, Ottawa, Ontario; **50.1** Fotolia LLC (Marion Neuhauß), New York; **51.1** Corel Corporation Deutschland, Unterschleissheim; **52.1** Fotolia LLC (Alonbou), New York; **54.W01** Getty Images (Taxi/Birgid Allig), München; **55.2** MEV Verlag GmbH, Augsburg; **55.3** Klett-Archiv (Linda Hanselmann), Stuttgart; **56.1** shutterstock (Ingrid Balabanova), New York, NY; **56.2; 56.3** Klett-Archiv (Eycke Fröchtenicht), Stuttgart; **57.2** shutterstock (Suzanne Tucker), New York, NY; **57.S01** shutterstock (Marek Szumlas), New York, NY; **57.S02** iStockphoto (RF), Calgary, Alberta; **58.2** Fotolia LLC (by-studio), New York; **58.3** Fotolia LLC, New York; **61.1** Daimler AG Medienarchiv, Stuttgart; **61.2** BASF, Ludwigshafen; **61.3** iStockphoto (RF/Daniel Brunner), Calgary, Alberta; **62.1** AKG, Berlin; **62.2** Interfoto, München; **62.3; 62.5; 62.6; 62.7; 62.9; 62.12; 62.17** MEV Verlag GmbH, Augsburg; **62.4** iStockphoto, Calgary, Alberta; **62.8** Klett-Archiv, Stuttgart; **62.10** Südtiroler Archäologiemuseum, Bozen - www.iceman.it; **62.11** Corbis RF (RF), Düsseldorf; **62.13** Ullstein Bild GmbH (Imagebroker), Berlin; **62.14** Klett-Archiv (Ilse Nötzold), Stuttgart; **62.15** Klett-Archiv (Steinle), Stuttgart; **62.16** Avenue Images GmbH RF (Ingram Publishing), Hamburg; **63.18; 63.22** MEV Verlag GmbH, Augsburg; **63.19** iStockphoto, Calgary, Alberta; **63.20** Fotolia LLC (Mikhail Glushkov), New York; **63.21** shutterstock, New York, NY; **63.23** Klett-Archiv (Zuckerfabrik Digital), Stuttgart; **63.24** Klett-Archiv (Fabian H. Silberzahn), Stuttgart; **63.25** shutterstock (Hermann Summer, Hohenpeißenberg), New York, NY; **63.26** Klett-Archiv (Koma Amok), Stuttgart; **64.1** Ulrich Niehoff Fotoproduktionen und Bildarchiv, Bienenbüttel; **65.2** Klett-Archiv (Michael Maiworm), Stuttgart; **65.3** Corbis (Neal Preston), Düsseldorf; **66.1** Fotosearch Stock Photography, Waukesha, WI; **66.2** iStockphoto (MICHELANGELOBOY), Calgary, Alberta; **66.3** Klett-Archiv (Hartmut Fahrenhorst), Stuttgart; **66.A** Ingram Publishing, Tattenhall Chester; **66.B** creativ collection Verlag GmbH, Freiburg; **67.4** PantherMedia GmbH (Monika Buch), München; **67.5; 67.6** Das Fotoarchiv RF (RF), Essen; **68.1** AKG, Berlin; **68.2** Höllerer Büro für Kommunikation und Gestaltung (Manfred Schurr), Stuttgart; **68.3** Picture-Alliance, Frankfurt; **69.4** Corbis (Rick Gayle), Düsseldorf; **69.5** Georg Trendel, Unna; **69.6** iStockphoto (Ivan Bajic), Calgary, Alberta; **69.9** Conrad Electronic SE, Hirschau; **70.1** Klett-Archiv (Ginger Neumann), Stuttgart; **71.2** Klett-Archiv, Stuttgart; **72.1** Klett-Archiv (Ginger Neumann), Stuttgart; **72.2** Klett-Archiv (Klaus Hell), Stuttgart; **72.1A** Ulrich Niehoff Fotoproduktionen und Bildarchiv, Bienenbüttel; **72.1B** Klett-Archiv, Stuttgart; **73.3** Klett-Archiv (Zuckerfabrik digital), Stuttgart; **75.1** Klett-Archiv, Stuttgart; **76.2** Georg Trendel, Unna; **76.3** LD DIDCACTIC, Hürth; **77.3** Corbis RF (Royalty-Free), Düsseldorf; **77.4** Klett-Archiv (Johann Leupold), Stuttgart; **79.1** Deutsches Museum, München; **82.1** Klett-Archiv (Zuckerfabrik digital), Stuttgart; **82.S1; 82.S2** Interfoto (Science Museum/SSPL), München; **85.5** Ciprina, Heinz-Joachim, Dortmund; **86.1** Das Fotoarchiv (Thomas Mayer), Essen; **86.2** Klett-Archiv (Johann Leupold), Stuttgart; **88.1** iStockphoto (Tomas Bercic), Calgary, Alberta; **89.6** Klett-Archiv (Joachim Ciprina), Stuttgart; **90.1** Klett-Archiv (Johann Leupold), Stuttgart; **91.S1; 91.S2** Klett-Archiv (Fabian H. Silberzahn), Stuttgart; **92.1** Klett-Archiv

(Zuckerfabrik Digital), Stuttgart; **94.2A; 94.2B** FOCUS (SPL), Hamburg; **97.1** Corbis RF, Düsseldorf; **97.2** Getty Images RF (Photo Disc), München; **98.1** Picture-Alliance (Wolfgang Kluge), Frankfurt; **98.3** Fotolia LLC (Thaut Images), New York; **99.1** Picture-Alliance (dpa/Bernd Weissbrod), Frankfurt; **99.2** Georg Trendel, Unna; **99.3** SUPERBILD (Phanie), Taufkirchen/München; **99.4** Klett-Archiv (Zuckerfabrik digital), Stuttgart; **99.5** Klett-Archiv (Fabian H. Silberzahn), Stuttgart; **99.6** Deutsche Energie-Agentur GmbH, Berlin; **101.6** ESKA Erich Schweizer GmbH, Kassel; **103.6** MEV Verlag GmbH, Augsburg; **103.7** Klett-Archiv (Johann Leupold), Stuttgart; **104.8** Klett-Archiv, Stuttgart; **104.9** Klett-Archiv (Zuckerfabrik digital), Stuttgart; **105.12** PIXTAL, New York NY; **105.14** Klett-Archiv (Fabian H. Silberzahn), Stuttgart; **105.15** Klett-Archiv (Johann Leupold), Stuttgart; **106.1** Avenue Images GmbH RF (Digital Vision/Alex Wilson), Hamburg; **106.2** shutterstock, New York, NY; **106.3** Masterfile Deutschland GmbH (Masterfile), Düsseldorf; **107.4** Bundesverband Glasindustrie e.V., Düsseldorf; **107.5** StockFood GmbH (Maximilian Stock LTD), München; **107.6** Klett-Archiv (Rolf Strecker), Stuttgart; **108.1** Klett-Archiv (Hartmut Fahrenhorst), Stuttgart; **108.2** Klett-Archiv (Patrick Dembski), Stuttgart; **108.3** Fotolia LLC, New York; **109.4** shutterstock, New York, NY; **109.5** Klett-Archiv, Stuttgart; **109.6** RWE Umwelt West GmbH, Grevenbroich; **110.1** Klett-Archiv (Hartmut Fahrenhorst), Stuttgart; **110.2** Klett-Archiv (Zuckerfabrik digital), Stuttgart; **112.1** shutterstock (Junial Enterprises), New York, NY; **112.2A** Fotolia LLC, New York; **112.2B; 112.2C** shutterstock, New York, NY; **114.1** Klett-Archiv (Hartmut Fahrenhorst), Stuttgart; **115.1** shutterstock, New York, NY; **115.2; 115.3** Klett-Archiv, Stuttgart; **115.5A; 115.5B; 115.5C; 115.5D** Thomas Seilnacht, Bern; **116.1** AKG (Sotheby's), Berlin; **118.2,003** Klett-Archiv, Stuttgart; **118.6; 118.5A; 118.5B** Klett-Archiv (Werkstatt Fotografie), Stuttgart; **121.1** Corel Corporation Deutschland, Unterschleissheim; **121.2** MEV Verlag GmbH, Augsburg; **124.1** shutterstock (Ronald Sumners), New York, NY; **124.2** shutterstock, New York, NY; **124.3; 124.4; 124.6** Klett-Archiv (Eberhard Theophel), Stuttgart; **124.5** Klett-Archiv, Stuttgart; **125.1** Mauritius Images (Rosenfeld), Mittenwald; **125.2** Mauritius Images (age), Mittenwald; **125.3** Groupe SEB Deutschland, Offenbach am Main; **125.4** shutterstock, New York, NY; **125.5** Helga Lade (H. R. Bramaz), Frankfurt; **125.6** Klett-Archiv (Fabian H. Silberzahn), Stuttgart; **125.7** Das Fotoarchiv (Yavuz Arslan), Essen; **125.8** Mauritius Images (Gilsdorf), Mittenwald; **125.9** Corbis (Michael Freeman), Düsseldorf; **125.10** Klett-Archiv (Zuckerfabrik digital), Stuttgart; **126.1** Yahoo! Deutschland GmbH (Toasty Ken), München; **126.2** shutterstock, New York, NY; **126.3** Klett-Archiv (Eberhard Theophel), Stuttgart; **126.4** shutterstock (kristian sekulic), New York, NY; **126.5** HistoCom GmbH/Industrie Archiv, D-65926 Frankfurt am Main; **127.1** Fotolia LLC, New York; **130.1; 130.3** Museumsdorf Cloppenburg, Cloppenburg; **130.2** Fotolia LLC (Karin Jähne), New York; **130.4** Bayerwald Fenster Haustüren GmbH & Co. KG, Neukirchen vorm Wald; **130.5** Imago Stock & People, Berlin; **130.6** Mauritius Images (Kabes), Mittenwald; **131.1** Mauritius Images (Auli), Mittenwald; **131.2** Helga Lade (BAV), Frankfurt; **131.3** Klett-Archiv, Stuttgart; **131.4** shutterstock (Roman Sigaev), New York, NY; **131.5** shutterstock (Vadim Ponomarenko), New York, NY; **131.6** Fotolia LLC (Stéphane Parisi), New York; **132.1** AKG, Berlin; **132.2** Klett-Archiv (Rolf Strecker), Stuttgart; **132.3** Severin Elektrogeräte GmbH, Sundern; **132.4** vario images GmbH & Co.KG (Christoph Papsch), Bonn; **133.5** Corbis RF (Royalty-Free), Düsseldorf; **133.6** Corbis (SYGMA/John Van Hasselt), Düsseldorf; **133.7** FOCUS, Hamburg; **133.8** Bildagentur-online, Burgkunstadt; **133.9** Klett-Archiv, Stuttgart; **134.1A** JupiterImages photos.com, Tucson, AZ; **134.1B** shutterstock (Sannikov Nikolai), New York, NY; **135.1** Getty Images (Andy Sacks), München; **135.2** Corbis (Vince Streano), Düsseldorf; **135.3** Klett-Archiv (Rolf Strecker), Stuttgart; **136.1** Fotolia LLC (UncleSam), New York; **136.2** Fotolia LLC (The Photo Guy), New York; **136.3** Fotolia LLC (brandi), New York; **137.1** Klett-Archiv (Andreas Henseler), Stuttgart; **138.2** Klett-Archiv (Zuckerfabrik digital), Stuttgart; **138.1A** Avenue Images GmbH RF (Thinkstock), Hamburg; **138.1B** iStockphoto (Craig Veltri), Calgary, Alberta; **138.3A** Okapia (Manfred Metzger), Frankfurt; **138.3B** Thomas Seilnacht, Bern; **139.5** Getty Images RF (MedioImages), München; **139.6** Fotosearch Stock Photography (Digital Vision), Waukesha, WI; **139.4A** iStockphoto (RF/Trevor Nielson), Calgary, Alberta; **139.4B** Dreamstime LLC, Brentwood, TN; **139.4C** Klett-Archiv (Michael Steinle), Stuttgart; **140.1** Getty Images RF (PhotoDisc), München; **141.2** Okapia (Hans Reinhard), Frankfurt; **141.3** Teubner Foodfoto GmbH, Füssen; **142.1** iStockphoto, Calgary, Alberta; **144.1** Klett-Archiv (Fabian H. Silberzahn), Stuttgart; **144.2** Ullstein Bild GmbH (Kreth), Berlin; **144.3; 144.4** Klett-Archiv (Andreas Henseler), Stuttgart; **144.5** Dr. Bruno P. Kremer, Wachtberg; **145.2** iStockphoto, Calgary, Alberta; **146.1** Picture-Alliance, Frankfurt; **146.2** Klett-Archiv, Stuttgart; **146.4** MEV Verlag GmbH, Augsburg; **147.3** Lippeverband, Dortmund; **147.5** Prof. Dr. Horst Müller, Dortmund; **148.3** Bautsch, Carl-Jürgen, Hamburg; **150.1** Klett-Archiv (Zuckerfabrik Digital), Stuttgart; **150.2** creativ collection Verlag GmbH, Freiburg; **150.3** Klett-Archiv (Hartmut Fahrenhorst), Stuttgart; **150.4** Mauritius Images, Mittenwald; **151.1** Fotosearch Stock Photography (Digital Vision), Waukesha, WI; **151.2** PantherMedia GmbH (Brigitte Schneider), München; **151.3** Bundesverband Glasindustrie e.V., Düsseldorf; **151.4** Klett-Archiv (Fabian H. Silberzahn), Stuttgart; **151.5** Klett-Archiv (Steinle), Stuttgart; **152.1** iStockphoto, Calgary, Alberta; **153.1** Klett-Archiv, Stuttgart; **153.2** Fotolia LLC, New York; **153.3; 153.5** Fotosearch Stock Photography (PhotoDisc), Waukesha, WI; **153.4** shutterstock (Kheng Guan Toh), New York, NY; **153.6** Getty Images (Jarrett), München; **154.1** shutterstock, New York, NY; **154.2** iStockphoto, Calgary, Alberta; **154.3** Ullstein Bild GmbH, Berlin; **155.2** TOTAL WALTHER GmbH (Anne Schlumbom), Köln; **156.1** shutterstock, New York, NY; **156.2** Okapia (Erich Schrempp/NAS), Frankfurt; **156.3** Fotolia LLC (Hans Peter Loosli), New York; **156.5** Avenue Images GmbH RF (Getty/PhotoDisc), Hamburg; **156.4A** Klett-Archiv, Stuttgart; **156.4B** Klett-Archiv (Thomas Seilnacht), Stuttgart; **157.1** Corbis RF (masterfile/Bob Anderson), Düsseldorf; **157.2** creativ collection Verlag GmbH, Freiburg; **157.3** Klett-Archiv, Stuttgart; **157.4** Klett-Archiv (Fabian H. Silberzahn), Stuttgart; **157.5** iStockphoto, Calgary, Alberta; **158.5** StockFood GmbH (S.&P. Eising), München; **159.2** Fotolia LLC, New York; **160.2** Saint-Gobain Rigips GmbH, Rheda-Wiedenbrück; **160.3** Mauritius Images (poehlmann), Mittenwald; **160.4** Mauritius Images (Pöhlmann), Mittenwald; **160.5A** Klett-Archiv (Michael Steinle), Stuttgart; **160.5B** Klett-Archiv (Aribert Jung), Stuttgart; **161.6** Ullstein Bild GmbH (Caro/Bastian), Berlin; **161.7** MEV Verlag GmbH, Augsburg; **161.8** Mauritius Images (ACE), Mittenwald; **161.9** Getty Images RF (PhotoDisc), München; **163.1** Fotosearch Stock Photography (image 100), Waukesha, WI; **163.2** laif (Eisermann), Köln; **163.3** shutterstock (RF/Yuri Arcurs), New York, NY; **164.1; 164.2** Fotolia LLC, New York; **164.3** Fotolia LLC (Laura Jeanne), New York; **165.4; 165.6; 165.8** shutterstock, New York, NY; **165.5** Fotolia LLC, New York; **165.7** Ingram Publishing, Tattenhall Chester; **165.9** StockFood GmbH (S. u. P. Eising), München; **165.10** MEV Verlag GmbH, Augsburg; **165.11** Klett-Archiv, Stuttgart; **166.1** Ulrich Niehoff Fotoproduktionen und Bildarchiv, Bienenbüttel; **168.1A; 168.1B; 168.1D; 168.1E** MEV Verlag GmbH, Augsburg; **168.1C** Getty Images RF (Eyewire), München; **168.1F** shutterstock (wiedzma), New York, NY; **168.1G** Klett-Archiv (Gert Elsner), Stuttgart; **168.1H** iStockphoto (bluestocking), Calgary, Alberta; **168.1I** FOCUS (DR. ARTHUR TUCKER), Hamburg; **169.1** StockFood GmbH (Uwe Bender), München; **170.2** Okapia (Biophoto Associates/ Science Source), Frankfurt; **170.A01; 170.A02; 170.C01; 170.C02; 170.**

C03 MEV Verlag GmbH, Augsburg; **170.B01** iStockphoto, Calgary, Alberta; **170.B02** Fotolia LLC, New York; **170.B03** shutterstock, New York, NY; **171.Ca1; 171.Ca2; 171.Fe2; 171.Mg1** shutterstock, New York, NY; **171.Fe1** MEV Verlag GmbH, Augsburg; **171.Mg2** Fotolia LLC, New York; **172.3** shutterstock, New York, NY; **172.1A** SUPERBILD (Zscharnack), Taufkirchen/München; **172.1B** Tilman Wischuf Tier- und Naturfotografie, Brackenheim; **172.1C** Getty Images RF (PhotoDisc), München; **173.3** Picture-Alliance (ZB/Wolfgang Kluge), Frankfurt; **174.1** Klett-Archiv (Hartmut Fahrenhorst), Stuttgart; **174.2** Getty Images RF (PhotoDisc), München; **174.3** Okapia (Dr. med. J. P.Müller), Frankfurt; **175.1** Keystone (Jochen Zick), Hamburg; **175.2** Mauritius Images (Mitterer), Mittenwald; **175.3** shutterstock, New York, NY; **176.1** Corbis RF (Royalty-Free), Düsseldorf; **176.2** FOCUS (Network/Passow), Hamburg; **178.1** Klett-Archiv, Stuttgart; **179.5; 179.8** Klett-Archiv (Fabian H. Silberzahn), Stuttgart; **179.6** Klett-Archiv (Gert Elsner), Stuttgart; **179.7** shutterstock, New York, NY; **180.2; 180.3** Okapia (Manfred Kage), Frankfurt; **183.3** Klett-Archiv, Stuttgart; **185.1** Avenue Images GmbH RF (image 100), Hamburg; **185.2** Mauritius Images (Enzinger), Mittenwald; **185.3** Getty Images (Stone/Stewart Cohen), München; **186.1** Getty Images RF (Eyewire), München; **187.1** Das Fotoarchiv (Rupert Oberhäuser), Essen; **187.2** Gert Haala, Wesel; **187.3** Yahoo! Deutschland GmbH, München; **188.1** Fotolia LLC (Anyka), New York; **188.2** Fotolia LLC (chinatiger), New York; **188.3** shutterstock (Anke van Wyk), New York, NY; **188.4** Orell Füssli Verlag, Zürich; **189.5** Klett-Archiv, Stuttgart; **189.6** Corbis (Elio Ciol), Düsseldorf; **189.7** Picture-Alliance (Britta Pedersen), Frankfurt; **190.3** iStockphoto (RF/Russ), Calgary, Alberta; **191.6** Ulrich Niehoff Fotoproduktionen und Bildarchiv, Bienenbüttel; **191.7** shutterstock, New York, NY; **192.1** Helga Lade (BAV), Frankfurt; **193.4** all images direct (Dietmar Plewka), Deisenhofen; **193.5** Corbis (Visuals Unlimited), Düsseldorf; **194.1** Peter Widmann, Photodesign, Tutzing; **195.4** Fotolia LLC (forestpath), New York; **195.5** Corbis (Clouds Hill Imaging Ltd.), Düsseldorf; **198.2** Klett-Archiv (Simianer & Blühdorn), Stuttgart; **198.3** Maiworm, Michael, Sprockhövel; **198.4** MEV Verlag GmbH, Augsburg; **199.5** Ulrich Niehoff Fotoproduktionen und Bildarchiv, Bienenbüttel; **199.S01** laif (Bernhard Huber), Köln; **200.L01** shutterstock, New York, NY; **200.L02** Getty Images RF (Gallo Images ROOTS RF collection/Shaen Adey), München; **200.L03** Imago Stock & People, Berlin; **201.3** Fotolia LLC (Frank Eckgold), New York; **201.2A** shutterstock, New York, NY; **201.2B** Fotolia LLC (Jesse Kunerth), New York; **202.2** Sascha Reuen, Essen; **202.3** iStockphoto (Trenchard), Calgary, Alberta; **202.4** Getty Images (Photodisc), München; **202.5** Klett-Archiv (Nicole Regier), Stuttgart; **202.1A** shutterstock (Tracy Whiteside), New York, NY; **202.1B** Avenue Images GmbH RF (Image Source), Hamburg; **203.1** Manfred Bergau, Bohmte; **203.2** Ulrich Niehoff Fotoproduktionen und Bildarchiv, Bienenbüttel; **204.1** Corbis (Visuals Unlimited), Düsseldorf; **205.3** shutterstock, New York, NY; **205.4** Okapia, Frankfurt; **206.2** shutterstock, New York, NY; **206.3** Bilderberg (Wolfgang Kunz), Hamburg; **207.2** Mauritius Images (Frauke), Mittenwald; **208.4** shutterstock (Rohit Seth), New York, NY; **208.5** iStockphoto (Keith Lamond), Calgary, Alberta; **208.6** Mauritius Images (B. Koch), Mittenwald; **209.9A; 209.9B** Klett-Archiv (Matthias Müller), Stuttgart; **209.9C; 209.9D** Ulrich Niehoff Fotoproduktionen und Bildarchiv, Bienenbüttel; **210.1** Klett-Archiv (Burkhard Weizel), Stuttgart; **210.2** iStockphoto (RF/Norman Eder), Calgary, Alberta; **210.3; 210.5** Klett-Archiv, Stuttgart; **210.4** Avenue Images GmbH RF (image 100), Hamburg; **210.6** Klett-Archiv (Hartmut Fahrenhorst), Stuttgart; **210.7** Thomas Seilnacht, Bern; **211.8** iStockphoto (koksharov dmitry), Calgary, Alberta; **211.9** Imago Stock & People (Peter Widmann), Berlin; **211.10** Avenue Images GmbH RF (Stock Disc), Hamburg; **211.11** Braun Elektrotechnik GmbH, Stuttgart; **211.12** MEV Verlag GmbH, Augsburg; **211.13** Klett-Archiv (Ute Schuhmacher), Stuttgart; **211.14** Ingram Publishing, Tattenhall Chester; **212.1** shutterstock (Eric Gevaert), New York, NY; **212.2** Corel Corporation Deutschland, Unterschleissheim; **212.3** Corbis RF (Richard Gross), Düsseldorf; **212.4** Klett-Archiv (Aribert Jung, Nature+Science), Stuttgart; **213.5** Inmagine (Brand X Pictures), Houston TX; **213.6** www.bilderbox.com (Wodicka), Thening; **213.7** Fotolia LLC (Thaut Images), New York; **213.8** Klett-Archiv, Stuttgart; **214.1; 214.2** Klett-Archiv, Stuttgart; **214.3** Fotolia LLC, New York; **214.4** FOCUS, Hamburg; **215.5** Klett-Archiv (Zuckerfabrik digital), Stuttgart; **215.6** Wich/www.experimentalchemie.de, Würzburg; **216.1** Corbis (Visuals Unlimited), Düsseldorf; **216.2** Corbis (Clouds Hill Imaging Ltd.), Düsseldorf; **217.3** FOCUS (Bluestone/ Science Photo Library), Hamburg; **217.4** iStockphoto (Trenchard), Calgary, Alberta

Nicht in allen Fällen war es uns möglich, den Rechteinhaber der Abbildungen ausfindig zu machen. Berechtigte Ansprüche werden selbstverständlich im Rahmen der üblichen Vereinbarungen abgegolten.